建立覆盖城乡居民社会保障体系

汪泽英　何平　等著

中国劳动社会保障出版社

图书在版编目(CIP)数据

建立覆盖城乡居民社会保障体系/汪泽英，何平等著. —北京：中国劳动社会保障出版社，2010

ISBN 978-7-5045-8482-3

Ⅰ.①建… Ⅱ.①汪…②何… Ⅲ.①社会保障-研究-中国 Ⅳ.①D632.1

中国版本图书馆 CIP 数据核字(2010)第 128259 号

中国劳动社会保障出版社出版发行

（北京市惠新东街 1 号 邮政编码：100029）

出 版 人：张梦欣

*

新华书店经销

北京地质印刷厂印刷 三河市华东印刷装订厂装订

787 毫米×1092 毫米 16 开本 24 印张 509 千字

2010 年 7 月第 1 版 2010 年 7 月第 1 次印刷

定价：52.00 元

读者服务部电话：010－64929211/64921644/84643933

发行部电话：010－64961894

出版社网址：http：//www.class.com.cn

本书是国家人力资源和社会保障部2008年重点项目“覆盖城乡社会保障体系”、国家科学技术部2004年社会公益专项“建立新型城乡社会保障体系”研究成果，2008年度国家社会科学基金重大项目“统筹城乡社会保障体系”阶段性成果，于2009年8月成稿。

目　录

第一章　建立覆盖城乡居民社会保障体系概论

第一节　引　言

一、国内研究综述

（一）主要文献与研究视角

2003年中共中央提出统筹城乡发展，2006年中共十六届六中全会提出“到2020年，覆盖城乡居民的社会保障体系基本建立”。近年来，社会保障体系研究主要是围绕统筹城乡社会保障体系建设、覆盖城乡居民的社会保障体系建设两大主题展开的。覆盖城乡居民的社会保障体系建设是统筹城乡居民社会保障体系建设的前一阶段目标，覆盖城乡居民的社会保障体系是统筹城乡社会保障体系建设的重要组成部分。有影响的文献包括中国发展研究基金会的《构建全民共享的发展型社会福利体系》、第二届中国社会保障论坛文集《建立覆盖城乡的社会保障体系》、郑功成主笔的《中国社会保障改革与发展战略》等。

研究视角可分为两大类。第一类是覆盖城乡居民社会保障体系的综合性研究，研究内容主要集中在必要性、理念、目标、思路、制度、机构建设等方面；第二类是单项制度或专题研究，主要集中在覆盖城乡居民的养老保险制度、完善城乡医疗保障体系、社会保险统筹层次、基金投资运营、社会保险关系转移接续等专题上。

（二）代表性的主要观点

现有的研究成果认为，建立覆盖城乡居民的社会保障体系，应实行多元、多层次的制度安排，倡导积极发展型理念，以保险制度为主体。主要观点如下：

1. 关于全覆盖。建立覆盖城乡的社会保障体系以“底线公平”为基本理念，在社会主义初级阶段初步实现“适度公平”（梅哲，2007）。首先，解决2亿农民工和失地农民的社会保障问题；其次，利用大城市的辐射和带动作用探索城市周边的农民社会保障制度；最后，再逐步推开普遍的农村社会保障制度。农村的社会保障制度应从最低生活救济、新型合作医疗和九年义务教育入手，再逐步向养老等其他项目扩展（何平，2006）。当前城市社会保障制度改革的重点，在于优化和调整社会保障项目，适时控制社会保障水平；农村社会保障工作的重点在于加强制度建设，提高社会保障水平（杨翠迎，2004；郭金丰，2004；李鸿敏、郭翔宇，2005）。短期内不能期望通过扩大城镇社会保障制度来实现对城镇从业人员的全覆盖，应考虑通过建立单独的缴费型社会保障制度、普惠式非缴费型社会保障制度以及完善基于家计调查的社会救助制度来为未参保人群提供保障（朱俊生，2008）。关于城乡社会保障制度由分割到统一的步骤，提出实现覆盖城乡、东（与中、西）部区域内的动态衔接、全国范围内衔接三步战略（米红，2007）；2012 年前构建“二免除一解除”的社会保障制度框架、2020 年前实现中国特色社会保障制度全面定型和稳定发展、2050 年迈向中国特色的社会主义福利社会的三步战略（郑功成，2008）。从新入职的人员开始，逐步把机关事业单位工作人员纳入全国统一的基本养老保险制度，在此基础上建立职业年金，以避免其待遇下降（郑秉文等，2008）。建立覆盖城乡的基本养老保险体系，农村农民、农民工、城镇个体工商户与灵活就业人员等三个群体宜用个人账户与统筹账户相结合的完全积累制养老保险；被征地农民、城镇企业职工和机关事业单位职工等三个群体宜用社会统筹与个人账户相结合的部分积累制养老保险（杨再贵，2007）。

2. 关于农村社会保障制度。必须把增强土地的保障能力与发展土地外保障结合起来（陈峰燕，2004）。基于农民对不同社会保障的需求程度设计农村社会保障体系。首先，建立最低生活保障制度，使其基本生活得到保障；其次，建立新型农村合作医疗制度，实现可及性和可支付性；最后，建立农村养老保险制度，对因老龄化、空巢化而受到冲击的居家养老模式进行补充（雷晓康、席恒，2007）。当前制度建立与完善的重点在于对农村社会养老保险、新型农村合作医疗、社会救助体系等问题的突破，同时也将面临以下难题：实现全覆盖难、保障资金的筹集难、保险关系转移难、保障功能扭曲效应的消除难等（杨翠迎、黄祖辉，2007）。政府应承担更多的责任来推动和促进农村社会保障制度的建设，特别是资金支持和组织引导的责任（李迎生，2005；李珍，2006）。

3. 关于农民工社会保障制度。完善对进城农民工的社会保障制度，应按照农民工的实际需求分阶段、分层次逐步建立社会保障制度（陈峰燕，2004）。“统筹城乡发展，应以人为本，建立一套政府、企业、农民工共同努力着重解决农民工急需的工伤、大病医疗、养老保险等符合农民工特点的社会保障体系”（李守霞，2006）。农民工社会保障要优先解决工伤保险和大病医疗保障问题，逐步解决养老保险问题。要适应流动性大的特点，保险关系和待遇能够转移接续（何平，2006），分段享受养老保险待遇（于坤，2008）。

4. 关于失地农民保障。以土地换保障，用土地补偿费用来为失地农民建立社会保障（卢海元，2003）。用保障换取农民放弃土地：设置城市流动人口迁移准入标准，为达到准入标准的迁移人口建立一个福利包，在自愿的基础上，达到上述准入标准的乡村迁移人口，如果（无偿）放弃农村的土地，则可以获得城市户口和申请享受上述福利包的资格（陶然等，2005）。失地农民的社会保障应包括：最低生活保障、养老保障和医疗保障（陈信勇等，2003）。

5. 关于社会保险管理体制模式。基本养老保险管理模式有利于养老保险制度的可持续发展，体现制度的公平性、社会化的本质要求，是最适合发展的管理模式，而五险合一模式下的基本养老保险管理模式能降低单位管理成本、强化地方政府养老保险责任（朱慧，2008)。按照服务型政府的总体要求，构建城乡统一、集散结合、高效便民的新体制，实行中央集中管理和省市两级分层分散管理相结合的体制，配套建立统一的信息系统（陈仰东，2008)。提高社会保障能力，应完善以下业务体系：完善业务运行体系，完善基金支撑体系，完善统计信息体系，健全监督检查体系，健全社会化服务体系（朱慧，2007)。

6. 关于财政投入。1994 年分税制改革后，中国政府间的财政关系向着财政收入层层集权、社会保障责任及相应的支出负担层层下移的方向演变，结果导致基层财政普遍处于“紧”运行中，有必要对现行转移支付制度的目标导向、模式及政府间的事权分配进行调整，从而为提高农村社会保障供给与实现城乡间社会保障均等化打下必要的财政基础（臧玉磊，2008)。社会保障事业作为政府弥补市场缺陷而提供的重要公共服务之一，要求相应建立起相对独立、规范的社会保障预算（蔺丰奇等，2008)。

7. 关于社会保险关系转移接续。通过提高社会统筹层次，较大范围地保障社会保险关系转移顺畅；明确中央和地方责任，建立中央财政社会保险关系转移结算机构；制定符合农民工特点的养老保险关系转移政策；注重解决机关企事业人员流动引发的养老保险关系接续问题；加快金保工程建设步伐，建立全国社会保障网络中心（张福林等，2008)。劳动力流动时，无须转续基本养老保险关系，退休时按累计缴费年限计发养老金，按参保地缴费年限分段计算承担责任，退休地社保机构统一支付（杨宜勇等，2008)。

8. 关于养老保险全国统筹。实现养老保险全国统筹战略是中国养老保障体制改革的发展方向，首先应加强社保经办机构的执行能力，填补国家基本养老保险体系的历史债务，分析养老保险体系的可持续性并在精算的基础上构建养老保险全国统收统支系统，注意地方利益集团的影响并构建合理的省际利益调节机制（杨娟，2008)。由目前的统筹层次，一步实现基本养老保险制度统筹部分全国统筹成本最小、代价最低（郑功成，2008)。

9. 关于基本养老保险个人账户基金投资管理体制。由中央政府成立专门的基金管理机构进行市场化的投资运营，采取严格的市场监管方式，并建立相应的投资风险补偿机制（房边泉，2008)。

国内关于“覆盖城乡社会保障体系”研究成果的不足主要有如下三点：一是系统性不够，大多数为论文式的研究，未从制度建设、机制建设、体制建设、人员全覆盖、统筹层次、管理能力、财政投入、基金投资管理运营等全面系统深入地研究；二是覆盖城乡社会保障制度研究与当前政策完善研究关联性不强，实际工作中难以操作；三是缺乏系统的量化分析。同时研究成果在以下方面存在分歧：(1) 全覆盖的制度体系。公职人员是否单独地建立一个养老保险制度？农民工是否单独地建立一个养老保险制度？灵活就业人员与个体工商户是否适用低缴费政策？农村养老补贴与新型农村养老保险是一个制度，还是两个制度？“3＋1”的城乡医疗保障体系下一步如何在发展中整合？是否建立门诊统筹制度？(2) 统筹层次与项目。是分两步先实现养老保险省级统筹，再实现全国统筹，还是一步实现全国统筹？是统筹全部养老金，还是统筹基础养老金？其他险种统筹层次提高与养老保险统筹层次的关系如何处理？(3) 财政投入问题。在投入项目、群体与水平，以及是否建立财政社会保障预算方面存在分歧。(4) 个人账户做实后，是国家集中管理，还是省级管理意见不一致。投资渠道与是否设置最低收益率未达成一致。(5) 经办机构管理能力、编制、体制如何适应覆盖城乡社会保障体系发展的需要。

二、研究目的与思路

（一）研究目的

落实中共十七大提出的“到2020年，覆盖城乡居民的社会保障体系基本建立”目标，研究提出覆盖城乡居民社会保障体系目标、整体思路、基本原则、阶段任务与配套措施，推动我国社会保障事业健康发展。

（二）研究思路

第一步，总结我国社会保障制度改革发展历史、成效与经验，为社会保障制度进一步改革提供一个完整、清晰、客观的现实基础；第二步，借鉴国际经验，立足国情现实，着眼长远，研究提出建立覆盖城乡居民社会保障体系思路、基本原则与阶段任务三大宏观问题；第三步，按系统、科学和可操作要求，提出覆盖城乡居民社会保障制度、体制、机制建设建议；第四步，提出财政投入、经办管理等配置措施建议。

三、研究内容与方法

主要研究内容分为三大部分。第一部分，分析总结我国城乡社会保障发展历程、成效与经验，具体有我国城乡社会保障整体概况，养老保障、医疗保障、最低生活保障制度改革与发展研究，城镇化过程中的农民工与被征地农民社会保障制度研究和社会保险经办管理能力、基金投资运营与监管能力、社会保障管理体制等支撑系统研究。第二部分，提出覆盖城乡社会保障体系建设目标、主要思路、基本原则、制度框架与阶段任务。第三部分，提出建立覆盖城乡社会保障体系主要政策建议。

研究方法：采用理论分析、比较分析、历史分析、实证分析等综合研究方法。运用理论分析、历史分析总结我国社会保障改革历史经验；运用理论分析、比较分析提出我国覆盖城乡社会保障体系建设主要思路、基本原则与阶段任务；运用理论与实证分析提出建立覆盖城乡社会保障体系主要政策建议。

第二节　我国城乡社会保障体系建设发展概况

系统回顾我国社会保障体系的发展历史，总结经验，分析问题，有助于明确未来改革方向，进一步完善制度体系。

一、城乡社会保障体系建设的主要历程

我国社会保障历史以新中国建立为起点，从无到有、从城镇到农村、从职业人群到城乡居民，是一个不断改革、发展、完善的过程。大体可划分为3个阶段。

（一）以劳动保险为主的社会保障形成阶段

时间为新中国成立初期至改革开放初期。这一阶段的社会保障制度主要是适应计划经济体制的要求，在城镇实行低工资、多就业方针，职工就业、住房、养老、医疗、子女入托、上学等福利都由国家和单位一包到底。主要政策有1951年的《劳动保险条例》、1955年的《国家机关工作人员退休处理暂行办法》、1978年的《关于工人退休、退职的暂行办法》，有些政策一直沿用至今。在特定历史阶段，这种社会保障制度对保障群众生活和保持社会稳定发挥了积极作用，但保障范围很窄，主要是公有制单位的正规就业群体。农民主要靠土地保障和家庭养老，“五保户”的生活保障则由农村集体负责。

（二）以社会保险为重点的社会保障改革探索阶段

时间为改革开放初期至党的十六大。其突出特点是围绕国有企业改革、经济体制改革，按照社会主义市场经济体制的要求，探索建立国家、企业、个人共同负担的社会保障制度。企业职工基本养老保险：1984年，各地开始试行退休费用社会统筹，建立了企业缴费制度；1991年，国务院发布第一个企业养老保险制度改革的决定，明确职工个人也要缴费；1993年，党的十四届三中全会明确基本养老保险实行社会统筹和个人账户相结合的制度模式；此后经过不断改革、调整和完善，基本养老保险制度的激励约束机制初步建立。失业保险：1986年，国家首次建立了国有企业职工待业保险制度；1999年，发布《失业保险条例》，把失业保险制度扩大到各类企事业单位。职工基本医疗保险：针对传统的公费医疗浪费严重和企业拖欠职工医药费严重的问题，从1994年开始，国家在部分城市进行医疗保险改革试点；1998年，明确了我国城镇职工基本医疗保险的制度、政策和措施，全面启动改革。与此同时，工伤保险、生育保险、城镇居民最低生活保障等项制度也得到发展完善。这一时期的社会保障建设主要是以城市为中心，以职业人群为重点，尚未对农村和社会贫困群体的社会保障做出通盘设计和考虑。

（三）以统筹城乡为目标的全面发展和制度创新阶段

党的十六大以来，中央提出要加快建立覆盖城乡居民的社会保障体系。作为构建社会主义和谐社会的重要内容和全面小康社会的重要指标，社会保障被提升到前所未有的战略高度，开始进入统筹城乡发展和制度创新完善的新阶段。2003年，国家实施新型农村合作医疗制度，着力解决农村居民的看病问题，政府公共财政在新制度中出资比例约占80%；2007年，建立农村最低生活保障制度，同年开展城镇居民基本医疗保险试点，计划用3年时间在全国推开，覆盖城镇全体居民；2008年，决定在部分省市进行事业单位养老保险制度改革试点；2009年，中央出台了深化医药卫生体制改革的意见，国务院制定了医药卫生体制改革近期重点实施方案，把加快推进医疗保障制度建设作为第一项任务。

二、城乡社会保障体系框架基本形成

（一）形成了以社会保险为主体的社会保障制度框架

目前，我国已经建立起以社会保险为主体、以非缴费的普惠型保障项目为补充的社会保障体系框架，既坚持公平与效率结合、权利与义务对等的原则，又适应我国人口多、底子薄、区域城乡发展不平衡的基本国情。社会保险包括基本养老、基本医疗、失业、工伤和生育保险五项制度，主要覆盖职业人群，具有覆盖人数最多、资金量大等突出特点，在社会保障体系中具有重要地位。

（二）城镇社会保障制度比较齐全

城镇社会保障制度改革从 20 世纪 80 年代养老金费用统筹开始，以后逐步扩展到医疗、失业与工伤制度，部分地区开展生育保险制度改革试点，1999 年建立城镇最低生活保障制度。目前，企业年金、城镇职工补充医疗保险制度、医疗救助、就业援助制度等也已建立，项目齐全。从项目上看，与国外发达国家没有大的区别。

（三）农村社会保障制度逐步建立

20 世纪 50 年代中后期建立了农村“五保户”制度、合作医疗制度。80 年代农村家庭联产承包责任制改革过程中，传统的农村保障制度因农村集体经济力量削弱而衰退。新世纪以来，适应统筹城乡发展的需要，我国农村社会保障制度逐步建立，2003 年我国开展以保大病、保住院为主要内容的新型农村合作医疗试点，2007 年开展建立农村最低生活保障制度，两项制度目前已在全国普遍建立。2009 年，新型农村养老保险制度在全国 10%的县（市）试点。

三、统筹城乡社会保障体系建设的主要成就

社会保障制度改革在制度建设，支撑国有企业改革，促进经济发展，维护社会稳定，保护劳动者权益方面取得了以下成效：

（一）制度体系更加健全，覆盖范围不断扩大

与改革前相比，改革后的社会保障制度更加健全。一是建立了农村合作医疗、新型农村养老保险、城乡最低生活保障、城乡医疗救助等新制度项目。二是改革传统的养老、医疗、生育、工伤保险与待业制度，推行社会统筹，实现了从“单位福利”向统筹互济的社会保险模式的转变。新型农村合作医疗推动农民医疗费用从完全由家庭承担向区域共济模式的转变；城乡居民低保完成了从保障特定人群（如城镇无劳动能力、无收入来源、无法定赡养人的居民和农村的五保户）向普遍保障的制度转型。同时，保障体系开始从单一层次向多层次发展。

各项社会保障制度覆盖范围逐步从国有企业向多种所有制组织、从正式职工向灵活就

业人员、从城镇居民向农村居民扩展，覆盖范围不断扩大。城镇职工基本养老、医疗、失业、工伤、生育保险 2008 年覆盖人数分别为 21 891 万人、19 996 万人、12 400 万人、13 787 万人、9 254 万人。2008 年以来，城乡享受最低生活保障人数达 6 600 万人，城镇实现了应保尽保；农村基本实现了应保尽保。2008 年，城镇居民基本医疗保险覆盖 11 826 万人；新型农村合作医疗覆盖 8.15 亿人，参保率 91.5%。

(二) 待遇水平稳步提高，有力保障城镇居民基本需求

随着经济的发展，各项社会保障待遇水平稳步提高。国家已连续 5 年统一调整企业退休人员基本养老金待遇，2008 年退休人员月均养老金达 1 200 元；1999 年《失业保险条例》颁布以来，累计 5 533 万人次享受了失业保险金，体制转轨过程中，2 800 万名下岗职工进入再就业服务中心，得到基本生活保障。同时，人均生育保险待遇、人均工伤保险待遇也逐步提高。新农合的筹资水平经过两次调整，从年人均 30 元提高到 100 元。据第四次国家卫生服务总调查数据，2007 年城镇职工基本医疗保险、城镇居民基本医疗保险、新型农村合作医疗住院报销比例分别为 65%、51%、34%，有力地缓解了居民“看病贵”的问题。

(三) 解决了一批体制转轨的历史遗留问题，有力支持了国有企业改革和经济结构调整

国家通过实行“两个确保”、建立“三条保障线”，以及对破产关闭企业采取一系列有针对性的社会保障政策措施，保障了 3 000 多万名国有企业下岗职工的基本生活；同时，对就业困难人员建立了社会保险缴费补贴政策，先后有 2 800 多万名下岗、失业人员实现再就业；为推动国有资本结构优化、纺织工业深化改革调整结构解困扭亏等国家重大决策，1 000 多万人享受到内退、有条件的提前退休政策。5 000 多万企业离退休人员养老金做到按时足额发放，并补发了以前拖欠的养老金；2008 年，通过中央财政补助、多渠道筹资，解决了部分地方政策性破产企业退休人员参加医疗保险的问题，2009 年中央财政投入 429 亿元彻底解决关闭破产企业退休人员等困难群体医疗保障问题。这些举措，既有力地解决困难群众基本生活问题，又推动国有企业改革和国民经济结构战略的调整。

(四) 社会化管理服务体系初步建立，减轻了企事业单位的社会事务负担

目前全国社会保险经办服务机构有 7 400 多个，街道和乡镇劳动保障事务所有 3 万多个，并初步建立了社会保障信息化网络管理体系。城镇企业离退休人员的养老金实现了由社会服务机构发放，方便了群众就近随时领取，杜绝了挤占拖欠养老金问题；医疗、失业、工伤、生育等保险待遇的结算和发放事务也相继从企业中分离出来，改由专门的社会服务机构直接支付；73.2%的企业退休人员纳入街道社区管理服务，老年公共服务设施和服务网络建设不断加快，多种形式的老年服务体系正在形成。

(五) 促进了经济社会协调发展，创造稳定和谐的改革发展环境

城镇社会保障制度体系建设，有力地推进了 20 世纪国有企业用人机制、经营机制转换，推动社会事务社会化，为企业创造公平的竞争环境，保障了下岗失业人员和困难家庭等弱势群体的基本生活，为20世纪末数以千万计的国有企业下岗失业人员进入劳动力市场创造了条件，创造了稳定的改革发展环境。不断加大社会保障投入、提高保障水平，促进了社会保障事业发展，有力地遏制了经济社会发展差距，发挥了社会“安全网”、经济“稳定器”的作用。

第三节　城乡养老保障制度改革与发展

我国养老保障制度建立于1951年，主要覆盖城镇企业职工。根据当时的《中华人民共和国劳动保险条例》，社会保险经办机构按职工工资总额的3%提取劳动保险基金，并在全国范围内调剂使用，职工待遇包括养老、医疗、工伤与生育。1955年，国家建立了机关、事业单位工作人员的养老保险制度。1958年，国家根据当时的实际情况，将企业和机关事业单位的两个养老保险制度在适当放宽养老条件和提高待遇标准的基础上作了统一规定，并一直沿用到1978年，1978年由《关于工人退休、退职的暂行办法》和《关于安置老弱病残干部的暂行办法》所取代。这个历史阶段社会保险的特点是，所有的个人福利与生老病死都由企业负担，具有“企业保险”的特点。这种保险制度虽然为社会主义建设作出了巨大的贡献，但不能适应经济体制改革、利税制度改革的需要。

一、城镇企业职工养老保险

（一）改革背景和历程

20世纪80年代企业养老保险制度改革启动，目的是均衡企业的养老负担，促进公平竞争，将企业转变为自主经营、自负盈亏的经济实体。企业养老保险制度改革在各地自主试点的基础上，逐步走向统一与完善。大体可分为以下两个阶段：

第一阶段：从分散试点到统一制度

从1984年起，随着在城市推进经济体制改革和企业改革，广东、江苏、辽宁、四川等省的少数市县开始试行退休费用社会统筹。1986年，开始建立劳动合同制工人的养老保险制度，规定按照本人工资的3%缴费，改变了过去完全由国家和企业负担的办法。1986—1993年，经国家有关部门批准，先后有水利、电力等11个行业实行了养老保险系统统筹。1990年前后，宁波、深圳等一些地方开始探索实行养老保险社会统筹与个人账户相结合的筹资模式。

1991年6月，在一些地方试点的基础上，国务院颁发了《关于企业职工养老保险制度改革的决定》，明确规定养老保险实行社会统筹，费用由国家、企业和职工三方负担，职工按照本人工资的3%缴费，基金实行部分积累，提出建立由基本养老保险、企业补充养老保险和个人储蓄性养老保险组成的多层次养老保险体系。1993年，党的十四届三中全会决定提出养老保险制度改革实行“社会统筹与个人账户相结合”的筹资模式。1995年3

月，国务院颁布《关于深化企业职工养老保险制度改革的通知》（以下简称《通知》），进一步明确基本养老保险制度“统账结合”模式改革方向，要求各地建立个人账户，逐步提高个人缴费比例。《通知》同时提出两套具体实施办法，由各地政府选择试点。但实际上几乎是一个地区一个办法。这种状况导致地区之间养老金水平相互攀比，中央难以管理和调控，职工跨地区流动困难；同时，基金统筹层次低，调剂能力弱，存在挤占挪用现象。

为此，1997 年 7 月，国务院发布《关于建立统一的企业职工基本养老保险制度的决定》（国发［1997］26 号），统一了各地“统账结合”方案，统一了缴费比例、待遇计发办法、基金与事务管理办法。其要点是：按照职工工资的 11%建立基本养老保险个人账户，其中个人缴费 8%（4%起步，每 2 年提高 1 个百分点，逐步到位），企业缴费划入 3%；企业缴费的费率不超过 20%（含划入个人账户部分）。养老金支付分为两部分：一是基础养老金，其标准为职工退休时当地社会平均工资的 20%；二是个人账户养老金，其标准为个人账户累计额除以退休职工平均余命月数（120 个月），“中人”增发过渡性养老金等。“26 号文”的发布，标志着我国城镇企业职工基本养老保险制度从分散试点走向统一，奠定了养老保险制度的基本框架。

第二阶段：制度从统一到进一步完善

养老保险制度由“现收现付制”转换为“统账结合的部分积累制”时，由于转轨前退休或者参加工作的职工并未建立个人账户，转轨后一方面要照常支付其养老金，一方面又要在并不增加缴费率的前提下为个人账户作出积累，因此需要支付巨大的转轨成本。养老保险制度统一之后，转轨成本问题仍未解决，为确保当期养老金发放，只好挪用个人账户基金。由于“国发［1997］26 号”文件中规定的个人账户规模过大，实际运行中难以做实，空账规模快速增长，养老保险制度难以转轨。面对这一情况，国务院在 2000 年颁布的《国务院关于印发完善城镇社会保障体系试点方案的通知》（国发［2000］42 号）中进一步完善了“统账结合”，缩小个人账户规模，做实个人账户，改革养老金计发办法，强化缴费激励约束机制。2004 年，国务院在辽宁省完善城镇社会保障体系试点经验的基础上，将试点扩大到吉林省与黑龙江省，并完善了“国发［2000］42 号”文件中规定的养老金待遇计发办法。

2005 年，国务院在东北三省养老保险政策试点的基础上，出台了“国发［2005］38 号”文件，进一步完善养老保险制度。其要点是：逐步做实个人账户；统一城镇个体户和灵活就业人员的参保缴费政策，将缴费基数统一为当地上年度在岗职工平均工资，缴费比例为 20%，其中 8%记入个人账户；改进统筹结构，个人账户的规模统一由本人缴费工资的 11%调整为 8%，全部由个人缴费形成，单位缴费不再划入个人账户；改进养老金计发办法，强化参保缴费的激励约束机制，《国务院关于建立统一的企业职工基本养老保险制度的决定》实施后参加工作、缴费年限（含视同缴费年限，下同）累计满 15 年的人员，退休后按月发给基本养老金。基本养老金由基础养老金和个人账户养老金组成。退休时的基础养老金月标准以当地上年度在岗职工月平均工资和本人指数化月平均缴费工资的平均值为基数，缴费每满 1 年发给 1%。个人账户养老金月标准为个人账户储存额除以计发月数，计发月数根据职工退休时城镇人口平均预期寿命、本人退休年龄、利息等因素确定。

“中人”加发过渡性养老金。

（二）制度运行情况

覆盖面逐步扩大，待遇水平逐年提高。覆盖对象从国有集体企业职工向多种所有制从业人员和个体灵活就业人员扩展。1998—2007 年，在国有企业职工从 5 220 万人降至 2 553 万人、集体企业职工从 1 766 万人降至 614 万人的情况下，参保人数由 11 202 万人增至 20 137 万人，年均增长 6%。待遇水平逐年提高，过去的 11 年间多次调整离退休人员养老金，企业离退休人员月人均养老金水平从 1998 年的 462 元增加到 2008 年的 1 200 元。

做实个人账户从试点到推广，积累额逐年增加。为解决社会统筹基金透支个人账户基金导致个人账户空账运行的风险问题，2001 年，国务院开始在辽宁省进行做实个人账户试点，2004 年做实个人账户试点范围又扩大到吉林、黑龙江两省，2006 年进一步扩大到天津、山西、上海、山东、河南、湖北、湖南、新疆 8 个省份，做实比例从 3%起步。2008 年，全国 13 个省份开展做实个人账户试点，共做实个人账户接近 1 100 亿元。

统筹层次逐步提高，基金支撑能力进一步增加。截至 2008 年年底，18 个省（市）养老保险省级统筹基金调剂能力增强。基金收支规模扩大，基金收入由 1998 年的 1 459 亿元增至 2008 年的 9 740 亿元，养老金支出由 1998 年的 1 512 亿元增至 2008 年的 7 390 亿元。

推进社会化管理，服务能力提高。1999 年开始在全国范围内将原来由企业发放离退休人员基本养老金改为委托银行、邮局等社会机构发放，2001 年开始推进企业退休人员社会化管理服务。截至 2008 年年底，纳入社区管理的企业退休人员共有 3 461 万人，减轻了企业繁重的社会事务负担。

（三）面临的现实突出问题

制度缺乏弹性，个体灵活就业人员难以参保。市场化过程中，就业形式多样化，就业人员中个体灵活就业人员比重加大。大多数新生代就业人员集中在中小企业和非正规领域，虽然目前制度政策并不排斥这些人员参保，但由于就业不稳定，收入不高，参保缴费费率高，对公共养老金制度的认同和信任等因素，使这些人绝大部分没有参保，老年时则难以有养老保障。同时，现有的参保群体由于缺乏新增参保人员，抚养比持续提高，基金支付压力加大。

个人账户空账，难以应对人口老龄化。做实个人账户是实现统账结合制度的基本要求，也是应对人口老龄化的重要举措。由于未支付“转轨”成本，为确保已经离退休人员的养老金发放，各地实际上动用了个人账户基金，造成个人账户有账无钱，空账运行。到 2007 年年末，全国企业养老保险个人账户记账额已超过 10 000 亿元。随着今后个人账户账面规模的不断增加，将形成巨大的养老保险债务，潜在的支付风险越来越大。2000 年以来，做实个人账户省（市）逐步增加，但做实比例参差不齐，从 3%～8%不等，部分地区积累基金与职工个人缴费不符，出现新的空账。

统筹层次低，养老保险关系转移接续困难。截至 2009 年，已有 18 个地区实现省级统筹，基金在全省范围内调剂，部分地区仍为市县级统筹，不仅各省份内部费率不一，而且省与省之间的费率差别也很大。比如，广东省的平均费率仅为 19.6%（单位 12%，个人 7.6%），而辽宁省的费率高达 31.3%（单位 19.7%，个人 11.6%）。养老保险统筹层次低，基金无法共济，地区间费率不同，投资环境和竞争不公平，养老保险关系难以转移，无法满足统一城乡人力资源市场建设的需要。

基金投资渠道狭窄，保值增值困难。目前全国大部分地区的个人账户基金大都按规定存入银行或购买国债，仅有部分养老保险个人账户做实基金，委托全国社会保障基金理事会投资，养老保险基金整体投资渠道狭窄，难以保值增值。

二、机关事业单位养老保险

（一）机关事业单位发展历程

新中国成立之初，国家分别建立了机关工作人员退休退职制度和企业职工退休制度（《劳动保险条例》）。1958 年，国务院颁布《关于工人、职员退休处理的暂行规定》后，事业单位和国家机关、人民团体和企业的工人、职员的退休办法走向统一。1978 年，国务院出台《关于安置老弱病残干部的暂行办法》和《关于工人退休、退职的暂行办法》，机关事业和企业的养老保险又重新分为两个制度，但两个制度的基本框架仍保持一致。自 20 世纪 80 年代中期开始，企业改革养老保险制度，而机关事业单位仍延续传统的退休金制度。当前，由于机关事业与企业实行不同的退休养老制度，人员难以在机关事业与企业间流动，不利于统一的劳动力市场建设。同时，企业与机关事业同类退休人员待遇差距日益突出，社会反应强烈，部分省市自发开展事业单位改革试点，2008 年国务院在各地试点的基础上，启动事业单位改革试点。

（二）现行机关事业单位养老保险制度现状与问题

机关事业单位的养老金全部来源于财政，根据当期实际支出需要从财政列支，同时个人不需要缴纳养老保险费。其中，机关退休人员的退休费按工龄工资和基础工资的 100% 计发，职务工资和级别工资两项之和则根据工龄不足 10 年到满 35 年的几个分类，按 50%～88%的比例计发；事业单位工作人员的退休费是根据相应工龄，按本人退休前职务（技术等级）与津贴之和的 50%～90%的比例计发。

实际上，机关事业单位退休人员除享受上述基本退休金外，还享受国家规定的津补贴、地方规定的津补贴，甚至单位自行规定的补贴制度，因此退休待遇相当优厚。而且，机关事业单位退休金按照机关事业单位在职人员的工资增长率进行调整，调整幅度也大大高于按社会平均工资一定比例调整的企业退休职工。

由于机关事业单位和企业执行两套截然不同的养老保障制度，因此产生了一系列问题：(1) 养老待遇差距过大，引发社会矛盾。以 2005 年为例，机关和事业单位人均养老金分别是企业的 2.1 倍和 1.9 倍。(2) 阻碍人员正常流动，不利于建立统一的劳动力市场。(3) 阻碍机关辞退制、事业单位聘用制以及转制等多项人事制度改革的推进。(4) 随着机关事业单位退休人数不断增加，原本高待遇压力下的财政负担越来越重。

(三) 各地机关事业单位养老保险改革实践

事实上，早在20世纪90年代初，也就是企业养老保险制度开始改革之时，国家就开始考虑机关事业单位养老保险制度的改革问题。特别是1995年发布《国务院关于深化企业职工养老保险制度改革的通知》后，很多地区都开展了机关、事业单位养老保险制度的改革探索。

各地试点改革的实施范围不尽相同，基本可分为四类：(1) 差额拨款、自收自支事业单位全体工作人员和机关、全额拨款事业单位合同制工人以及离退休人员，这种类型比较普遍。(2) 自收自支事业单位全体工作人员和机关、全额拨款事业单位、差额拨款事业单位的合同制工人以及相应离退休人员。(3) 所有事业单位的工作人员和机关合同制工人及相应离退休人员。(4) 机关、事业单位（全额拨款、差额拨款和自收自支）全体工作人员和离退休人员，即全员参保。至2006年，除西藏、青海、宁夏外，全国28个省、直辖市和自治区的230个地市和1 844个县区不同程度地开展了机关事业单位养老保险制度改革工作。2007年年底，机关事业单位参加基本养老保险的人数为1 902万人，其中在职人员1 492万人，参保在职人数占机关事业单位在职总人数的37%。

试点改革的内容与企业养老保险改革类似，主要包括：(1) 对机关事业单位的养老保险进行了“以支定收、略有结余”的费用统筹，形成了一定规模的资金积累。(2) 实行个人缴费，建立个人账户。(3) 养老金发放与退休人员管理一般仍由原单位负责，只有少数地区开始实行养老金的社会化发放。(4) 机关事业单位养老保险统筹资金积累（不包括个人账户储存额）全部按照“收支两条线”的原则存入财政专户。

各地试点改革虽然取得了一定成效，但也存在很多问题：(1) 各地改革政策五花八门。首先是实施对象不统一，范围有宽有窄；其次是缴费基数不统一，有的地方按人事部门核定的档案工资为基数征收，有的地方按工资总额（包括奖金、福利、过节费等）为基数征收，有的地方按“双基数”征收，有的地方按“单基数”征收；另外，一些地区对不同类型的单位实行差别费率。(2) 管理不顺。机关、事业单位退休人员的退休金政策和退休审批仍由人事部门负责，征收和待遇发放则通过劳动保障部门。(3) 统筹层次低，养老金社会化发放程度低。(4) 待遇给付不合理。多数地区虽然进行了费用统筹并引入了个人缴费，但退休人员的养老金计发办法并没有进行改革，仍执行目前的国家政策。少数一些地区将个人缴费形成的个人账户变成了国家养老金支付标准以外的补充养老金，造成了养老待遇的不降反升。

(四) 统一的事业单位养老保险改革试点开始启动

2008年3月，国务院原则通过了《事业单位工作人员养老保险制度改革试点方案》，山西、上海、浙江、广东、重庆等五省市首先启动有关试点。这表明在企业养老保险改革20多年后，事业单位养老保险改革被正式列入日程。该方案的总体思路是：事业单位基本养老保险制度实行与企业一致的统账结合模式，即单位和个人都缴费，单位缴费进统筹基金，个人缴费进个人账户，事业单位人员退休后的养老待遇与企业一样，都由基础养老金和个人账户养老金构成；老人老办法，新人新办法，对未建立个人账户阶段实行过渡性养老金，“中人”过渡性原则与企业一致；建立与企业年金平行的职业年金制度。

以上方案设计只针对事业单位养老保险制度改革本身。在现实中，方案的实施还需具备一定的条件，比如事业单位的机构分类、人事制度改革、工资收入分配制度改革以及财税政策改革等。如果事业单位上述配套改革措施没有实行，就急于试行养老保险制度改革，势必面临极大的掣肘和困难。

此外，对原先一直呈捆绑状态的机关事业单位养老保险制度实施分离式改革的做法，即事业单位改革先行，机关公务员仍按兵不动，在社会上已引起较大反响，目前统一改革的呼声很高。

三、农村社会养老保险

（一）农村养老保险探索历史

1986 年我国开始农村社会养老保险的试点工作，该项制度的正式启动始于 1992 年民政部出台《县级农村社会养老保险基本方案》。方案确定了农村养老保险实行“以个人缴费为主，集体补助为辅，国家给予政策扶持”的筹资原则，以及以个人账户完全积累制为特征的制度模式。1995 年《国务院办公厅转发民政部关于进一步做好农村社会养老保险工作的意见的通知》，极大地推动了农村养老保险制度在全国的普遍建立。截至 1998 年年末，全国 2 000 多个县建立了农村养老保险制度，参保人数达到 8 000 多万人。

但是，随着 1997 年亚洲金融危机的爆发和国内经济环境的变化，以及农村养老保险基金管理问题的日渐暴露，加之机构改革，农村养老保险管理职能从民政部划归劳动和社会保障部，农村养老保险工作进入了清理整顿期。其间，全国大约有 300 多个县取消了农保制度，剩下的县的农保工作也大都陷入低谷，参保总人数下降至 5 000 余万人。

自 2002 年，党的十六大明确提出“在有条件的地方探索建立农村社会养老保险制度”后，一些经济发达地区积极响应，开展了新一轮的农村养老保险制度改革探索。在党的十六届六中全会上，国家明确提出到 2020 年基本建立覆盖城乡居民的社会保障体系目标，这意味着农村社会养老保险制度的发展将进入一个全新阶段。

回顾历史，可以看出导致农村养老保险走过不平之路的主要原因在于，决策层对农村养老保险的认识出现了分歧，特别是对家庭保障和土地保障的功能估计过高，对发展社会保险的决心不够坚定。这也表现为老农保法律层次低，制度约束力弱，其中一个直接反映就是在基金管理方面存在很多漏洞。此外，老农保基金缺乏保值增值的手段和工具，对农民缺乏吸引力。就具体政策而言，1992 年出台、目前仍在适用的老农保试点方案本身存在很大的缺陷，体现在：一是“保富不保贫”，保年轻人，不保已经老年的人口。二是政府没有投入，难以实现制度的公平与普惠。三是待遇水平低，很难保证基本生活。2007 年全国共有 392 万农民领取养老金，每人每月领取的金额为 85 元，不到城镇企业职工平均养老金的 1/10。而且养老金水平差异很大，有相当一部分人的月养老金在 10 元以下，无法发挥应有的保障功能。

（二）当前农村养老保险试点情况

自2002年开始，各地实行了以财政投入为主要特征的新型农村养老保险制度试点。主要做法有以下几种：（1）基础养老金加个人账户。主要实行地区有北京、宝鸡、迁安、天津、马鞍山等地。其中，基础养老金部分个人不缴费，直接从财政预算中安排，这种做法的最大优势是同时解决了现有老年人口的保障问题。（2）社会统筹与个人账户相结合。主要实行地区有江苏省的苏州市、无锡市、南京市；广东省的东莞市、中山市；山东省的青岛市；甘肃省的嘉峪关市等地。其实质是一种仿照城镇的“双低”保障模式。(3) 完全个人账户。主要实行地区有山东省的烟台市；浙江省的嘉兴市、杭州市、绍兴市；广东省的珠海市。与老农保个人账户不同的是，目前这些地区财政对个人账户都进行了补贴。关于财政补贴方式，又可分为三种类型：一是补进口，从缴费环节进行补贴，这有利于平衡财政的长期压力，但存在保值增值的压力；二是补出口，从发放环节进行补贴，实质上是一种现收现付制，存在未来支付压力；三是同时补进口与出口，对缴费和发放都进行补贴，该种方式兼具上述两者的长处。从财政补贴水平来看，各地差异很大，从相当于农村人均纯收入的2.5%到35%不等。

（三）建立农村养老保险制度的基本条件基本具备

虽然我国经济发展总体水平不很高，农村人口数量庞大，地区差异显著，但是建立农村养老保险的条件已经基本具备。具体而言，一是在以人为本科学发展观的指引下，党和政府目前高度重视统筹城乡社会保障发展，尤其是重视农村社会保障的发展问题。二是社会经济发展为建立农村社会养老保险奠定了物质基础。我国已是世界第三大经济体，财政收入连年增长，外汇储备充足，不论人均GDP水平、农业占国民总产值的比例，还是城市化进程和农村劳动力所占比例，均已达到国外建立农村养老保险制度时的底线。三是近些年随着农业税的取消，农村义务教育的大力推行，以及新农合制度的普遍建立，农民负担得到减轻，参保能力较以往得到提高。四是农村养老保险20多年的发展历程，特别是当前各地新型农村养老保险制度的积极探索，为下一步建立全国农村养老保险制度提供了制度经验。

四、补充养老保险

（一）企业年金制度发展趋势良好

2004年，在总结20世纪90年代企业补充养老保险制度改革和发展经验的基础上，劳动和社会保障部出台《企业年金试行办法》，鼓励有条件的企业建立缴费确定型企业年金，单位给予补助，国家给予税收优惠，实行信托管理、市场化运营。过去的4年中，企业年金发展迅速，截止到2008年年底企业年金制度覆盖3.3万户企业1 038万人，积累基金1 911多亿元，培育了一批企业年金受托人、账户管理人、投资管理人、托管人等市场管理主体。

（二）关于职业年金制度定位分析

事业单位养老保险制度改革试点目标是，建立统账结合的养老保险制度，改革养老金计发办法，将事业单位纳入基本养老保险制度。为鼓励和吸引优秀人才服务公众，职业年金作为基本养老金的补充，进一步提高事业单位退休人员待遇水平，在事业单位养老金新、老计发办法过渡期，能弥补新、老部分待遇差。

第四节　城乡医疗保障制度改革与发展

新中国成立以来，随着经济社会的发展和改革，我国城乡医疗保障制度经历了计划经济时期的公费劳保医疗、改革开放后的医疗保险改革和2003年以来的全民医保建设三个发展阶段。改革开放以来，我国首先在城镇开展了城镇职工医疗保险制度改革，之后又大力推进农村新型合作医疗制度的建设以及城镇居民医疗保险制度建设。目前初步形成了由城镇职工基本医疗保险、城镇居民基本医疗保险和新型农村合作医疗组成的、覆盖全体城乡人口的医疗保险网。在医疗保险制度建设的同时，我国还大力发展城乡医疗救助事业，鼓励各种补充医疗保障的发展，从而形成了以医疗保险为核心、以医疗救助和各种补充医疗保障为辅助的多层次医疗保障体系。

一、城镇职工医疗保险制度改革和建设

（一）改革背景和历程

我国城镇职工医疗保障制度建立于20世纪50年代初期。由两部分组成：一是公费医疗制度。覆盖对象主要是机关事业单位职工，经费来源于各级财政拨款；二是劳保医疗。覆盖对象主要是国有、集体企业职工及其家属，其经费在企业按职工工资总额的一定比例提取的福利费中列支。在计划经济时期，公费、劳保医疗制度覆盖到城镇大多数人口，在保障城镇职工健康方面发挥了巨大作用。但是在改革开放后，随着社会主义市场经济体制的逐步建立，公费劳保医疗制度的弊端逐渐显现。一是由于国家和单位大包大揽，个人不承担任何缴费和医疗费用支付责任，造成国家和单位不堪重负；二是公费劳保医疗实行的是单位保障，医疗经费不能在单位之间、企业之间互助共济，造成单位之间、企业之间负担畸轻畸重，部分单位和企业无力支付职工医疗费用，造成职工医疗费拖欠，职工基本医疗需求难以得到保障；三是对职工个人和医疗机构缺乏有效制约和监督，造成医疗资源浪费严重，医疗费用增长过快。

为适应社会主义市场经济体制，配合国有企业改革，控制医疗费用的不合理增长，自20世纪80年代初期，我国开始对城镇职工医疗保障制度进行改革。80年代初，部分企业和地方开始自发推出一些改革措施，如实行职工个人承担一定的医疗费，实行退休人员医

疗费用统筹，覆盖所有职工的大病医疗费用统筹等。从1988年开始，国家有组织地开展医疗保险制度改革探索。1993年，党的十四届三中全会通过《关于建立社会主义市场经济体制若干问题的决定》。该《决定》明确提出了实行社会统筹和个人账户相结合的医疗保险改革的基本原则。根据这一基本原则，1994年国务院决定在江苏镇江和江西九江开展统账结合医疗保险制度改革试点（两江试点）。1996年，试点范围扩大到40多个城市。到1998年，国务院正式颁布了《关于建立城镇职工基本医疗保险制度的决定》（国发［1998］44号），开始在全国范围内建立城镇职工基本医疗保险制度。

（二）主要内容

1. 覆盖范围

根据《关于建立城镇职工基本医疗保险制度的决定》，城镇职工基本医疗保险制度覆盖城镇所有用人单位（机关事业单位和各类企业）及其职工和退休人员，不仅包括过去的国有集体企业，还将新兴的外商投资企业、私营企业纳入其中。

2. 制度模式

城镇职工基本医疗保险制度实行统账结合，由两部分组成：一是社会统筹，主要承担大病（住院和门诊大病）医疗费用支付责任；二是个人账户，主要承担门诊小病医疗费用支付责任。

3. 缴费来源和资金分配

城镇职工基本医疗保险的资金来源于单位和个人的共同缴费。单位缴费率在职工平均工资的6%左右，个人缴费为个人工资的2%。其中，个人缴费全部计入个人账户，单位缴费则有30%左右划入个人账户，划入个人账户的具体比例则根据参保人的年龄而定。一般划分几个年龄段，年龄越高，划入的比例越大。

4. 待遇支付

统筹基金主要支付大病（住院和门诊大病）医疗费用，但个人也要承担一定的支付责任。社会统筹基金设置起付线（为职工平均工资的10%）、封顶线（职工平均工资的4倍）和个人共付比例，起付线以下医疗费用由个人账户支付或个人自付，封顶线之上医疗费用由个人自付或通过补充医疗保险来解决，起付线与封顶线之间的医疗费用主要由社会统筹基金支付，但个人仍然要承担一定比例的共付费用。个人账户主要支付门诊小病费用，个人账户不足支付的由个人自付。

5. 管理层次

城镇职工基本医疗保险实行地级统筹，在地级行政区范围内医疗保险基金统一筹集、管理和使用。

6. 医疗服务管理

为约束医疗服务供方、控制医疗费用增长，城镇职工基本医疗保险通过实行三个目录、两个定点、一个结算办法来强化对医疗服务的管理。制定基本医疗保险药品目录、诊疗项目范围和医疗服务设施标准及相应的管理办法，不符合药品目录、诊疗项目和医疗服务实施标准范围的医疗费用，基本医疗保险不予支付；对医疗机构、药店实行定点管理，发生在定点医疗机构、定点药店之外的医疗服务费用不予支付；制定科学合理的医疗费用结算办法，促使医疗机构控制医疗费用增长。

7. 鼓励发展补充医疗保险

允许企业在参加基本医疗保险的基础上建立企业补充医疗保险，工资总额4%以内的企业补充医疗保险缴费可享受免税优惠；此外，国家公务员在参加基本医疗保险的同时，还可享受由财政出资的公务员医疗补助。

（三）运行现状

1. 制度普遍建立，覆盖范围迅速扩大

经过10多年的改革和建设，城镇职工基本医疗保险制度已经在全国普遍建立。全国4个直辖市、340个地级市、2 000多个县市都建立了城镇职工基本医疗保险制度。此外，在推进城镇职工医疗保险改革的过程中，为适应我国经济结构调整、就业格局转变、城镇化水平提高以及农村劳动力转移的新情况，城镇职工基本医疗保险的覆盖范围还覆盖到制度原定的范围之外，个体工商户、灵活就业人员等非正规就业人员以及农村进城务工人员（农民工）也被纳入进来，使得城镇职工基本医疗保险覆盖到了所有城镇从业人员。截至2008年年底，全国城镇职工基本医疗保险参保人数达到19 996万人。其中，在职职工14 988万人，退休人员5 008万人。

2. 保障范围不断扩大，待遇水平不断提高

一方面，在基本医疗保险统筹基金之外，各地还普遍建立了大额医疗费用互助基金，用于支付统筹基金封顶线之上的高额医疗费用，扩大了医疗保险的保障范围；另一方面，统筹基金除了支付住院医疗费用外，还将部分门诊大病的医疗费用纳入支付范围，而且随着改革和建设的逐步推进，门诊大病的病种范围不断扩大，支付水平也不断提高。此外，部分地区还建立门诊大额费用统筹，将一定额度之上的其他门诊高额费用纳入统筹基金的支付范围，提供更好的门诊保障待遇。

在医疗保险待遇支付方面，医疗保险住院的支付比例不断提高。到2008年年底，全国住院医疗保险基金支付比例达到66.6%，加上其他医疗保险基金（包括个人账户、大额医疗费用互助基金、公务员医疗补助）的支付，整个医疗保险基金的住院支付比例达到72%。医疗保险提供的住院支付待遇水平较好，基本能够化解住院经济风险。

3. 基金收支平衡，有所结余，制度运行平稳

随着医疗保险覆盖面不断扩大，以及医疗保险经办机构加强征缴的努力，医疗保险基金收入不断增长。与此同时，通过加强医疗服务管理，将医疗保险基金支出的增长控制在一定范围内，从而使医疗保险基金做到了收支平衡，有所结余，保障了医疗保险制度的平稳运行和可持续发展。

二、新型农村合作医疗制度的建立和发展

农村合作医疗最早出现在20世纪50年代中期。到了60年代中期之后，在政府的强力推动下，全国兴起了大办农村合作医疗的热潮，农村合作医疗获得了快速发展，一度覆

盖到90%以上的农村地区和85%的农村人口。但是，自70年代末农村经济体制改革实行家庭联产承包责任制之后，由于失去农村集体经济的支持以及自身管理上的诸多问题，使农村合作医疗迅速衰落，到1985年，覆盖的农村地区锐减到5%。此后，虽然中央和地方政府都在恢复和重建农村合作医疗方面做出了积极努力，但农村合作医疗几度沉浮，恢复和重建合作医疗的成效有限。到1997年，农村合作医疗所覆盖的农村居民仍不足10%。到了21世纪初，我国政府高度重视农村的经济社会发展，包括建立农村社会保障。2003年，我国农村地区开始建立与过去合作医疗不同的新型合作医疗制度。

（一）新型农村合作医疗制度的主要内容

2003年1月，国务院办公厅转发卫生部等部门《关于建立新型农村合作医疗制度的意见》，新型合作医疗建设工作全面铺开。

首先，新型农村合作医疗保障实行大病统筹，重点保障大病，主要用于支付住院和门诊大病的医疗费用，重点在于缓解农民的“因病致贫、因病返贫”问题。其次，新型农村合作医疗实行政府与家庭共同缴费，政府财政补贴为主、家庭缴费为辅，各级政府财政补贴至少为年人均40元，个人缴费至少为年人均10元。再次，新型农村合作医疗实行自愿参保，主要通过财政补贴来吸引农村居民参保。最后，新型农村合作医疗实行县级统筹，将过去的以乡村为统筹单位提升到以县为统筹单位。

（二）运行现状

自2003年新农合政策出台之后，开展新农合的地区迅速扩大。2004年全国有333个试点县。2005年年底，全国开展试点县达到了678个。截至2008年年底，全国已有2 729个县（区、市）开展了新型农村合作医疗，参合农民8.15亿人，参合率为91.5%。6年间，缴费水平也不断提高。各级财政用于新农合的补贴由起初的人均40元，增加到目前的人均80元，个人缴费也由10元增加到20元。基金收支方面，2008年，新农合筹资总额达785亿元，新农合基金支出662亿元；补偿支出受益5.85亿人次，其中住院补偿0.51亿人次，门诊补偿4.86亿人次，体检及其他0.48亿人。新农合的住院费用支付比例达到35%左右。

三、城镇居民基本医疗保险制度的建立

自2003年新农合政策出台后，城乡人口中仅有城镇从业人员之外的少儿、学生、未就业的成年居民和没有职工医保的老人（统称城镇居民）没有被医疗保险制度覆盖。因此，在新农合快速推进、覆盖面迅速扩大的情况下，为城镇居民建立医疗保险制度也逐步被提上议事日程。2007年，国务院出台了《关于开展城镇居民基本医疗保险试点的指导意见》（国发［2007］20号），开始在全国全面推动城镇居民基本医疗保险的建设工作。

（一）主要内容

第一，城镇居民基本医疗保险覆盖所有未就业的城镇居民，包括少儿、在校学生、未

就业的成年居民和老人；第二，城镇居民基本医疗保险实行大病统筹，主要为住院和门诊大病提供费用支付保障；第三，城镇居民基本医疗保险的缴费由居民家庭和财政补贴共同承担，以家庭缴费为主、财政补贴为辅；第四，城镇居民基本医疗保险实行市级统筹；第五，各级财政还对低收入的困难人员参保给予更多的财政补贴（有的地区甚至由财政为其全额缴费），以帮助其参加城镇居民医保。

（二）发展现状

2007 年 7 月，国务院在出台 20 号文件后，确定了 88 个城市开展城镇居民基本医疗保险试点，同时也有其他一些地方自愿加入到试点行列。2007 年年底，城镇居民基本医疗保险参保人数达到 4 291 万人，覆盖全国 29 个省份的 137 个地市 692 个区县。2008 年，试点城市进一步扩大，新增试点城市 229 个，试点城市总数达到 317 个，占地级以上城市的 85％。截至 2008 年年底，城镇居民基本医疗保险参保人数突破 1 亿人，达到 11 826 万人。此外，2008 年 10 月，国务院还出台了《关于将大学生纳入城镇居民基本医疗保险试点范围的指导意见》，通过财政补贴和个人缴费，将大学生也纳入城镇居民基本医疗保险的覆盖范围。各级政府的财政补贴也由 2007 年的人均 40 元增加到 2008 年的人均 80 元。2008 年，城镇居民医保人均筹资达到 140 元，全国居民医保基金收入达到 155 亿元，支出 64 亿元。享受居民医保待遇的人数为 1 115 万人。居民医保的住院待遇也不断提高，2008 年住院医保支付比例接近 50％。

四、城乡医疗救助的发展

进入 21 世纪，我国政府高度重视医疗救助事业的发展。一方面为参加新农合和居民医保的城乡困难家庭居民提供额外的缴费补贴，以帮助他们参加医保；另一方面也为困难人群在发生医疗费用支付困难时提供医疗费用报销的额外补助。

2003 年，民政部等三部委下发了《关于实施农村医疗救助的意见》，开始在全国全面推开农村医疗救助工作。到 2006 年，全国所有的有农业人口的县市区都建立了农村医疗救助制度。农村医疗救助的对象包括农村五保户、低收入家庭等农村贫困人群，救助内容包括为救助对象缴纳参加新型农村合作医疗的个人缴费部分，以及对新型合作医疗报销之后个人负担过重的农村居民进行二次补助等。截至 2008 年年底，农村医疗救助共救助 948.1 万人次，民政部门资助参加合作医疗 2 786.1 万人次，全年累计支出农村医疗救助资金 35.8 亿元。农村医疗救助制度建立以来，累计直接救助 2 024.1 万人次，累计资助 9 458.3 万人次参加新型农村合作医疗。

2005 年，国务院转发了民政部等四部委《关于建立城镇医疗救助试点的意见》，自此，城市医疗救助工作全面展开。一方面，城镇医疗救助为城镇困难家庭参加居民医保提供额外的缴费补贴；另一方面，城市医疗救助还为低保对象中未参加医疗保险的人员以及参加医疗保险但个人医疗费用负担过重的人员提供医疗费用报销的帮助。截至 2008 年年底，在帮助居民参保之外，城市医疗救助共提供医疗费用救助 513 万人次，全年累计支出城市医疗救助资金 23.5 亿元。

五、多层次医疗保障体系的建设

在完善城镇职工基本医疗保险制度的同时，大额医疗费用补助、公务员医疗补助、企业补充医疗保险、商业医疗保险等补充性医疗保险也得到了长足的发展，多层次的医疗保障体系初步形成。

一是为了解决企业参保职工在基本医疗保险统筹基金封顶线以上大额医疗费用负担问题，各地普遍建立了大额医疗费用补助。大额医疗费用补助主要由职工或单位缴费筹资，绝大多数地方由社会医疗保险机构负责管理，少数地方委托商业保险公司经办。从各地的做法看，大额医疗补助筹资标准多数在每人一年 60 元左右，资金有的是个人全额缴纳，有的是用人单位全额缴纳，还有的是用人单位和个人分担。参保人员发生超过基本医疗保险社会统筹基金最高支付限额以上的医疗费用，由大额医疗救助金支付大部分费用，一般在 85%左右。

二是各地根据国务院《关于实行国家公务员医疗补助的意见》（国办发［2000］37 号）的精神，普遍建立了公务员医疗补助办法。医疗补助经费主要用于三个方面：一部分用于基本医疗保险统筹基金最高支付限额以上，符合基本医疗保险用药、诊疗范围和医疗服务设施标准的医疗费用补助；第二部分用于在基本医疗保险支付范围内，个人自付超过一定数额的医疗费用补助；第三部分用于中央和省级人民政府规定享受医疗照顾的人员，在就诊、住院时按规定补助的医疗费用。

三是许多有能力的参保企业建立了多种形式的补充医疗保险。职工工资总额 4%以内的缴费由企业从职工福利费中列支，享受免税优惠。

六、城乡医疗保障体系建设面临的问题

1. 城镇医疗保险的覆盖面有待提高

一方面，城镇居民医保刚刚开始建立，覆盖面有待大力拓展。另一方面，城镇职工医保还有不小的扩面空间，比如部分困难企业无力缴费，其退休人员未被纳入医保；非公有制企业、特别是其中的中小企业参保率还比较低；灵活就业人员以及外来农民工参保率也比较低。

2. 对门诊费用保障不足

城乡三大医疗保险制度主要以住院保险为主，门诊保障相对不足。一方面，城镇职工医保的个人账户缺乏共济，不能化解门诊疾病风险；另一方面，城镇居民医保和新农合实行大病统筹，普通门诊费用完全由个人负担。门诊保障不足或缺乏加重了部分体弱多病、门诊就医频繁的参保患者的个人经济负担。

3. 医疗保险待遇水平还比较低

2008 年，城镇居民医疗保险的报销率约为 50%，新农合医疗报销率仅为 38%左右，还不能真正化解疾病风险。城乡居民医保待遇水平有待提高。

4. 医疗保险关系在制度间、地区间转接不畅

城镇职工基本医疗保险制度、城镇居民基本医疗保险制度和新型农村合作医疗制度三

种医疗保险制度均独立运行，分别面向城乡不同的人群。制度之间、地区之间的政策差异较大，使得流动人口在身份变化、流动就业过程中转换医疗保险关系存在很大障碍，参保人员在身份、就业状态、就业地改变过程中医疗保障关系难以顺利接续，造成参保者医疗保险权益的损失。

5. 医疗保险统筹层次过低

目前在 2 620 个基本医疗保险统筹地区中，大约有 85%是区县级统筹地区。统筹层次过低成为目前医疗保险制度建设和管理中所面临诸多问题的重要影响因素之一。首先，统筹层次过低使得大数法则不能发挥作用，往往造成医疗保险基金出现风险。其次，区县级统筹使得同一城市不同区域之间政策不统一，缴费和待遇水平不一致，往往容易引发社会矛盾。最后，统筹层次过低还造成大量的异地就医问题。

6. 城乡医疗保障管理分割

城乡医疗保险分别由人力资源和社会保障、卫生部门管理，城乡医疗救助则属民政部门管理。管理上的分割不仅不利于管理效率的提高，也在很大程度上制约了城乡医疗保障的统筹发展。

7. 医疗保险管理服务水平不高

在经办管理方面，业务流程还不完善，经办管理还不够方便快捷，信息系统也有待完善和整合；在医疗服务管理方面，结算方式还不够完善，针对医疗服务供方的监督约束措施有待完善，另外尚未全面开展与医疗服务供方的积极谈判来为参保人争取质优价廉的医疗服务等。

第五节 城乡居民基本生活保障问题与制度建设

一、我国贫困人口现状分析

(一) 总量及分类

1. 城镇贫困人口数量及分类

随着 1999 年城镇居民基本生活保障制度[①]在全国的建立，城镇地区获得基本生活保障的对象不断增长，自 2003 年开始，我国城镇基本生活保障对象稳定在 2 200 万人左右，基本实现应保尽保。[②] 城镇贫困人口主要包括三部分人：一是在结构调整过程中出现的失业人员、下岗职工、离岗职工；二是较早退休的“体制内”人员；三是“体制外”人员，即那些从来没有在国有单位工作过，靠打零工、摆小摊养家糊口的人，残疾人和孤寡老人。

---

① 基本生活保障制度也就是最低生活保障制度（简称“低保”）。

② 在城镇，我国一般把低保对象看做贫困人口。

2. 农村贫困人口数量及分类

在 2009 年之前，我国农村执行两条贫困线，即绝对贫困线和相对贫困线，并由此区分绝对贫困人口（享受低保人口）和相对贫困人口。2009 年起，我国取消了绝对贫困线，将相对贫困线作为界定农民贫困人口的标准。根据 2008 年我国农村地区 1 067 元的相对贫困线标准，2008 年农村地区的贫困人口为 4 320 万人，包括 2 841 万绝对贫困人口和 1 497 万相对贫困人口，主要是那些孤老户、因病残失去劳动能力或者居住在自然环境和资源条件恶劣地区的人口。

（二）贫困人口分布及变化趋势

1. 贫困人口主要集中在中西部地区

从地区分布看，不管是城镇还是农村，我国贫困人口主要集中在中西部地区。在城镇，2007 年，中、西部地区拥有全国 77.5%的贫困人口，东部地区拥有全国 22.5%的贫困人口[①]（见图 1—1a）。从各省情况看，贫困发生率[②]在 5%以上的省区有 21 个，其中中西部有 19 个省，占到 82.6%。[③]

在农村，中西部集中了全国农村 85.7%的贫困人口，与城镇相差不大（见图 1—1b）。从各省情况看，全国有 23 个省、自治区、直辖市的农村贫困发生率在 5%以下，这一点与城镇有较大差异；有 7 个省的贫困发生率在 5%～10%，只有青海省农村贫困发生率超过 10%，为 13.6%。[④]

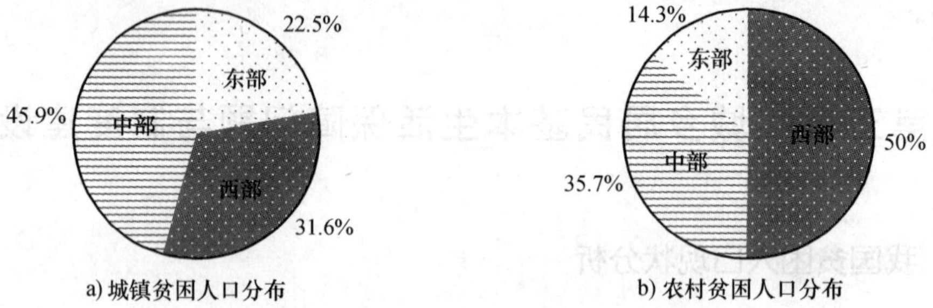

图 1—1　贫困人口分布

2. 农村贫困发生率的下降速度快于城镇

2007 年，城镇贫困发生率在 5%以下的有 10 个省，农村贫困发生率在 5%以下的有 23 个省；城镇贫困发生率在 10%以上的有 4 个省，而农村只有 1 个；城镇贫困发生率在 5%以上的有 21 个省，而农村只有 8 个省。与 2000 年相比，这几年来，不论是下降幅度还是绝对数量，农村贫困发生率的下降速度都快于城镇地区。数字对比说明，以下岗失业

① 我国目前还没有建立城镇贫困动态监测体系，无法掌握各地贫困人口的准确数量，因此此处把低保人口等同于贫困人口来计算贫困人口的地区分布。

② 此处仍是把低保人口当做贫困人口来推算贫困发生率，但这对说明贫困人口的地区分布影响不大。

③ 数据来源：根据《中国民政统计年鉴》和 31 个省区的统计年鉴整理而成。

④ 2007 中国农村贫困监测报告. 北京：中国统计出版社，2008

人员为主体的城镇贫困人员由于再就业不稳定、再就业率低，依靠自身就业脱贫的能力相对薄弱，因而脱贫速度缓慢；而农村由于加大扶贫开发和财政、科技投入力度，有劳动能力的那部分人口脱贫速度较快，剩余的贫困人口大都是老弱病残、鳏寡孤独等无劳动能力人员。

3. 农村绝对贫困人口中丧失劳动能力的占有多数，而城镇则大部分仍具有劳动能力

从城镇贫困人口的构成情况看，70%的人员仍具有劳动能力。以2007年为例，全国共有2 272.1万名城市居民得到了最低生活保障。其中，在职人员93.9万人，占4.1%；灵活就业人员343.8万人，占15.1%；登记失业人员627.2万人，占27.6%；未登记失业人员364.3万人，占16%，这四部分人口就占到了救助人员的62.9%。而农村贫困人口大都基本丧失劳动能力或缺乏基本的生存技能，除非外力相助，靠自身努力很难摆脱贫困。根据民政部的调查，在农村贫困人口中，因重残、重伤、重病等原因基本丧失劳动能力的人口大概占到了贫困人口的1/2，是贫困人口中的绝对贫困者。

二、统筹城乡基本生活保障制度发展现状

（一）发展现状

1. 制度建设进程不统一

从制度建设进程看，城乡基本生活保障制度已经建立，而城乡医疗救助、教育救助、住房救助仍处于试点阶段。

我国基本生活保障制度的发展始于20世纪80年代。1999年，城镇居民基本生活保障制度在全国建立；时隔8年，即2007年，农村居民基本生活保障制度在全国建立。作为现代社会保障和福利制度的“最后一道防线”，基本生活保障制度在缓解贫困、保障基本生活，缩小城乡居民收入差距、维护社会稳定等方面发挥了重要的作用。

除了基本的生存需求，城乡贫困群体在医疗、住房、子女教育等方面也面临非常突出的问题和困难。在全面推进城乡一体化的进程中，健全完善的社会救助体系作为落实科学发展观、全面建设小康社会、构建和谐社会的基础性工作，被提到了重要的战略地位。在保障城乡居民基本生活的基础上，教育、医疗、住房等一系列专项救助措施也得以颁布实施。2003年，农村地区开始医疗救助制度试点；2005年，城镇地区也开始了医疗救助制度试点。2003年，“两免一补”的教育救助措施开始惠及城乡贫困学生。随后惠及范围不断扩大，2006年扩展到西部地区全部农村，2007年又覆盖到全国农村（含县镇）学生。2003年，廉租住房制度开始在部分城市试点运行。与基本生活保障制度不同的是，目前除了义务教育阶段的教育救助已在全国推开外，医疗救助和廉租住房救助仍处于试点阶段。

2. 制度覆盖率——城镇和农村基本实现应保尽保，医疗救助、教育救助、住房救助覆盖范围有限

目前，城镇获得最低生活保障的对象基本稳定在2 200万人，人员构成也趋于稳定，基本实现应保尽保。农村随着基本生活保障制度在全国的建立，获得最低生活保障的农村

居民人数急剧上升，已达3 500万人，只有小部分（约30万人、14.7万户）农村人口仍在享受农村特困救济，但所占比例已经极低。

从专项救助措施的覆盖范围看，其覆盖范围有限，与最低生活保障的差距比较大。从实施廉租房的城市来看，截至2006年，全国有70个地级以上城市及大部分县（市）没有建立廉租住房制度。从保障对象来看，各地普遍将住房保障对象界定为城镇低保家庭，但即便这样也未能实现应保尽保。从教育救助看，贫困生救助存在“从优”现象。由于受救助资金的限制，我国能接受救助的贫困生比较有限。因此，在选择救助对象时救助部门往往会选择学习成绩优良的贫困生，使义务教育阶段的贫困生救助，变相为对优秀贫困生的救助。在医疗救助方面，目前在城市和农村都存在救助项目单一、救助病种普遍较少的问题。很多地区只对大病（住院）有救助，并且在开展大病救助的地区，一般只限于几种多则十几种病种的救助，在大病的种类中只占极少部分，救助范围狭窄，客观上限制了贫困群体对医疗救助的利用。

3. 城乡基本生活保障救助水平差距较大，中央政府低保资金支持主要用于城镇

在城镇基本生活保障制度推行之初，为了保证资金来源，从1998年开始，中央政府不断调整财政支出结构，加大资金投入。中央划拨的资金从2000年的8亿元增加到2004年的102亿元，并在随后的几年中持续增长。而农村基本生活保障资金则以地方筹集为主，主要由省、市、县、乡村集体等各级财政按比例筹集，中央政府没有转移支付。在这种情况下，农村基本生活保障资金投入力度、保障标准和覆盖范围主要取决于各级地方政府的财政能力。

2007年，城镇居民基本生活保障月补差平均为70元/月，而当前我国农村由于低保资金不足，地方财政只能“就菜下碟”，财政有多少，就补多少，造成保障标准低。低保人均月补差为30元，特困救助人均月补差标准为16元，在中西部地区，有的省区特困补差只有几元钱。[①] 城乡救助水平差距比较大。

4. 基本生活保障制度基本实现动态管理，专项救助管理尚不规范

目前城乡基本生活保障的救助管理体系已经形成，并建立了良好的工作机制。各地在对象审批、资金发放、档案管理、家庭收入调查和分类施保等方面形成了一套严格的管理机制，并实现了动态管理。各地还通过建立基本生活保障情况按月统计通报、重点督察和分类施保情况摸底调查制度，进一步巩固了动态管理下的应保尽保。

但在专项救助方面，目前专项救助管理机构尚不健全，管理也不够规范。目前大部分市、县没有设立专门的管理机构，没有配备专职人员，尤其是基层管理力量薄弱，职能不明确，导致医疗救助、教育救助、住房救助等低水平的基础管理工作。

（二）基本判断

1. 基本生活保障制度已经建立，各项救助措施正逐步推开

目前，城镇基本生活保障制度已进入平稳运行时期。从2003年开始，低保人数基本

① 费平，《西部地区农村社会救济问题研究》，西部办“西部地区农村社会保障问题研究”课题分析报告。

稳定在2 200万人左右，资金来源相对稳定，城镇基本生活保障水平稳中有增（见图1—2，图1—3）。

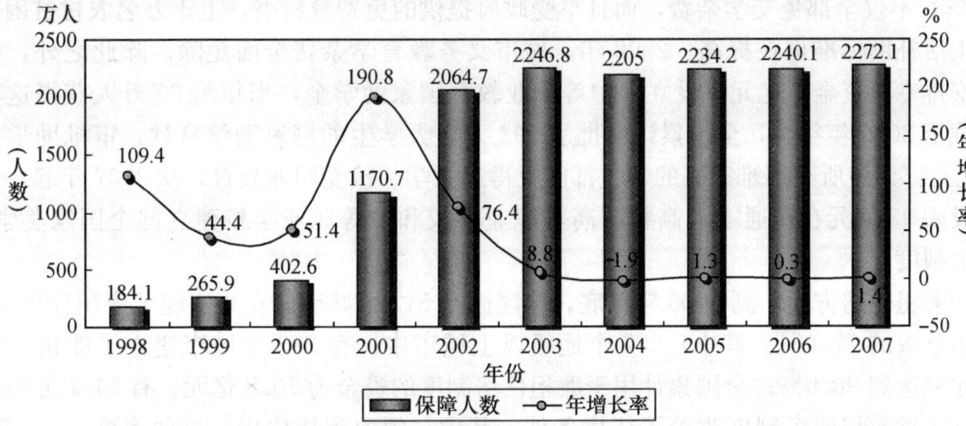

图1—2　城市最低生活保障情况

数据来源：民政部历年民政事业发展统计报告

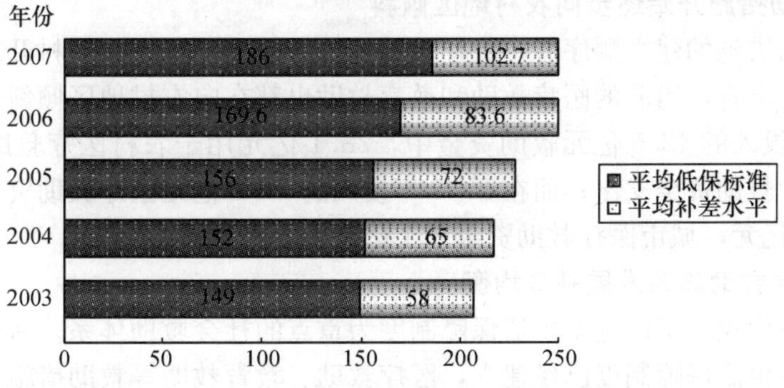

图1—3　城镇平均低保标准与平均补差水平

随着农村低保制度在全国的建立，农村低保的资金投入不断增加，由2003年的9.3亿元增加到2007年的109.1亿元，覆盖范围也不断扩大，从2003年的367.1万人增加到2007年的3 566万人，基本实现应保尽保（见表1—1）。

表1—1　全国农村低保资金投入及保障人数　亿元，万人

指标	2002年	2003年	2004年	2005年	2006年	2007年
低保资金投入		9.3	16.2	25.1	30	109.1
低保人数	407.8	367.1	488	825	1 593	3 566

数据来源：历年民政事业统计发展公报

从专项救助措施看，医疗救助、教育救助、住房救助正逐步推开。

在医疗救助方面，2007年，累计救助贫困农民2 896万人次。其中，民政部门资助参加合作医疗2 517.3万人次，人均资助参合水平19.1元；民政部门资助大病救助377.1万

人次，人均救助水平543元。城市医疗救助442万人次，人均医疗救助水平326.6元。

在教育救助方面，到2007年，全国有1.5亿名农村（含县镇）义务教育学生（占全国85%）不仅全部免交学杂费，而且享受政府提供的免费教科书，上千万名农村贫困寄宿生的生活补助标准也在提高。2008年，城市义务教育学杂费全面免除。除此之外，中央财政安排专项资金8亿元，设立了中等职业教育国家助学金，当年约80万人获得这项资助；截至2006年年底，全国累计审批了292万名大学生的国家助学贷款，审批助学贷款253亿元。为使所有困难家庭的学生都能上得起大学、接受职业教育，从2007年起，中央财政投入95亿元在普通本科高校、高等职业学校和中等职业学校建立健全国家奖学金、助学金制度。

在廉租住房方面，到2006年年底，全国已有512个城市建立并实施了廉租住房制度，占城市总数的77.9%。其中，287个地级以上城市中，有283个城市建立了廉租住房制度，比例达到98.6%；全国累计用于廉租住房制度的资金为70.8亿元，有54.7万户低收入家庭通过廉租住房制度改善了住房条件。其中，领取租赁住房补贴的家庭16.7万户，实物配租的家庭7.7万户，租金核减的家庭27.9万户，其他方式改善居住条件的家庭2.4万户。北京、上海、河北等省市对所有符合条件的家庭基本实现了应保尽保。

2. 各项救助措施开始逐步向农村地区倾斜

从专项救助措施的建立顺序看，医疗救助、教育救助都是先在农村开展，而后在城镇推开。从资金支出看，当前的医疗救助和教育救助也都在向农村地区倾斜。以医疗救助为例，在2007年投入的42.5亿元救助资金中，28.1亿元用于农村医疗救助支出，14.4亿元用于城市医疗救助资金支出；而在2006年投入的21.2亿元医疗救助资金中，农村医疗救助支出13.1亿元，城市医疗救助资金8.1亿元，农村也占了大头。

3. 城乡社会救助体系发展基本均衡

目前，城乡均建立了以基本生活保障制度为重点的社会救助体系。从保障项目看，城镇和农村的基本生活保障制度已经建立，医疗救助、教育救助等救助措施在农村和城镇均得以推进。从资金支出看，政府对农村的医疗、教育救助支持力度要大于城镇。

（三）主要问题

1. 资金投入机制尚不完善，缺乏稳定的资金渠道

一是基本生活保障资金的投入比例在各级财政中没有固定的预算，各级政府、尤其是中央政府与地方各级政府低保资金投入责任不明晰，无法保障低保资金的稳定来源。二是专项救助资金不足。从资金来源看，专项救助资金一般要求地方财政给予安排，中央财政也给予一定的支持，不过中央在拨付资金时往往要求地方政府按照一定比例给予资金配套。在经济不发达地区，由于地方财力有限，往往拿不出这部分配套资金，而只能依靠中央财政拨付的这部分经费开展医疗、住房救助。这实际上还是不能从根本上解决困难的地区医疗救助等问题。

2. 中西部农村地区基本生活保障资金整体投入不足

根据农村基本生活保障由地方人民政府负责、按属地进行管理的原则，及由此确定的低保资金的投入机制，各地一般根据地方政府的财政能力确定低保标准和救助对象。在地方财政能力比较强的东部地区，一般能保证农村低保资金的投入。但在经济欠发达的中西部地区，由于大多数地区属于“吃饭财政”甚至是“要饭财政”，由地方政府自筹资金解决农民的低保问题，的确有些困难。从乡村两级财政看，当前乡村两级普遍负债，平均每个乡镇负债400万元，每个村负债20万元，中西部各省区有60%～70%的乡镇不能正常发工资。① 因此，在经济发展水平相对落后、贫困人口相对聚集的中西部地区，依靠自身发展突破贫困的能力不足，仅仅依靠地方财政解决低保问题很难，也就不可能形成稳定的低保资金扶持机制。

3. 救助对象的资格识别程序不科学

主要是家计调查还存在一些技术性难题没有解决。一是如何界定“共同生活的家庭成员”。二是如何核定家庭成员的收入，尤其是那些困难家庭成员的临时性收入，以及具有法定赡养、抚养关系并且在一起共同生活的家庭成员的收入，技术上不容易处理。三是如何确定可享受低保家庭的资格。那些因建房和置业失败而导致生活困难的家庭、那些有小量经营但目前的确生活存在困难的家庭、那些有外出务工人员的家庭，该不该纳入基本生活保障，由于这些技术性问题没有解决，再加上非正规就业、隐性就业者越来越多，收入不稳定现象越来越普遍，因此在识别低保对象的过程中，难免会产生道德风险。

4. 农村基层组织管理体制不顺，服务能力不足

一是管理职能分散，政出多门。民政部门负责最低生活保障等社会救助工作，卫生部门负责医疗救助工作，建设部门负责廉租住房等住房保障工作，教育部门负责贫困学生的教育救助，而各级财政部门则负责各项社会保障资金的预算和承担财政责任。这种部门分割、缺乏协调，且部门色彩浓厚的管理运作和分头决策体制，导致城市贫困群体社会救助制度建设缺乏统一安排和长远规划，各项制度发展很不均衡，地区之间保障水平相差悬殊等问题。而且由于涉及的部门多，部门间缺乏合作，浪费了大量宝贵的行政资源。二是农村基层管理人员整体数量不足。由于城乡扶贫队伍整体缩编，民政部门基层工作人员减少，有的地区一个县只有1～2名民政干部，乡镇和村大量的救助工作基本依靠村委会成员完成，远远满足不了当前农村工作形势的要求。三是对当前农村社会救助工作缺乏有效监督管理。针对救助程序随意更改、工作透明度不高、“家计调查”浮于表面、“优亲厚友”等普遍现象，由于基层人员不足，无法逐一实地审核，在管理上缺乏有效监管措施。

第六节　城乡流动人口社会保障问题与政策措施

长期以来，我国实行有别于其他国家的土地所有和出让制度、户籍管理制度，又没有建立覆盖全民的社会保障制度，因此，中国在工业化、城镇化过程中，出现了2亿多名在城乡之间、地域之间往返流动的农民工和数千万名没有被社会保障制度覆盖的被征地农

① 陆学艺．三农新论．北京：社会科学文献出版社，2006

民，他们的社会保障状况堪忧，亟待国家完善制度，为其社会保障做出相应的制度安排。

一、农民工社会保障

（一）基本政策

1. 国家关于农民工社会保险的原则规定

关于农民工参加社会保险问题，在《国务院关于解决农民工问题的若干意见》出台前，在国家层面一直没有专门的政策规定。尽管国家没有出台专门规定，但对于在用人单位正规就业的农民工，在《劳动法》实施后，他们应当依法参加基本养老、医疗、失业、工伤等社会保险。据此可以说，当时的城镇职工社会保险制度在制度层面并不排斥正规就业的农民工，他们参加各险种的通道是敞开的。

2006年1月，国务院在全面调研的基础上，针对农民工的劳动权益、社会保障等问题，出台了《国务院关于解决农民工问题的若干意见》（国发［2006］5号）。《意见》就农民工社会保障问题做出了如下原则规定：

高度重视农民工社会保障工作。根据农民工最紧迫的社会保障需求，坚持分类指导、稳步推进，优先解决工伤保险和大病医疗保障问题，逐步解决养老保障问题。农民工的社会保障，要适应流动性大的特点，保险关系和待遇能够转移接续，使农民工在流动就业中的社会保障权益不受损害；要兼顾农民工工资收入偏低的实际情况，实行低标准进入、渐进式过渡，调动用人单位和农民工参保的积极性。

依法将农民工纳入工伤保险范围。各地要认真贯彻落实《工伤保险条例》，所有用人单位必须及时为农民工办理参加工伤保险手续，并按时足额缴纳工伤保险费。在农民工发生工伤后，要做好工伤认定、劳动能力鉴定和工伤待遇支付工作。未参加工伤保险的农民工发生工伤，由用人单位按照工伤保险规定的标准支付费用。当前，要继续推进农民工较为集中、工伤风险程度较高的建筑行业、煤炭等采掘行业参加工伤保险。建筑施工企业同时应为从事特定高风险作业的职工办理意外伤害保险。

抓紧解决农民工大病医疗保障问题。各统筹地区要采取建立大病医疗保险统筹基金的办法，重点解决农民工进城务工期间的住院医疗保障问题。根据当地实际合理确定缴费率，主要由用人单位缴费。完善医疗保险结算办法，为患大病后自愿回原籍治疗的参保农民工提供医疗结算服务。有条件的地方，可直接将稳定就业的农民工纳入城镇职工基本医疗保险。农民工也可自愿参加原籍的新型农村合作医疗。

探索适合农民工特点的养老保险办法。抓紧研究低费率、广覆盖、可转移，并能够与现行的养老保险制度衔接的农民工养老保险办法。有条件的地方，可直接将稳定就业的农民工纳入城镇企业职工基本养老保险。已经参加城镇企业职工基本养老保险的农民工，用人单位要继续为其缴费。劳动保障部门要抓紧制定农民工养老保险关系异地转移与接续的办法。

2. 地方层面农民工社会保障现行政策

地方农民工社会保险政策，大体分为以下三种情况：

（1）将农民工纳入城镇职工社会保险制度。农民工和城镇职工一样，参加养老、医疗、失业、工伤、生育保险，制度结构、参保险种、待遇标准等制度规定与城保基本一致，因地区不同略有差别。多数地区农民工参保属于这一模式。浙江等地实行双低政策（即低标准准入，低标准享受），但基本制度结构与城保相同。

（2）对农民工实施新的专项保险制度。如上海市为外来务工人员建立的综合保险制度；成都市在参考上海制度模式基础上，建立了针对“非城镇户籍从业人员”的综合社会保险制度；北京、深圳、厦门等地建立了专门针对农民工的医疗保险制度。

（3）参加农村社会养老保险和新农合。据调查，以乡镇企业高度发达而著称的苏南地区，其乡镇企业职工多为农民工。他们多数并未参加城镇企业职工社会保险，而是参加了当地的农村养老保险。但近年来，随着经济发展和城镇化的加速，不少本地乡镇企业农民工已不满足于参加农保，江苏无锡等地已出现参加农保的乡镇企业农民工转而参加城保的趋势。由于新型农村合作医疗实行按家庭捆绑参保的做法，农民工在原籍一般也都参加了新型农村合作医疗。

国务院 5 号文件出台后，除实行综合保险（捆绑参保）的地区外，多数地区农民工工伤和医疗保险政策已经按 5 号文件执行。

3. 拟出台的农民工养老保险政策

按照国务院 5 号文件要求，劳动和社会保障部于 2007 年抓紧进行了农民工养老保险政策的研究制定工作，形成了农民工养老保险办法征求意见稿，并广泛征求了国务院有关部门、各地区及有关专家的意见。2008 年 3 月，人力资源和社会保障部成立后，进一步完善了征求意见稿，在此基础上又征求有关地方意见，基本形成了农民工养老保险的具体政策草案，并公开征求社会意见。

制度模式。农民工直接参加统账结合的城镇职工基本养老保险。

缴费。实行低费率。用人单位和农民工个人共同缴纳基本养老保险费。缴费基数按基本养老保险有关规定确定。单位缴费比例为 12%；农民工个人缴费比例为 4%～8%，由所在单位从本人工资中代扣代缴，并全部记入其本人基本养老保险个人账户（以下简称个人账户）。原来已参加基本养老保险的农民工和用人单位，可按本办法调整缴费标准。

转移与衔接。农民工离开就业地时，原则上不“退保”，由当地社会保险经办机构（以下简称社保机构）为其开具参保缴费凭证。农民工跨统筹地区就业并继续参保的，向新就业地社保机构出示参保缴费凭证，由两地社保机构负责为其办理基本养老保险关系转移接续手续，其养老保险权益累计计算；未能继续参保的，由原就业地社保机构保留基本养老保险关系，暂时封存其权益记录和个人账户，封存期间其个人账户继续按国家规定计息。

待遇计发。农民工参加基本养老保险缴费年限累计满 15 年以上（含 15 年），符合待遇领取条件后，由本人向基本养老保险关系所在地社保机构提出领取申请，社保机构按基本养老保险有关规定核定、发放基本养老金，包括基础养老金和个人账户养老金。农民工达到待遇领取年龄而缴费年限累计不满 15 年，参加了新型农村社会养老保险的，由社保机构将其基本养老保险权益记录和资金转入户籍地新型农村社会养老保险，享受相关待遇；没有参加新型农村社会养老保险的，比照城镇同类人员，一次性支付其个人账户养老金。

经办服务。国家建立全国统一的基本养老保险参保缴费信息查询服务系统，批准发行全国通用的社会保障卡。农民工个人身份证号码作为其本人全国通用、终身不变的社会保障号码，农民工可在各地社保机构查询本人参保缴费等权益记录信息。

（二）农民工社会保障的现状与主要问题

虽然现行制度一直不排斥农民工，但农民工实际参保率一直不高。据劳动和社会保障部2005年上半年完成的农民工社会保障专题报告，农民工参加养老保险的总体参保率为15%左右，部分地区如广东、大连参保率也仅达到20%左右；参加医疗保险的为10%左右；参加失业和工伤保险的比例也亟待提高，基本未参加生育保险。

从全国层面看，国务院5号文件出台后，农民工工伤保险、医疗保险政策已经十分明确，而劳动和社会保障部又于2006年启动了农民工工伤保险的平安计划和农民工大病医疗保险专项扩面行动，这两项保险正在全国稳步推进。截至2007年年底，参加工伤保险的农民工4 600万人，参加大病医疗保险的4 000万人，参保率超过了30%，深圳市农民工工伤、医疗保险基本实现了全覆盖。但由于制度原因，农民工养老保险参保工作进展不大，全国总体参保率不足20%。

在农民工离开原参保地时实行退保政策的地区，由于社保关系难以转移和出于对个人未来就业前景不确定性的考虑，多数农民工都选择退保，结果导致农民工的社会保险关系即行中断，没有起到养老保险应有的作用。据深圳市统计，从1999—2003年5年间累计转退保人数68.07万人，占累计新增参保人数149.12万人的45.65%，其中1999年和2003年，转退保人数超过参保人数，扩面的效果不明显。而且外来农民工转退保的比例有逐年升高的趋势。在转退保的农民工中，又以退保占绝大多数。2007年1—6月，深圳全市已办理退保的农民工达到41.33万人，而1—9月申请转保的只有6 648人。

农民工之所以参保率低、退保率高，主要原因在于：

1. 制度因素——制度不统一、参保门槛高、统筹层次低、允许退保

现行城镇职工社会保险（特别是养老保险）制度主要是针对城镇原国有企业职工设计的，明显不适合农民工。主要表现在：

（1）制度不统一。截至2008年年底国家尚无统一的关于农民工的社会保险，特别是养老保险的政策规定，各地农民工社会保险（主要是养老保险和医疗保险）的做法不一致，以深圳为代表的多数地区是实行与本地户籍员工基本一致的养老保险政策，并出台了农民工医疗保险政策；少数地区则是专为农民工量身定造了区别于本地户籍员工的社会保险政策，出现了城镇社会保障的二元结构；更多的农民工根本没有参加社会保险。其结果，不同地区营商成本不同，企业负担不同，造成地区间不平等竞争。

（2）费率过高。由于承担国有企业历史负担，企业缴纳的基本养老、医疗和失业三项保险费平均为工资总额的28%，个人缴费为11%，企业和农民工个人普遍感到负担太重。由于费率过高，形成了高门槛，影响了单位和农民工个人参保的积极性。

以农民工个人缴费为例。2006年，农民工平均工资水平远低于城镇在岗职工。全国各类企业平均工资为20 555元[①]，农民工工资收入仅为全国企业平均水平的55.2%，尚未达到社会保险最低缴费工资基数（60%的社会平均工资）。而且，从人群分布看，据国家统计局有关调查，一半以上的农民工月收入在800元以下，其中月收入在500元以下的占19.67%，月收入在500～800元的占了被调查农民工总数的33.66%，只有一成的农民工的月收入超过了1 500元。分性别看，男性农民工平均月收入为1 068元，女性为777元。由于工资水平低，农民工支付基本生活费用后，节余的工资收入再去支付建房、子女上学、赡养老人等急迫支出后，往往所剩无几，因而本人参加社会保险的能力较为有限。而即使按社平工资60%的最低基数缴费，农民工的养老和医疗保险费也需1 233.3元，对多数低收入农民而言（按800元计）费率被放大到近13%，如以社平工资为基数缴费，则两项保险费为2 056元，费率将被放大到21%，远高于城镇职工的10%的费率水平，农民工负担较重。

（3）统筹层次低，社会保险关系接续难。养老和医疗等主要的社会保险制度被分割在2 000多个统筹单位（多为县市级统筹）内运行，各统筹单位之间政策不统一，难以互联互通，养老保险关系需要经常转移和接续。农民工流动性大，不仅在同一个城市频繁地变动工作岗位，而且还经常跨地域流动，以及阶段性转入非农领域就业，需要频繁地转移接续养老保险关系。按照国家现行规定，职工跨地区流动时只转移养老保险个人账户，不转移社会统筹资金，城镇职工的社会保险关系转移都难以落实，农民工的社保关系转移则更为困难。而且，由于外来农民工一般来自不发达地区，其户口所在地的农村社会养老保险制度一般没有建立，已经建立的也还很不健全。一旦他们离开原工作的城市，其养老保险个人账户难以转回原籍，面临无从转移的困境。可见，现行转移政策以及制度及经办管理不适应农民工频繁流动的需要。

（4）允许退保，损害了农民工权益。由于现行政策允许农民工退保，结果导致农民工流动时反复参保、退保，有的甚至在同一地区更换工作单位时也先退保、再参保。退保使农民工只参保、不受惠，不仅直接损害了农民工享受社会保障的权益，而且反过来又影响了用人单位的参保积极性，甚至还影响了政府的形象，有媒体称一些地方将农民工强制性社会保险变成城市社保基金的"提款机"，负面政治影响非常明显。

2. 人为因素——相关三方存在短视行为、对参保不够积极

农民工一方面对参保不够重视，另一方面也对现行社会保险制度缺乏信任，对自己以后能否享受养老待遇心存疑虑和担心。由于现行养老保险制度规定按月享受基本养老金的最低缴费年限为15年，而农民工流动频繁，如果不能实现转移接续，多数很难达到该年限标准。有的地方还规定退休前5年必须到该地参保，这实际上把农民工的养老问题排除在外。所以农民工在离开参保地时普遍不愿将保险费放在社保机构，一般都选择退保。这实际反映出农民工对现行社会保险制度的不了解和不信任，也反映出农民工在参保方面存在短视行为。

---

① 数据来源：劳动和社会保障部规划财务司编. 劳动和社会保障统计摘要2007，P40

农民工所在单位多为民营企业、外资企业、乡镇企业以及个体工商户，主要集中在建筑、餐饮、服装等技术含量较低的劳动密集型行业。不少此类用人单位为追求利润，千方百计减少人工成本，不重视人力资本投资，主观上也不愿为农民工参加社会保险，强调企业技术含量低、产品附加值不高，只能维持低成本竞争，如果按照城镇企业社会保险办法为农民工缴纳社会保险费，单位负担过重，担心会因此影响本企业的市场竞争力和经济效益。

关键还是一些地方政府对推进农民工参保也存在明显的短视行为。从长远看，没有从统筹城乡、实现社会经济协调发展和促进工业化、城镇化的战略高度，没有从以人为本的科学发展观出发，推动农民工参保；从近期看，主要担心推进农民工参保会提高本地企业的营商成本，影响当地的投资环境，把好不容易招商引资引来的投资方吓跑，从而影响地方的经济发展和为官一任的政绩。

3. 客观困难——流动性大、经办管理难

在城镇就业的大多数农民工没有稳定工作。据原劳动和社会保障部调查，农民工在一个单位工作 3 年以上的只占 20%～30%。据农业部固定观察点数据显示，2004 年，在外出农村劳动力中，有就业岗位但是不稳定的占 40.6%。由于技能不高，又面对工资低、劳动强度大、且受到不平等对待，为寻找更好的工作机会，多数人频繁流动。这一方面使经办的工作量倍增；另一方面，在农民工社保关系不便转移的情况下，增加了管理难度，凸显现有的信息系统不能适应需要；此外，高流动性还导致单位和本人都缺乏参保积极性，也给劳动保障部门缴费基数核定及监察执法等工作带来困难。

4. 责任缺位——政府对农民工社会保险责任不明确

政府对农民工社会保险责任缺位主要表现在以下两个方面：

一是贯彻落实《劳动法》、督促用人单位为农民工参保缴费方面执行不力。本来，《劳动法》对用人单位参加社会保险有明确规定，多数地区的法规文件也对农民工参加工伤、大病医疗、养老等社会保险项目做了规定，如果政府严格执法，农民工理应被纳入城镇职工社会保险制度。但实际上由于各级政府劳动监察执法力度不够，执法和扩面存在死角，以至于农民工参保率低。

二是对农民工社会保险的财政责任缺位。由于农民工大都不是本地居民，地方政府大都不愿承担其社会保险责任。从一些地方实施的综合保险政策看，地方政府不仅没有承担对农民工社会保险的补助和兜底责任，相反，甚至还从农民工有限的社会保险缴费中获得利益。有些地区虽未将农民工社会保险纳入另册，但在政策上允许退保，实际上不仅没有为农民工社会保险承担财政责任，反倒侵占了农民工养老等社会保险的社会统筹权益。

（三）农民工社会保障的思路与前瞻

鉴于农民工社会保障的基本原则已经确定，农民工直接参加城镇职工工伤保险，农民工大病医疗保险政策已经出台，农民工按就业地分类参加养老保险。因此，农民工社会保障政策已基本成形。

但农民工的就业状态很复杂，有在城镇稳定就业的，也有农忙时务农农闲时进城务工阶段性就业的，有在单位就业的，也有属自雇就业等灵活就业的，新老农民工的社会保障诉求又明显不同，因此，很难用一个办法解决所有农民工的社会保障问题，需要根据农民工的就业状态实行分类保障，通过就业、保障、户籍等多方面综合政策使农民工逐步实现城市化。

对在用人单位就业的农民工，按《劳动合同法》规定均应签订劳动合同参加社会保险。因此，不论合同期限长短，均应随单位参加城镇职工基本养老保险、医疗保险、工伤保险等项社会保险，地方已出台农民工医疗保险办法的，可参加农民工医疗保险；国家有关农民工参加养老保险办法出台后，用人单位应按该规定要求为农民工参加养老保险。

对在城镇灵活就业的农民工，允许其选择参加农民工养老保险、农民工大病医疗保险或城镇居民医疗保险，也可在原籍参加新型农村养老保险或新型农村合作医疗。

在城镇阶段性就业的农民工，一般应参加户籍所在地的新型农村社会养老保险、新型农村合作医疗。

实行积极的就业和保障政策。即加强农民工的技能培训，提高其在劳动力市场的就业竞争能力。同时，将农民工纳入城市住房保障和社会救助范围，并放宽或逐步取消农民工在所在城市落户的限制性政策。

二、被征地农民社会保障

（一）国家关于被征地农民工社会保障的基本政策

近几年来，党中央、国务院和地方各级党委政府就做好被征地农民社会保障工作出台了一系列政策措施，我国被征地农民工社会保障政策逐步成形。

1. 政策框架

2006 年 4 月，国务院办公厅转发劳动保障部《关于做好被征地农民就业培训和社会保障工作的指导意见》（国办发［2006］29 号）。该指导意见要求各地要从实际出发，采取多种方式保障被征地农民的基本生活和长远生计。对城市规划区内的被征地农民，应根据当地经济发展水平和被征地农民不同年龄段，制定保持基本生活水平不下降的办法和养老保障办法。对符合享受城市居民最低生活保障条件的，应按规定纳入城市居民最低生活保障范围。已开展城市医疗救助制度试点的地区，对符合医疗救助条件的要按规定纳入医疗范围。有条件的地区可将被征地农民纳入城镇职工养老、医疗、失业等社会保险参保范围，通过现行城镇社会保障体系解决其基本生活保障问题。对城市规划区外的被征地农民，凡已经建立农村社会养老保险制度、开展新型农村合作医疗制度试点和实行农村最低生活保障制度的地区，要按有关规定将其纳入相应的保障范围。没有建立上述制度的地区，可由当地人民政府根据实际情况采取多种形式保障被征地农民的基本生活，提供必要的养老和医疗服务，并将符合条件的人员纳入当地的社会救助范围。

2. 资金来源

2004 年，《国务院关于深化改革严格土地管理的决定》（国发［2004］28 号）明确规定：被征地农民社会保障资金从当地政府批准提高的安置补助费和用于被征地农户的土地补偿费中统一安排。两项费用尚不足以支付的，当地政府从国有土地有偿使用收入中解决。2006年12月，《国务院办公厅关于规范国有土地使用权出让收支管理的通知》（国办发［2006］100号）规定，土地出让收入使用范围含被征地农民社会保障支出，被征地农民参加社会保障所需的个人缴费，可以从其所得的土地补偿费、安置补助费中直接缴纳。地方政府可以从土地出让收入中安排一部分资金补助被征地农民社会保障支出。

3. 先保后征

2006年，《国务院关于加强土地调控有关问题的通知》（国发［2006］31号）明确“社会保险费用不落实的不得批准征地”，由此根本改变了过去只征不保或保障资金不落实的痼疾。为进一步落实国发31号文件精神，劳动保障部和国土资源部《关于切实做好被征地农民社会保障工作有关问题的通知》（劳社部发［2007］14号）又做出具体要求：“劳动保障部门、国土资源部门要加强沟通协作，共同把好被征地农民社会保障落实情况审查关。需报省级政府批准征地的，上述说明材料由市（地、州）级劳动保障部门提出审核意见；需报国务院批准征地的，由省级劳动保障部门提出审核意见。有关说明材料和审核意见作为必备要件随建设用地报批资料同时上报。对没有出台被征地农民社会保障实施办法、被征地农民社会保障费用不落实、没有按规定履行征地报批前有关程序的，一律不予报批征地。”监察部、人力资源和社会保障部、国土资源部联合下发的《违反土地管理规定行为处分办法》（第15号令）规定，对未按规定落实社会保障费用而批准征地的行政机关有关责任人员要给予处分，并规定了对违纪违规相关责任人的处分办法。

2008年，中共中央《关于推进农村改革发展若干重大问题的决定》要求“做好被征地农民社会保障，做到先保后征，使被征地农民基本生活长期有保障”，进一步明确了先保后征的原则，随之被征地农民社会保障工作将进入新的阶段。

（二）地方被征地农民工社会保障政策分析

1. 两种主要的模式

国办发［2006］29号文件出台后，29个省（自治区、直辖市）出台了本地的被征地农民社会保障政策性文件或实施办法。总体来看，地方被征地农民社会保障制度模式主要有两种：

一是基本生活保障或养老保障模式。即独立于城保和农保之外，单独建立被征地农民基本生活保障制度或养老保障制度，保障水平原则上不低于城镇或农村最低生活保障标准。目前，山东、浙江、江苏、河北、安徽、辽宁、吉林、内蒙、甘肃、湖南、海南、福建、贵州、陕西、宁夏、广东17省份采取这种模式。

二是直接进入现行城乡养老保险制度模式。即区分城市规划区内或规划区外，分别加入城保或农保制度。北京、重庆、上海（镇保）、天津、湖南、四川6个地区规定，城市规划区内的被征地农民凡已农转非的，以参加城镇职工基本养老保险为主。如北京、重庆、成都等地规定被征地农民的待遇水平分别参照城镇职工基本养老保险的最低档，山西省则明确将被征地农民分别纳入相应的城乡养老制度。

2. 主要政策

从已出台实施办法的省份的被征地农民社会保障规定情况看，主要政策内容包括：

一是在制度安排上区别不同情况灵活对待。即统筹考虑新老被征地农民的社会保障问题，区别城市规划区内和城市规划区外被征地农民的不同情况，区分被征地农民不同年龄段采取有针对性的社会保障政策措施。

二是落实社会保障资金。宁夏、湖南、甘肃、贵州、陕西、重庆、天津、广东、内蒙古、辽宁、浙江等省份建立了风险准备金或调剂金制度，作为政府储备基金，以补充被征地农民社会保障资金的不足。一些地区还规定了进入被征地社会保障专项基金的国有土地出让收入比例，如重庆为6%、湖南20%、海南15%，江苏则按土地出让面积，每亩提取一定金额。

三是一般都建立起了个人、集体、政府三方负担的筹资机制。至于个人、集体、政府三方分担的比例，各地不尽一致。多数省份是政府出资不低于30%，贵州为40%，宁夏和海南为50%，福建政府补贴高达70%。多数省份的缴费基数是根据当地低保水平等因素确定的。

采取统账结合制度结构的地区，多数做法是将个人缴费和集体补助记入个人账户，政府补贴进入社会统筹账户。个别省份将政府补贴的全部或一部分记入个人账户，如宁夏将个人缴费、集体补助、政府补贴总额的90%记入个人账户，10%作为统筹。实行个人账户制的地方，一般则是将个人缴费、集体补助、政府补贴总额的全部记入个人账户。

四是保证被征地农民的待遇水平。总的原则是，区别不同类型的参保对象，保证被征地农民的基本生活保障或养老待遇不因征地而降低。没有单独建立制度的省区，规划区内的待遇水平主要参照城镇企业职工待遇水平的最低档。单独建立制度的地区，待遇水平主要参照当地低保水平。也有的与缴费挂钩，根据计发系数、平均余命确定。多数省没有规定缴费年限，按一次或分次缴费。只有广东、山西（参照城保的人群）、北京、重庆规定最低缴费年限15年。宁夏规定在一次性缴费后还有缴费愿望的，还可以参照城保标准继续参保缴费。

五是建立被征地农民社会养老保险专门资金账户。大部分地区都为被征地农民单独开设了被征地农民社会保障资金账户，资金进入财政专户管理，实现了被征地农民社会保障资金专户的“收支两条线管理”。

六是相关配套措施逐步完善。部分地区建立了预存征地补偿款制度，制定了被征地农民社会保障工作流程和管理规范、被征地农民社会保障资金管理办法、被征地农民社会保障资金会计制度等政策文件。也有的地区在被征地农民的就业培训、子女教育、住房安置、完善计划生育家庭安置政策、户籍确认和城市规划区内被征地农民农转非工作等方面做了新的探索，有效维护了被征地农民的合法权益，促进了社会的和谐稳定。

（三）保障现状与完善思路

随着国家和地方一系列政策规定的出台并逐步落实，被征地农民社会保障覆盖面不断扩大。截至2008年12月，全国已有28个省级政府或政府部门制定了被征地农民社会保障文件，208 个副省级或地市级政府出台或转发了关于做好被征地农民社会保障工作的政策文件，1 021 个县（市、区）启动了探索建立适合被征地农民特点的社会保障制度的工作，已有 1 324 万名被征地农民被纳入基本生活或养老保障制度，新征地农民普遍得到了相应的社会保障，部分地区还逐步解决了历年被征地农民社会保障遗留问题。总体来看，被征地农民社会保障工作得到各级政府的重视和支持，保障制度逐步建立，保障资金相应落实，保障工作走入良性发展的轨道。

但目前这项工作也还存在制度模式不尽一致、保障资金缺乏稳定来源、保障待遇水平偏低、先保后征未完全落实、征地补偿标准低、被征地农民社会保障历史遗留问题突出等多方面问题。

按照国办发 29 号文件精神和中共十七届三中全会提出的先保后征要求，必须尽快明确完善被征地农民社会保障制度的原则、思路与政策框架，切实解决被征地农民的社会保障问题。

1. 基本原则

明确政府在被征地农民社会保障中的行政管理、筹资及落实和提高征地补偿的责任。

确保被征地农民征地后实际生活水平不下降。

先保后征——凡社会保障资金未落实的，一律不准征地。

2. 主要思路

在制度框架上，与现行城乡社会保障制度接轨，尽可能将其纳入现行制度。

在保障项目上，优先解决养老、医疗保障和纳入最低生活保障制度，并视情况将其纳入失业保险。

在具体操作上，实行分类指导。对不同年龄段的人员分别采取相应的保障措施；并对城市规划区内外的被征地农民分别采取不尽相同的保障办法。

在实施重点上，先解决当前征地农民的保障问题，条件成熟时再逐步解决历史遗留问题。

3. 基本制度框架

城市规划区内劳动年龄内的被征地农民，不论其是否农转非，直接纳入城镇职工基本养老保险制度、城镇职工基本医疗保险制度和居民医疗保险制度以及失业保险制度；劳动年龄以上的老年农民，在本人自愿的基础上，一次性缴纳与本人年龄对应的保险费进入城镇养老保险制度；条件尚不具备的地区也可视情况先建立被征地农民基本生活保障制度。

城市规划区外劳动年龄以上的被征地农民纳入新型农村养老保险制度、新农合制度和农村低保制度。

对劳动年龄以下的未成年被征地农民，可一次性发给生活补助费，从村集体获得的土地补偿费中列支，具体标准由当地政府规定。

4. 资金来源

按照先保后征的原则要求，建立被征地农民社会保障专项资金。资金主要来源于村集体获得的土地补偿费、个人获得的安置补助费、当地政府获得的土地出让金。

第七节　城乡社会保障体系建设的支撑条件

一、各级财政对社会保障的投入

（一）近几年各级财政支出用于城乡社会保障项目的变化趋势及分析

随着财政收入的不断提高，我国财政用于社会保障的总支出逐年增加。1998 年，我国财政社会保障投入[①]为 2 409 亿元，到 2007 年达到 13 715 亿元，10 年间增长了近 5.7 倍。但其支出水平相对偏低。

1. 社会保障支出占 GDP 的比例明显偏低

在过去的 10 年里，我国财政收入快速增长。1999 年财政收入突破 1 万亿元，2005 年突破 3 万亿元，2008 年超过 6 万亿元。财政收入占 GDP 的比重也由 1995 年的 11.7%上升到 2007 年的 20.8%。但是，我国财政（含社会保险收支）支出中社会保障支出占 GDP 的比重，2002—2007 年分别是 5.29%、5.12%、5.05%、5.15%、5.32%和 5.56%。尽管其绝对值有了较大幅度增加，但增加的幅度 6 年来并没有随着 GDP 的增长得到提高。

2. 社会保障支出占财政支出比例逐年下降

从近几年我国社会保障支出占财政支出的比例看，尽管总支出额快速增长，由 2001 年的 2 229 亿元，增加到 2005 年的 3 955 亿元，但其占财政支出的比例由 2002 年的 13.12%，到 2003 年降至 11.94%，2006 年为 11.72%，到 2007 年下降到 11.71%，未能实现我国《劳动和社会保障事业发展“十五”计划纲要》中提出的，“逐步将社会保障支出占财政支出的比例提高到 15%～20%”的目标。

3. 社会保障投入主要在城镇，财政用于农村社会保障支出较少

财政用于农村社会保障支出以社会救济为主，其余项目的投入几乎是空白。在城镇，居民可以享受一系列的补贴，如离退休养老金，医疗、失业和生育等的保险待遇。2005 年，3 699 亿元的财政社会保障支出中，用于农村社会保障的支出仅为 125.38 亿元，占 3.39%；中央和地方财政用于养老保障的投入近 1 000 亿元，其中 734 亿元用于城镇养老保障补贴，占 73.4%。在社会保障投入方面“重城轻农”十分突出。

（二）实现覆盖城乡居民社会保障体系目标对各级财政资金的需求

1. 养老保障资金投入需求

初步测算，2008—2012 年，财政用于城镇企业职工养老保险缺口补贴和机关事业单位（退休金）职业年金约需 2.62 万亿元，占财政养老保障投入的 84%。此后，随着覆盖

① 此处所指的财政社会保障投入指全国财政用于抚恤、社会福利、社会救济、行政事业单位离退休金支出、社会保障补助支出等的社会保障项目支出。

面的扩大和机关事业单位养老制度改革，资金需求逐年增加，将由2013年的8 815亿元增至2020年的21 450亿元。

农村养老保险方面，按农民年人均纯收入3%的标准，为参保农民个人账户提供补贴。城乡养老补贴方面，自2009年起，为城乡65岁以上无保障老人提供养老补贴，城镇、农村补贴标准按月人均分别为214元和63元、年均增长5%和7%。2009—2012年，财政新增用于农村养老保险、城乡养老补贴支出约为5 116亿元，年均1 279亿元，中央和地方财政年均将分别支出1 031亿元和248亿元。

综上所述，2008—2012年财政养老保障投入需求约3.14万亿元，年均6 271亿元，约占同期财政收入的8.3%。

2. 医疗保障资金投入需求

对于城镇职工医疗保障，财政主要承担机关事业单位基本医疗保险单位缴费和公务员补充医疗保险的缴费责任。

城镇居民基本医疗保险，按照改革计划，到2010年和2020年，城镇居民人年均财政补贴额将分别达到124元和485元。同时，到2010年、2020年，统筹基金支付比例分别提高到55%和60%以上。2010年实现全覆盖。

新型农村合作医疗，按政府出资比例不低于70%的目标，2010年、2020年农村居民人年均财政补贴额分别为120元和448元。

城乡低保人群医疗救助，2008年城镇、农村贫困线以下人口分别为2 200万人和3 000万人，人均年医疗救助标准分别为280元和60元，2009年起，人均年救助标准分别增长7%和5%。

国有破产企业退休人员医疗保障，2008年涉及1 200万人，按照2008年全国城镇职工基本医疗保险缴费水平计算，财政需投入1 890亿元，均摊到未来12年，则年均财政投入为158亿元。

因此，2008—2012年，财政用于医疗保障的投入约1.38万亿元，年均2 758亿元，约占同期财政收入的4%。自2013年后，随着覆盖面的扩大和机关事业单位医疗制度改革到位，医疗保障财政资金需求将逐年增长，由2013年的4 040亿元，增加至2020年的9 845亿元。

3. 其他投入需求

一是机关事业单位职工工伤、生育和失业保险的财政投入，2008年为308亿元，2020年将增至1 745亿元。二是社会救济、社会福利、抚恤、救灾、最低生活保障等的支出，按到2020年占财政收入的3%计算，将需要7 142亿元。三是财政补充全国社保基金和就业补助资金，2020年将分别需要1 677亿元和5 238亿元。

（三）中央财政支持社会保障体系建设的能力测算

按照2020年实现“人人享有基本社会保障”的目标，2009—2020年间，财政社会保障资金投入将由10 334亿元增至45 419亿元，年均24 510亿元，年均增长14.4%。财政社会保障资金投入占财政支出的比例，将由2008年的13%增至2020年的19.1%。照此计算，在未来12年中，我国GDP的增长年均需要保持在7.2%以上、财政收入占GDP的比重需要逐步提高到25%。否则，财政将难以支撑覆盖全民社会保障体系建设目标的实现。因此，在未来12年内，应坚持“保基本、低水平”和“以缴费型制度为主体”的社会保障建设原则。

（四）发达国家社会保障政府财政投入经验及启示

从社会保障支出占GDP的比重看，发达国家大大高于我国。2002年，以征税方式筹集社会保险资金的国家，如英国、瑞典、美国、捷克、匈牙利等，社会保障总支出占GDP的比重分别为13.5%、20.7%、12%、19.6%和16.4%。以缴费方式筹集社会保险资金的国家，如德国、日本，分别为27.1%和16.8%①。我国2002—2007年间分别是5.29%、5.12%、5.05%、5.15%、5.32%和5.56%，与国际上相比有较大差距。

从社会保障支出占财政支出比例看，按照同口径计算，不论是发达国家还是大多数发展中国家，其社会保障支出占财政支出的比例也明显高于我国。如2002年德国、日本、英国和美国，分别为31%、24.4%、19.4%和17%，作为发展中国家的巴西也达到17%。而我国同期只有13.1%。

发达国家的社会保障发展历程，为我们提供了有益的经验和启示。一是注重加大政府财政在社会保障方面的投入，尤其在经济快速发展时期，公众的社会保障需求越加旺盛，追求社会公平的意愿强烈，需要政府财政加大投入，建立完善的社会保障体系。以改善消费预期，增加内需，并使社会收入分配更趋公平，从而有助于社会和谐、持续、健康发展。二是在当前国际金融危机背景下，需要更加注意借鉴发达国家的成功经验。在当前，我国社会保障已经进入城乡统筹发展的新阶段，政府的财政投入应重点投入到农村、低收入群体社会保障，提高老年人、残疾人、妇女儿童等弱势群体的福利保障水平。三是要建立健全中央和地方社会保障财政责任分担机制。逐步调整并完善各级政府间社会保障财政责任的划分，充分调动中央和地方两个积极性，建立科学合理的中央、地方各级政府社会保障财政责任的分担机制。

二、社会保险经办能力建设

（一）我国社会保险经办服务体系的形成与发展

我国的社会保障经办是随着社会保障制度的不断改革、发展和完善而逐步建立起来的。大体分为三个阶段，从新中国成立到改革开放前为第一个阶段，其制度特点是以国有单位为核心的单位保障，劳动保险经办主体是全国各级工会，单位（集体）包办、封闭管理和运行是这一阶段的经办特征。20世纪80年代开始至党的十七大前为第二阶段，我国社会保障开始由单位保障向新型社会保障整体转型，政府主导、责任分担、社会化、多层次的社会保障体系，统筹基金和个人账户相结合的制度模式，以及企业退休人员的社会化

---

① 社会保障研究所，部分国家社会保障支出占财政投入情况分析报告，2006年3月。

管理等，要求在全国各级政府建立相应的社会保险经办机构，具体负责城镇职工五项社会保险的参保、费用征集、待遇审核支付、基金管理等业务。以建设规范化、信息化和专业化为主要内容的社会保险经办机构管理能力得到较大提升。第三阶段以党的十七大为标志，按照建立覆盖城乡居民社会保障体系的要求，社会保险经办管理服务正在由主要面向城镇单位和职工，转向城乡全体居民，经办中心开始向城市社区和农村下沉，服务网络逐步向城乡基层延伸。

（二）我国社会保险经办服务存在的主要问题

一是管理体制不顺，机构定位不清。经办中存在“事出多门”，服务对象需要面对多个机构“衙门”现象。有的按险种分别设立机构，有的在同一险种内按参保者身份类别设置机构。在机构性质上，有的是全额拨款事业单位，有的是差额或自收自支的事业单位，也有的按参公管理。管理体制的混乱，严重影响了社会保险机构的公信力，也为城乡统筹的社会保障体系建设带来阻碍，既加大了经办成本，又给参保单位和个人带来很大不便。

二是在管理服务上缺乏公共服务治理的服务理念。经办的各项业务规则设计，基本上是以方便经办机构管理出发，而不是以“便民、利民”，以服务对象为中心出发。一些地区建立了比较豪华的“社会保险经办大厅”，但服务的质量和效果并没有得到老百姓的认同，主要原因是经办中存在命令式、管制式做法，缺少沟通式、协商式、服务型的管理方式，行政色彩浓厚，效能比较低下。

三是经办人员数量少，缺乏科学的绩效考核机制。经办人员不适应快速增长的社会保险业务需要。不少经办机构工作人员与服务对象比例超过1∶1万人，与多数国家相比，人均工作量基本上是其他国家的两倍左右。人员缺乏科学的绩效考核奖惩机制，存在人浮于事、简单应付的现象，直接面向公众的前台窗口较少、服务人员少。少数工作人员以权谋私、权钱交易，该收的保费不收或少收，该扩面的不积极去扩，该支付的待遇不按规定办，或者熟人就办，有好处才办等不良作风和官僚恶习。

四是管理经费紧张，缺乏法律和制度保障。政府财政按一般行政事业单位拨付管理费用的财政投入机制，不适应社会保险业务经办管理内在规律的要求。尤其是中西部一些经济欠发达地区的经办机构，因缺少必要的经费投入，连日常办公电话费用都无法维持，机构的生存面临严峻挑战。

五是经办多集中在城镇和中心城区，基层经办能力薄弱，特别是农村地区的经办网络还未形成，不适应覆盖城乡居民社会保障体系建设需要。

（三）我国社会保险经办服务能力现状评估

社会保险经办管理属于政府公共政策管理范畴，如何利用有限的资源提供较好的保障和服务，是覆盖城乡社会保障体系建设制度运行的基础，也是政府公共服务均等化的重要内容。社会保险经办的管理服务机构、职能、人员编制及管理费用各项标准是管理的基础要素，已经成为政府公共服务中内涵最深、范围最广的重要组成部分。判断一个国家或地区的社会保障政策成功与否，不能仅仅从制度和政策的出发点来评价，主要的还是要看执行能力、落实能力。如果管理服务不到位、执行力不足，再好的政策也得不到群众的认同和拥护。这是评估社会保险经办管理能力的基本出发点。

我国社会保险经办机构管理体制，已由原来多部门分散经办，逐步统一到人力资源社会保障部门管理。城镇多层次的服务机构网络基本形成，国家、省（直辖市、自治区等）—地（市）—县（市、区），直到城市街道社区和农村乡（镇）村，管理服务网络逐步得到完善和加强。截止到2007年年底，全国各类社会保险经办机构达到7 434家，有5个省市在管理模式上基本实现省级垂直管理。机构性质上，97%的机构是全额拨款的事业单位，有38个省级机构、314个地市级机构和1 804个县级机构按《公务员法》实行参公管理，分别占到机构总数的54%、30%和29%。服务对象由主要面向城市单位和职工，逐步转为面向城镇各类劳动者和城乡居民。截止到2008年年底，经办机构管理服务对象累计达到76 580万人（养老保险21 891万人＋医疗保险31 698万人＋工伤保险13 810万人＋生育保险9 181万人）。一些地区把新农合和农村养老保险业务逐步纳入服务范畴。在实践中锻炼和培养了一支专业化的社会保险经办队伍。截至2007年年底，全国社保经办机构实际在岗129 085人。“金保工程”已经将1.6亿参保人员纳入计算机数据库管理，社会保障卡（“一卡通”）已在70个地区推广使用，持卡人数达到4 400万人。基本形成了一套从参保登记，到待遇审核支付，退休人员社会化管理服务等比较规范系统的经办流程和标准，以及以社会保险基金为核心的内部控制规范。

（四）我国社会保险经办面临的形势和挑战

一是未来服务对象将快速增长。按照2020年实现社会保障全覆盖的目标，服务对象理论上将达到70亿人左右，经办工作量将比目前增长近12倍。群众对服务的内容和形式也将提出新的需求。二是计算机信息技术的应用，一方面增强了管理服务能力，提高了工作效率和业务规范化程度，并带来组织机构的变化，减少了行政环节；另一方面，信息网络化对社保安全提出严峻挑战，电子证书制度尚未在社保领域推行，网络安全直接影响到基金安全。一些不法分子利用网络套取、诈骗社保基金的现象将是我们面临的重要挑战。三是城乡基层经办能力薄弱，绝大多数地区县级以下农村的经办组织、人员、基础设施等还几乎处于空白，面对乡村人口多、居住分散、交通不便的特点，如何把社保服务送到农民手里，是面临的又一新形势。四是市场化背景下人员流动加剧，对社保关系转移接续的挑战，养老保险不同政策体系之间的互相转移和接续困难，因各种原因中断参保或中断缴费续保、续缴费难。基本医疗保险参保人员转移时的权益如何保护等难题亟待破解。另外，养老保险省级统筹并逐步实现全国统筹后，如何协调整合养老保险机构和医疗保险等机构的管理服务资源，也是经办管理服务面临的新问题。五是人口老龄化将要求经办机构创新经办管理服务模式，为高龄老人提供更多的个性化服务，真正实现“老有所养”的目标。

（五）社会保险经办能力建设的基本理念、国外实践及国内部分地区的探索

1. 社会保险经办能力建设的基本理念

一是公众不断增长的社会保障公共服务需求，要求政府在理念、功能和组织体制方面

进行改革，将行政官僚制机构转变为服务型机构。二是政府作为公共利益的代表，需要提供为改善民生所需要的社会保险公共产品和服务。但是，政府不是简单地生产公共品，更在于打造公共品供应机制和服务产品的供应能力。因此，有必要引入市场竞争机制、公众参与的治理机制，建立以民众需要为导向的社会保障服务机制。三是改变经办管理中命令式、管制式做法，确立沟通式、协商式、治理型管理服务方式。为解决社会保险管理服务供需矛盾，有必要引入公益受托人机制。

2. 国外实践

西方发达国家在新公共服务和公共管理理论指导下，将政府的对外公共服务部门作为服务型政府建设的窗口，准确界定其法律地位，以及职能、编制、经费、评价等的制度安排。如法国的"社会保险和家庭津贴征收联盟"（urssaf），澳大利亚的"中联机构"（centrelink）等，均与决策机构保持相对独立的关系，并与政府决策机构签订公共服务项目承包合同（行政合同），依法组建和管理政府的公共服务组织，为居民提供包括社会保障在内的公共服务。

3. 国内部分地区的探索

近几年来，我国一些地区加强了以社会保障经办管理服务为主要内容的服务型政府建设。主要模式有：一是以上海市为代表，实施社会保险经办机构组织扁平化，以及经办管理绩效考核运行机制，由机关行政式管理转为专业化服务，建立了市级集中管理与区县现场管理相结合的组织体制和运营机制。二是以成都市为代表，整合城乡社会保障管理服务资源，实行城乡社保经办一体化管理和服务。把经办管理服务重心下移，以乡镇和社区基层管理平台为依托，集中经办管理各项社会保障业务。三是建立"以钱养事"的经办服务机制，社会组织参与部分社会保险经办业务。湖北省把农村基层的社会保险业务交由乡镇政府实行购买服务、经营性服务。重庆市利用遍布城乡的商业保险机构网络参与社会保险经办①，探索商业保险经办农村社会保障业务的新途径。四是实行社会保险服务大厅多部门联合办公。江西靖安县在各乡镇设立"集中办事服务大厅"，群众的所有社保经办事务都可以"进一个门、排一次队、填一张表、盖一个章"，即可按规定时限办理完包括新农合、农村养老、农村低保等社会保障业务。

（六）提高城乡社会保险经办管理服务能力的建议

一要理顺管理体制，统一规范机构名称，健全基层经办组织。将分散在不同部门经办的各项社保业务统一划归同级社会保险机构。重点健全和完善农村社会保险经办机构，在城市的街道社区和农村乡镇建立经办管理组织体系。二要明确经办机构性质，确立国家公益受托人的地位。经办机构是国家社会保障公益项目受托人，对国家的社会保险目标承担责任。三是在机构内部明确岗位职能，实施岗位和人员分类管理，划分为管理岗位、专业技术岗位和经办操作岗位，界定社会保险的服务项目，鼓励具备条件的社会组织和公众参与部分社会保险经办，并建立科学的绩效考核评估体系和财政管理经费的保障机制。四是

① 《内部参考》，2007 年 3 月第 22 期。

合理确定人员编制，不能简单地用工作人员与服务对象的比来确定人员编制，需要考虑地区的经济发展水平，区分城市中心区、郊区和农村地区，以及服务项目等因素，来确定机构编制。五是适应基本养老保险省级统筹，以及全国统筹的需要，积极稳妥地推进养老保险经办机构的省级垂直管理。六要逐步在“大厅式服务”基础上实行“一站式服务”，并根据不同参保人群的需要，提供“个性化的社保服务”。七要加快“金保工程”建设，优化整合形成统一的人力资源社会保障管理信息系统，实现就业、社会保障和劳动关系等计算机业务经办的一个入口。积极推进社会保险“一卡通”工程和社会保险关系转移接续权益结算工程。尽快实现社保关系全国内的有序转移和接续，以及异地养老、异地就医等的属地化管理和服务。八是要建立社会保险基金监测预测预警系统和基金精算制度。

三、社会保障基金投资运营与监管

（一）养老金投资运营现状

1. 养老金收支规模不断扩大，结余资金不断增加

2008 年，全国社会保险基金累计结余 13 755 亿元，其中基本养老保险累计结余 9 756 亿元。随着基本养老保险覆盖面的扩大、经济的增长和缴费基数的增加，在未来时期内养老保险基金还将保持快速增长。养老保险基金结余部分属于个人账户基金的范畴，具有长期积累性特征，基金面临着较大的保值增值压力。

2. 养老金分散在全国各级统筹地区管理

在管理主体方面，除少部分中央补贴做实的养老金委托全国社会保障基金理事会投资运营外，绝大部分分散在全国 2 000 多家统筹地区的经办机构，管理分散加大了基金风险。

3. 投资渠道狭窄，收益率不高

在投资渠道方面，过分强调资金的安全性，绝大多数结余资金由地方直接用于购买政府债券或国有商业银行的存款，收益率很低，甚至在扣除通货膨胀率以后为负值。据统计，2003 年以来，养老保险基金名义收益率为 2.18%，而同期加权通货膨胀率为 2.2%，养老金实际是贬值缩水。

4. 基金监管体系正在逐步形成

基金监管主要由社会保障行政部门监管和内部业务控制为主，专业审计、社会部门参与等多部门联合监管相结合，实行了现场和非现场的监管方式，监督的内容包括对基金征缴、支出和结余情况的全程监督。出台了一系列社会保险基金管理的政策法规，建立健全了社会保障监督委员会的工作制度和社会保险基金监督举报制度。

（二）养老金管理运营中的主要问题

一是养老金分散管理、基金风险加大。目前大多数养老保险是以地市级或县级统筹，较低的统筹层次既缺乏足够的专业人员来进行投资运营，也难以形成规模效应，国家也无法监控资金的流向。地方经办机构人员大都没有基金运作的经验，专业化素质不高，缺乏

操作投资组合、构建模型、分析市场潜在风险的能力，难以承担实现社会保险基金保值增值的重任。二是我国资本市场不完善，投资渠道狭窄，基金不但不能增值，保值都难以实现。三是金融危机的影响，加剧了基金贬值风险。金融危机使得参保资源减少，社保扩面资源受到压缩，经济增长放缓，企业效益下降，缴费困难企业增多，拖欠社保费增加，工资降低、收入减少，降低了缴费基数。同时，金融市场信心不足，已经做实的账户资金投资运营难度加大。四是养老金监管体制尚不健全，缺乏法律保障。

（三）我国养老金投资运营管理的基本思路

1. 提高养老保险统筹层次，实行养老金集中管理

养老保险个人账户由省级统一实施投资管理，省级社保机构作为账户基金的受托机构，负责账户基金的行政管理和投资运营决策。明确省级社保经办机构作为委托人，将投资管理、资产托管、账户管理等职能委托给专业机构管理。实行严格的市场准入制度，在省级社保经办机构内部建立完善的风险防范制度，设立专家委员会和投资管理委员会，分别负责金融机构遴选和投资政策等的制定。

2. 积极拓展投资渠道

可以考虑将做实的个人账户养老金的投资渠道拓宽，资产配置中应有一定比例配置到股票、不动产和国家基础设施建设项目等。这样才能使养老金分享我国经济发展的成果，提高基金收益率。同时研究制定投资运营的短、中和长期绩效考核办法，明确管理费的收取、激励约束机制、投资收益的账户记入、损益处理等规范和办法。

3. 健全基金监管体系，强化基金运营管理

实行行政监督、行业监督和社会监督相结合的监督机制，发挥政府和基金管理委员会等相关机构的监管作用，防止代理人侵权行为对基金安全造成威胁。同时，加快社会保险立法步骤，依法保障基金安全。

第八节　城乡社会保障体系建设面临形势、目标与对策

一、城乡社会保障体系建设面临的形势

社会保障制度改革取得成效的同时，还存在制度不完善、覆盖面窄、统筹层次低、整体待遇水平不高、服务能力不足等问题，一些历史遗留问题还未完全解决。当前，我国正进入全面建设小康社会的新的发展阶段，人民群众的社会保障需求与社会保障发展不足的矛盾将长期存在。站在新的历史起点，社会保障体系建设面临诸多新要求和新挑战。主要表现在六个方面。

（一）工业化进程加快，对社会保障形成空前压力

改革开放30年，我国成功解决了13亿人口的温饱问题。进入工业化中期阶段，产业

结构深度调整，社会结构和利益格局发生变化，社会风险加大，公众利益诉求趋于多元化，对社会保障水平和公平性提出了更高要求。一是尚未纳入社会保障范围的相关群体诉求增加，新老问题交错。解决体制转轨遗留问题的任务更加急迫，比如，仍有一部分关闭破产企业的退休人员没有基本医疗保障，小集体企业职工和“原家属工”普遍游离在养老保险制度之外等，有些已成为诱发社会不稳定的因素。同时，工业化加快，职业人群占就业人群的比重加大，包含失业与工伤在内的职业风险增加。二是群体间待遇攀比现象日益突出，政策调整难度大。已经有了基本保障的群体，由于待遇差别而产生的攀比现象日趋普遍，比较突出的是企业高级技术人员与事业单位同类人员的退休待遇落差较大，而事业单位又坚持以公务员的退休标准为比照；社会低收入群体“要社保不要低保”的呼声也很强烈。往往是解决一个问题，引发一片攀比。随着新型农村养老保险制度的推进，城镇职工、居民与农民间的保障攀比也将会越加突出。三是公众对社会保障管理服务的方式和效率提出了新的要求。如大量出现异地养老、异地就医，群众强烈要求改善公共服务方式，提高服务效率。

（二）城乡结构急剧变化，农村社会保障问题凸显

2008 年年末，我国城镇化率已达 45.68%，比改革开放初期提高了一倍多，在未来几年内很可能首次出现城镇人口多于农村人口的拐点；到 2020 年，城镇化率有可能达到 60%。这种快速变化的格局，凸显了现行社会保障的制度缺失。一是大量在城乡流动的农民工还缺乏适合其特点的政策安排。特别是需要长期积累的养老保险，大多数人没参保，少数参保的也普遍在春节回乡时退保。主要原因是现行缴费标准较高，企业感到难以承受；又由于社会保险权益无法跨地区转移、接续、累计，农民工担心流动就业后拿不到养老金。二是大量青壮年劳动力转到城镇就业，农村老龄化程度将加剧，传统的土地保障和家庭养老难以为继。大量青壮年劳动力转到城镇就业，留在农村的多是老弱妇孺，“空巢化”状况严重，传统的土地保障和家庭养老难以为继。我国城乡二元结构和地区发展不平衡现状是历史形成的，在相当长一个时期内不会完全改变。如何既体现公平，又适应城乡、区域发展的差异性，是加快推进覆盖城乡的社会保障体系建设过程中需要破解的一个难题。三是城乡保障差距在短期内难以完全消除，城镇化比例提高增加了社会保障总支出。由于城乡间社会经济发展水平、生活方式、缴费能力、保障需求不同，难以建立统一的制度，同时由于城镇社会保障水平大大地高于农村，社会保障待遇的刚性特点和政策连续性要求，短期内无法降低城镇社会保障待遇水平。同时，由于农村人口比例高，如实行城镇同等水平的社会保障制度，财政等各方难以负担。未来一段时间仍然存在城乡保障差距，城镇人口比例的增加，意味着社会保障整体水平的增加。

（三）人口老龄化程度加剧，社会保障长期资金压力巨大

人口老龄化是 21 世纪全球性难题，我国面临的形势更为严峻，主要有三个特征。一是来得早。西方国家都是完成工业化后进入老龄化，而我国是“未富先老”。二是来得快。西方国家老龄化从 5%上升为 10%，普遍用了 40 多年时间，而我国只用了 18 年。2008 年年末，我国 60 岁以上人口近 1.6 亿人，占总人口的 12%，而且每年以 0.4%以上的速度增长。三是持续时间长。由于人口基数大，预计我国在本世纪 30 年代进入老龄化高峰后，将高位保持 30 年至 40 年时间。初步测算，到 2050 年我国每 4 个人中就有一个老年人。值得注意的是，一方面我国人口预期寿命不断增长，部分大城市居民已接近 80 岁；另一方面提前退休的现象仍然比较普遍。长此下去，必然导致社会保险基金“生之者寡，食之者众”的局面，收支缺口逐步扩大，制度运行隐藏着重大危机。人口老龄化对养老保险和医疗保险影响重大。一是赡养率提高，增加养老保险基金支付压力。二是老年人平均医疗费是中青年的 3 倍以上，老龄化意味着老年人及其医疗费用支出大幅增加。同时，老年人的生活照顾、医疗护理、精神慰藉需求突出。

（四）市场化和就业方式多样化快速发展，社会保障管理水平和服务能力不能适应

一是统筹层次低，难以适应市场经济下流动人员社会保障权益转移接续的需要。20 世纪 80 年代，我国改革社会保障制度是从市县开始起步的，因而至今保留了很多低层次统筹、区域封闭管理的特点。随着市场经济的发展，人们在城乡、地区、行业间的流动性日益增强。而现行的社会保险管理受财政“分灶吃饭”体制制约，地域分割，分散管理，资金结存苦乐不均，不符合“大数法则”，难以发挥大范围共济和防范风险的功能。同时，由于跨地区调度资金和转接社保关系困难，阻碍了劳动力的合理流动。二是市场化带来就业方式的多样化，灵活就业群体的数量和比例呈明显上升趋势，其主要特征是劳动关系、就业岗位、工作时间、工资收入 4 个“不确定”，导致参加社会保险比较困难。三是传统社会保障管理是以稳定就业群体为对象、以用人单位为依托的，如今要面对数以亿计、时常变动的参保个人，还要保证终生准确记录和结算、支付，现有管理服务手段和能力都明显不足。

（五）经济全球化对我国影响加深，社会保障面临多重挑战

经济全球化为我国经济发展提供了机遇，扩大了国际市场，增加了就业和社会保险的参保人数和基金征缴收入；同时也对我国社会保障的稳定性、可靠性带来现实冲击和潜在风险。一是国际经济波动冲击我国劳动力市场和就业形势，对社会保险影响加剧。我国社会保障处在快速发展期，覆盖面的扩大和保障水平的提高，带动企业人工成本逐步走高是必然趋势，在资本和商品高度自由流动的背景下，这会在一定程度上影响国外投资流入和我国出口产品的竞争力。同时，我国经济的外贸依存度很高，国际经济的周期性波动、汇率的变化都可能导致国内一批企业、特别是中小企业停产关闭，从而造成社会保障压力。二是我国社会保障基金将会更大规模地进入资本市场寻求保值增值，在出现国际金融危机时，势必增大社会保障基金的投资风险。在全球化背景下，劳动力跨国流动就业，社会保险关系处理困难和复杂，我们已经不可能仅在本国范围内考虑社会保障制度建设问题。

（六）我国经济与社会迅速发展，为社会保障制度建设创造有利条件

在分析面临的新情况新问题的同时，我们也看到，当前加快推进我国社会保障体系建设有许多有利条件。一是科学发展观已经成为国家发展的指导思想，构建社会主义和谐社会已经成为国家既定的社会发展目标，执政为民、以人为本已经成为执政党与政府施政的核心理念，实现“学有所教、劳有所得、病有所医、老有所养、住有所居”和让人人享有社会保障已经成为党和政府对人民的庄严政治承诺。清晰的政治目标及其对社会保障的定位，决定了建设覆盖城乡居民的社会保障体系已经成为国家发展的重要目标指向。[①] 当前，为应对国际金融危机，围绕保增长、保民生、保稳定，社会各方面对于完善社会保障制度、提高低收入群众生活水平、消除群众后顾之忧、有效改善消费预期，已经形成了比较广泛的共识。二是经过 30 年经济快速增长，我国综合国力大大增强，GDP 总量从 1978 年的 3 600 亿元增长到 2008 年的 30 万亿元，人均 GDP 进入中等发达国家行列，国家财政收入从 1978 年的 1 100 亿元增长到 2007 年的 6 万多亿元，奠定了社会保障制度发展的物质基础，一些过去想办但没有力量办的民生工程，现在有条件、有实力办了。三是经过多年以来的改革探索，目前已基本建立城镇社会保障制度框架，农村社会保障制度逐步推进，为加快推进社会保障体系建设积累了丰富经验和必要的工作基础。

二、城乡社会保障体系建设的主要目标

建立覆盖城乡居民的社会保障体系的目标是：建立具有中国特色、全民共享的社会保障制度、机制和体制，实现保障对象全民化、保障方式多样化、筹资渠道多元化、管理服务社会化，为全面实现小康社会提供和谐、稳定的保障网。

重点有五个方面：一是保障项目比较齐全，人人享有基本保障。劳动年龄段内有工作、有收入的人，绝大多数参加社会保险并按可承受的比例缴费，在老年、疾病、失业、工伤、生育时能获得社会保险待遇；对于非劳动者、低收入者或者无收入者，由政府出资建立最低生活保障、养老补贴制度、医疗救助制度，提供基本生活保障。到 2020 年，基本养老和医疗保障覆盖城乡全体居民，城乡从业人员中的 90%以上纳入养老、工伤、生育与失业保险制度，60 岁及以上的无收入老年人人人享有老年补贴。二是待遇水平适度，能够有效保障基本生活。城镇退休人员基本养老金达到当地上年度职工平均工资的 60%左右，农村老年居民基本养老金达到当地农民纯收入的 50%左右，城乡老年居民养老补贴分别为当地城镇家庭人均可支配收入和农村家庭人均纯收入的 20%左右，保障每一个老年人可以维持体面生活。到 2020 年，对于医疗保险政策范围内住院和门诊大病医疗费用，城镇职工、城镇居民、农民支付比例分别提高到 80%、60%、60%以上，群众医药费用负担显著地减轻。同时，大力发展养老服务和医疗护理业，逐步建立和完善以居家养老为基础、社区养老为依托、机构养老为补充的服务体系，使城乡老年居民能得到适当的社会服务。三是管理服务健全，能够保证为公民提供方便、快捷、周全的服务。建立健全与覆盖城乡居民社会保障体系相适应的管理服务体系，建立全国统一的信息网络，使社会保险制度和管理能够有机地衔接，人员在城乡及区域之间流动顺畅，管理方式由粗放转向精细，做到管理一生，服务一生。四是制度能够定型，资金长期平衡，实现可持续。五是保障方

① 郑功成主编．中国社会保障改革与发展战略——理念、目标与行动方案．北京：人民出版社，2008．7～8

式多层次，以满足人民群众更高需求（见图1—4）。

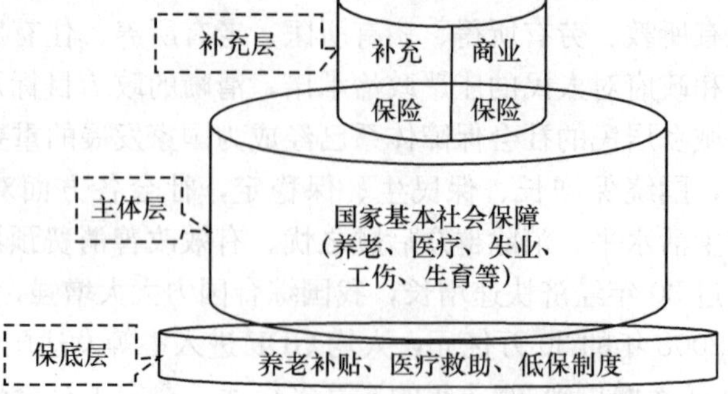

图1—4　中国多层次社会保障结构图

三、主要原则

现代意义上的社会保障制度诞生已有120多年历史，目前世界上近200个国家和地区建立了各种各样的社会保障制度。尽管各国的制度和做法各异，但有一条共同规律，就是都依据本国国情——经济社会发展条件、社会政治制度、历史文化背景等来选择和调整社会保障的模式和政策架构。我国人口众多，长期处于社会主义初级阶段，城乡、地区、群体之间差别大，人口老龄化来势迅猛。同时，自古以来就有尊老爱幼、扶危济贫和集体主义的精神文化传统。依据这些基本国情，应坚持以下基本的原则：

一是坚持从基本国情出发，与经济社会发展要求和水平相适应。我国人口众多，人均GDP尚处于下中等国家水平，城乡之间、地区之间经济发展不平衡，城乡二元结构仍未根本改变。立足这个基本国情，基本保障应从低水平起步，充分考虑各方面的承受能力。同时，根据城乡、区域不平衡的特点，制度设计不搞“一刀切”，而是根据不同人群的实际情况和地区经济发展水平，有针对性地确定适当的制度模式和待遇标准。

二是坚持公平与效率相结合，权利与义务相对应。在保障模式上，坚持以缴费型社会保险制度为主体，以非缴费型福利项目为补充。建立社会保险待遇水平与缴费挂钩的激励约束机制，引导和鼓励劳动者积极就业，多劳多得，早缴费、多缴费、连续缴费和长期缴费，并将保障范围积极向预防性领域延伸，特别是做好失业预防、工伤预防和疾病预防工作，建立避免有些国家“福利陷阱”的必要机制。同时，要根据经济社会发展，不断提高待遇水平，适当缩小待遇差距，让全体人民共享社会经济发展成果。

三是坚持立足当前，着眼长远，处理好改革、发展、稳定三者关系。改革和制度创新都要注重保持政策的连续性，坚持试点先行，及时总结经验，由点及面，渐次推进改革。坚持统筹城乡、整体设计、分步实施、配套推进，先解决制度从无到有的问题，循序解决覆盖面从小到大、待遇水平从低到高的问题，量力而行，积极而为，稳妥推进社会保障体系建设。

四是以政府为主导，充分发挥社会与市场力量。社会保障从根本上说是政府行为，政府必须在社会保障制度建设上发挥主导作用，积极推动立法，增加财政投入，提供更多的公共服务。同时，也要发挥市场的作用，调动社会组织的资源和各方面的积极性，共同推进社会保障体系建设。

四、完善城乡居民社会保障体系的主要对策

（一）加强统筹城乡社会保障体系建设的统一规划与组织领导

一方面，要改变目前我国城乡各项社会保障制度分属不同部门分别管理，分别确定制度体系和管理框架，相互之间缺乏协调和匹配的情况，加强城乡社会保障体系的统一规划和组织领导。根据经济社会发展的总体情况、宏观规划和经济实力，充分考虑到城乡居民各方面的社会保障需求，研究制定我国城乡社会保障中长期发展规划，统筹规划城乡社会保障体系建设，统筹考虑社会保险、社会救助、社会福利和慈善事业的协调发展。

另一方面，要进一步理顺社会保障管理体制，将目前分散在不同部门的社会保障管理职能整合在一起，将各项城乡社会保险和社会救助、社会福利等所有社会保障事务整合到一个管理部门统一管理。通过统一规划和统一管理，保障各项社会保障制度的顺畅衔接和整合，提高管理效率。

（二）加紧完善城乡养老保障体系

1. 通过建立新型农村养老保险制度、城乡无收入老人养老补贴制度，实现制度全覆盖。目前，农民和城乡无保障老人两个群体养老保障问题尤其突出，前者养老保险制度处于由试点走向定型阶段，后者则是建立制度问题。

建立新型农村养老保险制度。从理论分析和实际运行情况来看，“基础养老金加个人账户”模式的新型农村养老保险制度，既适合农民无单位和收入低、缴费能力不足的特点，又符合国际建立农村养老保险制度要有政府较大投入的惯例，在渊源上与城镇职工养老保险制度模式与结构有一致性。

考虑区域经济发展不平衡，应选择国家主导建立非缴费性基础养老金，由中央与地方财政出资，国家加大对中西部投入力度，基础性养老金统一标准（如每人每月 60 元），按年度预算划拨，不需积累和增值，操作简单，管理成本低。地方政府可在此基础上，视财力情况增加基础养老金，以适应地区差别。个人账户基金由个人缴费、集体补助、财政补贴、投资收益构成。个人以当地农民年人均纯收入为缴费基数，缴费比例可分档确定。财政对个人账户按人给予定额补助；村集体、企业和其他经济或社会组织也可以为农民个人账户缴费提供补助。缴费满 15 年、年龄达 60 岁的老人，按月领取非缴费性基础养老金，并对个人账户累计储存额按平均余命计算，确定应领取的个人账户养老金。

农村养老保险实行省级统筹，个人账户全额做实，省级集中管理，在试点的基础上，总结经验，逐步完善推广并走向定型。

城乡养老补贴制度。对城乡 65 岁以上无养老保障老年人群建立养老补贴制度。考虑到中西部地区地方财政负担有限，建议由中央财政出资在全国普遍建立城乡养老补贴制

度。一是起步阶段中央财政负责城乡 65 岁以上人员养老补贴的发放，有条件的地区可以为 60～64 岁老年人口发放养老补贴，这样既可以减轻中央财政的负担，又有利于鼓励有缴费能力的人参加基本养老保险。二是养老补贴不同于最低生活保障制度，不实行家计调查和动态补差，凡没有享受按月领取养老保险待遇的老年人都可以提出申请，政府相关部门核定资格后享受。三是城乡养老补贴水平有别，低水平起步，分别相当于当地最低生活保障标准。

2. 完善事业单位养老保险制度改革试点，择机改革机关事业单位养老保险制度，建立基本统一的城镇职工养老保险制度。

党的十七大已经明确提出，要促进企业、机关、事业单位基本养老保险制度改革。应在继续深化企业养老保险制度改革、进一步提高企业退休人员基本养老金待遇的同时，积极研究和适时推进机关事业单位养老保险制度改革。可以考虑采用与企业养老保险制度大体相同的制度设计和筹资结构，即社会统筹与个人账户相结合。整体设计，统筹兼顾，分步实施。具体操作上，可以先改革事业单位，后改革机关；事业单位养老保险改革要在科学分类的基础上，先试点后推广，逐步建立双方缴费、社会共济、待遇水平与缴费多少密切联系的机制；通过实行“老人老办法、新人新办法、中人逐步过渡”的措施和建立多层保障，保证待遇水平不降低。

事业单位改革复杂，主要涉及分类、人事、收入分配、财税政策、养老保险制度改革五项内容，养老保险制度改革处于末端，上海等 5 省市对事业单位养老保险制度改革试点反映强烈，事业单位养老保险制度改革应配套推进分类改革、绩效工资改革与规范工资收入，在总结试点经验的基础上全面推进。在总结事业单位改革经验的基础上，尽快改革机关（如 2014 年前后）退休养老制度，最终形成机关、事业、企业基本一致的城镇职工基本养老保险制度。

3. 通过完善灵活就业人员、农民工参保政策、加大政策执行力度等多种手段扩大覆盖面，实现人员全覆盖。

目前，城镇个体灵活就业人员有 6 000 万人，由于养老保险缴费全部由个人负担，相当一部分人缴不起费，仅有 3 500 万人参保，针对这种状况，建议实行低进低出的政策，尽早降低费率，自 20%降至 14%。城镇仅有 2 000 多万名农民工参加企业养老保险，当前需要按照“低费率、广覆盖、可转移、能衔接”的原则，在城镇职工养老保险制度框架内，出台农民工参保政策，单位缴费比例为 12%；农民工个人缴费比例为 4%～8%，由所在单位从本人工资中代扣代缴，单位缴费进入统筹基金；农民工个人缴费全部记入本人个人账户；农民工离开就业地时，原则上不“退保”，农民工跨统筹地区就业并继续参保的，由两地社保机构负责为其办理基本养老保险关系转移接续手续，其养老保险权益累计计算；农民工符合待遇领取条件时，社保机构按基本养老保险有关规定核定、发放基本养老金，包括基础养老金和个人账户养老金。

结合《劳动合同法》的贯彻实施，加大监察执法力度，促进个体灵活就业人员、农民工参保，尽早实现人员全覆盖。

4. 实行基础养老金全国统筹，建立健全中央与地方责任分担机制。

实行基础养老金全国统筹，能提高国家对养老保险事业发展的宏观调控能力，进一步划分中央与地方责任，调动各方面的积极性。基本思路：推进省级统筹，2009 年年底在全国范围内全面实现省级统筹。在一个省范围内，做到统一费率，统一待遇项目和计发办法，统一调剂使用基金，统一经办业务流程。在此基础上，2012 年实行基础养老金全国统筹，建立中央统筹基金，将原由地方负责发放的基础养老金和已退休的“老人”养老金的 40%改为由中央负责，个人账户养老金、“老人”的另一部分养老金和“中人”的过渡性养老金由地方负责发放，随着“老人”和“中人”的减少直至消失，中央负责基础养老金、地方负责个人账户养老金的关系最终理顺。初步测算，中央统筹基金发放额相当于缴费工资基数的 10%（目前约为 2 400 亿元），可考虑通过两个渠道筹集：一是按工资总额 6%的比例将单位缴费归集到中央，二是相当工资总额 4%的缺口由中央财政补助（用当前中央对地方养老保险专项补助外的资金冲抵，实际增加补助不到 2%）。

事业单位养老保险制度改革后，直接纳入当地企业养老保险所属的统筹层次，基础养老金实行全国统筹。

5. 逐步做实养老保险个人账户并投资运营，建立部分积累的运行机制。

做实个人账户是化解人口老龄化高峰时养老金支付危机的重要手段。企业退休人员基本养老金当前水平还比较低，未来一段时间还需要较大幅度提高待遇，当期支付压力较大；资本市场还处于不断完善阶段，做实基金保值增值压力大。做实工作应当在确保当期发放的前提下稳步推进。在总结部分省（市）试点经验的基础上，从 2010 年开始全国普遍推开，按不低于 3%的规模起步，以后可视情况每 2 年增加一个百分点，2020 年做实到 8%。各省基金缺口主要通过扩面征缴解决，中央财政对中西部地区和老工业基地继续给予一定数额的补助。2010 年以前的空账暂不做实，保留权益记录。农村、农民工养老保险是新制度，没有历史负担，可自制度建立之初全部做实个人账户。

个人账户做实基金集中省级管理，委托专业的市场投资机构运营，国家拓宽个人账户基金投资渠道，可考虑投资于垄断性经营行业和经济效益明显的国家基础设施，例如大型水电、通信、能源、交通、石化等。这些建设项目规模巨大、建设周期长、投资回收期长，但投资收益较高并具有稳定性，投资风险也相对较低。国家也可专门发行特种养老保险个人账户基金债券，在限定的年限内承诺较高的收益率。

6. 适时延迟法定退休年龄，建立应对老龄化的长效机制。

延长退休年龄，是各国应对老龄化的首选政策。我们也要根据人民健康水平提高、人口预期寿命延长的实际，在统筹研究就业市场供求状况、充分考虑群众心理承受能力的前提下，采取柔性策略，适时调整退休年龄。可考虑对高级知识分子、各类专业技术人才、高技能人才等，实行弹性退休政策试点，允许他们自愿延迟退休，并在社会保障相关政策上给予更多倾斜。条件具备时，对男女职工实行统一的小步渐进式的延迟退休，争取用 20 年左右的时间，将男女法定退休年龄分别提高到 65 岁和 60 岁，并逐步缩小男女退休年龄的差别。这不仅是减轻基金压力、实现社会保障可持续发展的需要，也是科学开发和合理利用我国人力资源的客观要求。

（三）进一步完善城乡医疗保障体系

1. 进一步扩大覆盖面，实现全民医保

我国医疗保险发展的首要目标就是全民医保，即到2010年实现医疗保险总体覆盖率达到90％以上。目前新型农村合作医疗覆盖率已经达到90％以上，完成90％覆盖率这一目标的关键在扩大城镇医疗保险的覆盖面。首先，推进城镇居民基本医疗保险制度建设。由于城镇居民医保实行自愿参保，扩大居民的覆盖面需要通过政策宣传、方便服务、完善制度以增强其吸引力等多方面的努力来实现。一是进一步强化宣传。通过各种媒体，特别是充分利用社区、学校、单位，宣传居民医保的基本政策、参保的益处、财政补贴缴费以及参保的具体办法，帮助居民充分了解居民医保这一新生事物。二是充分利用学校、社区的平台，为居民参保提供方便的服务。三是通过探索建立普通门诊统筹、扩大医疗保险的受益面，以增强居民医保制度的吸引力。其次，促进非公经济从业人员、灵活就业人员积极参保。一方面严格执行《劳动合同法》，强化雇主责任，强制有能力缴费参保的非公有制企业参加城镇职工基本医疗保险，为其职工缴费参保；另一方面也应采取灵活措施，如允许全额缴费确有困难的企业和人员参加费率较低的单建统筹（不建个人账户）的医疗保险，确实无力参加职工医保的企业和人员也可以通过财政补贴参加居民医保，但必须经过严格审查，防止有能力缴费的企业逃避缴费责任。再次，解决历史遗留问题，帮助国有困难企业、关闭破产国有企业、集体企业的退休人员和职工参保。在2008年已解决地方政策性关闭破产国有企业退休人员参保问题的基础上，继续通过整顿地方财政补贴以及其他筹资渠道进一步解决中央下放政策性关闭破产国有企业和地方依法破产国有企业退休人员的参保问题。同时也应考虑尽快解决其他各类关闭破产企业退休人员的参保问题，并逐步将其他国有、集体困难企业职工也纳入医疗保险制度，确有缴费困难的企业，也可以自愿选择参加城镇居民基本医疗保险，政府应将其职工视同城镇居民给予相应的财政补贴。最后，推动农民工参保。一方面将签订劳动合同、稳定就业的农民工直接纳入城镇职工基本医疗保险，与城镇职工同等对待；另一方面对于就业不稳定、从事灵活就业的农民工，允许他们自愿选择参加就业地的城镇居民基本医疗保险，就业地政府应将其与当地城镇居民同等对待，给予相同的财政补贴。当然，在管理上还需要加强城镇医保与新农合的协调和配合，尽量避免农民工的双重参保。

2. 建立城乡医疗保险关系转移接续办法，保障流动人口的医疗保障权益

人员流动的医疗保险关系转移接续涉及三个方面的情况：人员跨统筹地区流动就业时医疗保险关系的转移，人员身份变化（农民转市民）和人员城乡之间就业流动（农民工离乡和返乡）时医疗保险关系在城乡医疗保险制度之间转换，以及跨统筹地区就医引起的医疗保险待遇支付的转接。

解决统筹地区之间医疗保险关系转移接续，一方面需要成立中央和省级的医疗保险权益转移中心，承担跨地区医疗保险关系转移的利益协调和转接工作；另一方面要明确不同统筹地区参保缴费年限互认，无论在最后参保地区缴费时间多长，只要在不同地区参保缴费年限合计达到法定的享受退休医疗保险待遇的年限即可在当地享受退休人员医疗保险待

遇。另外，针对农民工必须建立地区间医疗保险基金的转移机制，将农民工东部地区缴费权益的一部分转移回中西部家乡。解决农民在城乡之间流动、医疗保险制度在城乡之间的转换和接续问题，关键在于城乡制度间的权益如何计算和转接。由于城镇职工医疗保险与新农合之间有着巨大的缴费和待遇差异，因此需要根据城乡医疗保险的缴费和待遇水平的差距确定一个合理的缴费年限折算率，在农民转成市民后，根据确定的折算率将其过去新农合的缴费年限折算成城镇职工的医疗保险缴费年限，合并记入其将来享受退休待遇的缴费年限之中。解决异地就医问题，一方面需要提高统筹层次，将统筹层次提高到地市级，消除近80%的地市范围内的异地就医问题；另一方面要建立统筹地区医疗保险经办机构之间的协作机制，依托就业地医疗保险经办机构来管理异地就医人员的身份识别、就医管理和费用结算。

3. 建立门诊统筹，完善医疗保险制度

对于城镇职工基本医疗保险来说，建立门诊统筹的关键在于如何转化个人账户。应该采取渐进的方式，逐步缩小个人账户规模，弱化个人账户的作用。无论是城镇职工医保，还是城镇居民医保、新农合，门诊统筹都是从无到有、增加待遇。因此，在开展门诊统筹的初期（第一阶段）均应低水平起步。新建的门诊统筹仅设低水平的起付线或不设起付线，设置相对较低的报销比例，以后逐步提高；在管理上，积极引导参保患者到社区就医，依托社区卫生服务机构来管理，减轻医疗保险管理的负担（社区卫生服务机构可分担大量医疗保险管理的责任）和降低基金支付风险（社区卫生服务的费用较低）；探索针对社区医疗服务的按人头付费的结算方式，激励社区卫生服务机构开展预防保健、主动控制成本和费用。

4. 提高医疗保险统筹层次

提高统筹层次、实现真正的地市级统筹，需要逐步做到“四个统一”：一是政策统一，在全地区、全市范围内实行统一的职工医疗保险政策；二是标准统一，即缴费费率统一、待遇支付办法统一；三是基金统一，基金统一由地市级政府管理和使用；四是管理统一，形成地市级医疗保险管理部门统一管理、地市和区县政府责任分担、各负其责、经办机构垂直管理的管理架构。鉴于目前调整区县与地市政府间复杂的利益关系难度较大，开始时地市级统筹不一定一步到位，可以先实现政策和标准的统一、基金分级管理，但实行一定的地市级调剂，并且制定相关的制度衔接政策，保障人员在区县间流动时能够顺畅实现医疗保险关系转移和接续以及跨区县就医时能够及时支付待遇。在探索地市级统筹过程中，特别需要探索建立区县、地市政府的管理激励机制，合理划分两个层级政府的各自职责，建立激励双方、特别是区县级政府加强基金征缴，积极监督管理定点医疗机构，控制医疗费用的奖惩机制。

5. 统筹城乡医疗保障

统筹城乡医疗保障的发展是一个长期的过程。在统筹城乡医疗保障方面需要推动的任务是，一要统筹规划城乡医疗保障发展，统筹考虑城乡医疗保障制度体系的整体设计、发展目标和步骤，并把统筹城乡医疗保障纳入统筹城乡经济和社会发展的总体规划中考虑；二要消除制度间、城乡间的衔接障碍，保障人员流动和身份转换时医疗保障的顺畅转移接续，确保人员在城乡之间流动时医疗保障权益不受损害；三要扩大各项医疗保险制度的开放性，探索逐步实现不以户籍和就业状况为条件、可自由选择参加任何一种医疗保险制度；四要开展整合和统一城乡居民医疗保险制度的探索，城乡非从业人员参加统一的居民医疗保险制度，三大医疗保险制度体系转变为职业性制度和非职业性制度两大制度体系；五要积极探索统一城乡医疗保障管理，将三大医疗保险制度和医疗救助制度合并到一个部门统一管理，提高管理效率；六要在不降低城镇医疗保险待遇水平的前提下，提高农村医疗保险的待遇水平，缩小城乡医疗保障差距，增强整个城乡医疗保障体系的公平性。

6. 建立医疗保险供需双方谈判机制

实行医疗保险的主要目的之一就是发挥团购效应，通过与医疗服务供方的协商谈判来为广大参保居民争取低价格、高质量的医疗服务，建立医疗保险经办机构与医疗机构的谈判机制非常必要。建立医疗保险供需双方的谈判机制，首先要明确谈判双方的角色定位，特别是医疗保险经办机构的角色定位，医疗保险经办机构应该作为医疗服务的购买方而不是作为政府监管者的身份来参与价格谈判，双方以平等的购买方和提供方的身份来协商谈判医疗服务的价格。其次，应明确双方谈判的主要内容，谈判主要围绕医疗服务价格来进行，医疗服务价格既包括单项的药品和诊疗项目的价格，更重要的是包括医疗服务整体的支付价格，如单病种付费、总额预算、DRGs 等。再次，需要通过双方以及相关管理部门（如人力资源社会保障、卫生、价格等）的协商确定谈判的基本规则和程序以及争议的处理办法，为谈判的有序开展提供管理规范。最后，为调动医疗保险经办机构开展谈判的积极性、提高谈判的效率，还需要建立激励医疗保险经办机构主动开展谈判的奖惩机制，或通过引入商业医疗保险公司参与医疗保险经办管理、形成不同性质经办机构之间的竞争，以及通过培训提高医疗保险经办机构的谈判能力等。此外，医疗保险供需双方开展谈判离不开卫生评估技术的支持。单项医疗服务项目（药品或诊疗项目）的价格确定，单病种的付费标准、DRGs 付费标准都需要卫生评估技术的支持。医疗保险经办机构非常有必要设立卫生技术评估的专业部门，国家也可以鼓励社会力量兴办类似的卫生技术评估的中介机构，由医疗保险经办机构购买其提供的卫生技术评估服务，为供需双方开展谈判提供技术支持。

（四）健全城乡基本生活保障体系

1. 进一步完善政府公共财政对基本生活保障的投入机制

在规范中央与地方基本生活保障资金的投入机制时应注意，要明确中央政府与省级、市级等地方政府的财政责任划分，建立由中央、省、市、县、乡五级财政共同负担的低保资金筹资机制；建立中央、省级财政低保资金专项转移支付制度，加大政府公共财政资金中对低保资金的投入；加大中央政府对老工业基地、资源枯竭型城市和中西部贫困地区的财政转移支付力度，解决地方财政无力负担最低生活保障费用的问题。

2. 完善基本生活保障对象的资格审核制度，谨防福利依赖

应规范低保对象的收入核实标准，充分考虑家庭结构、家庭规模、家庭成员的不同构成特点，按照不同的标准实施不同的救助；科学核定“实际生活水平”，应根据不同地区

经济发展水平、地区收入和消费水平的差异，根据不同时期的物价指数，全面考虑收入水平和其他影响生活质量的因素，并在完善在职人员工资外收入、非在职人员的劳务和经营收入的统计检测的基础上进行核算；对享受低保的个人和接受中央资金支持的地区要规定必要的义务，把现金救助与就业措施结合起来，鼓励救助对象积极就业。

3. 实行积极的就业保障政策

对大多数有劳动能力的城镇贫困人口来说，获得再次就业的机会才是摆脱贫困的最终手段。因此，对这部分贫困人员，国家应在现行有关下岗失业人员就业扶持政策的基础上，对家庭贫困的下岗失业人员，特别是贫困的长期失业人员要有更为优惠的扶持政策。对贫困群体进行免费职业指导和职业介绍，强化失业保险的就业保障功能，开展多种形式的再就业培训和就业援助服务，鼓励有能力的贫困人员自谋职业，鼓励非公有制企业优先招用下岗失业人员。

4. 整合救助资源，提高救助效果

建立健全社会救助制度体系，在管理机构、管理办法、进入/退出机制等方面加强低保救助与医疗救助、教育救助、住房救助及最低工资制度、再就业扶持政策的衔接，整合救助资源，增强救助效果。在解决贫困家庭基本生活的基础上，要有计划、有步骤地扩大医疗救助、教育救助和廉租住房制度覆盖范围，首先解决城乡低保家庭的医疗、教育和住房需求，再逐步把保障范围扩大到住房困难的低收入家庭。

5. 完善管理机制，提高管理能力

一方面加强基层组织机构队伍建设，充实基层管理力量，提高基层管理能力建设；另一方面着重规范城镇居民家庭收入核算和生活支出调查方法，完善保障标准测算方法、保障标准动态调整机制和分类施保办法。尽快完善低保对象的资格甄别制度，加强对低保救助对象的规范化管理。在核定“实际生活水平”、核实低保对象收入等方面尽快形成比较系统科学的操作性办法，制定全国性的指导细则，以保证基层低保工作的有效组织实施。

（五）切实解决城乡流动人口社会保障问题

我国的城市化是一个长期的过程，由此决定农民工和被征地农民在我国将长期存在。妥善解决城乡流动人口的社会保障问题，既是社会保障制度自身建设的需要，也是建立和谐社会、统筹城乡发展的必要举措。为此，一要尽快出台和完善城乡流动人口社会保障政策。包括出台农民工养老保险政策，完善农民工医疗保险办法，建立全国统一的被征地农民社会保障制度，并尽可能提高相关政策的立法层级，保证政策的切实贯彻实施。二要加大农民工扩面参加力度。当前，重点要加大农民工广泛就业的外资企业、私营企业的扩面，多方吸引各类灵活就业人员参保。同时，要按照中央关于先保后征的精神，做好新征地农民的社会保障工作，还要多方筹集资金逐步解决历年被征地农民的社会保障遗留问题，切实保障被征地农民的合法权益。三要在省级统筹的基础上，不断加强基础管理，尽快实现基本养老保险的全国统筹，实现基本医疗保险的省级统筹以及异地就医和结算的顺利进行，还要完善城乡养老保险关系的衔接，以切实维护城乡流动就业人员的合法权益。四要通过就业促进，提高农民工和被征地农民的素质和市场就业能力，实现流动就业人员的积极保障。五要做好流动就业人口的住房保障和社会救助等项工作，通过积极的社会保障政策使更多的城乡流动就业人口逐步实现城市化。

（六）增强城乡社会保障体系支持系统

一是加大政府财政对社会保障的投入，建立社会保障财政预算管理机制。政府财政要逐步加大对社会保障的投入，逐步将社会保障支出占财政支出比例提高到15%以上。投入的重点是支持农村社会保障体系建设和弱势群体、特殊人群的社会保障方面。同时，建立社会保障预算，实行复式预算管理，把财政用于社会保障的资金收支从一般性的经常性收支中分离出来，按照不同项目、险种分别设立和编制预算，按社会保险的统筹级次设立预算级次，并设立单独的社会保障特设账户存储基金。

二是创新管理服务模式，建立城乡一体化的社保经办管理服务运行体系。首先是转变观念，建立以服务对象为中心的经办管理服务流程和规范，一切经办活动应着眼于“便民和利民”。其次是因地制宜建立健全农村基层经办组织，统筹考虑城乡基层服务资源，增加经办服务网点，推行社保业务经办“一站式”服务，有序引入社会资源参与社保经办，并建立经办服务竞争机制。

三是养老金实行集中管理，积极拓展投资渠道，逐步实行市场化投资运营。养老金实现保值增值的根本出路是投资运营，结余养老金除了一部分用于购买国家债券和国有商业银行储蓄外，应科学配置投资组合，可以把部分养老金投资到国家基础设施、股票市场、债券市场等。为实施养老金的市场化投资运营，一方面要提高统筹层次，实行养老金省级集中管理。明确省级社保经办机构作为账户基金的受托机构，负责账户基金的行政管理和投资运营决策。另一方面建立严格的资格市场准入、退出机制及监管机制，设定严格的投资限制和设定最低收益率等一整套完善的管理办法。

四是完善养老金监管体系，依法保障基金安全。完善社保基金监管体制，在整合行政部门职能的基础上，建立独立的社保基金监管部门，由人力资源社会保障、财政、全国社会保障基金理事会、证监会、银监会、保监会，及参保单位和参保个人代表组成，负责对社保基金进行全面监管，社会保障、审计、财政、监察等部门依法对社会保障基金进行监督。同时，尽快完善和健全各项社会保障法律法规，依法保障各项社会保障制度的实施和正常运转，保障基金的保值增值和安全。

参考文献

1. 陈峰燕. 统筹城乡社会保障制度的改革. 三农. 2004，5

2. 陈信勇等. 失地农民社会保障的制度建构. 中国软科学. 2003，6

3. 陈仰东. 构建社会保险执行机构新体制的设想和建议. 见：中国社会保障的科学发展. 北京：中国劳动社会保障出版社，2008

4. 房连泉. 基本养老保险个人账户基金投资管理体制改革——智利和新加坡的比较及其对中国的启示. 见：中国社会保障的科学发展. 北京：中国劳动社会保障出版社，

2008

5. 郭金丰．统筹城乡发展视野中的社会保障问题．求实．2004，10

6. 何平．城乡统筹中的社会保障．中国劳动保障．2006，9

7. 雷晓康，席恒．三道防线：构建中国新型农村社会保障体系．见：建立覆盖城乡的社会保障体系．北京：中国劳动社会保障出版社，2007

8. 李鸿敏，郭翔宇．试论社会保障的城乡统筹．东北农业大学学报（社会科学版）．2005，3

9. 蔺丰奇等．论公共财政框架下的社会保障预算．见：中国社会保障的科学发展．北京：中国劳动社会保障出版社，2008

10. 卢海元．土地换保障妥善安置失地农民的基本设想．中国农村观察．2003，6

11. 梅哲．建立覆盖城乡社会保障体系的前提——基于理念、制度、政策的思考．见：建立覆盖城乡的社会保障体系．北京：中国劳动社会保障出版社，2007

12. 米红．从覆盖到衔接：论中国和谐社会保障体系的三步走战略．第二届中国社会保障论文集．2007，9

13. 陶然等．城市化、农地制度与迁移人口社会保障．中国社会学网，2005

14. 杨翠迎，黄祖辉．建立和完善我国农村社会保障体系．西北农林科技大学学报（社会科学版）．2007，1

15. 杨翠迎．中国社会保障制度的城乡差异及统筹改革思路．浙江大学学报（人文社会科学版）．2004，5

16. 杨娟．养老保险全国统筹战略实施的路径选择．见：中国社会保障的科学发展．北京：中国劳动社会保障出版社，2008

17. 杨宜勇等．全国统一的社会保险关系转续办法研究．见：中国社会保障的科学发展．北京：中国劳动社会保障出版社，2008

18. 杨再贵．建立覆盖城乡的基本养老保险体系．见：建立覆盖城乡的社会保障体系．北京：中国劳动社会保障出版社，2007

19. 于坤．从失地农民普惠制社会保障制度的构想．见：中国社会保障的科学发展．北京：中国劳动社会保障出版社，2008

20. 臧玉磊．分税制、转移支付与城乡社会保障供给均等化．见：中国社会保障的科学发展．北京：中国劳动社会保障出版社，2008

21. 张福林等．社会保险关系转移接续问题研究．见：中国社会保障的科学发展．北京：中国劳动社会保障出版社，2008

22. 郑秉文等．机关事业单位养老保险制度改革．见：中国社会保障的科学发展．北京：中国劳动社会保障出版社，2008

23. 郑功成．中国社会保障改革与发展战略——理念、目标与行动方案．北京：人民出版社，2008

第二章 农村养老制度与支撑条件

进入 21 世纪以来，我国社会保障进入了一个统筹城乡快速发展的新时期。农业、农村、农民问题关系党和国家事业发展全局，我们党高度重视、着力解决农业、农村、农民问题，取得了革命、建设、改革各个历史时期的胜利，为成功开辟中国特色社会主义道路、形成中国特色社会主义理论体系积累了宝贵经验。

中国共产党第十七届中央委员会第三次全体会议公报指出，我国总体上已进入以工促农、以城带乡的发展阶段，进入加快改造传统农业、走中国特色农业现代化道路的关键时刻，进入着力破除城乡二元结构、形成城乡经济社会发展一体化新格局的重要时期。只有坚持把解决好农业、农村、农民问题作为全党工作重中之重，坚持农业基础地位，坚持社会主义市场经济改革方向，坚持走中国特色农业现代化道路，坚持保障农民物质利益和民主权利，才能不断解放和发展农村社会生产力，推动农村经济社会全面发展。正如全会公报指出的，“坚持改革开放，必须把握农村改革这个重点，在统筹城乡改革上取得重大突破，给农村发展注入新的动力，为整个经济社会发展增添新的活力。推动科学发展，必须加强农业发展这个基础，确保国家粮食安全和主要农产品有效供给，促进农业增产、农民增收、农村繁荣，为经济社会全面协调可持续发展提供有力支撑”。建设社会主义新农村，形成城乡经济社会发展一体化新格局，必须扩大公共财政覆盖农村范围，发展农村公共事业，使广大农民学有所教、劳有所得、病有所医、老有所养、住有所居。要繁荣发展农村文化，大力办好农村教育事业，促进农村医疗卫生事业发展，健全农村社会保障体系。

到 2020 年，我国农村改革发展的基本目标任务是：农村经济体制更加健全，城乡经济社会发展一体化体制机制基本建立；现代农业建设取得显著进展，农业综合生产能力明显提高，国家粮食安全和主要农产品供给得到有效保障；农民人均纯收入比 2008 年翻一番，消费水平大幅提升，绝对贫困现象基本消除；农村基层组织建设进一步加强，村民自治制度更加完善，农民民主权利得到切实保障；城乡基本公共服务均等化明显推进，农村文化进一步繁荣，农民基本文化权益得到更好落实，农村人人享有接受良好教育的机会，农村基本生活保障、基本医疗卫生制度更加健全。在这一重要历史时期，加速农村社会保障的建设进程，用现代社会保障制度替代传统的土地和家庭保障，是我国社会具有革命性意义的现代化进程。

第一节 加快农村社会保障发展是我国政府统筹城乡社会保障发展的既定目标

我国是一个经济转轨的大国，在传统计划经济时代，为加速推进工业化，长期实行城乡分割的二元经济社会体制和政策。农村公共产品的供给主要不是依靠公共财政，而是依靠农民自己。由此形成城乡经济、社会结构失衡，并造成城乡居民基本权利和发展机会的不平等。改革开放以来，由于城乡二元公共服务供给体制尚未改变，加之地方政府尤其是乡镇政府缺乏相应的财力，使农村基本公共服务供给严重不足。现阶段我国着力推进统筹城乡社会保障发展，实质上是努力创造城乡基本公共服务均等化，是涉及我国经济与社会发展全局的重大问题。

农村人口的养老问题关系着中国的稳定和发展，关系着全面建设小康社会目标的实现。建立和完善与经济社会发展相适应的农村社会养老保险制度，是党的十六大提出的关于建立健全农村社会保障体系的重要组成部分，是保障农村劳动者老年时的基本生活，落实计划生育基本国策，统筹城乡发展，构建和谐社会，促进农村经济发展和社会稳定的一项长期的社会政策。中共中央、国务院《关于2009年促进农业稳定发展农民持续增收的若干意见》进一步提出抓紧制定指导性意见，建立个人缴费、集体补助、政府补贴的新型农村社会养老保险制度。

迄今为止，我国农村养老保障仍面临着很多严峻的问题。我国农村长期实行的是以“家庭＋土地”为主的养老保障模式。自20世纪80年代中期城市经济体制改革以来，城市化和工业化进程加快，大批农村剩余劳动力向城市工业部门转移，这在很大程度上使农村人口加速老龄化；大量农用土地被国家和集体强制征收用于城镇建设，耕地减少，农民难以增收；加之计划生育政策的实施使农村家庭规模加速小型化——农村人口老龄化，家庭小型化、空巢化，土地收益下降，这给传统的农村养老保障模式带来巨大的冲击。因此，建设和完善我国农村养老保险制度，对于解决农村人口的养老问题，保持农村社会稳定，促进城乡统筹发展，最终实现全面建设小康社会的目标具有重要意义。

从社会进步、机会平等的角度看，中国农民传统的养老保障方式有几种形式：家庭养老、土地保障、农村社区养老、“五保”制度和社会救济制度等。进入市场经济体制后，农民传统的保障方式、保障形式正在发生着重大变化，面临巨大的挑战，探索建立农村现代社会保障制度已经成为必然趋势。因为社会进步不仅要求解决好城镇人口的社会保障问题，同样也要解决好农业人口的社会保障问题。农业人口的社会保障问题解决得如何，是一个国家社会进步、机会平等、均衡发展等一系列重大问题的重要指标。同时，建立新型农村社会养老保险制度，是建立覆盖城乡社会保障体系的重要内容。党的十七大为中国社会保障体系建设制定了新的发展目标，即到2020年，基本建立覆盖城乡居民的社会保障体系。这是中国社会保障制度建设的一个新的重要时期，制度体系将朝着城乡全面覆盖、人人都有保障的方向发展，这将是中国社会发展的重要里程碑。

2009 年 2 月 23 日召开的中共中央政治局会议提出“大幅度提高社会保障水平”，这意味着通过提高社保水平来刺激内需，说明我国促进经济增长的方式正在朝着从完善社保体系入手提振消费，进而达到促进经济平稳、较快发展的目标。

第二节 农村养老保险的实践发展与分析

中国农村自 1986 年以来，开始探索建立现代社会养老保障制度。农村社会养老保险发展大体经历了提出与初期探索阶段、统一认识与确定方向阶段、构建和谐社会与统筹城乡发展创建农村社会保障等几个阶段。

一、农村养老保险的提出与初期探索阶段

对于中国而言，在农村建立和发展社会现代意义的养老保险具有重大的历史意义。在中国农村建立和发展社会养老保险将改变中国农民千百年来的传统文化模式和习俗，改变传统农业社会的以家庭养老为依托的历史传统和养儿防老为主的文化模式与习俗。

始于 1986 年的我国农村社会养老保障制度的探索，“全国农村基层社会保障工作座谈会”。座谈会后，一些经济较发达地区开始了农村社会养老保险制度的试点。1991 年 5 月，经国务院批准，选择 20 个县进行“农村社会养老保险试点”。1992 年 1 月 3 日，政府发布实施的《县级农村社会养老保险基本方案（试行)》中提出了资金以个人缴纳为主、集体补助为辅，国家给予政策扶持的农村养老保险组织原则，实行个人账户、基金预筹、储备积累的制度模式。1992 年 9 月 15 日提出的指导方针是，在东部富裕地区和大中城市的试点县区要全面启动；中部地区大部分县启动，西部地区凡具有条件的试点县（市、区）都要启动。1995 年，国务院办公厅转发民政部《关于进一步做好农村社会养老保险工作的意见的通知》要求各级政府加强领导，积极稳妥地推进，这些使农村养老保险得到了初步的探索。

二、认识分歧与寻求农村养老保险发展方向阶段

由于对发展农村养老保险在认识上的不一致，导致了其后推进中的坎坷和反复。突出表现在几个方面：其一，实验性的农村养老保险是以个人账户方式和基金积累制的运行方式组织，而在 1997 年 11 月的整顿金融秩序工作中，农村社会养老保险被列为整顿内容之一。1997 年的中央 19 号文件决定整顿金融秩序，在成立的 12 个整顿小组中，整顿保险业工作小组是其中之一，而对农村社会养老保险整顿被列为第三专题组的任务，这一情况说明不同部门当时对农村养老保险试点性质和运行方式在认识上是不同的。其二，1998 年国务院机构改革，将农村养老保险管理职能划归劳动和社会保障部以期改善社会保险的管理，这一调整总体上达到了有利于社会保险统一管理的目的，但确定的农村养老保险工作方针是继续进行整顿。1999 年 7 月 2 日，《国务院批转整顿保险业工作小组〈保险业整顿与改革方案〉的通知》（国发［1999］14 号)，在该通知中提出“目前我国农村尚不具备

普遍实行社会保险的条件。对民政系统原来开展的农村社会养老保险，要进行清理整顿，停止接受新业务，区别情况，妥善处理，有条件的可以逐步过渡为商业保险”。

当时的劳动和社会保障部很重视农村养老保险整顿规范工作，开展了广泛调查研究，充分听取各地对整顿规范农村养老保险的意见和建议，如 1999 年 12 月前后向国务院上报的《关于整顿规范农村社会养老保险有关问题的请示》和《整顿和规范农村社会养老保险工作方案》等报告中都提出：对于中国农村的社会养老保险应从实际出发，要充分考虑各地农村经济、社会发展的差异，阐明整顿规范农村养老保险既要考虑目前我国尚不具备普遍实行农村养老保险的条件这一总体判断，同时也要考虑这项工作已经开展了十几年，参保人数和基金积累达到了一定规模，上百万农民已经开始领取养老金的事实。认为如果简单停办或退保可能引发农村社会的不稳定，提出农村养老保险工作要坚持在有条件的地区逐步实施，同时研究探索适合农民工、失地农民、小城镇农转非人员特点的养老保险办法。

2000 年 5 月，经国务院同意，成立了由劳动和社会保障部、民政部、保监会、财政部、国家计委等有关部门负责人参加的整顿规范农村社会养老保险工作小组，小组下设办公室，由小组成员单位司局级干部组成，负责研究提出整顿规范和日常工作。整顿以来，劳动和社会保障部先后派出 20 多个调研组，赴 30 个省、区、市的 200 多个县市进行调研，走访地方各级政府有关部门、基层农村社会养老保险机构和农户，召开有地方党政领导、部门负责人和农民群众参加的座谈会，深入了解各地农村社会养老保险工作情况，广泛听取各方面的意见。

通过这一时期的调研，了解到大量的实际情况。调查反映出农村养老保险的状况可以概括为以下几点：

第一，总体上，在农村发展社会养老保险是符合农民心愿的，大部分农民对社会养老保险是有期盼心理的。

第二，在部分经济比较发达的地区已经具备了开展农村社会养老保险的客观条件，应当适时引导和组织发展农村社会养老保险。

第三，在一些地区，农村社会养老保险已列入了当地政府的工作议程，成为政府的一项重要工作。

第四，农村社会养老保险试点所采取的个人缴费为主、建立个人账户的办法比较符合当时中国农村经济发展的实际情况。

第五，农村社会养老保险业务管理需要逐步规范。

2000 年 10 月以后，劳动和社会保障部先后起草了三份《整顿和规范农村养老保险初步方案》，并正式发函征求意见，对农村养老保险能否及如何向商业保险过渡提出意见；认为有条件的地区，应该继续完善规范农村养老保险制度，政府主管部门要转变职能，调整政策，加强监管；业务经办和基金管理运营逐步市场化。认为不具备条件的农村地区，当地政府可视情况决定退保。由于各部委意见不一，这些方案均没有能够达成一致意见。

2001 年 5 月，劳动和社会保障部通过下发《关于开展农村养老保险基金调查摸底的通知》，对农村养老保险基金的状况进行调查研究。这一时期，在农村养老保险管理体制方面，理顺的进程很缓慢。在省、市、县三级政府中移交的进程是不一致的，相比较而言，县以下的移交更加困难一些。大多数地、县两级农村社会养老保险机构还在民政部门等待移交，乡级农村社会养老保险管理尚待明确。在继续整顿和发展方向不确定的形势下，一部分地区（主要是经济欠发达的地区）的参保农民开始退出农村养老保险。据劳动保障部有关统计，截至2001年年底，参加农村养老保险的人员从1998年的8 000多万人，降到4 000多万人。

在发展农村社会养老保险方向方面，有关部门始终存在着不同的认识，认为农村社会养老保险主要问题和整顿的重点有三方面：一是农村社会养老保险的性质不清，管理不规范。二是一些地区发展农村社会养老保险的工作方法简单，在一些地方存在强迫命令的情况。三是农村社会养老保险方案的计息和给付标准高，支付存在风险。

这一时期社会各方面对整顿规范农村社会养老保险的反响也很大。一是全国人大、全国政协对完善包括农村在内的社会保障制度深表关切。人大代表、政协委员对农村社会养老保险的提案和建议逐年增加。

2001年10月，全国人大常委在听取劳动保障部代表国务院所作的包括农村养老保险在内的社会保障工作汇报后，对农村养老保障问题的讨论非常热烈，认为农村社会养老保险不能停下来，应该积极稳妥地继续发展。

这一时期国家计委、国家计生委等部门也分别组织了农村社会养老保险相关的课题研究，从农村经济体制改革，经济社会发展，计划生育基本国策实施，农村城镇化、人口老龄化、家庭小型化以及建立健全我国社会保障体系的角度，呼吁政府要高度重视农村社会养老保险工作。

随着对农村社会保障的逐步认识，农村社会养老保险制度的重要性、紧迫性被重新认识，重视和希望发展农村社会养老保险的呼声越来越高。

三、构建和谐社会与统筹城乡发展，创建农村社会保障新阶段

2002年11月，党的十六大明确提出“在有条件的地方探索建立农村社会养老保险制度”，为新的农村社会养老保险事业的发展指明了方向，同时标志着农村社会养老保险工作有了比较明确的方向，农村社会养老保险进入了一个新的发展阶段。

2006年年初，中共中央、国务院以中发［2006］1号发布《关于推进社会主义新农村建设的若干意见》，在第（22）条中提出，逐步建立农村社会保障制度。按照城乡统筹发展的要求，逐步加大公共财政对农村社会保障制度建设的投入。进一步完善农村“五保户”供养、特困户生活救助、灾民补助等社会救助体系。探索建立与农村经济发展水平相适应、与其他保障措施相配套的农村社会养老保险制度。落实军烈属优抚政策。积极扩大对农村部分计划生育家庭实行奖励扶助制度试点和西部地区计划生育“少生快富”扶贫工程实施范围。有条件的地方，要积极探索建立农村最低生活保障制度。

2006年10月召开的中国共产党第十六届六中全会以建立和谐社会为主题，分析了影响社会和谐的矛盾和问题主要是：城乡、区域、经济社会发展很不平衡，人口资源环境压力加大；就业、社会保障、收入分配、教育、医疗、住房、安全生产、社会治安等方面关

系群众切身利益的问题比较突出。在《中共中央关于构建社会主义和谐社会若干重大问题的决定》的决议中提出：我们国家到 2020 年基本建立覆盖城乡居民的社会保障体系，这个体系的目标是要涵盖全体城乡居民。这个社会保障体系既包括各项社会保险，也包括农村最低生活保障制度、救助制度、慈善事业以及商业保险。

2007 年 10 月 15 日，中共十七大报告以“民生与和谐社会”为主题，对我国社会建设、社会保障、农村社会保障的发展提出了新的明确要求。在第八条加快推进以改善民生为重点的社会建设中的第（四）项中提出：加快建立覆盖城乡居民的社会保障体系，保障人民基本生活。社会保障是社会安定的重要保证。要以社会保险、社会救助、社会福利为基础，以基本养老、基本医疗、最低生活保障制度为重点，以慈善事业、商业保险为补充，加快完善社会保障体系。促进企业、机关、事业单位基本养老保险制度改革，探索建立农村养老保险制度。至此，农村社会保障的发展方向已十分明确，探索新的农村养老保险的任务被提到了重要的位置。

在占中国人口多数的农村人口中建立农村社会保障、发展中国农村养老保障值得思考的问题有若干方面：如（1）农村养老保障的模式如何选择的问题；（2）在统筹城乡社会保障的趋势下农村社会养老保障制度的框架应如何设计；（3）农村社会保障、养老保障如何与现行的城镇社会保障制度相衔接；（4）政府在农村社会保障中的融资责任如何体现等。

第三节　农村养老保险发展的现状与评估

一、农村养老保险发展的现状

自农村养老保险试点开展以来，各地创造了许多制度模式，取得了不同程度的实践经验，但总体上发展不平衡，东部经济发达地区发展较快，中西部经济欠发达地区发展缓慢，大部分地区的待遇水平很低，无法满足农民养老的实际需求。

从农村养老保险试点的主要模式看，几种模式的主要区别在于：政府是否补贴，管理机构设置、管理方式与工作机构人员的开支渠道如何解决，农村养老保险与城镇养老保险的关系，以及参保人员是否承担缴费义务等。

（一）个人缴费为主自愿参加，政府政策倡导但不出资的模式

该模式以山东省烟台市为代表性地区，其基本思路是“政府倡导、个人自愿、因地制宜、稳妥推进”。在养老保险资金筹集上实行以收定支，政府对务农农民参保不补贴（对被征地农民视情况给予适当补贴）。农民参保缴费不设上下限，多缴多回报，少缴少回报。模式中农村养老保险部门为自收自支机构，政府不拨款。这种模式有别于商业保险的是，政府倡导并推动工作的开展，可节省高额的营销费用；农民领取养老金免缴个人收入调节税，参保的回报较商业保险高。该模式的缺陷是，政府不补贴，农民积极性不高。农村养

老保险机构自收自支，基金增值压力大。农民参保不设基数，缴费少的不能真正发挥养老功能。

（二）以政府有限的资金补助引导为特征的模式

该模式以山东省青岛市为代表性地区，其基本思路是坚持个人缴费、集体补助、政府扶持相结合，实行财政补助和兜底。在养老保险资金的筹集上以支定收，地区根据自己本地实际情况确定缴费基数（以上年度农民人均收入为基准），如青岛市个人缴6%，市、区一级地方政府对村集体、乡镇、县补助12%。个人缴费设上下限，最低不低于6%，最高不高30%。

在财政支持上，该模式采取的是信誉支持方式，财政补助资金可先行“挂账”（或称“空挂”），视情况分期支付到位，但政府必须兜底。如青岛市的农村社会保险经办机构是全额拨款的事业单位。由于有了政府的扶持、补贴和兜底，农民参保的积极性较高，但此模式的财政补助没有真正到位，对后期财政兜底的压力较大，对政府的信誉和政策的连续性也是个考验。如果“挂账”成了真正的“空挂”，则会形成类似城镇一样的养老金缺口，给社会稳定埋下隐患。

（三）以政府扶持、补助，兼顾城乡制度统一的模式

该模式以江苏省苏州市为代表性地区，其基本思路是：其一，农村基本养老保险费缴费比例与城镇企业相统一。基本养老保险费缴费以工资基数为准，按全市上年在岗职工平均工资一定比例或换算成绝对额确定。如苏州市起步第一年按40%左右掌握，以后逐年提高4～5个百分点，经过4～5年过渡，按城镇企业职工基本养老保险制度的规定执行。其二，基金筹集由国家、集体和个人共同分担；基金筹集根据“以支定收”原则筹集。农村基本养老保险费缴费比例与城镇企业相统一，缴费基数按照当地上年农民人均纯收入，或参照上年城镇企业职工平均缴费工资基数的50%左右确定，建立财政补助和集体补贴制度，采取个人负担、财政补助和集体补贴三结合的办法筹集，其中个人负担50%左右。对老年农民建立社会养老补贴制度，补贴所需经费由各级财政、村集体经济等多渠道筹措解决。其三，政府对经办机构进行扶持。规定农村养老保险经办机构为全额拨款事业单位，各级人事、编制部门应增加其编制，其人员、设备和基金征缴等所需经费由同级财政预算安排解决。其四，与城镇制度接轨，这与统筹城乡发展社会保障的社会发展目标相一致。

（四）以特殊政策替代农村养老保险的模式

该模式以上海市为代表性地区。2002年上海市推出的“小城镇社会保险”，其基本思路是希望实现“稳定城保、推进镇保、淡出农村养老保险”的制度目标。应当指出的是，上海市推出的“小城镇社会保险”是在一定程度上带有地方性保护色彩的地方性政策。由于上海市的高度城市化，按其思路，上海市不打算大力发展农村养老保险，对于外来的从业人员不设立个人账户，只搞养老补贴。用人单位和无单位的外来从业人员连续缴费满一年，可获得一份老年补贴凭证，其额度为本人实际缴费基数的7%；外来从业人员男性年

满 60 周岁、女性年满 50 周岁时，可凭老年补贴凭证、身份证明到户籍所在地商业保险公司指定的机构领取老年补贴。

上海市建立的小城镇社会保险制度本身仍然带有很深的城乡两套体系的痕迹，不利于消除城乡间长期存在的社会福利差距，不但农民缴纳的费用明显低于城镇职工缴纳的社会保险费用，而且他们能享受到的社会福利也远远低于城镇居民。

（五）有政府专项资金支持的新农村养老保险和对老年农民实施福利性老年补贴模式

自 2007 年以后，一些地区如天津、马鞍山、宝鸡、嘉兴、迁安、北京等地开始试点有政府专项资金支持的新农村养老保险，对于已经超过缴费年龄，如 70 岁、80 岁以上的老人，由政府出资，实行非缴费性的老年补贴制度，为其每月发放一定的津贴。

二、农村养老保险试点的评估

农村养老保险通过试点取得了一定发展，但总体上缺乏立法支持和有效、规范的指导。自 1992 年农村社会养老保险试点以来，在发达地区和欠发达地区，在农村和大城市周边地区的农村社会养老保险试点发展十分不平衡。

（一）《县级农村社会养老保险基本方案（试行）》的基本内容

根据《县级农村社会养老保险基本方案（试行）》，农村养老保险由政府主导，以县级为单位实施；农民个人缴费为主，集体给予补助，个人和集体的缴费全部进入个人养老基金账户。农民达到退休年龄（即 60 岁）后，可按照个人账户的积累额领取养老金。农民当时的缴费分 10 个档次，月缴费最低 2 元，最高 20 元，也可以一次性缴费，在后来的实践中缴费标准有所改变。方案规定，凡是 20 岁至 60 岁的农民都可以参保；60 岁以前为积累期，60 岁以后为支付期，参保人每月领取养老金的数额为账户积累额乘以由一个复杂公式推导出的系数（0.008 631 526），其中主要变量包括：支付期内保户账户的剩余资金、年利率、参保农民的平均“余命”等。

在内容方面，《县级农村社会养老保险基本方案（试行）》的制度模式实行基金积累式个人账户模式。个人缴费以及集体补助全部记入个人账户，个人账户属于个人所有。个人账户实行积累，根据一定的记账利率进行计息。在缴费方式方面，农村养老保险主要由农民个人缴费，有条件的地区，集体可给予一定的补助。个人缴费一般占一半以上。个人缴费标准划分为多个档次，农村集体经济曾经是农村养老保险重要的经济支柱之一。但在改革开放后，集体经济弱化或大部分处于消解状态，失去了经济基础，长期处于勉强维持状态，政府投入不足，缺乏全面发展的支持力度。与城镇社会养老保险不同，《县级农村社会养老保险基本方案（试行）》的突出特点是政府不承诺投入，实行个人账户完全积累，农民享有的养老金水平与缴费多少直接挂钩。个人可根据实际情况进行选择。个人和集体缴费形成社会养老保险基金。

在养老金计发办法方面。在农民达到一定年龄（一般为 60 周岁）时，可以领取养老金，养老金数额根据其个人账户积累额和平均预期寿命来确定。领取养老金的保证期为 10

年。如果领取年限不到10年就死亡的，领取者的法定继承人或指定受益人可继续领取至10年期满为止，或者一次性继承。如果领取养老金超过10年，可继续领取，直至死亡。

在管理机构的管理成本渠道方面，是按基金总额的3%提取管理服务费；在基金增资方法方面，基金可进行投资，投资渠道是存入银行或购买国债。

（二）对农村养老保险试点实施效果的评价

一种意见认为，应对《县级农村社会养老保险基本方案（试行）》持肯定的态度。该观点认为，《县级农村社会养老保险基本方案（试行）》从中国农村人口多、底子薄、各地发展不平衡的国情出发，是一个适合中国农村经济发展水平，能够促进农村经济发展和社会稳定，符合中国特色的社会主义初级阶段的农村社会养老保险制度。另外一种意见主要是持批评态度。对于《县级农村社会养老保险基本方案（试行）》确定的农村养老计划是否属于社会保险存在不同认识。有部分人员认为，农村社会养老保险由政府组织实施，是基本的社会保障制度。个人缴费虽是主要部分，但得到的是全部，除了基金增值部分，还有集体的补助。同时国家对个人缴费和集体补助免征税收，对基金增值予以政策扶持。个人也不能随意支取，用于各项开支，对个人行为有约束性，只能用于晚年生活保障。比较集中的意见是尽管农村社会养老保险计划以"个人缴纳为主，集体补助为辅，国家予以政策扶持"为筹资原则，但实际情况却是"大部分地区农民参加养老保险缺乏集体补贴"，且"政府并没有投入资金"，绝大多数参保农民的保金，都基本是或完全是由农民自己缴纳的，这背离了社会保障的根本特征。

（三）农村养老保险试点的主要问题

其一，根据《县级农村社会养老保险基本方案（试行）》，农保基金存在保值增值风险。由于农村养老保险试点方案的缴费全部或者大部分由农民自己缴纳，事实上农民承担了基金的主要风险。中国银行的利率在1993年是12%，随着银行利率的下调，2002年降低为1.98%，2007年上升为2.79%。十几年之内，个人账户的计息利率发生如此大的调整，这种情况严重损害了农民参保人的利益。更为严重的是，参保农民因此对农村养老保险制度失去了信心。

其二，政府支持力度有限，财政投入不足。依据《县级农村社会养老保险基本方案（试行）》，在全国的农村养老保险管理系统中没有财政投入，管理系统中业务人员的工资、必要的办公费用等开支全部由参加农村养老保险的农民个人缴纳的养老费中支出，管理费的支付比例为3%。

其三，农村社会养老保险试点地区性发展极不平衡，不能形成制度性覆盖，保障水平低。

从农村社会养老保险的实际推进看，由于该试点是以农民个人缴费为主的制度模式，由于中国经济发展的极不平衡性，使得事实上有条件的地区能够发展，经济落后地区不能发展。在经济较发达的地区如江苏省、浙江省、山东省，上海市、北京市等地区的农村养老保险发展较快，其农村养老保险资金、参保的人数比例都很高，而在经济落后地区则发展很慢。从地域上看，大城市周边的农村地区，由于经济条件更好一些，其参与率更高一些。从人群上看，富裕农民更有能力参与。据劳动保障部相关统计，经济发达的地区发展快，基金规模前五位地区分别是：江苏省 71.7 亿元，山东省 58.92 亿元，上海市 54.86 亿元，浙江省 20.86 亿元，北京市 14.67 亿元。这五个省市的基金共计 221 亿元，占全国农村养老保险基金总额的 71.3%（见表 2—1）。

表 2—1　　全国农村养老保险基金积累主要地区分布（截至 2005 年年底）

地区	积累额（亿元）	占总数的百分比（%）
江苏省	71.7	23.13
山东省	58.92	19.01
上海市	54.86	17.70
浙江省	20.86	6.73
北京市	14.67	4.73
其余省市	88.99	28.71

数据来源：依据劳动保障部相关统计资料整理。

2007 年年末，全国参加农村养老保险人数为 5 171 万人。全年共有 392 万名农民领取了养老金，比上年增加 37 万人。全年共支付养老金 40 亿元。年末农村养老保险基金累计结存 412 亿元。①

人均拥有养老保险基金 796.7 元/人。

三、农村社会养老保险推进缓慢的原因分析

总体上，农村社会养老保险推进缓慢，分析农村社会养老保险推进缓慢的原因有很多，如国家在政策扶持方面没有到位、集体经济补助难以落实、农民收入水平较低、基金筹集困难等。同时在农村养老保险基金管理方面，层次过低，管理手段落后，投资渠道少，难以保值增值等，但最主要的原因应该是：

（一）方向不明，决策机构长期存在意见分歧

在 2006 年中央政府的“建立社会主义新农村”“建立和谐社会”等重大社会发展战略方针确立之前，整体上，政府不同部门之间对农村社会保障的认识是不一致的，在许多关键问题上存在意见分歧。在中国农村要不要从现在起就开始着手建立规范的现代农村社会保障（养老保险）问题上，在有没有条件建立、怎样建立等方面，包括中央政府不同部门在内的许多方面，长期存在不同意见，这是农村社会养老保险试点推进缓慢的根本原因。

由此也导致了农村养老保险在融资方式的严重缺陷。在融资上，由于最强有力的一方——政府作用的缺位，农村社会保障融资方式是事实上的农民一方缴费，试验阶段的农村养老保险制度采取“资金个人缴纳为主，集体补助为辅，国家给予政策扶持”；实行个

① 人力资源和社会保障部，国家统计局. 2007 年劳动和社会保障事业发展统计公报，2008

人账户、基金预筹，属于积累制的“储蓄养老”模式，但绝大部分地区的农村社会养老保险缺乏集体补贴，基本是个人缴费、自愿参加。

从社会保险理论上看，社会保险与商业保险的根本区别在于强制性和再分配性质。但农村养老保险试点其社会保险属性并不明显，仅是一种有组织的储蓄计划。因此这一制度设计在实践中出现了两大矛盾和问题：第一，农民现有的收入水平低下，与个人缴费为主的筹资形式之间的矛盾；第二，农村社会养老保险只鼓励具备投保条件的对象参保，以自助为主，这导致了有经济能力的人可以参保，没有能力的人被排斥在制度之外，发生“逆选择”现象。同时，完全积累型模式难以吸引参保农民，参保农民在达到规定年龄之前，其名下的账户资金是“名义”上的，在完全积累型模式下，最大的受益群体是年轻农民。在较长时间内，农民个人账户上的农村养老保险资金处于“封存”状态，不与他们的生产和发展相联系，这对生活并不富裕的参保农民是较难接受的。

（二）法律层次低，缺乏约束力

从立法层次角度看，对于中国这样一个至今农业人口仍然人数过半的农业人口大国，其农村人口的社会保障问题是十分重大的问题，十分需要高层次的立法支持，不能仅仅依靠一个部门的热情。在实践中，各地农村养老保险办法基本上都是以民政部制定的《县级农村社会养老保险基本方案（试行）》为基础，结合当地实际情况稍作修改后制定的。由于这些由地方政府部门制定的政策、法规，法律层次低，缺乏约束力。特别是对养老保险基金的流失和挪用等行为，未规定有效的惩罚措施。基金流失主要有地方政府挪用、养老保险机构挪用、违规投资和违规放贷等。正是这种不稳定的制度和屡见不鲜的违规行为让农民感到不放心，参保积极性不高，开展农村养老保险工作困难重重。

（三）缺乏保值增值能力与手段

从资金保值增值方面看，农村养老保险基金由于立法层次低，缺乏保值增值的能力与手段，随着推进不断孕育着新的基金缺口。农村社会养老保险试点启动之初，1991—1993年利率曾一度按照8.8%复利计算。从1994年年初到1996年年底，积累期利率上调至复利12%。为吸引农民参保，自1994年起对已经领取养老金的农民，在承诺的养老金标准上加发10%补贴。但限于现有政策，农村养老保险基金保值增值的途径只能存入银行和购买国债。由此，农村养老保险基金要面对银行本身风险和银行资金运作衍生的风险。自1996年以来，银行利率已连续多次降息，使农村养老保险基金依靠银行和国债利息保值增值的空间越来越小，农村养老保险的保险费收得越多，时间差和利率差造成基金收不抵支的风险就越大。

在实际操作中，县级农村养老保险经办机构的选择主要是通过存入银行完成增值保值的。迫于农村养老保险基金保值增值的压力，一些农村养老保险机构为承担基金增值的责任，自行寻求增值渠道，由此引发违规投资及挤占、挪用基金的情况。

(四) 农村养老保险试点方案的缺陷

农村养老保险试点方案本身设计的缺陷主要有：

一是参与未实行强制性，即在参保缴费水平设计方面充分考虑了低收入人群的经济能力后，覆盖对象的参保不能是随意和自愿性的。自愿参保原则不是社会保障的基本属性。实行自愿参保，同时要说服收入水平并不高的农民进行长远规划，安排自己的老年保障计划是有相当难度的。同时，制度缺乏强制性和诱导激励机制，难以克服农民参与的“逆向选择行为”，逆向选择必然导致“保富不保贫”，而消除贫困恰恰应是政府组织社会保障的初衷目的。二是政府在融资中的作用，对城乡居民进行强制性社会保障是公共财政的基本职能之一，但是试点办法没有财政投入的规定，无法实现农村社会保障政府补贴资金来源的制度化、规范化。政府应当通过一定方式实施政府的财政支持，没有政府的财政支持，不能称为社会保障，特别是对农村社会保障而言，政府有责任通过转移支付，对农村社会保障建设与发展给予必要的倾斜。三是待遇水平低，难以保证基本生活。整体上，农村社会养老保险待遇水平普遍很低，这是多方面原因造成的，原制度设计不合理与农民积极性不高是重要原因。从全国数据看，2007 年年末全国参加农村养老保险的人数为 5 171 万人。全年共有 392 万名农民领取了养老金，全年共支付养老金 40 亿元。人均 1 020.4 元/人/年，约等于每人每月 85.0 元养老金，不足城镇企业养老金年平均水平的 1/10。相当多的地区农村社会养老保险待遇水平每月在 10 元以下。① 四是关于待遇的调整机制，社会保障应当具有待遇调整机制，调整机制是社会保障抵御通货膨胀风险，防止养老金“缩水”的最有效的措施。社会保障调整机制也是政府责任的具体体现，是社会保障与一般性金融保险的重要区别之一。上述四种基本特征农村社会养老保险试验都是不具备的。

(五) 农村社会养老保险发展缓慢的客观原因

中国农村社会养老保险发展缓慢还有其客观原因，即由于中国国情的特殊性所形成，如农业人口多、农民收入增长缓慢、经济发展不平衡性等是加剧农村社会保障制度的设计与发展难度的重要原因。这主要是：

1. 中国农业人口过多，使得发展农村养老保险面临更多的困难

中国农村人口比重过大与经济支撑能力之间形成的矛盾。中国农业人口不仅比国外发达国家农村人口比重大，也比一般发展中国家的农村人口比重大。

2. 农民收入增长缓慢，缴费能力低，制约了农民参保的能力

从 2001—2007 年城镇与农村居民人均可支配收入比较看，城镇居民人均可支配收入从 6 860 元上升为 13 786 元，上升 2.01 倍；农村居民人均纯收入从 2 366 元上升为 4 140 元，上升 1.75 倍。城镇居民家庭恩格尔系数与农村居民家庭恩格尔系数相比较，2001 年农村居民家庭恩格尔系数比城镇居民家庭恩格尔系数高 9.5 个百分点，2007 年农村居民家庭恩格尔系数比城镇居民家庭恩格尔系数高 6.8 个百分点。见表 2—2。

---

① 人力资源和社会保障部，国家统计局. 2007 年劳动和社会保障事业发展统计公报

表 2—2　　2001—2007 年城乡居民人均可支配收入比较

年份	城镇居民人均可支配收入（元）	农村居民人均纯收入（元）	城镇居民家庭恩格尔系数	农村居民家庭恩格尔系数
2001	6 860	2 366	38.2	47.7
2002	7 703	2 476	37.7	46.2
2003	8 472	2 622	37.1	45.6
2004	9 422	2 936	37.7	47.2
2005	10 493	3 255	36.7	45.5
2006	11 759	3 587	35.8	43.0
2007	13 786	4 140	36.3	43.1

数据来源：依据历年中国国家统计局发布的国民经济和社会发展统计公报整理。

从 2001—2007 年城镇居民人均可支配收入与农村居民人均纯收入之比看，农村居民人均纯收入与城镇居民人均可支配收入之比，从 2001 年的 2.89，增至 2007 年的 3.33。见表 2—3。

表 2—3　　2001—2007 年城镇居民人均可支配收入与农村居民人均纯收入之比

年份	城镇居民人均可支配收入与农村居民人均纯收入之比
2001	2.89
2002	3.11
2003	3.23
2004	3.20
2005	3.22
2006	3.27
2007	3.33

数据来源：依据历年中国国家统计局发布的国民经济和社会发展统计公报整理。

3. 地区间经济发展的不平衡加重了中国农村养老保险发展的难度

2007 年全国人均 GDP 达到 18 665 元，农村人均纯收入达到 4 140 元。[①] 但不同地区十分不平衡。人均 GDP 达到 30 000 元以上的有 6 个省、市（北京、天津、上海、江苏、浙江、广东）；20 000～30 000 元以上的有 4 个省、区、市（山东、辽宁、福建、内蒙古）；经济发展最好的上海市为 65 473 元，其人均 GDP 是经济最不发达的贵州省人均 GDP 6 742 元的 9.7 倍。[②]

①② 依据国家统计局 2007 年国民经济和社会发展统计公报计算。

四、部分省市发展新型农村养老保险已有实践

（一）关于制度的模式与类型

综合各地情况来看，各地新型农村养老保险制度的模式有以下三种类型：

第一种是实行基础养老金和个人账户相结合的类型。主要地区有：北京、陕西宝鸡、河北迁安、天津、安徽马鞍山等。这些地区的基础养老金部分个人不缴费，直接从政府财政预算中安排，解决了现有老年人的保障问题，是探索通过公共财政解决农村养老保险问题的新思路，体现了以工补农和以城带乡的战略。这些地区的个人账户部分实行个人缴费，有些地方还给予参保户补贴，提高了个人缴费积极性，体现了个人保障责任。

第二种是实行社会统筹与个人账户相结合的类型。主要地区有：江苏省的苏州市、无锡市、南京市，广东省的东莞市、中山市，山东省的青岛市，甘肃省的嘉峪关市等地，这些地区都实行社会统筹与个人账户相结合的模式。实质上这是一种仿照城镇“双低”模式，其社会统筹养老金需要政府预筹或者企业（单位、集体）缴纳，这是与第一种模式的主要区别之处。

第三种是实行完全个人账户的模式类型。目前在山东省的烟台市，浙江省的嘉兴市、杭州市、绍兴市，广东省的珠海市等地都是实行完全个人账户的模式。在这些地区个人缴费、集体补助、政府补贴全部记入个人账户。养老金领取时根据个人账户积累总额、领取期间的给付利率和 60 岁以后的平均余命等几大要素计算养老金的领取标准。完全个人账户模式以收定支，目前这些地方都没有待遇领取的政府补贴。

（二）个人缴费方式与缴费水平分析

1. 农民个人缴费基数的选择

大多数地区采用上年当地农民人均纯收入作为个人缴费基数，少数地区采用其他方式确定缴费基数，如郑州市、嘉兴市以上年度城镇居民人均可支配收入和农村居民人均纯收入的平均值确定，安徽省马鞍山市和广东省珠海市则直接设定几档缴费标准由农民自己选择。

2. 个人缴费额度的确定

个人缴费额一般由缴费基数与缴费比例相乘得出。部分地区政府直接设定个人缴费标准。各个地区的个人年缴费标准高低不一，相差的差距较大。如江苏省苏州市和广东省珠海市个人缴费很高，分别为每年 1 030 元和 1 080 元；而贵州省贵阳市个人缴费很低，每年只有 189.92 元。各个地区的个人平均年缴费额是 628.43 元。

3. 从个人缴费与当地农民人均纯收入的比例关系看

各地缴费一般的以当地农民人均纯收入为基数，较少受其他因素影响，比较稳定。个人缴费占当地农民人均纯收入比例大都在 10%以下，广东省珠海市、浙江省杭州市、安徽省马鞍山市和河北省迁安市个人缴费占当地农民人均纯收入比例在 10%以上，个人缴费水平较高；而广东省中山市和江苏省南京市个人缴费占当地农民人均纯收入比例则在 5%以

下。缴费比例以5%～10%为合理可行区间。

(三) 各地政府财政补贴的水平分析

1. 关于财政补贴方式

从部分地区的实践看，财政补贴方式主要有三种方式：一是从缴费环节进行补贴，二是从发放环节进行补贴，三是从缴费和发放环节都进行补贴。从缴费环节进行补贴的地区有：山东省烟台市、青岛市，江苏省苏州市、无锡市、南京市，浙江省嘉兴市、杭州市、绍兴市，广东省珠海市，甘肃省嘉峪关市等地；从发放环节进行补贴的地区有：北京市、贵阳市等地；从缴费和发放环节都进行补贴的地区有：天津市，陕西省宝鸡市，河北省迁安市，安徽省马鞍山市，河南省郑州市，广东省东莞市、中山市等地。

2. 财政补贴的水平

从财政补贴的水平看，各地政府财政补贴的水平显示出高低不一的状态。以占农民人均纯收入的比例分析，北京市、迁安市、宝鸡市较高，补贴分别相当于当地农民人均纯收入比例的35.15%（北京市），33.16%（迁安市），25.97%（宝鸡市）；政府财政补贴水平较低的地区有：嘉峪关市、南京市、中山市、珠海市等，补贴分别相当于当地农民人均纯收入比例的2.5%，4%，4.15%，4.96%。

从财政补助与个人缴费关系看，嘉峪关市、嘉兴市、杭州市、珠海市等的财政补助低于个人缴费水平；北京市、迁安市、宝鸡市等财政补助高于个人缴费水平。

从这些地区得出的印象是：财政补助不低于农民人均纯收入的5%是合理的“底线”；有条件的地区财政补助不低于或略高于农民缴费，将有利于增强制度的吸引力。

(四) 一些地区的案例

案例1：北京建立城乡统一养老保险

北京市劳动保障局2009年1月发布的《北京市城乡居民养老保险办法》，打破过去市民养老保障按城镇和农村分类的格局。《北京市城乡居民养老保险办法》规定，凡具有北京市户籍，男年满16周岁未满60周岁、女年满16周岁未满55周岁（不含在校生），未纳入行政事业单位编制管理，或不符合参加基本养老保险条件的城乡居民都可以参加城乡居民养老保险。

北京城乡居民养老保险办法规定，保险待遇由个人账户养老金和基础养老金两部分组成。基础养老金标准全北京市统一，为每人每月280元。基础养老金所需资金由区（县）财政负担，并列入区（县）财政预算。参保的最低缴费标准为农村居民上年人均纯收入的9%，最高缴费标准为城镇居民上年可支配收入的30%，城乡居民可在下限和上限之间选择，充分考虑了参保人的缴费能力。

政策规定，参保人员男年满60周岁、女年满55周岁时，累计缴费年限满15年的，按月享受城乡居民养老保险待遇；2008年12月31日前男已年满45周岁、女已年满40周岁的人员，不受15年缴费年限的限制，只需按年缴纳保险费，达到领取年龄，就可按月享受城乡居民养老保险待遇。

案例 2：成都市农民养老保险办法（2008 年 8 月 28 日成都市人民政府第 16 次常务会议讨论通过，2008 年 11 月 15 日起施行）

主要内容有以下几点：

（1）户籍关系在本市行政区域内年满 18 周岁的农村居民，以家庭为单位，按照本办法的规定，自愿参加农民养老保险。

（2）农民养老保险以个人缴费为主、政府补贴为辅，有条件的集体经济组织给予适当补助。

（3）申请参保时男年满 18 周岁不满 60 周岁、女年满 18 周岁不满 55 周岁的人员，按不同缴费档次，自愿选择其中一档缴纳养老保险费。

（4）申请参保时男年满 60 周岁、女年满 55 周岁及其以上年龄人员，按不同缴费档次自愿选择其中一档缴纳养老保险费。

（5）享受耕地保护补贴的参保人员，个人缴费部分先由本人耕地保护补贴缴纳，不足部分再由本人补足。

（6）申请参保时男年满 60 周岁、女年满 55 周岁及其以上年龄人员的政府补贴资金，区（市）县政府可以视当地经济发展情况一次性注入或分年注入。分年注入的，时间不得超过 10 年。

（7）参保人员足额缴纳养老保险费后，按缴费基数的 8%记入个人账户，并按规定计息。

（8）男年满 60 周岁、女年满 55 周岁且累计缴费年限满 15 年及其以上年限时，社会保险经办机构按本办法规定的计发标准为其计发养老金；缴费年限不足 15 年的可延长缴费至满 15 年，也可按到龄时的缴费标准一次性趸缴至满 15 年。

（9）市政府根据本市经济社会发展和农村生活水平的提高，适时调整养老金标准，切实保障农民的基本生活。

案例 3：陕西省宝鸡市 2007 年 7 月 1 日开始实施《宝鸡市新型农村社会养老保险试行办法》（宝政发［2007］36 号）

主要内容有以下几点：

（1）在年缴费标准方面（含财政补贴和集体补助），按县（区）农民人均纯收入 10%～30%缴纳，随着经济发展和农民人均纯收入增长适时调整。农村社会养老保险费可以按月、按季或者按年缴纳，也可以一次性缴纳。

（2）参保缴费起始日年满 60 周岁以上人员不缴纳养老保险费，本人家庭成员按规定参保并正常缴费者，可享受养老待遇。

（3）市、县（区）财政对参保人员养老保险费给予适当补贴，补贴标准为市财政每人每年 15 元，县（区）财政每人每年不低于 15 元。财政补贴资金既可列入当年财政预算，也可在参保人员年龄满 60 周岁时，按规定记入养老待遇。

（4）完全丧失劳动能力的农村贫困残疾人参加农村社会养老保险，养老保险费由市、县（区）财政按各承担一半的原则全额补助。

（5）鼓励有条件的村（组）集体经济组织，对本村（组）参加农村社会养老保险人员给予补助。

(6) 财政补贴及村（组）集体经济补助标准应随经济发展适时提高。

(7) 养老保险待遇：具备以下条件之一，可享受养老保险待遇，即参保缴费起始日年满60周岁以上人员；参保缴费起始日45周岁以上，按规定参保并足额缴纳相应年限的养老保险费，且年满60周岁的人员；参保缴费起始日45周岁以下，按规定参保，且缴费年限在15年以上、年满60周岁的人员。

(8) 养老补贴标准：60周岁以上每人每月60元，由市、县（区）财政各承担50%，根据当年实际需要分别列入市、县（区）财政预算。

案例4：马鞍山市《马鞍山市新型农村社会养老保险暂行办法》，2007年7月1日起实施

主要内容有以下几点：

(1) 保障对象：男16周岁至60周岁、女16周岁至55周岁的农业户口人员，以及未参加城镇职工基本养老保险的专业渔民。

(2) 基金来源：参保人缴纳的养老保险费，村、乡（镇）给予参保人的养老保险费补助，县（区）政府给予参保人的养老保险费补贴，市、县政府安排的专项资金，新农村养老保险基金收益，其他收入。

(3) 待遇水平：参保农民在达到男60周岁女55周岁起，按月领取养老金，养老金待遇由个人账户养老金和养老金补贴两部分组成。个人账户养老金月领取标准为个人账户储存总额除以120确定，养老金补贴标准为50元。

(4) 本办法实施时男已满60周岁、女已满55周岁及其以上年龄的本市农业户口人员（含已转为非农业户口的被征地农民）实行老年补贴制度，符合条件者，市区每人每月发放50元老年补贴。

(5) “新型农村养老保险”和“城保”可相互转移。被征地农民养老保障待遇与“新型农村养老保险”待遇可同时享受。

(6) 设立待遇调整机制的接口。

案例5：2007年10月1日，浙江省嘉兴市实施《城乡居民社会养老保险暂行办法》

主要内容有以下几点：

(1) 覆盖范围为全市16周岁至60周岁城乡所有人群。

(2) 养老保险基金的筹集，缴费基数为上年度全市农村居民人均纯收入、城镇居民人均可支配收入或两者之和平均数，个人缴费比例为8%（逐步提高到10%）。农村居民可任选其中一个基数缴费。

(3) 城乡居民参保缴费时，统筹地财政分别按当期缴费基数的5%给予补贴（农村居民按人均纯收入），其中3%补贴账户，2%用于统筹基金。市本级由市、区两级财政分别按2.5%的比例承担；各县（市）由县（市）、镇（乡、街道）两级财政分别承担。

(4) 对45～60周岁符合奖励扶助条件并按本规定参加城乡居民社会养老保险的农村部分计划生育户夫妇，将到龄奖励扶助改为即期投入，在其参保缴费期间以全市农村居民人均纯收入为基数，给予3%的参保特殊补贴并记入补贴账户，有困难的可相应抵减个人缴费额度。补贴资金市本级由市（含省补助）、区、镇（街道）三级财政分别按4：4：2的比例承担（原未建立财政体制的街道，街道财政应负担部分由市、区财政各承担50%）。

(5) 在本办法实施后的三年内，有条件的社区（村）集体经济组织，每年可给予参保缴费人员适当比例的补助，并记入个人缴费账户。

(6)《暂行办法》附则规定，对已满70周岁（1937年9月30日前出生）且未享受各类社会养老保障的高龄老人，实行养老基本生活补助。其中，70周岁至89周岁的城镇居民每人每月补助80元，农村居民每人每月补助50元；90周岁（含）以上的城镇居民每人每月补助150元，

第四节　农村养老保险的构建与条件分析

目前，中国农村社会保障正面临着有力的发展机遇和时机，特别是在构建新型城乡社会保障体系的总形势下，加快农村社会保障建设是一项紧迫而艰巨的任务。

构建新型城乡社会保障体系既包含原有保障项目的进一步调整，也包含一些新制度、项目方案的推出和实施，统筹城乡社会保障，重点应是推进农村最低生活保障、医疗保障和老年保障这三个项目，其目标覆盖人群最广，影响程度也最大。其中，农村最低生活保障制度为农村绝对贫困人群提供基本的生活保障，是一个国家最基本的安全网。医疗保障受益人群虽然是病人，但目标却是为全体社会成员化解疾病风险。在这三个项目中尤其应当注重养老保险项目的建立和完善。因为，在正常情况下所有的人都会遇到老龄期阶段，老年保障的覆盖范围和受益范围是相同的。由于获得老年保障的权益积累期和支付期都很长，涉及人员相当广泛，资金量巨大，因而在任何国家，老年保障都是社会保障的核心。目前。对中国农村而言，养老保障要跨越两个阶段，即第一步要先解决有没有制度的问题，要首先建立起规范的制度。第二步解决水平提高问题。党的十六届六中全会提出到2020年要基本建立覆盖城乡居民的社会保障体系，这标志着我国社会保障事业进入到一个由城镇为主向农业劳动者扩展的城乡统筹向城乡全体居民发展的新阶段。

一、有利条件分析

目前在统筹城乡社会保障发展框架下，推进农村社会保障、养老保险制度建设，既具有有利条件，也面临许多困难和难度。有利条件主要有：

（一）党和政府高度重视统筹城乡社会保障发展，尤其是重视农村社会保障的发展问题

总体看，包括农村养老保险在内的农村社会保障得到了党和政府的高度重视，党的十六大、十六届六中全会、十七大等重要会议决议中都有关于推进农村社会进步、发展农村社会保障的明确指导意见。在《中共中央关于构建社会主义和谐社会若干重大问题的决定》的决议中提出的，我们国家到2020年基本建立覆盖城乡居民的社会保障体系的重大

决定，为中国城镇和农村的社会保障发展确定了时间进度表，中国农村社会保障正面临着新的发展机遇和酝酿新的重大发展。目前的重要工作是及时总结各个地区的实践经验与教训，借鉴国际经验，研究好中国国情，规划和设计好中国农村养老保险的基本制度框架，对全国农村养老保险的推进进行必要的、有效的指导。

（二）发展农村养老保险的经济条件已经基本具备

根据国家统计局2008年2月28日发布的2007年国民经济和社会发展统计公报和各省2007年国民经济和社会发展统计公报相关数据计算，全国农村2007年农村人均纯收入已达4 140元人民币（按1美元＝6.8元人民币计算，约608美元）。

而国外建立农村养老保险时的人均GDP情况是，在有统计的11个国家中，各国建立农村养老保险时其农村人口的人均GDP各有不同，多数国家农村人口的人均GDP也并不是很高。如美国首次建立农村养老保险时农村人口的人均GDP为1 874美元。智利首次建立农村养老保险时农村人口的人均GDP为1 062美元。西班牙首次建立农村养老保险时的农村人口人均GDP为1 959美元。葡萄牙首次建立农村养老保险时的农村人口人均GDP为1 359美元。而日本、马来西亚、印度首次建立农村养老保险时的农村人口人均GDP仅仅为626美元、542美元、522美元（见表2—4）。

表2—4　中国与11个国家建立农村养老保险时的人均GDP情况比较　美元

国家	建立农村养老保险时间	人均GDP	农村人口人均GDP
美国	1990	23 156	1 874
加拿大	1990	18 677	2 436
意大利	1990	17 841	2 143
日本	1971	5 456	626
澳大利亚	1983	18 237	3 894
智利	1980	2 523	1 062
爱尔兰	1988	10 198	2 608
西班牙	1975	4 898	1 959
葡萄牙	1977	4 079	1 359
马来西亚	1971	1 122	542
印度	1988	1 188	522
中国	2007	2 460	608

资料来源：根据帕尔格雷夫世界历史统计1750—1993；the world bank group，www.laborsta.ilo.org和国家统计局，2008年统计公报计算。

最重要的是近年来，中央的多次重要会议已经确定加快农村经济与社会发展，将为农村经济发展和尽快提高农民的收入水平创造良好的条件。

（三）农村社会进步条件不断成熟

党的十六届五中全会以来，我国政府注重农村发展，推进农村社会进步的目标已经十分明确。农村社会进步条件不断成熟，将为发展农村社会保障、发展农村的养老保险制度提供有力的社会条件。

中共中央《关于推进社会主义新农村建设的若干意见》（中发［2006］1号）明确要逐步建立农村社会保障制度，要按照城乡统筹发展的要求，逐步加大公共财政对农村社会保障制度建设的投入。进一步完善农村“五保户”供养、特困户生活救助、灾民补助等社会救助体系。探索建立与农村经济发展水平相适应、与其他保障措施相配套的农村社会养老保险制度。有条件的地方，要积极探索建立农村最低生活保障制度。2006年10月11日，党的十六届六中全会《关于构建社会主义和谐社会若干重大问题的决定》提出，影响社会和谐的矛盾和问题主要是：城乡、区域、经济社会发展很不平衡，人口资源环境压力加大；就业、社会保障、收入分配、教育、医疗、住房、安全生产、社会治安等方面关系群众切身利益的问题比较突出。十六届六中全会明确提出构建民主法治、公平正义、诚信友爱、充满活力、安定有序、人与自然和谐相处的社会主义和谐社会，解决人民群众最关心、最直接、最现实的利益问题。党的十七大报告以“民生与和谐社会”为主题，进一步明确我们国家到2020年基本建立覆盖城乡居民的社会保障体系的社会进步目标。这个体系的目标是社会保障要涵盖全体城乡居民。这个社会保障体系既包括了各项社会保险，也包括最低保障制度、救助制度、慈善事业以及商业保险。通过各项制度的建立，使我们整个社会保障制度完善起来。以上所有这些重大方针将为中国农村社会的进步和农村社会保障的发展创造良好的社会条件。

二、不利条件分析

在我国，推进农村社会保障，特别是目前建立农村养老保险制度仍有许多困难和不利因素，其中最大的不利因素是中国独特的国情使得在推进农村养老保险过程中，我国将不得不面对诸如经济发展水平低、农村人口比重大、不同地区经济发展差异大的突出矛盾，使得推进工作具有难度。独特的国情和难度主要体现在以下几个方面：

（一）中国人口老龄化压力巨大，农村人口老龄化压力的矛盾将更为突出

进入21世纪以来，中国人口老龄化的压力已经开始显现。据全国老龄工作委员会办公室的中国人口老龄化发展趋势预测研究报告揭示，目前，中国已有21个省（区、市）成为人口老年型地区。自1982年第三次人口普查到2004年的22年间，中国老年人口平均每年增加302万人，年平均增长速度为2.85%，而同期总人口增长速度为1.17%。2004年年底，中国60岁及以上老年人口已达到1.43亿人，占总人口的10.97%。老龄化水平超过全国平均值的省市已经有11个，它们是：上海（18.48%）、天津（13.75%）、江苏（13.75%）、北京（13.66%）、浙江（13.18%）、重庆（12.84%）、辽宁（12.59%）、山东（12.31%）、四川（11.59%）、湖南（11.51%）和安徽（11.18%）。

与其他国家相比，中国的人口老龄化具有以下主要特征：一是规模巨大。据全国老龄委测算，中国60岁及以上老年人口2004年年底为1.43亿人，2014年将达到2亿人，2026年将达到3亿人，2037年超过4亿人，2051年达到最大值之后，将一直维持在3亿～

4 亿人的规模。根据联合国预测，21 世纪上半叶，中国一直是世界上老年人口最多的国家，占世界老年人口总量的 1/5，21 世纪下半叶，中国也还是仅次于印度的第二老年人口大国。二是老龄化发展迅速。65 岁以上老年人占总人口的比例从 7%提升到 14%，发达国家大都用了 45 年以上的时间，其中，法国 130 年，瑞典 85 年，澳大利亚和美国 79 年左右。有关方面预测中国只用 27 年完成这个历史过程，并且在今后一个很长的时期内都保持着很高的递增速度，属于老龄化速度最快国家之列。三是地区老龄化发展不平衡。中国人口老龄化发展具有明显的由东向西的区域梯次特征，东部沿海经济发达地区明显快于西部经济欠发达地区，以最早进入人口老年型行列的上海（1979 年）和最迟进入人口老年型行列的宁夏（2012 年）比较，时间跨度长达 33 年。四是中国的人口老龄化超前于现代化。发达国家是在基本实现现代化的条件下进入老龄社会的，属于先富后老或富老同步，而中国则是在尚未实现现代化，经济尚不发达的情况下提前进入老龄社会的，属于未富先老。发达国家进入老龄社会时人均国内生产总值一般都在 5 000～10 000 美元以上，而中国目前人均国内生产总值才刚刚超过 2 000 美元，仍属于中等偏低收入国家行列，应对人口老龄化的经济实力还比较薄弱。①

（二）农村老年人比重过大、"城乡倒置"的现象将持续很长时间

首先是农业人口比重过大的矛盾。中国农业人口不仅比国外发达国家农村人口比重大，比一般发展中国家的农村人口比重也大，这无疑加重了中国政府财政向农村转移支付的压力。据联合国粮农组织统计，在 49 个国家和地区中，农业人口占总人口的比重从 1.6%（英国）到 72.3%（缅甸），中国农业人口比重是 55.1%（见表 2—5），在 49 个有统计资料的国家和地区中，中国农业人口比重是倒数第三高的国家。这一国情是中国解决农村社会保障不同于其他国家的重要特征，也预示着中国解决农村养老保险的资金投入力度、总量规模将面临巨大的压力。

表 2—5　　中国与部分国家农业人口比较　　万人

国家	总人口	农业人口	农业人口占总人口比重（%）
美国	29 985	569	1.9
日本	12 790	368	2.9
德国	8 265	165	2.0
法国	6 099	173	2.6
英国	6 047	97	1.6
韩国	4 787	304	6.4
印度	113 440	56 614	49.9
匈牙利	1 009	102	10.1
俄罗斯	14 395	1 312	9.1

① 全国老龄工作委员会办公室．中国人口老龄化发展趋势预测研究报告．2007-02-27，中国发展门户网．

续表

国家	总人口	农业人口	农业人口占总人口比重（%）
罗马尼亚	2 163	235	10.9
波兰	3 820	644	16.9
巴西	18 683	2 577	13.8
缅甸	4 797	3 466	72.3
越南	8 503	5 499	64.7
阿根廷	3 875	353	9.0
中国	132 129	72 750	55.1

数据来源：2006 年中国农村统计年鉴、中国国家统计局 2008 年 2 月 28 日发布的 2007 年国民经济和社会发展统计公报，美国等 15 国的数据为 2005 年数据。

其次是农村社会保障基础大大落后于城市。与城市社会保障制度现状相比，解决农村社会保障的压力更大。因为农村绝大部分地区尚未建立社会养老保险制度，农民的养老、医疗都缺乏必要的社会保障。随着人口老龄化进程加快，农村的养老、医疗等方面的压力相对城镇将更加突出，这一情况在西部贫困地区将尤为严峻。

最后是城乡倒置显著。发达国家人口老龄化的历程表明，城市人口老龄化水平一般高于农村，中国的情况则不同。据全国老龄委预测，目前中国农村的老龄化水平高于城镇 1.24 个百分点，这种状况将一直持续到 2040 年。到 21 世纪后半叶，城镇的老龄化水平才将超过农村，并逐渐拉开差距。这是中国人口老龄化不同于发达国家的重要特征之一。①

（三）工业化、城市化、控制人口政策都将加重农村老年保障的压力

随着中国统筹城乡劳动力市场的推进和政府对农民工的关注，更多的农村年轻劳动力将陆续流向城市，这将进一步加快农村老龄化进程，但农村的社会保障却恰恰最为薄弱。据北京大学曾毅所作的预测，中国实行计划生育政策已经 30 多年，目前农村的老龄化速度已经高于城市，家庭养老功能越来越弱化。由于大量的年轻人从农村迁移流向城镇，到 2020 年，农村 65 岁及以上老人的比例将为 15.6%，而城市则为 9.0%。2050 年，农村 65 岁及以上老人的比例将为 32.7%，城市为 21.2%。② 这些情况显示出农村比城市将面临更大的社会养老压力。此外，控制人口政策也将使 20 世纪五六十年代生育高峰期出生的农村中年人步入老年，由于计划生育的成功实施，他们中的大多数，只有一个或两个子女。当他们成为老人时，子女可能已离开农村，因此，今后农村家庭养老已很不现实。

（四）城乡居民收入差距大，将加剧推进农村养老保险的难度

城乡居民收入差距过大，是中国经济发展的一个明显的特征，而且这个特征将不会在短时间内得到明显的根本改变。这种差距主要表现在几个方面：

① 全国老龄工作委员会办公室. 中国人口老龄化发展趋势预测研究报告. 2007-02-27，中国发展门户网.

② 常红晓，何禹欣. 农村养老保险不相信乌托邦. 财经. 2006，6

一是整体上农村居民收入增长速度落后于城镇居民收入增长速度。

据中国社科院《人口与劳动绿皮书（2008）》的数据显示，1978—2007年间，中国城镇居民人均实际可支配收入增加了7.5倍，农村居民人均纯收入增加了7.3倍。但1990年以来农民收入的增幅明显低于城镇居民，二者之间绝对额的差距逐年扩大。2007年，城乡居民人均收入相差近万元。过去17年间，城乡居民收入的绝对额差距上升近12倍。①

二是落后地区的城乡居民收入差距大于经济发达地区的城乡居民收入差距。

从城镇人均可支配收入和农村人均纯收入比较看，经济发达的前五位的省份上海市城镇人均可支配收入与农村人均纯收入的比值是2.31，北京市城镇人均可支配收入与农村人均纯收入的比值是2.30，天津市城镇人均可支配收入与农村人均纯收入的比值是1.86，浙江省城镇人均可支配收入与农村人均纯收入的比值是2.49，江苏省城镇人均可支配收入与农村人均纯收入的比值是2.50。普遍低于全国3.33的平均水平。

而经济欠发达的倒数5个省份——甘肃省、贵州省、云南省、陕西省、青海省其城镇人均可支配收入与农村人均纯收入的差距更大，普遍在3.83～4.55之间。其经济落后的倒数五个省，贵州省农村与城镇收入相差倍数是4.55倍。云南省农村与城镇收入相差倍数是4.36倍。甘肃省农村与城镇收入相差倍数是4.30倍。陕西省农村与城镇收入相差倍数是4.06倍。见表2—6。

表2—6　经济发达的前五位的省份与经济欠发达的倒数五位省份的收入比较

地区	城镇人均可支配收入（元）	农村人均纯收入（元）	农村与城镇收入相差倍数
上海市	23 623	10 222	2.31
北京市	21 989	9 559	2.30
天津市	16 357	8 752	1.86
浙江省	20 574	8 265	2.49
江苏省	16 378	6 561	2.50
甘肃省	10 012	2 328	4.30
贵州省	10 678	2 347	4.55
云南省	11 496	2 634	4.36
陕西省	10 763	2 645	4.06
青海省	10 276	2 683	3.83
全国	13 786	4 140	3.33

数据来源：依据国家统计局2008年2月28日发布的2007年国民经济和社会发展统计公报和各省2007年国民经济和社会发展统计公报相关数据计算。

（五）区域性经济发展差异很大

一是各地区间的不平衡性。

① 社科院．缩小城乡收入差距要解决劳动力市场分割．中国新闻网，2008-10-14.

从全国各地区间经济发展的不平衡看，人均纯收入达到 5 000 元人民币以上的有 7 个省、市（北京、天津、上海、江苏、浙江、湖南、广东）；3 500 元以上的有 9 个省、区、市（广西、贵州、云南、西藏、陕西、甘肃、宁夏、青海、新疆）；经济发展最好的上海市，其农村人均纯收入 10 222 元，是经济最不发达贵州省农村人均纯收入 2 734 元的 4.3 倍（依据不同省份 2007 年国民经济和社会发展统计公报计算）。

二是东、中、西部各省收入差距仍然很大。

从东、中、西部各省人均 GDP 收入比较看，东、中、西部经济依次落后的局面仍然没有改变，依然是东部最为发达，中部次之，西部最为落后。统计显示，2007 年全国东、中、西部各省人均 GDP 收入相比较，东部 11 省的人均 GDP 收入为 36 867 元，中部 8 省的人均 GDP 收入是 14 134 元，西部 12 省的人均 GDP 收入是 13 596 元。经济发达的东部 11 省人均 GDP 收入分别是中部、西部人均 GDP 收入的 2.6 倍和 2.7 倍。见表 2—7。

表 2—7　　2007 年全国东、中、西部各省人均 GDP 收入比较　　元

东部 11 省	中部 8 省	西部 12 省
北京：56 044 天津：45 829 河北：19 967 辽宁：25 725 上海：87 036 江苏：33 689 浙江：37 128 福建：25 662 山东：27 723 广东：32 713 海南：14 631	山西：16 835 吉林：19 168 黑龙江：18 510 安徽：12 015 江西：12 521 河南：16 087 湖北：16 055 湖南：14 405	内蒙古：25 092 广西：12 408 重庆：14 622 四川：12 926 贵州：6 385 云南：10 496 西藏：12 109 陕西：14 350 甘肃：10 335 青海：13 836 宁夏：13 743 新疆：16 860
11 省平均/36 867	8 省平均/14 134	12 省平均/13 596
全国平均/18 665		

数据来源：依据国家统计局 2008 年 2 月 28 日发布的 2007 年国民经济和社会发展统计公报和各省 2007 年国民经济和社会发展统计公报相关数据计算。

三是不同地区农村人均纯收入本身的收入差距也很大。

从农村人均纯收入本身进行比较看，经济发达地区与经济落后地区的差距也很大。农村经济发达的前五位的省份农村人均纯收入与经济欠发达的倒数五位省份的农村人均纯收入比较最高的（上海）和最低的（甘肃）相差 4.4 倍（见表 2—8）。

三、中国农村养老保险制度的构建

从长远来看，我国农村养老保险制度建设的最终目标是将全体农村人口纳入养老保险体系。因此，应加快制度建设与覆盖，并在城乡养老保险制度之间找到一个切合点，促使城乡养老保险制度的统筹发展。

就老年人的社会保障而言，可以分几个层次：一是社会救助，即通过最低生活保障制

表 2—8　经济发达的前五位的省份与经济欠发达的倒数五位省份的收入比较　元

地区	农村人均纯收入前五位	地区	农村人均纯收入倒数五位
上海市	10 222	甘肃省	2 328
北京市	9 559	贵州省	2 347
天津市	8 752	云南省	2 634
浙江省	8 265	陕西省	2 645
江苏省	6 561	青海省	2 683
全国	4 140		

数据来源：依据国家统计局 2008 年 2 月 28 日发布的 2007 年国民经济和社会发展统计公报和各省 2007 年国民经济和社会发展统计公报相关数据计算。

度来养老，二是不要求缴费义务的老年补贴养老，三是要求缴费义务的社会养老保险。这三个层次都可以为老年人提供基本生活保障，但保障水平、资金来源、主要目标人群有所不同。其中，社会救助是最基本的保障，其目标人群是无经济来源者。由于老年人丧失了劳动能力和收入来源，贫困发生率很高，会成为社会救助的一个主要群体。但经家庭收入调查后获得最低生活救助十分不足。社会救助实际上提供的老年保障只能覆盖一部分贫困老人，因此，社会救助本身不能提供足够的老年保障。从老年补贴方面看，主要通过财政转移支付支持的老年补贴可以实现广覆盖，但仍然是一种低水平的保障。对老年人的保障程度有限，因此只有社会保险形式的养老保障才能为老年人提供体面、稳定和具有一定水平的收入替代，保障老年人的晚年生活。因此，农村社会养老保险将是中国农村老年人群的主要保障形式。

（一）构建农村养老保险制度的基本思路

统筹考虑中国特有的国情特征和中国农村的基本情况，中国农村养老保险应当坚持低水平起步、保基本；广覆盖、有弹性、能转移；政府主导，加大公共财政投入，多渠道筹集资金；调动中央和地方两个积极性；规范性设计，整体推进，可持续，不搞权宜之计的基本思路。

1. 低水平起步、保基本

坚持低水平起步即要面对中国仍处于并将长期处于社会主义初级阶段的国情，新农保试点务必坚持低水平起步，以保障基本养老需求为目标，而不能盲目设定高保障标准。只有低水平起步，才能适应更广大农村的实际情况，才能真正实现制度覆盖的广泛性。

保基本即以保证农村居民的基本生活为首要目标，这既是社会保障的基本经济职能，也是中国农村现阶段经济发展状况能够达到的首要基本目标。就养老保障而言，保基本即是以解决农村居民老年后的基本生活为首先达到的目标。保基本也是目前农村经济发展水平及农民收入水平条件限制的必然结果。以目前的农村经济发展水平，建立农村养老保险的标准不可能很高。特别是在农村人口比重过大的情况下，其制度设计应当从低水平起步，坚持从实际出发，与农村经济发展及农民生活水平相适应，以保障农民老年后的基本生活为目的。应首先和重点解决农村基础性养老金，在此基础上发展缴费型的社会保险养老金。

农村养老保险“保基本”目标的量化，可以按照农村养老保险金的替代水平从最低不低于农村人居纯收入30%起步，向50%的目标发展。按照国家统计局2008年国民经济和社会发展统计公报公布的数据，2008年全年农村居民人均纯收入4 761元，若按30%、40%、50%计算，其水平见表2—9。

表2—9　　按2008年全年农村居民人均纯收入4 761元计算

替代率（%）	年保障水平（元）	月均保障水平（元）
30	1 428	119
40	1 904	158
50	2 380	198

数据来源：国家统计局2008年国民经济和社会发展统计公报，2009年2月26日。

2. 广覆盖、有弹性、能转移

农村养老保险制度要广覆盖，即要力争覆盖到90%以上的农村劳动人口。要以实现《中共中央关于构建社会主义和谐社会若干重大问题的决定》提出的到2020年基本建立覆盖城乡居民的社会保障体系为发展目标。要有弹性、能转移既是由中国国情所决定的，也是由已有中国社会保险的状况决定的。由于中国经济发展的不平衡性，改革以来，中国现行社会保障是以不同人群的不同设计为路径的，其覆盖都是以城镇劳动者人群、农村劳动者人群、流动性很强的灵活就业人群、农民工人群等为覆盖对象分别进行设计与推进的。在不同人群间需要考虑其能转移、能衔接，这种情况要求新的农村养老保险制度必须具有一定的弹性，为城镇—农村间的社会保障制度的接轨预留好接口。从城市化的进程看，农村社会养老保险制度也不可能是静态的和封闭的，必须保持适当的弹性，能够实现与城镇职工的养老保险制度、农民工的养老保险办法、被征地农民的养老保障措施以及计划生育对象的养老补助政策等相互衔接，保持制度的兼容性。

3. 政府主导，加大公共财政投入，多渠道筹集资金

先行地区的成功经验表明，必须将新型农村社会养老保险制度建设作为强化政府对农村的公共服务和扩大公共财政覆盖农村范围的重要举措，各级财政都应有相应的投入，财政补贴的资金主要用于支付基础养老金。用财政补贴吸引农民参保缴费和集体（企业、单位）补助，形成“三结合”的筹资结构。这样，覆盖范围才能不断扩大，制度也才能持续运行。

4. 调动中央和地方两个积极性

中国地区经济发展差别巨大，经济、社会发展极不平衡的国情证明“一刀切”的办法往往事倍功半。因此，在建立农村社会保障过程中也必须调动中央和地方两个积极性，要坚持中央政府确定基本原则和主要政策，地方政府因地制宜地制定具体办法；在推进过程中，实施分类保障、分级补贴、分层管理、分步推进。逐步建立起覆盖范围不断扩大、保障水平逐步提高、资金来源多元化、管理规范化、服务社会化的比较健全的新型农村社会养老保险制度，为社会经济又好又快发展提供强有力的制度保障。

5. **规范性设计，整体推进，可持续，不搞权宜之计**

组织农村社会保障会遇到诸如经济发展水平低、农民对农村社会保障的认可度、中国经济发展不平衡等多种不利因素的限制，但从推进覆盖城乡居民社会保障的大目标看，应充分利用农村社会保障的初始阶段基本是空白的有利条件，进行规范化的设计，不搞权宜之计。这样做的好处是能在一开始就在制度设计、相关指标上得到统一，有利于今后的农村社会保障制度本身的整合，有利于农村与城市的社会保障制度的整合。

应充分利用农村社会保障制度建立初期的有利条件，使农村社会保障制度、政策为覆盖城乡居民社会保障目标的实现，为与城镇社会保障接轨创造条件，预留好接口。为此，在农村社会保障框架设计中需要考虑若干基本点。

其一，注重制度简化，力求在制度的初始结构、制度模式等基本方面实现统一。目前，中国农民至少可以划分为既有区别，又相互联系的四个群体，即纯务农的职业农民、城市流动打工人口——农民工、被征地农民和乡镇企业职工等。现行已有的农村社会保障政策正是按不同群体制定政策。“按不同人群”设计农村社会保障政策，带有应急性，有重大缺陷。渐进式的制度设计将会对劳动者的流动和社会保障的衔接造成严重困难，不利于覆盖城乡居民社会保障体系的形成。

借鉴中国城镇社会保险发展经验，农村社会保障在初始阶段应“以简化制度”为目标，避免城保“按人群覆盖”所产生的“制度碎片化”。注重农村社会保障制度的简化，加强制度的统一性，应是农村社会保障制度建设重要的制度目标。

其二，制度框架、基本政策、基本管理方法等争取统一。鉴于全国经济发展的不平衡性，各省、市、区实施农村基础养老金、个人账户养老保险的时间有早有晚，但必须在全国实现计算方法、管理方法等方面的统一。在农村社会保障建立初始阶段，争取全国制度的统一是一个极好时机。

其三，力所能及的覆盖已有农村福利、保障政策。利用新建立的农村社会保障制度的时机，力所能及的覆盖已有农村福利、保障政策。如对农村革命伤残军人、村干部、计划生育的独女户政策等进行覆盖，有利于简化制度、简化管理。可以为整合农村内部已有零散社会保障政策创造条件。

其四，加大政府的财政转移支付的力度，规范资金来源，用优惠政策引导农民缴费，保持农村养老保险可持续发展的必备经济与社会条件。

6. **坚持分级补贴、分层管理、整体推进的思路**

划清责任边界，分级补贴，有利于调动多方力量，有利于各级政府共同承担主要责任。政府对农村养老保险的支持应当按照公共服务均等化的原则，考虑各级政府的财政供给能力及人均财力水平，对参保农民由中央和地方各级政府实行不同水平和不同方式的补贴。

在农村社会保障责任方面，包括中央政府责任、地方政府责任、农村集体经济组织责任、农民个人责任等。在诸多的责任主体中，中央政府应当承担主要责任。政府补贴应认真考虑农村经济发展较城镇缓慢，特别是中、西部地区经济还相对落后，农村社会保障比城市薄弱得多的实际情况，这些决定了中央政府对农村社会保障建设必须给予更多的倾斜，承担起更多的责任。可选思路：一是中央政府承担起更多的责任。二是地方政府分担一定的责任。三是地方政府应与中央政府按一定比例负担，分担责任。分担的比例、方法可以有多种选择，如在补贴上实施地方与中央 3∶7、4∶6、5∶5 的分法。四是农民个人要尽缴费责任，实现农村养老保险的权利与义务相对应。

实行分层管理整体推进的思路，即按照建立服务型政府的要求和社会保障制度建设的特点，中央政府负责养老保险政策制定、制度和机制设计、账户管理系统、社会保险卡的开发应用和服务系统的建设，决策监督和绩效评价系统的建设和立法工作。省级政府主要负责执行相关政策、制度，特别是养老保险基金的投资管理。县级政府主要负责养老金的收缴和发放。

（二）构建中国农村养老保险制度的约束条件与难点分析

从构建约束条件方面看，必须认真考虑以下若干问题：

第一，需要注重农村人口众多的基本国情，要求社会保障制度必须把公平目标放在第一位，通过普惠型的制度安排，如老年补贴、基础养老金等加以实现。以缩小社会收入分配差别，促进实现社会公平、和谐与稳定。同时还应当把缴费型的社会保险作为社保体系的主要制度，坚持公平与效率相结合。

第二，需要注重经济发展水平低，尤其农村经济发展水平将长期处于低水平的客观事实。这一重大约束条件，决定了中国农村社会保险体系只能从低水平起步，保障基本生活。当前应当首先把弥补制度缺失作为优先目标，先解决“从无到有”的问题，再循序解决“由低到高”的问题。

第三，需要注重中国地区之间、城乡之间存在的巨大差别，尤其是农村与城市将长期存在的巨大发展差异的客观事实，这种情况决定了包括农村养老保险在内的中国社会保障必须认真面对两大问题：一要促进制度的整体性和统一性，努力缩小差别，整体设计，统筹协调，防止制度的“碎片化”；二要面对现实，正视差别，在统一体系和法律规范下，尊重现阶段城乡发展差别性的特殊规律，承认地方实施政策的弹性空间，从而形成基本制度框架一致、具体政策有别、发展趋势统一的制度设计。

第四，需要注重中国老龄化所具有的未富先老、速度快、持续时间长，尤其是农村人口老龄化较城镇压力更大，矛盾更为突出的现实。这要求不但要解决历史遗留问题，还要解决现实中各个群体之间利益差别问题，充分考虑农村经济发展水平，充分考虑中央政府和地方政府的转移支付能力问题。

第五，需要注重中国有 2 000 多年的基本由中央政府统一治理的社会政治史，中国社会保障制度的建立要坚持政府主导和社会参与相结合的方针。特别是在现阶段，政府尤其是中央政府必须在制度设计、资金投入、组织发动、管理运营、督促检查等方面，都起主导作用。同时，还要调动包括地方政府在内的多方力量，继续发挥家庭养老、土地保障的功能，发扬民族文化中尊老爱幼、扶危济困、邻里互助、社区团结和集体主义的优良传统。

（三）农村养老保险制度的构建

1. 农民个人的经济支撑条件分析

根据国家统计局 2008 年 2 月 28 日发布的 2007 年国民经济和社会发展统计公报和各省 2007 年国民经济和社会发展统计公报相关数据计算，全国农村 2007 年农民人均纯收入可以分三个档次：

第一个档次在 4 000 元以上的省份已经有 13 个省、自治区、直辖市，即上海市、北京市、天津市、浙江省、江苏省、广东省、福建省、山东省、辽宁省、河北省、吉林省、黑龙江省、江西省。13 个省、区、市中最高的四个省、市：上海市、北京市、天津市、浙江省的农村人均纯收入已经达到 8 000 元以上。江苏省、广东省、福建省也已经达到 5 000 元以上。见表 2—10。

第二个档次在 3 000 元以上的省份已经有 12 个省、市，即湖北省、湖南省、河南省、海南省、山西省、四川省、重庆市、安徽省，以及内蒙古、广西、宁夏、新疆自治区。见表 2—11。

第三个档次在 3 000 元以下的省份已经有 6 个省、自治区，即青海省、陕西省、云南省、贵州省、甘肃省以及西藏自治区。见表 2—12。

表 2—10　第一个档次：农村人均纯收入在 4 000 元以上的省份（2007 年）

序号	省份	农村人均纯收入（元）
1	上海市	10 222
2	北京市	9 559
3	天津市	8 752
4	浙江省	8 265
5	江苏省	6 561
6	广东省	5 624
7	福建省	5 467
8	山东省	4 985
9	辽宁省	4 773
10	河北省	4 293
11	吉林省	4 190
12	黑龙江省	4 123
13	江西省	4 098

数据来源：依据国家统计局 2008 年 2 月 28 日发布的 2007 年国民经济和社会发展统计公报和各省 2007 年国民经济和社会发展统计公报相关数据计算。

表 2—11　　第二个档次：农村人均纯收入在 3 000 元以上的省份（2007 年）

序号	省份	农村人均纯收入（元）
14	湖北省	3 997
15	湖南省	3 904
16	河南省	3 851
17	海南省	3 791
18	山西省	3 665
19	内蒙古	3 593
20	安徽省	3 556
21	四川省	3 547
22	重庆市	3 509
23	广西	3 224
24	宁夏	3 180
25	新疆	3 128

数据来源：依据国家统计局 2008 年 2 月 28 日发布的 2007 年国民经济和社会发展统计公报和各省 2007 年国民经济和社会发展统计公报相关数据计算。

表 2—12　　第三个档次：农村人均纯收入在 3 000 元以下的省份（2007 年）

序号	省份	农村人均纯收入（元）
26	西藏	2 788
27	青海省	2 683
28	陕西省	2 645
29	云南省	2 634
30	贵州省	2 347
31	甘肃省	2 328
	全国	4 140

数据来源：依据国家统计局 2008 年 2 月 28 日发布的 2007 年国民经济和社会发展统计公报和各省 2007 年国民经济和社会发展统计公报相关数据计算。

以上分析了建立农村社会养老保险的社会经济大背景，属于宏观层面的考虑。一旦涉及农村养老保险制度的建立，则需要回答以下具体操作层面的问题：一是农民个人有无缴费能力，二是财政有无支撑能力，三是农村养老保险是否具备管理经办能力。其中，第一个问题和第二个问题从缴费的角度关注钱从哪里来，第三个问题涉及公共管理能力和管理成本。

2. 政府财政的经济支撑条件分析

政府财政对农村养老保险的经济支撑条件分析表现为公共财政的支撑能力，支持农村社会保障是政府公共财政的重大课题。

逐步提高的财政收入可以为建立农村社会保障提供支撑条件。中国财政用于社会保障的投入水平与国外相比存在明显差距，还不能适应中国社会保障事业发展以及体制转轨的客观需要。近年来，随着经济的发展，中国财政收入持续大幅增长。2004 年全国财政收入已达到 2.6 万亿元，比 2000 年翻了一番。2005 年中国财政收入已达到 3.08 万亿元。2006 年全国财政收入达到 39 373.2 亿元，2007 全国财政收入 51 304 亿元，中国应抓住现阶段中国财政收入高速增长的有利时机，抓紧妥善解决养老保险和医疗保险的历史遗留问题。要改革和完善中国公共财政体制，合理调整财政支出结构，完善社会保障筹资机制。

四、农村养老保险的制度框架

（一）制度的模式

目前各地实践的“老年补贴＋个人账户”模式、完全个人账户模式、“统账结合”模式中，理论分析和实际运行说明“老年补贴＋个人账户”模式比较适合现阶段的农村情况，既适合农民无单位和收入低、缴费能力不足的特点，又符合国际建立农村养老保险制度有政府较大投入比例的惯例。同时，非缴费性资金由财政建立，不需要积累和增值，按年度预算划拨，操作简单、管理成本低。

参照国外情况，结合中国国情和已有的各地实践，目前农村养老保险制度应当实行：（1）基础养老金＋个人账户的制度模式，覆盖就业人群。（2）老年补贴的制度模式，覆盖 65 岁以上无经济保障的老年人。16～60 岁的农村劳动者实施个人账户养老金。65 岁以上的丧失劳动能力人员实施国家老年补贴模式。国家老年补贴不与缴费义务相联系，65 岁以上的丧失劳动能力人员人人一份。

（二）参保范围

16～60 周岁的农村居民。

（三）缴费基数

个人缴费以上年度农村居民人均纯收入为缴费基数，费率一般不低于 3%，参保人可以自愿多缴，最高不超过 10%。具体缴费标准由县级以上人民政府根据当地实际确定。

（四）养老保险费筹集与管理

1. 个人账户资金的筹集，由个人缴费及地方政府、村集体、企业或其他社会经济组织的缴费、补助构成，完全积累。

2. 国家老年补贴的筹集与管理，国家老年补贴的资金由中央财政提供。有条件的省级及以下地方财政可在国家老年补贴之上安排适当资金，用于提高当地国家老年补贴标准。国家老年补贴按每年预算，收支平衡。

3. 个人账户养老金由县一级负责收缴，由省一级负责管理。

4. 个人账户基金管理办法另行制定。

（五）养老金待遇

个人账户养老金：领取年龄男女一致，年满 60 周岁、缴费累计满 15 年的参保人，可每月发放养老金；缴费超过 15 年的，每增加 1 年缴费，个人账户养老金计发标准根据领取人平均余命等参数按保险精算原则确定。

设 61～64 岁的过渡期，有条件的地区可以为 61～64 岁的无经济保障的老年人员发放老年补贴。国家老年补贴从 65 岁起发放。

65 岁以上的无经济保障老年人员的国家老年补贴由中央财政负责，不实行家计调查和动态补贴，人人一份。

（六）建立待遇调整机制

养老金计发标准根据经济发展和物价指数进行调整。

（七）基金监督

各级社会保障行政部门要将农保基金纳入日常监管业务范围，切实履行监督职责，对基金的筹集、使用、投资运营全过程进行实时监控和定期检查，对事关基金安全的事项及时进行处置；同时，要加强财政、监察、审计监督和社会监督。各有关部门要采取有效措施，加强对基础养老金和个人账户基金全过程的监管，保证不虚报、冒领，保证发放到个人。要建立基金风险预警机制，确保基金安全。

（八）制度衔接

其一，与老农保的衔接。已参加老农保、年满 60 周岁且开始领取养老金者，继续领取原个人账户养老金，并享受基础养老金。已参加老农保、未满 60 周岁且没有领取养老金的参保人，应按新农保的缴费标准继续缴费，老农保个人账户资金并入新农保个人账户，按新农保标准核算，并享受相应待遇。

其二，与其他保障的衔接。参加农民工养老保险的返乡农民工，可将保险关系转入户籍地参加新农保，并将农民工养老保险个人账户资金转入新农保个人账户，按新农保标准核算，并享受相应待遇。农村居民参加城镇职工基本养老保险并享受相应待遇的，不享受新农保基础养老金待遇；未享受城镇职工基本养老保险待遇的，可按规定将城镇职工基本养老保险部分资金转入新农保个人账户，按新农保标准核算，并享受相应待遇。享受计划生育奖励扶助金的参保人，符合新农保领取条件的，可同时享受新农保基础养老金。

（九）关系转移

新农保的参保人跨地区转移，可将个人账户资金转入新参保地，按新参保地有关标准核算，并享受相应待遇。各试点地区应制定新农保与其他保障制度的衔接和跨地区转移关系的具体办法。

坚持公平和不重复享受保障待遇的原则，实现新农村养老保险涉及与老农村养老保险、城保、农民工养老保险、计划生育奖励扶助政策及农村最低生活保障制度的衔接。

（十）农村养老补贴与最低生活保障的关系

农村养老补贴的性质是农村社会养老保障的第一层次，农村养老补贴要解决的问题是达到丧失劳动能力条件后的人员的生活保障问题。

农村养老补贴不同于最低生活保障制度，不实行家计调查和动态补差，凡没有享受按月领取养老保险待遇的老年居民均可提出申请，由政府相关部门核定资格后享受待遇。为鼓励具有缴费能力的人参加养老保险，可考虑将领取养老补贴的年龄确定为男女满65周岁，所需资金由中央财政统一解决。有条件的地方政府可以为60～64岁老年人发放养老补贴。

五、农村养老保险制度主要指标的量化目标

（一）在制度覆盖方面

1. 在本届政府任期内，在制定好“农村养老保险制度”方案的基础上启动试点工作。
2. 在本届政府任期结束时，农村养老保险制度的覆盖面达到20%～30%。
3. 在21世纪20年代，农村养老保险制度覆盖90%的农村从业人员。

（二）在养老金替代率量化目标方面

农村养老保险制度待遇水平的确定应该以能够保证农民的基本生活为制度的基本目标，若农村养老保险制度的养老金不能保证参保农民的基本生活，农民则没有参加农村养老保险的积极性。但农村养老保险制度的待遇水平又不能过高，待遇水平不能过高势必使农民增加过多的经济负担，为此：

1. 以农民人均纯收入的一定百分比做衡量标准，这样可以随着农民人均纯收入的不断增长，农村养老保险制度的待遇水平也会得到增长。

2. 在本届政府任期内，在农村养老保险制度试点起步阶段，各地应该量力而行，不做替代率指标的硬性规定，可以以农民人均纯收入的10%～20%为目标。

3. 在21世纪20年代，农村养老保险制度的养老金替代率应该达到当地农民人均纯收入的40%～50%。

六、融资方法与资金量匡算

（一）个人账户资金补助设想与财政补贴资金量匡算

农民以当地农民年人均纯收入为缴费基数，缴费比例在3%～10%之间分档确定，全部记入个人账户，集体经济和财政补助个人账户水平根据当地情况确定，地方财政定额补

助可以按人确定，补助标准可确定为当地农民人均年纯收入的一定比例。

关于政府转移支付资金的匡算，以 2008 年为例，7.1 亿农民中，就业人员约为 3.55 亿人，按 2007 年农民年人均纯收入（4 140 元）的 3%～6%计算，人均补贴 3%，其人均补贴 124 元，共需资金 440 亿元。补贴 4%，其人均补贴 165.5 元，共需资金 587.8 亿元。补贴 5%，其人均补贴 207 元，共需资金 734.8 亿元。补贴 6%，其人均补贴 248 元，共需资金 880.4 亿元（见表 2—13）。

表 2—13　　农村个人账户养老金不同补贴标准匡算表

补贴标准（%）	补贴基数（元）	每人年补贴资金（元）	年补贴的总资金（亿元）
3	4 140	124.0	440.0
4	4 140	165.5	587.8
5	4 140	207.0	734.8
6	4 140	248.0	880.4

注：上述资金由地方政府出资，或由地方政府和中央政府共同出资。

（二）农村老年补贴（基础性养老金）具体设想与资金匡算

农村老年补贴由国家统一确定、资金由中央财政负责。

农村养老补贴不同于最低生活保障制度，不实行家计调查和动态补差，凡没有享受按月领取养老保险待遇的农村老年居民均可提出申请，由政府相关部门核定资格后享受待遇。为鼓励具有缴费能力的人参加养老保险，可考虑将领取养老补贴的年龄确定为男女均满 65 周岁，所需资金由中央财政统一解决。有条件的地方政府可以为 60～64 岁老年人发放养老补贴。

坚持公平和不重复享受保障待遇的原则，实现新农保涉及与老农保、城保、农民工养老保险、计划生育奖励扶助政策及农村低保制度的衔接。

按农村 65 岁老年人口为 1 亿人，按 50 元、60 元、70 元、80 元不同补贴标准匡算的结果如表 2—14 所示。

表 2—14　　农村老年补贴不同补贴标准匡算表

每人月补贴标准绝对数额（元）	每人年补贴资金（元）	年补贴的总资金（亿元）
50	600	600
60	720	720
70	840	840
80	960	960

注：上述资金由中央政府出资。

七、管理体制

（一）现行管理体制的问题

因为没有规范的全国立法，农村养老保险管理整体上不规范。主要问题有：

1. 在体制上制度管理与制度运营监督一体化，缺乏有效的监管工作机制。

2. 在农村养老保险的基金运营上，以县（市、区）为基金运营主体，不仅风险很大，而且收益低，管理和监督成本高。

3. 农村养老保险管理机构、人员编制不规范，无人员成本正常开支渠道。

（二）新农村养老保险管理体制的基本框架

1. 省一级政府为农村养老保险的基本管理单位。

2. 地级以上的政府为省一级政府农村养老保险管理的派出机构，只设立农村养老保险政策的执行权，无出台农村养老保险政策的权利。

3. 省政府一级农村养老保险的政策管理与基金管理实行管办分开。

首先，提高基金统筹层次，保证基金保值增值。将基金集中在省级统筹管理，委托专业管理机构进行多元化组合投资运营，满足基金保值增值的需要。

其次，实行行政管理与基金运营相分离，坚持市场化运营的原则。依法建立委托人、托管人、投资人制度，由专业的基金管理公司负责运营，以确保资金的安全和保值增值。

最后，建立决策、经办和监管一体化的现代化管理体系。

八、需要进一步研究的问题

（一）老年补贴与未来全国基础养老金的关系

老年补贴与全国基础养老金的关系是一个重要问题，设计这一块的性质、名称等要与全国统一的基础养老金相协调、一致。

（二）老年补贴的领取时间

1. 60 岁领取养老金的法律概念是城镇养老金概念，农村不一定与其一致。

2. 按农村的就业方式和劳动能力丧失的年龄，老年补贴划定在 65 岁应该说更合适。65 岁以后的老年农民老年补贴由中央政府决定是否给予和出资。

（三）农村劳动者 60 岁后至 65 岁之间的保障

有条件的地方对 60 岁后的农村劳动者，可以搞地方性的老年补贴，60 岁后的农村劳动者老年补贴由地方政府决定是否给予和出资。

（四）农村养老保险的替代率水平问题

1. 农村养老保险的替代率水平与城镇基本养老保险相协调；

2. 鉴于在生活条件上，就业与收入方式上、水平上农村与城市有区别，因此农村养老保险的水平既应体现社会进步，又应与农村居民的承受能力相适应。

（五）老年补贴和缴费性个人账户养老金的关系

要防止有非缴费性老年补贴对缴费性个人账户养老金产生负激励作用。

解决办法：

1. 界定老年补贴是对达到 65 岁或 60 岁的没有任何收入保障的人提供的保障。

2. 划一个时间界限，以农村养老保险办法发布之日为限，之前的 65 岁老年农民无条件领取，之后的不参加缴费性个人账户养老金的限制领取。

第五节　关于失地农民的社会保障问题

失地农民的社会保障问题是农村整体社会保障的一部分。失地农民问题也是国际社会中许多国家在工业化、城市化过程中都曾经遇到和要解决的重大经济与社会性问题。中国正在推进工业化、城市化，特别是中国的城市化的进程正在加快。据世界银行统计，1995 年，高收入国家的城市化水平为 75%，中等收入国家为 60%，低收入国家只有 28%。同期，中国城市化水平为 30%，经过多年的发展，2007 年中国的城市化率已经达到了 44.9%。按照 1%的城市化率发展速度，2020 年中国的城市化率将达到 55.9%。与此同时，大量的被征地农民的就业和社会保障问题需要制度化的解决办法。

一、各地探索解决被征地农民社会保障问题综合分析

归纳起来，各地探索解决被征地农民社会保障问题的做法大致有七种类型。

（一）纳入城镇社会保障体系

一些地方将被征地农民纳入城镇社会保障体系，主要采取两种形式：一是根据被征地农民的不同年龄和个体能力，将其分别纳入城镇职工基本养老、医疗和失业保险体系或城镇居民最低生活保障体系，代表性的地区有北京市；二是按照"双低"标准，将所有被征地农民，按不同的征地时间、不同年龄阶段设定不同的缴费标准，纳入城镇职工基本养老、医疗保险，代表性的地区有成都市。

（二）纳入农村社会养老保险制度

代表性的城市是青岛市。青岛市有关规定明确将被征地农民纳入农村社会养老保险制度。按照青岛市政府于 2004 年出台的有关建立农村社会养老保险制度的文件规定，村集体土地被征用的，应首先将安置补助费、土地补偿费用于缴纳农村养老保险。对人均耕地不足 0.3 亩的被征地农民，要适当提高财政补助标准。被征地农民按照该市农村社会养老保险缴费的有关规定，个人基本养老保险缴费按所在区（市）上年度农民人均纯收入的

6%缴纳，村集体和地方财政按相同比例补助。其中，个人和集体缴纳部分记入个人账户，财政补助部分进入社会统筹账户。养老金由个人账户养老金和基础养老金两部分组成，个人账户养老金等于账户积累额1/120，基础养老金由区（市）政府测算确定，个人账户养老金结存额不足支付的，由社会统筹基金支付。参保人员男年满60周岁、女年满55周岁，个人缴费和财政补助累计满15年的，可领取养老金；不满15年的，按当年缴费标准一次性补缴至15年，可办理领取养老待遇手续。

（三）建立被征地农民社会保险制度

被征地农民是城镇化过程中因征地而产生的一个特殊群体，是处于城乡之间的边缘群体。如果将这一群体直接纳入城市或农村现有社会保障体系，容易出现某些不相适应的问题。因此，有些地方针对被征地农民的特殊情况，专门建立被征地农民社会保险制度，如天津、河北、内蒙古、安徽、西安、佛山等地都陆续出台了有关文件，其中比较有代表性的地区有天津和西安。

（四）建立被征地农民基本生活保障制度

一些地方针对被征地农民的特殊情况，专门建立了被征地农民基本生活保障制度。这种制度既不同于城镇居民最低生活保障制度，也不同于城乡社会保险制度。代表性的地方有江苏、浙江、山东等省。

（五）将基本生活保障与社会保险相结合

代表性的城市是杭州市。杭州市对未达到劳动年龄或超过劳动年龄的，实行一次性货币补偿，直接给予基本生活保障；对在劳动年龄阶段内，符合一定条件的，规定可以按城保缴费标准参加城保，享受城保待遇，或者可以参加被征地农民“双低”养老保险办法。“双低”养老保险缴费以上年全省职工平均工资为基数，按19%的费率一次性缴纳15年的基本养老保险费，到退休年龄后，可领取基本养老金，其中基础养老金月标准为退休时上一年度全省职工月平均工资的20%×缴费系数（缴费系数为0.70）；个人账户养老金月标准为本人个人账户储存额的1/120。

（六）纳入小城镇社会保险制度体系

代表性的城市是上海市。上海市政府于2003年出台了有关被征地农民社会保障管理办法，其中规定被征地农民参加上海市小城镇社会保险，简称“镇保”，主要对象是被征地农民、郊区新设立的用人单位及其从业人员。目前全国只有上海建立了“镇保”。

被征地劳动力（男16～55周岁、女16～45周岁）全部纳入镇保范围，由征地单位按照征地时全市统一的镇保基数和比例，为被征地农民一次性缴纳不低于15年的基本养老保险、医疗保险费，并缴纳一定的补充社会保险费（其中包括不低于24个月的生活补贴）。而且，被征地农民在征地后的15年内就业，可免缴上述基本养老保险、医疗保险费，只缴失业保险费，从而降低了就业门槛，如果就业后仍缴纳各项保险费，可与一次性缴费合并计算，提高今后的保障待遇。镇保制度实施前的被征地劳动力也要纳入镇保范围，被征地劳动力应从已经发放的安置补助费中一次性补足 15 年的养老、医疗保险费，不足部分由各区县政府负责。

此外，对征地养老人员（男满 55 周岁、女满 45 周岁），由征地单位从支付的安置补助费中为其缴纳征地养老费，其中包括生活费、医疗费、补助费等，缴费年限为男性 15 年、女性 20 年。为落实被征地人员参加镇保，上海市政府规定对被征地农民实行落实社会保障与土地处置、户籍农转非整体联动的原则，统筹解决被征地农民的社会保障问题。但是，从统筹城乡社会保障体系建设的发展趋势以及国际上城市化过程中社会保障的发展规律来看，上海市在城乡之间单独建立“镇保”并以此解决被征地农民社会保障问题只是一种权宜之计。

（七）纳入商业保险体系

代表性的城市是重庆市。重庆市被征地农民安置工作由市国土资源局主管，将被征地农民养老保障纳入商业保险。从 2000 年开始，重庆市规定将每亩 2.1 万元的土地补偿费全部交给商业保险公司，在男满 50 周岁、女满 40 周岁时，每月可以从保险公司领取 175 元的生活补助费。这个标准以年利率 10%计算，但保险公司只按银行利率标准进行给付，其间的利率差额由市财政兜底。

这种做法虽然简便易行，但存在着明显缺陷。一是被征地农民，养老金待遇标准低于重庆市居民最低生活保障待遇标准（每月为 185 元），这已引起一些被征地农民的不满；二是区县财政须承担利息差额补贴，导致区县财政背上沉重包袱；三是这一政策覆盖范围只限于男满 50 周岁、女满 40 周岁以上人员，对其他人员的养老保障缺乏相应的政策措施。重庆市将被征地农民养老保障纳入商业保险的做法属于比较特殊的个案，不会成为被征地农民社会保障的发展方向。此外，重庆市将被征地农民中的“农转非”人员纳入城镇居民低保范围，但因设置的“门槛”偏高，多年来只有不足 20%的上述人员能够享受低保，人均每月只能领取 66.3 元。

二、各地解决被征地农民相关保障的主要问题

自前，各地在解决被征地农民社会保障问题方面的做法多种多样，差异较大。这种状况一方面反映了各地因地制宜采取易于操作的办法，另一方面也反映了国家在解决被征地农民社会保障问题方面缺乏比较统一的发展方向、基本原则和制度框架。从各地的探索情况来看，也存在一些突出问题。一是立法层次低，缺乏国家有关法律法规及政策作为依据。由于目前国家有关法律法规及行政规章中尚未对被征地农民社会保障问题做出明确规定，因此各地在研究制定有关制度和具体政策时无法可依，只能根据各自对有关问题的认识及对制度与政策设计可行性的判断以及当地的客观条件制定行政规章或规范性文件，尤其在有关保障范围、缴费标准、待遇水平等方面的立法依据不足。二是保障制度不健全。有些地方只对被征地农民的养老保障做出制度安排，但对被征地农民的医疗保障等问题则予以回避。有些地方只对城镇规划区内“农转非”人员的社会保障问题制定解决办法，但

对城镇规划区内尚未实现“农转非”的被征地农民以及城镇规划区以外的被征地农民的社会保障问题缺乏制度安排。三是保障水平较低。由于各地在探索解决被征地农民社会保障问题所需资金主要来源于征地单位支付的征地补偿费、安置补助费，而我国《土地管理法》对补偿标准的规定并没有涉及被征地农民社会保障资金需求，并且补偿标准较低，地方政府从土地收益中拿出的补贴也较少，这种状况导致为被征地农民确定的社会保障水平也比较低。四是相关制度不衔接。一方面，由于各地的制度不统一，在被征地农民跨地区流动时便会遇到各地制度不能衔接所造成的保障关系不便转移的问题；另一方面，有些地方专门建立的有关被征地农民的保障制度与现行的城乡社会保障制度之间也存在不易衔接的问题。

三、解决我国被征地农民社会保障制度的总体设想

被征地农民是一个特殊群体，并且在被征地过程中是一个弱势群体。在其失去土地之后，面临着生计困难和生活保障问题，需要政府依法保护其合法权益。从目前被征地农民的实际情况以及各地在解决被征地农民社会保障问题上的探索来看，这一问题十分复杂，处理难度非常大，并且迫切需要针对这一特殊群体的社会保障问题，由国家尽快研究制定有关被征地农民社会保障的总体思路、基本制度和政策措施。

从国外情况看，在征用农民土地时一般按市场价格实施补偿，包括土地征用费和土地赔偿款。其中土地征用费大体等于土地的市场价值，土地赔偿款是对被征地农民因土地被征用而造成的经济及其他损失的弥补。如日本征地补偿金额为市场价格乘以物价变动修正率；法国征地补偿以征地双方根据市场行情协议价格为准；荷兰在征地补偿地价时还考虑土地未来预期收益，等等。在部分国家，法律规定对被征地农民的补偿往往超过土地的市场价值，以保证被征地农民原有的基本生活水平不降低。同时，将被征地农民纳入社会保障体系，其中包括养老保险、医疗保险、失业保险、最低生活保障等。这有助于缓解因征地引起的矛盾冲突，大幅降低农民失去土地后所面临的主要风险，保持社会稳定。

目前，我国在解决城镇化进程中被征地农民的社会保障问题方面还处于探索之中，2006 年的中央 1 号文件对被征地农民的社会保障问题做了原则规定：“完善对被征地农民的合理补偿机制，加强对被征地农民的就业培训，拓宽就业安置渠道，健全对被征地农民的社会保障。”2006 年，《国务院办公厅转发劳动保障部关于做好被征地农民就业培训和社会保障工作指导意见的通知》（国办发〔2006〕29 号），对建立被征地农民养老保险制度进一步提出了原则要求，下一步的任务是结合中国国情特点，制定更加具体的被征地农民参加养老保险办法。

从根本上讲，今后应当适时修订《土地管理法》，其中包括遵循市场经济规律来规范征地行为与补偿，合理确定补偿标准，并对有关被征地农民的社会保障问题做出相应的制度安排。在现实条件下，需要首先明确解决被征地农民社会保障问题的主要原则与思路，加紧研究制定被征地农民社会保障制度。

其一，被征地农民就业培训和社会保障工作应把握的原则。

一是要把做好被征地农民就业培训和社会保障工作作为征地制度改革的重要内容，保

证被征地农民生活水平不因征地而降低，确保被征地农民的长远生计。国务院办公厅《关于做好被征地农民就业培训和社会保障工作的指导意见》明确要求，各地要从实际出发，采取多种方式保障被征地农民的基本生活和长远生计。对城市规划区内的被征地农民，要纳入城镇就业体系和相应的社会保障制度。主要通过现行城镇社会保障制度解决其基本生活保障问题。对城市规划区外的被征地农民，要留有必要的耕地或安排相应的就业岗位，并纳入农村社会保障体系。凡已经建立农村社会养老保险制度、开展新型农村合作医疗制度试点和实行农村最低生活保障制度的，要按有关规定将他们纳入相应的保障范围。没有建立上述制度的地区，可由当地政府根据实际情况采取多种形式保障他们的基本生活，提供必要的养老和医疗服务，并将符合条件的人员纳入当地的社会救助范围。同时，各地要根据当地经济社会发展水平、政策可衔接、政府财力能承受、被征地农民生活水平不降低、简便易行的原则，合理确定被征地农民的社会保障水平。基本生活和养老保障水平，应不低于当地最低生活保障标准。

二是明确范围，突出重点，统筹兼顾。被征地农民就业培训和社会保障工作的对象，主要是因政府统一征收农村集体土地而导致失去全部或大部分土地，不足以维持基本生活，且在征地时享有农村集体土地承包权的在册农业人口。

要以新被征地农民为就业培训和社会保障工作的重点人群，并逐步解决过去征地的历史遗留问题。就业培训以劳动年龄段内特别是中青年被征地农民为重点。促进被征地农民就业是确保其基本生活水平不下降和长远生计的根本渠道。政府的主要职责是，提供就业咨询、就业指导、就业培训、职业介绍等公共服务，开发公益型就业岗位，有效使用培训和就业资金，为被征地农民提供合适的就业培训机会，帮助他们取得职业资格认证，从而进入劳动力市场就业；要坚持市场导向的就业机制，而不能像计划经济体制那样把就业包下来。社会保障以难就业的大龄和老龄人群为重点。大龄、老龄人群和残疾人的文化素质和劳动能力普遍较低，就业困难，通过正规就业获得长远生计保障的可能性很小，因此可以考虑直接将他们纳入社会保障体系。被征地农民社会保障对象的确定，要严格按规定程序核准并予以公告后，报县（市）政府有关部门备案。由于各地存在差异，具体办法由各省级政府制定。

三是根据城市规划区内外不同情况实行分类指导。被征地农民的社会保障标准分为两类，对于城市规划区以内的被征地农民，当地政府把其纳入城镇就业体系和社会保障制度；在城市规划区外，要求在本行政区域内为被征地农民留有必要的耕地或安排相应的工作岗位，并纳入农村社会保障体系。对不具备生产生活条件地区的被征地农民，要异地移民安置，并纳入安置地的社会保障体系。区别新老被征地农民。对新的征地，必须严格执行《国务院关于深化改革严格土地管理的决定》（国发［2004］28号）规定的新政策，在征地时对被征地农民做出就业培训安排并落实社会保障资金。对过去被征地农民的就业培训和社会保障问题，由于人数较多，情况复杂，要根据各地财力，统筹考虑新老被征地农民政策的衔接问题，做出规划和安排，逐步妥善解决。

其二，被征地农民参加社会保障制度的主要原则。

建立被征地农民社会保障制度应当以统筹城乡发展、促进城镇化和切实保障被征地农民的合法权益为目标，按照市场经济规律对被征地农民给予合理补偿，妥善解决被征地农民的基本生计与生活保障问题。要将被征地农民的社会保障作为征地补偿与安置的一个重要方面，根据被征地农民的社会保障需求情况，针对被征地农民的不同类型，采取分类处理的办法，为被征地农民提供相应的社会保障。要按照“谁征地，谁负责”的原则，所需资金主要从征地单位支付的土地补偿费、安置补助费、土地出让金中筹集，并把社会保障资金需求作为确定征地补偿标准的重要因素，适当提高补偿标准，合理调整政府获得土地收益的使用方向与支出结构，增加从土地收益中用于被征地农民社会保障补贴的比重，切实维护广大被征地农民的合法权益。

为此，在建立被征地农民社会保障制度的过程中应当坚持以下基本原则：一是要建立和完善被征地农民社会保障制度，将被征地农民所需的社会保障资金作为征地补偿的重要组成部分，相应提高征地补偿标准，合理使用征地补偿金和土地出让金，并把落实社会保障资金作为征地的必备程序和硬性措施，确保被征地农民生活水平不因征地而降低，长远生计有保障。二是实行分类处理的原则，对不同年龄段的人员分别采取相应的保障措施，并以老龄和大龄人群作为社会保障的重点对象。对于被征地农民中超过劳动年龄的老年人口，应当提供基本生活保障。对于重新就业比较困难的大龄人员，要妥善解决他们的社会保障问题。对于未成年人，也应当保障其基本权益。三是对城市规划区内外被征地农民分别采取相应的保障办法。要将城市规划区内的被征地农民纳入城镇社会保障体系，并将城市规划区外的被征地农民纳入农村社会保障体系。对不具备生产生活条件的被征地农民，要引导和扶持异地移民安置，并纳入当地社会保障体系。

其三，解决被征地农民社会保障问题的基本思路。

一是分类处理，切实保障被征地农民基本生活和长远生计。要重点解决老龄和大龄被征地农民的基本生活、养老和大病医疗保障问题。对城市规划区的被征地农民，可根据当地经济发展水平和被征地农民不同年龄段，制定保持生活水平不下降的基本生活和养老保障办法，有条件的也可纳入城镇职工基本养老、医疗（以大病住院保险为主）等社会保险。城市规划区外的被征地农民，凡已经建立农村社会养老保险制度、开展新型农村合作医疗制度试点和实行农村最低生活保障制度的，要按有关规定将他们纳入相应的保障范围。没有建立上述制度的地区，可由当地政府根据实际情况采取多种形式保障被征地农民的基本生活、养老和医疗服务，符合条件的纳入当地社会救助。二是因地制宜，合理确定保障水平。要根据当地经济与社会发展水平以及政府承受能力，合理确定被征地农民的社会保障水平，其基本生活或养老保障应当不低于当地最低生活保障标准，确保被征地农民生活水平不降低。三是合理筹资，确保社会保障资金需求。被征地农民社会保障所需资金，主要从征地补偿费和安置补助费中筹集，以征地补偿费为主，并从当地政府获得的土地收益（如土地出让金收入等）中给予适当补助。要适当提高征地补偿与安置补助标准，加大财政扶持力度，以满足被征地农民社会保障的基本需要。被征地农民最低生活保障所需资金应纳入当地财政预算。四是统筹规划，与城乡社会保障制度相互衔接。要从统筹城乡社会保障体系建设的需要出发，一方面要适应被征地农民社会保障的基本特点和迫切需要，制定相应的保障制度；另一方面新建立的被征地农民社会保障制度也要与现行的城乡社会保障制度相互协调与衔接，并在城市化过程中逐步实现有机统一，将被征地农民社会保障制度融入城乡一体化的社会保障体系之中。

四、被征地农民社会保障制度基本框架

对城市规划区内的被征地农民，设立被征地农民社会保障专项资金，按照分类处理的原则采取相应的保障办法。其要点如下：

1. 对于超过劳动年龄的老年人（男性 60 周岁以上、女性 50 周岁以上），从被征地当月起，在其被征用土地所对应的土地补偿费和安置补偿费按一定比例划入当地被征地农民社会保障专项资金之后，可按月领取养老金。待遇标准介于当地城镇企业退休人员养老保险金平均水平与城镇居民最低生活保障线之间，具体标准由当地政府制定。对这类老年人的医疗保障主要是实行大病住院保险。其参加大病住院保险所需资金按当地灵活就业人员参加城镇职工住院医疗保险缴费标准乘以一定年限（如成都市按 10 年计算）确定，从当地被征地农民社会保障专项资金中一次性划拨到当地医疗保险统筹基金中，依法享受城镇职工基本医疗保险政策中统筹基金支付的医疗待遇。

2. 对于男性满 45 周岁并在 60 周岁以下、女性满 35 周岁并在 50 岁以下的被征地农民，参照灵活就业人员参保办法。一次性缴纳 15 年的养老保险费和男满 25 年、女满 20 年的医疗保险费。在其被征用土地所对应的土地补偿费和安置补偿费按一定比例划入当地被征地农民社会保障专项资金之后，将所需缴纳的两项保险费在被征地农民社会保障专项资金中列支，分别划入当地城镇职工养老保险基金和医疗保险基金。在其医疗保险费缴给医疗保险经办机构之后，即可按规定享受医疗保险待遇。在其达到法定退休年龄时，可依法享受城镇退休人员养老保险和医疗保险待遇。

3. 对于男性满 16 周岁并在 45 岁以下、女性满 16 周岁并在 35 岁以下的被征地农民，如果进入城镇用人单位就业并签订劳动合同的，则纳入城镇社会保障体系，随所在单位依法参加各项社会保险；如果从事个体经营等灵活就业的或没有就业的，则参照城镇个体户等灵活就业人员参保办法，参加养老保险、医疗保险等社会保险。在征地时，根据被征地农民的年龄和当地最低缴费年限确定其参加社会保险应补缴的费用，在其被征用土地所对应的土地补偿费和安置补偿费按一定比例划入当地被征地农民社会保障专项资金之后，从该专项资金中一次性划拨到当地社会保险统筹基金中。为促进这类人员在失地之后重新就业，将对用人单位所需缴纳的保险费给予适当补助，对参照城镇个体户的参保人员所需缴纳的保险费给予适当补助，并从当地被征地农民社会保障专项资金中列支。有关这类人员的最低缴费年限、补助年限、待遇享受办法以及具体管理规定由地级市及以上政府制定。

4. 对于劳动年龄以内未实现就业的，在其被征用土地所对应的土地补偿费和安置补偿费按一定比例划入当地被征地农民社会保障专项资金之后，可按月发给生活补助费，具体标准由当地政府制定，从当地被征地农民社会保障专项资金中列支；对男性在 50 周岁以下、女性在 40 周岁以下的被征地农民，发放期限不超过 2 年，补助期满仍未就业的，凡符合低保条件的，纳入当地低保范围。

5. 对于不满 18 周岁的未成年人，一次性发给生活补助费，从村集体获得的土地补偿

费中列支，具体标准由当地政府制定。

6. 被征地农民社会保障专项资金主要来源于村集体获得的土地补偿费、个人获得的安置补偿费、当地政府获得的土地出让金，筹资标准由地级市以上政府制定。这一专项资金设立财政专户，由当地社会保险经办机构负责管理，实行专款专用，不足时由当地财政补足，当地财政确有困难的，由上级财政给予补助。对于城市规划区以外的被征地农民，如原居住地属于独立的工矿区或大型基础设施建设区域范围，可适当参照上述办法解决其社会保障问题；对于其他仍留在农村的被征地农民，则纳入当地农村社会保障体系，凡参加当地农村社会养老保险、新型合作医疗的，对其缴费给予适当补助；对于符合农村低保条件的，提供低保待遇。所需资金从当地被征地农民社会保障专项资金中列支。

案例1：成都市探索以承包地、宅基地换社保的做法

成都市根据各地不同情况，在不同区、县（市）探索多种形式的统筹城乡社会保障模式。主要做法，一是以土地承包经营权收益换社保，探索建立农村养老保险制度的模式。二是成都市温江区推行“双放弃”换社保，鼓励农民向城镇集中的模式。三是成都市在全市范围内，对征地农转非人员实行的“土地换保障、退费进社保、政府给补贴、纳入养老医疗社会保险”的模式。四是成都市锦江区探索实行的“工业进园区、农业进基地、住宅进社区”的发展都市观光农业，走专业化、规模化、品牌化的农业发展道路的模式。

从成都市推进城乡一体化的实践看，以承包地、宅基地换社保，发挥了显著的作用，对全国其他城镇加快城乡统筹协调发展，探索了一条可行的道路，具有指导意义。一是有利于扩大农业规模经营，加速土地流转，推进农业产业化经营，提高农业生产效益，增加农民收入。由于我国大部分地区农村人多地少，生产经营规模太小，粮食和其他农作物生产边际效益普遍递减，只有走集约化产业化的道路，才能有效提高经营效益。根据试点示范经验，2005年成都市专门出台了鼓励龙头企业和其他社会业主开展农用地大规模流转的扶持政策。2007年，市和各区县又进一步完善配套措施，加速推进农用地尤其是耕地流转，促进了土地的规模化集约化经营。二是有利于激励农民向非农产业转移，增加收入。加快了农村富余人口向城镇和二、三产业转移，推动传统农业向现代农业转变，从根本上解放和发展了农业生产力。农民的收入结构已由过去单一的种粮收入转向多元收入，形成了持续稳定增收的机制。三是有利于多形式引导农民加快向城镇和规划聚居区集中，促进农村居民生产、生活方式的转变，加快社会主义新农村的建设步伐。通过改造，农民集中居住区做到了村村通水泥沥青路、村村通电话、镇镇通网络。实现了水、电、气、道路、电视、电话、网络等基础设施建设和就业、社保、上学、医疗等公共服务全面到位，农民的生产、生活方式和居住条件发生了明显变化。四是有利于解决统筹城乡过程中，农民社保资金的来源，使农民真正得到实惠。2005年，成都市征地农转非人员社会保险工作荣获首届“建设成都杰出贡献奖”，并得到了劳动和社会保障部、省劳动保障厅的充分肯定。在解决失地农民社会保险问题上走在了全国前列，不仅解决了失地农民的养老保险，而且还解决了医疗保险。

案例2：太原市做好被征地农民就业培训和社会保障工作的做法

为使被征地农民当前生活水平不降低，长远生计有保障，太原市政府新近出台《做好被征地农民就业培训和社会保障工作的实施意见》，启动了被征地农民基本养老保险等工作，以促进被征地农民实现就业和融入城镇社会。

目前，太原市被征地农民（仅城中村改造部分）约有30万人。此项工作以新被征地农民为重点人群，以劳动年龄段内被征地农民为就业培训重点，以大龄和老龄段为社会保障重点，以行政村（居委会）为单位统一参保。保障标准不低于城市低保标准，不高于城镇职工最低工资的80%，按四类地区分设3个档次缴费标准和保障标准。

太原市劳动和社会保障局有关负责人解读该办法时，称亮点有三。一是被征地农民现在启动的基本养老保险由三方筹资，即个人缴费、集体补助、财政补贴按3∶4∶3的比例分担。二是全市将建立养老保险专项储备资金，主要用于被征地农民保险待遇调整和长寿风险机制，该资金按不低于国有土地出让金收益的5%提取。三是培训所需资金由财政部门提供，培训时间一般为3～6个月，突出操作训练。

对于以往已被征地农民，也可适当参照上述办法参加养老保险和医疗保险，一次性缴纳保险费，进入当地被征地农民社会保障专项资金专户，所缴费用由个人、原所在村集体、当地政府合理分担。其中，地方政府补助所占比例应适当提高，并从地方政府获得的土地收益中列支，不足时由当地财政补足；当地财政确有困难的，可申请上级财政给予适当补助。个人缴费标准与待遇标准以及村集体支付缴费比例由地级市及以上政府制定。凡符合低保条件的，纳入当地低保范围。

五、“双放弃”换城市社会保障需要进一步探讨的方面

以承包地、宅基地换社保虽然是一条可行的路子，但目前试点范围还比较小，还有许多政策要探索，措施办法还有待完善，需要在实践中进一步探讨如下问题：

其一，在整体上，应坚持以城带乡、低水平、广覆盖、可选择、可衔接、可转换的原则。以城镇基本养老保险、基本医疗保险制度作为建立“双放弃”社会保险的制度基础。兼顾不同年龄阶段人员就业状况，保障超过劳动年龄阶段人员基本生活和大病医疗，使其安度晚年；鼓励扶持劳动年龄阶段人员就业和参加社会保险，解决其老有所养、病有所医的问题。

其二，征地农转非人员社会保险、就业、土地补偿、拆迁安置、土地流转等相关政策、制度，应全面配套实施，整体联动。在社会保险上，要实行鼓励参保、参保给予补贴的原则。

其三，要坚持政府引导、农民自愿、政策激励的原则，严格通过公示、审查、会审等确定签订“双放弃”协议，由政府资金引导、社会资金介入先行建设安置区，让农民搬进新居，再办理“双放弃”农民社会保险。

其四，要坚持城市支持农村的方针，在社保资金筹集方式上，实行个人交一点、集体出一点、财政补一点的筹集机制。补贴资金来源主要以农民放弃的宅基地整理收益予以解决。

其五，“双放弃”换社保涉及很大部分继续缴纳基本养老、基本医疗保险费的人员，其收入来源有很大的不确定性，确保稳定就业是解决社保持续缴费的关键。要制定“双放

弃”农民可以同等享受失地农民房屋产权、基础设施配套、子女入学、就业社保等配套公共服务的优惠政策，并明确劳动保障部门将“双放弃”农民纳入促进城乡充分就业的实施范围，重点加强政府引导、政策推动、优化服务，多措并举促就业。

总之，要高度重视和研究解决被征地农民社会保障问题。2020 年以前，要逐步建立和完善被征地农民社会保障制度，对转入城镇企业就业的被征地农民，要基本纳入城镇职工社会保险体系；对灵活就业的被征地农民采取分类处理、选择参保的方式，结合被征地农民的实际需要，逐步解决其社会保障问题；对于超过劳动年龄的被征地农民，要提供养老与医疗保障；对于生活困难的被征地农民，要依法纳入城乡社会救济体系。同时，加强有关立法工作，积极促进修订《土地管理法》，研究制定有关被征地农民社会保障制度的法规与政策，深入开展调查研究，认真总结各地试点经验，进行跟踪、评估、指导与服务，推动各地逐步建立与社会主义市场经济体制相适应、切实维护当事人合法权益的被征地农民社会保障体系。

参考文献

1. 中国共产党第十七届中央委员会第三次全体会议公报. 2008 年 10 月 12 日中国共产党第十七届中央委员会第三次全体会议通过

2. 全国老龄工作委员会办公室. 中国人口老龄化发展趋势预测研究报告. (06-02-24) http://www.cnca.org.cn/include/content3.asp? thing_id=10996

3. 社科院. 缩小城乡收入差距要解决劳动力市场分割. 中国新闻网，2008-10-14

4. 常红晓，何禹欣. 农村养老保险不相信乌托邦. 财经. 2006

5. 国家统计局 2008 年 2 月 28 日发布的《2007 年国民经济和社会发展统计公报》。

6. 国家统计局 2008 年 2 月 28 日发布的《各省 2007 年国民经济和社会发展统计公报》。

第三章　农民工社会保障问题

农民工是我国经济建设中重要的生力军，是国家的宝贵资源，为我国改革开放以来经济发展作出了巨大贡献。妥善解决农民工急需的社会保障问题，不仅是解决“三农”问题、促进经济社会可持续发展的需要，也是维护农民工权益、巩固政府执政基础和构建和谐社会的政治任务。

第一节　农民工的现状、特点及就业发展趋势

一、农民工的概念界定

农民工是从农民中率先分化出来、从事非农产业生产和经营、以工资收入为主要生活来源，但并不具有城镇居民身份、与农村土地仍然保持着一定经济联系的非农从业人员。

农民工是中国二元经济中城乡分割的特定户籍管理制度的产物，是我国工业化进程加快和传统户籍制度严重冲突的结果，是中国社会分层中已经形成并逐步发展壮大的一个特殊社会群体。如果没有传统户籍制度及附着在该制度之上的福利、教育等对农民实行排斥的相关制度，农民工就不会被标上“农民”的印记。有些地区也将其称为“外来从业人员”“外来工”等。目前，农民工已成为人们约定俗成的叫法，国务院文件中也接受了农民工的称谓，故而对该群体目前大都还是称之为“农民工”。

近年来，我国户籍制度改革提速，据公安部网站公布，目前已有13个省份拟取消城镇户口与农业户口，将所有公民统一登记为居民户口。随着一些地区农业户口的取消，农民工的身份将难以界定，未来外来务工人员概念（相当于国外的移民工人）有可能逐步取代农民工概念。

二、农民工的现状及特点

我国农民工总量巨大。据农业部数据显示，2007年我国农民工总量为2.26亿人[①]（其中，农村外出就业劳动力达1.26亿人，乡镇企业从业人员为1.5亿人，扣除重复计算部分，为2.26亿人）。分年度看，近年来，外出务工农民工总量一直保持不断扩大的趋势（见表3—1、图3—1）。2006年较2005年增加634万人，增长5%；2005年比上年增加

① 农业部部长孙政才．2007年我国农民工达2.26亿人．新华网，2008-08-28.

755 万人，增长 6.4%；2004 年比 2003 年增长 3.8%，2003 年比 2002 年增长 8.6%。虽然增长的幅度有起有落，但绝对增长趋势则没有变化。农民工有以下特点：

表 3—1　　农村劳动力外出务工情况（2002—2006 年）

年份	2002	2003	2004	2005	2006
数量（万人）	10 745①	11 390	11 823	12 578	13 212
比上年增长（%）	——	8.6	3.8	6.4	5.0

注：①2002 年为推算数。

数据来源：2006 年 1 月 24 日国家统计局统计报告第 6 期；劳动保障部第一课题组《关于当前农民工流动就业数量、结构与特点研究报告》，2005 年。

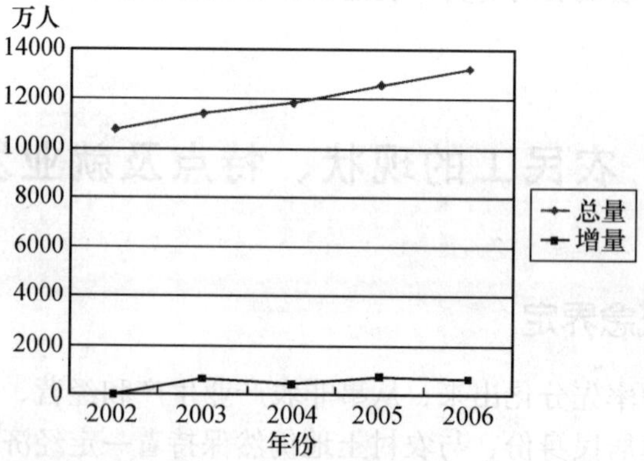

图 3—1　我国外出农民工总量与年增加（2002—2006 年）①

注：①2002 年增量并不为零，暂未查到有关数据。

数据来源：2006 年 1 月 24 日国家统计局统计报告第 6 期；劳动保障部第一课题组《关于当前农民工流动就业数量、结构与特点研究报告》，2005 年。

（一）以青壮年劳动力为主，男性居多

据国家统计局农调队调查数据（本文中如无特别说明，所引用的数据来源均为国家统计局农调队历年调查数据），虽然近几年农民工的平均年龄略有增加的趋势，但农村劳动力流动就业仍以青壮年劳动力为主，2004 年[①]农民工平均年龄为 29 岁，16～25 岁的占 45%，30 岁以内的仍占 61%（见图 3—2）。从性别结构来看，农民工流动就业以男性为主，2004 年，农民工中男性所占比例为 66.3%。

（二）整体受教育程度偏低，但文化和技能素质在逐步提高

2006 年外出务工劳动力中，文化程度为文盲的占 1.8%，小学文化程度的占 14.3%，初中文化程度的占 67%，高中文化程度的占 11.1%，中专及以上文化程度的占 5.8%。2006 年高中及高中以上文化程度的外出务工劳动力合计占 16.9%（见图 3—3）。

① 官方近两年公布的农民工统计摘报没有年龄分布方面的数据。

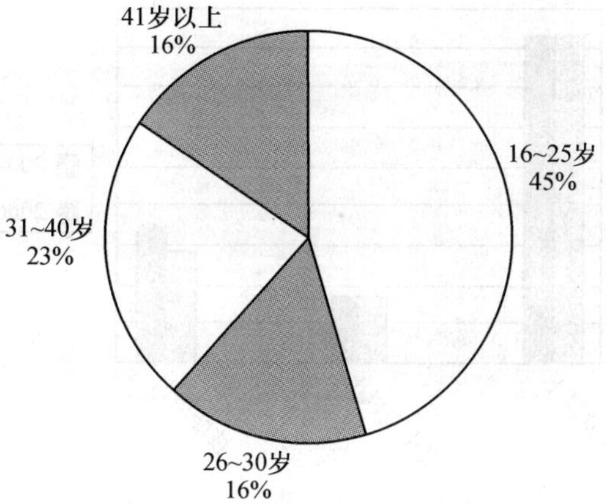

图 3—2　2004 年我国农民工年龄结构

数据来源：国家统计局农调队 2004 年调查数据。

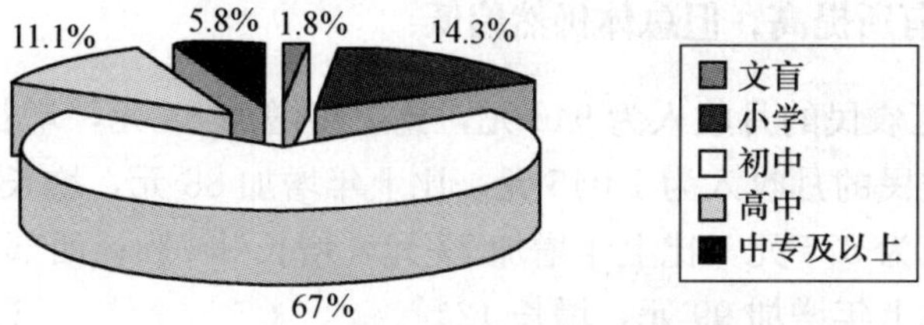

图 3—3　2006 年农民工流动就业的受教育情况

数据来源：国家统计局农调队 2006 年调查数据。

分年度看，2004—2006 年，在农民工流动就业人群中，初中及以下文化程度的一直在 83%左右，基本态势没有发生变化。虽然农民工文化程度总体仍然偏低，但接受过专业技能培训的比例却有较明显的提高。2001 年，接受培训的仅为 16.8%，2004 年有所提高，但也仅占 28.2%，但 2006 年，接受过专业技能培训的比例提高到 35.2%，技能素质普遍提高（见图 3—4）。说明农民工更加重视通过提高技能获得较好的工资报酬和稳定就业。

（三）多从事“苦、脏、累”工种，从事制造业和建筑业的劳动力比重增加

农民工大都集中在建筑、纺织、采掘等劳动强度高、技能要求低、危险性大的劳动密集型产业，或餐饮、保安、环卫、家政服务等第三产业，即通常城里人不愿干的“苦脏累”工种。近年来，由于农民工吃苦耐劳、便于管理、素质越来越高，从事制造业的人数不断增加。据国家统计局 2006 年统计数据，农民工从事制造业的劳动力比重最高，占 35.7%，比上年提高 0.8 个百分点，其次是建筑业，占 20.5%，比上年提高 0.3 个百分点。在居民服务和其他服务业就业的劳动力占 10.2%，在住宿和餐饮行业就业的占 6%，在批发和零售贸易业就业的占 4.6%。据原劳动保障部统计，在第二产业中农民工占全部从业人员的 58%，其中在加工制造业中占 68%，在建筑业中接近 80%；在第三产业中的批发、零售、餐饮业，农民工占到 52%以上。

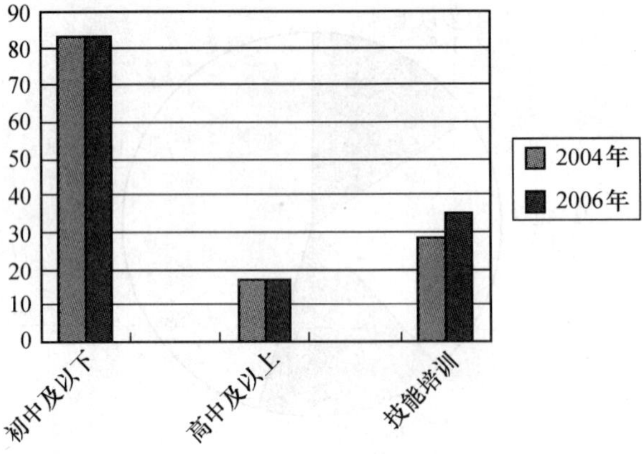

图 3—4　2004—2006 年农民工素质变化

数据来源：国家统计局农调队 2004—2006 年调查数据。

（四）工资收入有所提高，但总体仍然偏低

2006 年外出务工农民的月收入为 946 元，比上年增加 85 元，增长 9.9%。分地区看，东部地区外出务工农民的月收入为 1 045 元，比上年增加 88 元，增长 9.2%；中部地区外出务工农民的月收入为 875 元，比上年增加 77 元，增长 9.7%；西部地区外出务工农民的月收入为 926 元，比上年增加 99 元，增长 12%。

虽然农民工工资收入有所提高，但总体仍处于低位。2006 年，全国各类企业平均工资为 20 555 元①，农民工工资收入仅为全国企业平均水平的 55.2%，尚未达到社会保险最低缴费工资基数（60%的社会平均工资）。而且，从人群分布看，据国家统计局有关调查，一半以上的农民工月收入在 800 元以下，其中月收入在 500 元以下的占 19.67%，月收入在 500～800 元的占了被调查农民工总数的 33.66%，只有一成的农民工的月收入超过了 1 500 元。分性别看，男性农民工平均月收入为 1 068 元，女性为 777 元（见图 3—5）。

（五）多从事非正规就业，流动性大

从农民工就业类型看，有的属于正规就业，其中相当部分已成为企业生产技术骨干，这些农民工有明显的城市化倾向，渴望长期留在城镇工作和生活，但受到目前的城镇公共服务体系的排斥；更多的属于灵活就业，工作极不稳定，随时可能返乡。农民工最显著的特点是流动性大，不仅往返流动于城乡之间，并在单位之间、城镇之间频繁地变动工作岗位，而且外出的人群每年都在不断变动，新老农民工进行着代际更替。

据对上海、深圳两市的实地调查，上海市参加综合保险的农民工 2006 年平均就业时间为 10.9 个月，2007 年有所提高，达到 12.75 个月，全市 2007 年上半年农民工流动率为 7.52%。据深圳市社会保险局王光华处长介绍，深圳市农民工流动性较大，一般干两年就

① 原劳动和社会保障部规划财务司编．劳动和社会保障统计摘要 2007．2007，40

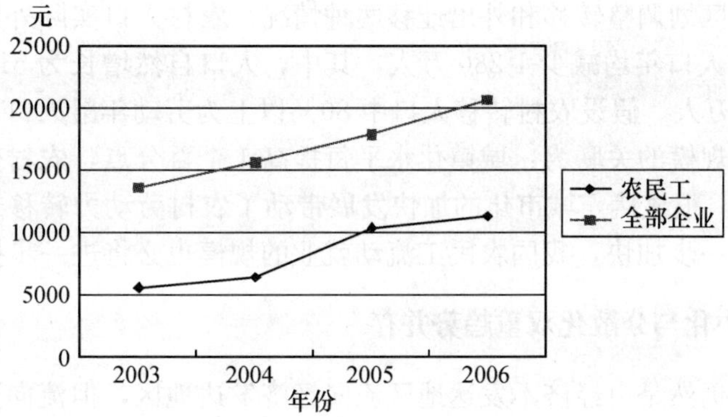

图 3—5　2003—2006 年农民工与全部企业职工工资收入变化

数据来源：国家统计局农民工抽样调查；原劳动和社会保障部规划财务司编．劳动和社会保障统计摘要 2007．2007，40

专栏 1　农民工的高流动性——企业案例

总部位于深圳的富士康集团一线操作工大都是农民工，离职高峰时，月离职率达到 8%，约 32 000 人离职。频繁的流动给农民工的技能培训和社会保险带来挑战。

另据上海东富龙科技有限公司人力资源部部长介绍，尽管公司致力于与员工建立一种新型的伙伴关系，而不是传统的雇佣与被雇佣（或剥削与被剥削）关系，相关福利待遇也高于同行业其他企业，但自 2007 年 3 月以来，员工流动性还是上升了 10%，主要是员工为追求更高的待遇频繁跳槽。

资料来源：课题组对上海、深圳的实地调查。

换单位或到流动到其他城市。

三、就业发展趋势

据有关专家推测，未来一段时期，如果政策不发生大的变化，农民离乡外出就业的数量仍将以平均每年 500 万人左右的规模持续增加。

（一）绝对量将继续增长

目前，每年新增加农村劳动力约 600 万人，一方面，这些劳动力绝大部分需要通过流动就业方式实现向城镇的转移；另一方面，随着农村经济结构的进一步调整和我国城镇化进程的加快，我国也必须有大量农村劳动力向城镇转移。预计，如果不是眼前的金融危机，2009—2010 年，我国农村劳动力年均转移规模约可达到 1 000 万人。

从我国未来城市化发展趋势来看，对农民工流动就业的需求进一步扩大。城市化是我国未来社会经济发展的大趋势，我国城镇化水平 1990 年为 26.4%，2000 年为 36.1%，2004 年为 41.8%，2000—2004 年间城市化水平年均提高 1.4 个百分点。同期，我国城镇人口年均增加 2 090 万人，其中，人口自然增加为 290 万人，农村人口转移进城 1 800 万人（包括城乡行政区划调整转移和外出迁移两种情况，农村人口实际外出迁移数量要低于1 800万人）；农村人口年均减少1 280万人，其中，人口自然增长为510万人，农村人口转移进城近1 800万人。假设农村转移人口中80%以上为劳动年龄人口，可推算出城镇化与农村劳动力转移规模的关联为：城镇化水平每提高1个百分点，农村劳动力转移规模约为1 000万人左右，很显然，城市化的加快发展带动了农村劳动力转移规模的增加。随着我国城市化进程进一步加快，我国农民工流动就业的规模也必将进一步扩大。

（二）流向集中化与分散化双重趋势并存

农民工总体上仍然是由经济不发达地区流向经济发达地区，但流向更为广泛。农民工流动就业是城乡比较利益所导致，因此未来几年农民工流向仍将主要是从农村向城镇特别是向经济比较发达的大中城市、从经济不发达地区向经济发达地区集中，珠三角、长三角和京津塘地区仍是农民工流动就业的主要输入地。但与此同时，随着东北老工业基地的振兴、西部大开发和中部崛起，东部地区产业结构升级和梯度转移，一批新的经济增长中心将在中西部地区形成，从而为农民工流动就业提供新的选择。一些农村劳动力将选择在本地或本省或其他相邻地区的城镇就业，流向将趋于多元化。“十一五”末，农民工流动就业的流向分布很可能由目前中西部地区和东部地区“三七开”变为“四六开”。

（三）全球金融危机对我国农民工就业趋势影响的初步判断

2008年爆发的全球金融危机明显不同于1997年爆发的东南亚金融危机。由于我国主要出口市场国的西方国家实体经济受到较大冲击，造成这些国家的进口需求萎缩、服务贸易需求下降及外商直接投资流入减少，对我国沿海外向型出口加工业造成了直接冲击，进而对我国的劳动力市场和就业产生冲击。据有关专家分析，首先遭受冲击的是东部沿海地区的出口企业和产业部门，其次是对制造业、外商投资企业和中小企业造成影响。金融危机造成经济下行，对全社会的就业又会产生进一步的挤压。

金融危机对就业的影响，首当其冲的是农民工和低技能劳动力。在制造业、出口企业和外资企业中，农民工的就业比例非常高。如前所述，农民工在制造业从业人员中占一半以上，在建筑业占80%以上；而且，我国外出务工的农民工大部分集中在长三角、珠三角等沿海地区，因而，农民工就业将不可避免地最先受到金融危机的冲击和影响。

3季度以来，湖北、江西、安徽、四川等主要农民工输出省份均出现了大量农民工提前返乡潮，规模达到数十万人。据人力资源和社会保障部劳动科学研究所有关专家估计，截至2008年11月，受金融危机影响而失业返乡的农民工达到7%左右。而据中国社会科学院蔡昉、王德文①等推测，走出这次危机冲击所产生的经济周期至少需要2～3年时间，甚至更长。因此，金融危机对农民工就业的影响才刚刚显现，2009—2010年有可能达到谷底。但总体来看，影响应当是阶段性的，一旦走出全球金融危机，中国经济恢复增长，在经济增长和城镇化、工业化的带动下，农民工外出就业的中长期增长趋势并不会改变。

---

① 蔡昉，王德文．化解金融危机对中国的就业冲击．人民网，2009-05-21．

（四）对农民工问题长期性的总体判断

要对农民工实施社会保障，首先必须对农民工现象到底是长期存在，还是只在近期内短期存在问题从宏观上做出总体判断。问题在于，如果农民工是长期的历史现象，即使农民工社会保障制度是过渡性的政策，也必须保证制度具有足够的内在稳定性，至少要在财务上具有可持续性，并充分考虑到农民工在城乡社会保障体系之间的转移与接续，以及农民工老年之后是否享受养老、医疗等待遇问题。因此，只有解决了这一总体判断问题，才能就农民工社会保障的具体政策问题进行设计。

农民工是我国特定城镇化道路和城乡分割的二元经济格局下独有的产物，世界各国在工业化、城镇化过程中都没有出现过中国的农民工现象。各国的发展规律表明，一方面，工业化必然伴随城镇化；另一方面，工业化又是一个漫长的过程，少则几十年，多则上百年甚至数百年。我国目前正进入快速工业化阶段，城镇化水平只有43%左右。据有关专家研究认为，从目前到2020年以至更长时间，在经济持续高速增长的情况下，我国的城镇化将经历一个高速发展的时期，城镇化水平年均增长率应不低于1%。但即便届时达到专家预测的城镇化程度，2020年我国的城镇化水平也只能达到57%左右，仍大大低于工业化国家的水平。而实际上，我国的城镇化进程由于还受到土地、资金、城乡社会保障资源等方面的诸多制约，城镇化水平很难在短期内与工业化同步，达到专家预计的水平并不容易，而要达到发达国家的水平则更为困难，需要付出长期的努力。因此，可以断定，我国的城镇化将是一个长期的过程，农民工在中国也必将会是一个长期的历史现象。因此，农民工的社会保障制度是一项必须着眼长期目标的社会政策，推进农民工社会保障工作将是一项长期的历史任务。

正因为农民工现象将长期存在，城乡差距，尤其是城乡社会保障差距也不可能在短期内消除，因此，农民工社会保障的政策制度设计必须着眼长远，既要保证财务可持续性，又要立足大部分农民工难以城市化的现实，在现行城乡系统之间实现对接与转移。

第二节　农民工社会保障现状

一、国家农民工社会保险政策

关于农民工参加社会保险问题，国务院《关于解决农民工问题的若干意见》（国发[2006] 5号）出台前，在国家层面一直没有专门的政策规定。尽管国家没有出台专门规定，但对于在用人单位正规就业的农民工，在《劳动法》实施后，他们应当依法参加基本养老、医疗、失业、工伤等社会保险。据此，可以说，当时的城镇职工社会保险制度在制度层面并不排斥正规就业的农民工，他们参加各险种的通道是顺畅的。

2006年1月，国务院在全面调研的基础上，针对农民工的劳动权益、社会保障等问题，出台了《国务院关于解决农民工问题的若干意见》。意见就农民工社会保障问题做出了如下规定：

第一，高度重视农民工社会保障工作。根据农民工最紧迫的社会保障需求，坚持分类指导、稳步推进，优先解决工伤保险和大病医疗保障问题，逐步解决养老保障问题。农民工的社会保障，要适应流动性大的特点，保险关系和待遇能够转移接续，使农民工在流动就业中的社会保障权益不受损害；要兼顾农民工工资收入偏低的实际情况，实行低标准进入、渐进式过渡，调动用人单位和农民工参保的积极性。

第二，依法将农民工纳入工伤保险范围。各地要认真贯彻落实《工伤保险条例》。所有用人单位必须及时为农民工办理参加工伤保险手续，并按时足额缴纳工伤保险费。在农民工发生工伤后，要做好工伤认定、劳动能力鉴定和工伤待遇支付工作。未参加工伤保险的农民工发生工伤，由用人单位按照工伤保险规定的标准支付费用。当前，要加快推进农民工较为集中、工伤风险程度较高的建筑行业、煤炭等采掘行业参加工伤保险。建筑施工企业同时应为从事特定高风险作业的职工办理意外伤害保险。

第三，抓紧解决农民工大病医疗保障问题。各统筹地区要采取建立大病医疗保险统筹基金的办法，重点解决农民工进城务工期间的住院医疗保障问题。根据当地实际合理确定缴费率，主要由用人单位缴费。完善医疗保险结算办法，为患大病后自愿回原籍治疗的参保农民工提供医疗结算服务。有条件的地方，可直接将稳定就业的农民工纳入城镇职工基本医疗保险。农民工也可自愿参加原籍的新型农村合作医疗。

第四，探索适合农民工特点的养老保险办法。抓紧研究低费率、广覆盖、可转移，并能够与现行的养老保险制度衔接的农民工养老保险办法。有条件的地方，可直接将稳定就业的农民工纳入城镇企业职工基本养老保险。已经参加城镇企业职工基本养老保险的农民工，用人单位要继续为其缴费。劳动保障部门要抓紧制定农民工养老保险关系异地转移与接续的办法。

按照国务院5号文件要求，劳动和社会保障部于2007年抓紧进行了农民工养老保险政策的研究制定工作，形成了农民工养老保险办法征求意见稿，并广泛征求了国务院有关部门、各地区及有关专家的意见。2008年3月，人力资源和社会保障部成立后，进一步完善了征求意见稿，在此基础上又征求有关地方意见，基本形成了农民工养老保险的具体政策草案。

二、地方层面农民工社会保险政策

在国务院5号文件出台前、国家尚未出台专门针对农民工的社会保险政策的情况下，少数地方政府自行制定了有关农民工综合保险政策和双低政策。针对农民工的社会保险大体分为以下三种情况：

1. 将农民工纳入城镇职工社会保险制度

农民工和城镇职工一样，参加养老、医疗、失业、工伤、生育保险，制度结构、参保险种、待遇标准等制度规定与城保基本一致，因地区不同略有差别。多数地区农民工参保属于这一模式。浙江等地实行双低政策（即低标准准入，低标准享受），但基本制度结构与城保相同。

2. 对农民工实施新的专项保险制度

如上海市为外来务工人员建立的综合保险制度。成都市在参考上海制度模式基础上，建立了针对“非城镇户籍从业人员”的综合社会保险制度。北京、深圳、厦门等地建立了专门针对农民工的医疗保险制度。

3. 参加农村社会养老保险和新农合

据调查，以乡镇企业高度发达而著称的苏南地区，其乡镇企业职工多为农民工。他们多数并未参加城镇企业职工社会保险，而是参加了当地的农村养老保险。但近年来，随着经济发展和城镇化的加速，不少本地乡镇企业农民工已不满足于参加农保，江苏无锡等地已出现参加农保的乡镇企业农民工转而参加城保的趋势。由于新型农村合作医疗实行按家庭捆绑参保的做法，农民工在原籍一般也都参加了新型农村合作医疗。

国务院5号文件出台后，除实行综合保险（捆绑参保）的地区外，多数地区农民工工伤和医疗保险政策已经按5号文件执行。

三、地方的农民工社会保险案例分析

（一）上海案例

上海市在分析外来从业人员（指符合该市就业条件，务工、经商但不具有上海市常住户籍的外省、自治区、直辖市的人员，不包括通过市人事局引进的专业人才以及从事家政服务、农业劳动的人员）职业风险的基础上，出台了专门针对外来农民工的综合保险政策。综合保险由市劳动和社会保障局主管，由劳动保障行政部门的外来人员就业管理机构负责组织实施，并委托商业保险公司具体经办。

1. 制度特点

一是一个保险三项待遇；二是费率固定，费基完全统一，缴费周期是每三个月缴一次；三是待遇一次性发放；四是委托商业保险公司管理（详见专栏2）。

专栏2　综合保险的特点

一、一个保险三项待遇。与城镇职工社会保险分成养老、医疗、工伤、生育等险种不同的是，对外来劳动力只实行综合保险，将工伤、医疗、养老三个险种合并。三项待遇是工伤、住院医疗和老年补贴。即单位使用的外来从业人员只享受工伤、住院医疗和老年补贴三项待遇，无单位的外来从业人员享受意外伤害、住院医疗和老年补贴三项待遇。但对外省市建筑施工企业，考虑到其人员流动性更强，对这类企业的外来人员只设两项保险待遇，即大病医疗和工伤，没有老年补贴，缴费率也相应降低为5.5%。

二、综合保险费率固定，费基完全统一，缴费周期是每三个月缴一次。也就是说，所有的用人单位使用外来从业人员综合保险费率都是12.5%，其中养老补贴为7%（原为5%），大病医疗和工伤保险则为5.5%；而外地施工企业由于只参加大病医疗和工伤保险，缴费比率为5.5%（原为7.5%）。缴费基数为上年度社平工资的60%，

2003年为970元。缴费完全由用人单位负担，个人不缴费。企业给外来从业人员办理综合保险，一次必须缴纳三个月的费用，不能每月都缴一次。这样，无论是对个人还是企业，一年缴4次即可，减少了缴费的工作量。

三、综合保险所有的待遇基本上都是一次性支付的。之所以这样设计，主要是为了解决长期困扰的频繁流动问题。一次性支付对工伤保险来说尤为有利。如果外来人员发生了工伤事故，按国家工伤待遇的办法核算成现金待遇一次支付给本人或家属。而此前如果出了工伤，由于不允许企业解除劳动关系，单位一直要发给工资，工伤人员则要住在单位。实行综合保险，一次性支付工伤待遇之后，工伤人员可以领一笔钱回原籍养老。工伤待遇标准相对较高，除了全额报销住院费用，其他的四项补贴最高的可达44万元，最低的10级工伤也能享受一次性支付的工伤待遇1万元。

大病医疗和工伤待遇捆绑在一起。大病医疗理赔起付线为社平工资的10%。

外来从业人员不实行养老保险，不设立个人账户，只搞养老补贴。用人单位和无单位的外来从业人员连续缴费满一年可获得一份老年补贴凭证，其额度为本人实际缴费基数的7%；外来从业人员男性年满60周岁、女性年满50周岁时，可凭老年补贴凭证、身份证明到户籍所在地的商业保险公司约定的机构领取老年补贴。

四、综合保险具体业务委托商业保险公司经办。大病医疗和工伤委托平安保险公司承办，而养老补贴则委托中国人寿保险公司办理。即将收取的保险费中的5%给中国人寿，其他的则给平安保险，让这两家保险公司帮助具体运作。之所以如此，一是考虑到保险公司在基金增值方面比劳动保障行政部门更有经验和办法；二是可避免劳动保障部门陷入大量的具体事务而难以自拔；三是养老补贴交由中国人寿经办，可以充分发挥其网络遍及全国各地的优势，以免参保人员在60岁时需要往返本地与上海解决待遇支付问题，方便了参保人。

2. 参保现状

据统计，2006年年底，上海有外来从业人员估计在440万人，其中380万为农民工。截至2007年9月底，全市共有319万外来从业人员参加了综合保险，其中多数为农民工，农民工的参保率约为70%。

（二）深圳案例

深圳市早在1987年就开始对外来劳务工实行社会保险，后来几经改革，形成了现在的制度模式。深圳模式其实是广东全省做法的缩影，其主要特点是将农民工纳入现行城镇职工社会保险制度，但在待遇支付和缴费上做了相应调整，同时在本人自愿的情况下允许退保。

1. 制度特点

具体说来，深圳外来劳务工社会保险制度有以下两个特点：

一是除医疗保险外，养老等险种不另设专门的制度，而是将外来劳务人员直接纳入社会保险体系，参加养老、工伤等项社会保险；医疗保险则针对农民工设立了劳务工合作医疗制度，实行低水平的保障，同时针对农民工的不同情况为其提供了向上选择住院医疗保险和统账结合的基本医疗保险的通道，赋予单位和个人参保选择权。农民工不参加失业保险和生育保险。

二是允许外来劳务工在深圳养老。但外来劳务工辞工返乡时，其个人账户的养老保险储存额全部转回其户籍所在地的社会保险机构；当地社保机构不接的，可以将个人账户余额退给本人。

2. 制度运行情况

据深圳市有关部门统计，在深圳的外来流动人口超过600万人，其中农民工约占70%，即420万人。但据劳动保障部门分析，实际农民工数量要远大于该数据。

养老保险：截至2006年年底，约250万农民工参保，农民工参保率按官方推测数不超过60%，而实际参保率很可能不超过50%。

医疗和工伤保险：已基本对农民工全覆盖。

（三）成都案例

1. 农民工总量

截至2005年，全市农民工有120万人。其中来自本市农村的有31.48万人，占26.23%；市外88.52万人，占73.77%。

2. 保险制度——非城镇户籍从业人员综合社会保险

综合社会保险缴费标准充分考虑了用人单位和农民工本人的承受能力，按照农民工的收入，用人单位和农民工本人分别按14.5%、5.5%缴纳综合社会保险费。综合社会保险的保障范围包括：工伤补偿、住院医疗费报销和老年补贴三项。工伤补偿按国务院颁布的《工伤保险条例》的有关规定执行；住院医疗费比照现行的城镇职工基本医疗保险办法进行报销，最高封顶额比城镇职工基本医疗保险高一倍。综合社会保险按缴费基数的8%为农民工建立老年补贴个人账户，与城镇企业职工个人账户规模一致，并实行完全积累，充分做实个人账户。参保农民工男年满60周岁、女年满50周岁时计发一次性老年补贴；尚未年老但停止从业或离开成都市的非城镇户籍从业人员，本人可以选择申请一次性退还个人账户累计储存额。另外，当非城镇户籍从业人员户口转为城镇户籍后，综合社会保险提供了可转为社会保险的接口。综合社会保险参保的年限和个人账户余额可在基本保险中连续计算。

3. 覆盖面

截至2006年3月底，全市参加综合社会保险的人数达25万人，覆盖面约20%。历年累计征收综合社会保险费4.6亿元，累计为21 856人支付各项待遇8 092万元。其中：累计为1 212人支付工伤补偿金2 890万元，累计为2 295人报销住院医疗费3 839万元，累计为18 349人计发老年补贴（含退个人账户）1 363万元。

（四）重庆案例

为促进农民工参加基本养老保险，2007年，重庆市按照国务院5号文件精神出台了

《重庆市农民工养老保险试行办法》（渝办发［2007］147号），建立了以个人账户完全积累为基本模式的农民工养老保险办法。

1. **主要制度规定**

（1）覆盖范围。由“城保”的“各类城镇企业”扩大到了“本市行政区域内的各类用人单位”。

（2）费率。农民工个人养老保险费费率，由“城保”的8%，降低为5%，用人单位费率由20%下降为10%。

（3）统筹层次。实行省级统筹。农民工养老保险基金与“城保”一样实行全市统筹，单独管理。

（4）个人账户规模。用人单位和农民工的缴费比例为15%。其中，14%为农民工本人的个人账户，1%为共济基金。共济基金的作用是在农民工养老待遇从个人账户储存额支付完后，由共济基金继续支付，确保农民工的待遇发放。

（5）市内可转移和衔接。在市内转移时，采取“账随人走，不转基金，达龄处理”的办法。农民工参加了农民工养老保险后，无论其今后参加“城保”或接续参加农民工养老保险，只转移养老保险关系和账户档案，不转移个人账户基金，在达到男年满60周岁，女年满55周岁时，根据其缴费情况予以分别处理。参加“城保”达到15年的，将参加农民工养老保险期间的个人账户储存额资金划入“城保”记入其“城保”养老保险个人账户，享受“城保”待遇；参加“城保”达不到15年的，将“城保”一次性支付金额划入农民工养老保险记入其农民工养老保险个人账户，享受农民工养老保险待遇；也可将其个人账户储存额转入农村社会保险，享受相应待遇。跨市转移的，待国家出台政策后，按规定转移。

（6）待遇计发。参保农民工凡缴费年限（包括参加“城保”和“农民工养老保险”）达到15年的，都由社会保险经办机构按规定计算其养老待遇，并按月支付至本人死亡之月。以后，通过财政投入一定资金解决农民工养老保险基金不足和适当提高农民工养老保险待遇水平。

2. **实施成效**

自2007年7月1日起实施以来，截至2008年6月底，全市新增农民工参保人数19.18万人，是制度实施前10年总和的3倍多。其中，参加农民工养老保险的12.75万人（另有参加城镇企业职工基本养老保险的6.43万人），农民工养老保险基金收入8 233万元，基金滚存结余8 233万元。参保人数的迅速增长，说明农民工养老保险办法较好地适应了农民工的特点和需要，受到用人单位和农民工本人的接受和欢迎。

四、深圳、上海两市农民工社会保险政策的新情况与新动向

深、沪两市是中国农民工社会保障两种模式的典型代表。深圳同大多数地区一样将农民工纳入城镇职工社会保险制度，而上海则在全国率先出台了综合保险政策，对非上海户籍的外来从业人员，包括农民工实行这一保障政策。最近，两地的农民工社会保险政策出现了一些新的变化，值得关注。

1. 深圳取消了原非深圳户籍人员（包括农民工）必须最后五年在深圳连续工作缴费才能领取养老金的限制性规定，农民工只要在深圳缴费满 15 年即有资格领取养老金。

2. 在医疗保险方面，深圳市为农民工提供了三种选择：一是参加城镇职工医疗保险（统账结合的模式）；二是参加农民工大病医疗保险，费率为 1%；三是新出台了农民工合作医疗保险，旨在解决农民工经常发生的门诊报销问题，进一步减轻企业和员工的负担。

农民工可以自愿选择参加住院医疗保险或合作医疗制度。合作医疗制度的缴费标准：每人每月 12 元，其中企业缴 8 元，个人缴 4 元。待遇标准：门诊甲、乙类药物分别报销 80%和 60%；视医院级别不同，住院起付线为 300～600 元，住院甲、乙类药物分别记账 80%和 60%，在此基础上，市内一级、二级、三级及市外三级医院保险比例分别为 90%、80%、70%、60%，年度最高"封顶线"为 6 万元。此办法是专为解决流动就业人员就医难问题而量身定做的，既解决门诊又解决住院。

3. 上海市适当提高了综合保险医疗待遇，为农民工新增加了 20 元的日常门诊补贴。即为参保农民工发放医疗保险卡，按每月 20 元的标准将补贴费用打入卡中，由本人持卡购药或到医院门诊看病。

此外，上海市要求雇主为家政从业人员购买家政雇主责任保险（商业保险），每人每年保费 30 元，意外伤害最高赔付 10 万元。

第三节　存在的主要问题及分析

一、制度因素——制度不统一、参保门槛高、统筹层次低、允许退保

现行城镇职工社会保险（特别是养老保险）制度主要是针对城镇原国有企业职工设计的，明显不适合农民工。主要表现在：

（一）制度不统一

由于目前国家尚无统一的关于农民工社会保险，特别是养老保险的政策规定，各地农民工社会保险（主要是养老保险和医疗保险）的做法不一致，以深圳为代表的多数地区是实行与本地户籍员工基本一致的养老保险政策，并出台了农民工医疗保险政策；少数地区则是专为农民工量身定造了区别于本地户籍员工的社会保险政策，出现了城镇社会保障的二元结构；更多的农民工根本没有参加社会保险。其结果，不同地区营商成本不同，企业负担不同，造成地区间不平等竞争。

（二）费率过高

由于承担国有企业历史负担，企业缴纳的基本养老、医疗和失业三项保险费平均为工资总额的 28%，个人缴费为 11%，企业和农民工个人普遍感到负担太重。由于费率过高，形成了高门槛，影响了单位和农民工个人参保的积极性。

以农民工个人缴费为例。2006年，农民工平均工资水平远低于城镇在岗职工。全国各类企业平均工资为20 555元①，农民工工资收入仅为全国企业平均水平的55.2%，尚未达到社会保险最低缴费工资基数（60%的社会平均工资）。而且，从人群分布看，据国家统计局有关调查，一半以上的农民工月收入在800元以下，其中月收入在500元以下的占19.67%，月收入在500～800元的占了被调查农民工总数的33.66%，只有一成的农民工的月收入超过了1 500元。分性别看，男性农民工平均月收入为1 068元，女性为777元。由于工资水平低，农民工支付基本生活费用后，节余的工资收入再去支付建房、子女上学、赡养老人等急迫支出后，往往所剩无几，因而本人参加社会保险的能力较为有限。而即使按社平工资60%的最低基数缴费，农民工的养老和医疗保险费也需1 233.3元，对多数低收入农民而言费率（按800元计）被放大到近13%，如按社平工资为基数缴费，则两项保险费为2 056元，费率将被放大到21%，远高于城镇职工的10%的费率水平，农民工负担较重。

（三）统筹层次低，社会保险关系接续难

养老和医疗等主要的社会保险制度被分割在2 000多个统筹单位（多为县市级统筹）内运行，各统筹单位之间政策不统一，难以互联互通，养老保险关系需要经常转移和接续。农民工流动性大，不仅在同一个城市频繁地变动工作岗位，而且还经常跨地域流动，以及阶段性转入非农领域就业，需要频繁地转移接续养老保险关系。按照国家现行规定，职工跨地区流动时只转移养老保险个人账户，不转移社会统筹资金，城镇职工的社会保险关系转移都难以落实，农民工的社保关系转移则更为困难。而且，由于外来农民工一般来自不发达地区，其户口所在地的农村社会养老保险制度一般没有建立，已经建立的也还很不健全。一旦他们离开原工作的城市，其养老保险个人账户难以转回原籍，面临无从转移的困境。可见，现行转移政策以及制度及经办管理不适应农民工频繁流动的需要。

（四）允许退保，损害了农民工权益

由于现行政策允许农民工退保，结果导致农民工流动时反复参保、退保，有的甚至在同一地区更换工作单位时也先退保、再参保。退保使农民工只参保、不受惠，不仅直接损害了农民工享受社会保障的权益，而且反过来又影响了用人单位的参保积极性，甚至还影响了政府的形象，有媒体称一些地方将农民工强制性社会保险变成城市社保基金的“提款机”，负面政治影响非常明显。

二、人为因素——相关三方存在短视行为、对参保不够积极

农民工一方面对参保不够重视，另一方面也对现行社会保险制度缺乏信任，对自己以后能否享受养老待遇心存疑虑和担心。由于现行养老保险制度规定按月享受基本养老金的最低缴费年限为15年，而农民工流动频繁，如果不能实现转移接续，多数很难达到该年

① 原劳动和社会保障部规划财务司编．劳动和社会保障统计摘要2007，2007，40

限标准。有的地方还规定退休前5年必须到该地参保，这实际上把农民工的养老问题排除在外。所以农民工在离开参保地时普遍不愿将保险费放在社保机构，一般都选择退保。这实际反映出农民工对现行社会保险制度的不了解和不信任，也反映出农民工在参保方面存在短视行为。

农民工所在单位多为民营企业、外资企业、乡镇企业以及个体工商户，主要集中在建筑、餐饮、服装等技术含量较低的劳动密集型行业。不少此类用人单位为追求利润，千方百计减少人工成本，不重视人力资本投资，主观上也不愿为农民工参加社会保险，强调企业技术含量低，产品附加值不高，只能维持低成本竞争，如果按照城镇企业社会保险办法为农民工缴纳社会保险费，单位负担过重，担心会因此影响本企业的市场竞争力和经济效益。

关键还是一些地方政府对推进农民工参保也存在明显的短视行为。从长远看，没有从统筹城乡、实现社会经济协调发展和促进工业化、城镇化的战略高度，没有从以人为本的科学发展观出发，推动农民工参保；从近期看，主要担心推进农民工参保会提高本地企业的营商成本，影响当地的投资环境，把好不容易招商引资引来的资方吓跑，从而影响地方的经济发展和为官一任的政绩。

三、客观困难——流动性大、经办管理难

在城镇就业的大多数农民工没有稳定工作。据原劳动保障部调查，农民工在一个单位工作3年以上的只占20%～30%。据农业部固定观察点数据显示，2004年，在外出农村劳动力中，有就业岗位但是不稳定的占40.6%。由于技能不高，又面对工资低、劳动强度大、且受到不平等对待，为寻找更好的工作机会，多数人频繁流动。这一方面使经办的工作量倍增；另一方面，在农民工社保关系不便转移的情况下，增加了管理难度，凸现现有的信息系统不能适应需要；此外，高流动性还导致单位和本人都缺乏参保积极性，也给劳动保障部门缴费基数核定及监察执法等工作带来困难。

四、责任缺位——政府对农民工社会保险责任不明确

政府对农民工社会保险责任缺位主要表现在以下两个方面：

一是贯彻落实劳动法、督促用人单位为农民工参保缴费方面执行不力。本来，劳动法对用人单位参加社会保险有明确规定，多数地区的法规文件也对农民工参加工伤、大病医疗、养老等社会保险项目做了规定，如果政府严格执法，农民工理应被纳入城镇职工社会保险制度。但实际上由于各级政府劳动监察执法力度不够，执法和扩面存在死角，以至于农民工参保率低。

二是对农民工社会保险的财政责任缺位。由于农民工多不是本地居民，地方政府大都不愿承担其社会保险责任。从一些地方实施的综合保险政策看，地方政府不仅没有承担对农民工社会保险的补助和兜底责任，相反，甚至还从农民工有限的社会保险缴费中获得利益。有些地区虽未将农民工社会保险纳入另册，但在政策上允许退保，实际上不仅没有为农民工社会保险承担财政责任，反倒侵占了农民工养老等社会保险的社会统筹权益。

五、成效不佳——参保率低、退保率高

由于上述多方面原因，农民工实际参保率一直较低。据原劳动和社会保障部 2005 年上半年完成的农民工社会保障专题报告，农民工参加养老保险的总体参保率为 15%左右，部分地区如广东、大连参保率也仅达到 20%左右；参加医疗保险的为 10%左右；参加失业和工伤保险的比例也亟待提高，基本未参加生育保险。

从全国层面看，国务院 5 号文件出台后，农民工工伤保险、医疗保险政策已经十分明确，而原劳动和社会保障部又于 2006 年启动了农民工工伤保险的平安计划和农民工大病医疗保险专项扩面行动，这两项保险正在全国稳步推进。截至 2007 年年底，参加工伤保险的农民工 4 600 万人，参加大病医疗保险的 4 000 万人，参保率超过了 30%，深圳市农民工工伤、医疗保险基本实现了全覆盖。但由于制度原因，农民工养老保险参保工作进展不大，全国总体参保率不足 20%，上海、深圳目前也还没有覆盖到一半的农民工。

不仅如此，农民工即使参加现行城镇社会养老保险，也存在有名无实、有始无终，待遇难以享受的问题。从目前各地农民工参保情况看，按现行城镇社会保险体系接受农民工参保的地区，用人单位普遍存在少缴保险费或象征性缴费的情况，致使农民工参保有名无实、有始无终，未来难以真正享受养老和医疗保险待遇。据大连市劳动保障部门调查，一些使用农民工的企业能不参保的则尽量不参保，即使在劳动保障部门扩面过程中，迫于压力不得不缴费的也尽量少缴费，常用的手段是少报参保人数、压低缴费基数，已经缴费的也不能如数提供缴费农民工的名单（主要原因是漏缴太多，象征性缴点费用实在无法具体分摊到哪些农民工头上。再加上农民工频繁流动，原有农民工参保缴费情况还没搞清，新的农民工又来了一批），给经办机构个人账户管理带来了困难。在一些社保部门眼里，用人单位关于农民工的用工情况永远是个搞不清的“迷”，只能让用人单位象征性地缴点费或者罚点款了事，结果大多数农民工仍然游离于社会保险体系之外，即使是医疗和工伤等能够当期享受的保险项目，如果用人单位在参保时人为减少人数、压低基数，享受待遇也会遇到障碍，更何况养老保险等当期不能享受的保障项目。

在农民工离开原参保地时实行退保政策的地区，由于社保关系难以转移和出于对个人未来就业前景不确定性的考虑，多数农民工都选择退保，结果导致农民工的社会保险关系即行中断，没有起到养老保险应有的作用。据深圳市统计，从 1999—2003 年 5 年间累计转退保人数 68.07 万人，占累计新增参保人数 149.12 万人的 45.65%，其中 1999 年和 2003 年，转退保人数超过参保人数，扩面的效果不明显。而且外来农民工转退保的比例有逐年升高的趋势。在转退保的农民工中，又以退保占绝大多数。2007 年 1—6 月，深圳全市已办理退保的农民工达到 41.33 万人，而 1—9 月申请转保的只有 6 648 人。

第四节　推进农民工社会保障的若干问题

尽管国务院 5 号文件对农民工社会保障提出了原则要求，并确立了基本制度框架，但

仍有不少实际操作方面的具体问题有待研究解决。

一、关于先易后难，从有劳动关系的农民工着手推进参保的问题

农民工群体就业性质十分复杂。有的正规就业，有的灵活就业；有的有雇主，存在劳动关系，有的则没有雇主，属于自雇人员；从从业的职业风险性质看，相当多数从事高风险行业和苦脏累工种。

从劳动关系角度看，自雇就业的农民工，多从事服务业，职业风险相对较小，加之工资收入不够稳定，本人要承担全部的社会保险筹资责任，因而社会保险需求和参保意愿相对较弱。正是由于劳动关系与社会保险关系有较强的关联性，在推进农民工社会保险时应优先解决有雇主、有相对稳定劳动关系的农民工参保问题，再逐步推进从事灵活就业的农民工的参保工作。

另外，分险种看，行业性质不同，农民工的职业风险及保障需求并不相同，推进社会保险的难易程度也不相同。一般来讲，在采矿、建筑、制造等产业部门被雇主雇用、存在劳动关系的农民工，职业伤害等社会风险往往较高，更需要社会保障的保护，推进社会保险的难度相对也较小，因而，分险种看，工伤保险应优先推进高风险行业农民工参保。

二、关于经办管理问题

按国务院 5 号文件规定，农民工直接参加城镇职工工伤保险，因此，农民工工伤保险统一由工伤保险经办机构经办。但农民工大病医疗保障和养老保险是单建制度单独管理（如上海），还是在统一的城镇职工基本制度内建立适合农民工的制度进行相对独立管理，没有明确。

分险种看，农民工大病医疗保险主要是解决当期的大病住院医疗问题，不需要转移和接续保险关系，因此，在城镇职工基本制度内解决有利于降低管理成本，没有必要再单独建立一套管理系统。

农民工养老保险的情况有所不同。养老保险是远期待遇，由于农民工频繁流动，因而，在全国统筹实现之间，按现行城保制度参保则需要不断地转移保险基金和接续保险关系。而目前，一方面，农民工居住地的农村养老保险尚未全面建立，城乡保障系统之间的转移难以进行；另一方面，由于城镇职工基本养老保险统筹层次过低，农民工养老保险基金转移和关系接续问题在现行城镇养老保险管理体系内也还难以解决。因此，按国务院 5 号文件建立可转移、并能与现行的养老保险制度衔接的农民工养老保险办法的要求，一方面，必须通过提高统筹层次、制定转移接续政策解决农民工频繁流动保险关系接续困难的问题，同时，还必须规定，在法定领取养老金年龄之前，账户资金只存不取，不允许退保；另一方面，还必须统一各省的账户管理系统，以适应大规模转移接续的需要。

三、关于制度衔接问题

农民工是一个高度流动的群体。有的会继续在本地或异地流动就业，有的将逐渐转入稳定就业，而已经稳定就业的农民工仍有可能再次进入不稳定就业；有的会随着城镇化进

程成为城镇居民，有的年老后则会返乡务农，而且，新老农民工还在进行着代际更替。因此，适合农民工特点的社会保险制度必须考虑到与城镇和农村社会保险制度的衔接。

农民工参加城镇职工基本养老保险、并在多个地区参保的，应按基本养老保险关系转移接续规定进行养老保险权益和账户的转移接续。本人缴费年限达到 15 年，符合领养老金年龄规定的，应同等享受基本养老保险待遇；在本人达到法定最低领养老金年龄缴费不满 15 年的，应将农民工个人账户储存额及对应的社会统筹基金权益按规定转入所在地农保制度，与农保制度进行衔接。

农民工很难一刀切地全部参加基本医疗保险，而必须进行分类保障。农民工参加城镇职工基本医疗保险达到法定退休年龄时缴费满 25 年的，应允许享受退休医疗待遇；参加大病医疗保险或新农合的，虽然不需要接续医疗保险关系，但要着重解决异地就医和待遇支付问题，最大限度地方便农民工待遇享受。

四、关于参保优先序列与捆绑参保问题

国务院 5 号文件明确了积极稳妥地解决农民工社会保障的原则，即根据农民工最紧迫的社会保障需求，坚持分类指导、稳步推进，优先解决工伤保险和大病医疗保障问题，逐步解决养老保障问题。目前，不少地区在经办过程中实行社会保险五险捆绑参保，上海、成都等地区则将农民工养老、医疗和工伤打包起来捆绑参保。目前，国家即将出台农民工养老保险政策，所有农民工有望以一个统一的低费率进行基本养老保险，这与上面两种形式的捆绑参保有所冲突。因此，随着农民工养老保险政策的实施，捆绑参保政策应当废止，上海、成都等地也应停止综合保险政策，转而执行全国统一政策。

五、关于新生代农民工的社会保障

农民工不仅群体构成复杂、就业形态各异，而且还存在着新老农民工的代际差异。老一代农民工与新生代农民工的进城动机、保障需求、城市认同与城市化倾向明显不同。据中国人民大学郑功成教授等于 2005 年进行的抽样调查，1996 年以前进城的农民工的主要目的是为了挣钱养家；而此后进城务工的农民工的首要动机则是农村没有发展机会，进城寻求自身发展。总体来看，新生代农民工由于受教育程度较高，大都向往城市生活，梦想有朝一日也能够像城里人一样在城市有一席之地，正常地工作和生活，并希望自己的子女成为城市人。特别是一些受教育程度较高的，有较为强烈的城市化倾向，希望在城市拥有自己的住房，拥有城市户口。尤其是在城市生活的农民工后代，他们从小在城市长大，基本没有在农村生活过，有强烈的城市认同，虽然还是农村户口，但不把自己当成农村人，更希望与城里人一样参保，公平意识、权利意识更强。

总体上，绝大多数农民工，尤其是新生代农民工及在城市长大的农民工后代，都希望自己能参加城镇基本养老保险和医疗保险而不是新农保和新农合，希望退休后也能安享晚年，希望社保制度能尽快覆盖到他们，并能够保证他们的社会保险权益。

不仅如此，新生代农民工特别是在城市长大的农民工后代，多数人不愿意也不大可能再回到农村从事农业生产，不仅需要社会保障政策公平地覆盖他们，而且也渴求挖掘自身

的人力资本潜力，通过提高素质和技能在城市获得稳定的就业岗位和良好的发展机会，而不是永远靠出卖苦力获取“血汗工资”。因此，城镇公共就业服务体系和政策也应当为他们提供必要的扶持。特别是在当前金融危机对中国就业产生负面影响、农民工就业首当其冲的情况下，这类农民工即使失业一般也不愿返回农村，他们更需要公共就业服务机构能够不失时机地对他们进行职业培训，以提高技能、提升素质，为再就业和职业升级提供机会。

第五节　农民工社会保险政策设计

一、对农民工实行分类保障

鉴于农民工社会保障的基本原则已经确定，农民工直接参加城镇职工工伤保险，农民工大病医疗保险政策已经出台，农民工参加基本养老保险办法即将发布实施，因此，农民工社会保障政策已基本成形。

但农民工的就业状态很复杂，有在城镇稳定就业的，也有农忙时务农农闲时进城务工阶段性就业的，有在单位就业的，也有属自雇就业等灵活就业的，新老农民工的社会保障诉求又明显不同，因此，很难用一个办法解决所有农民工的社会保障问题，需要根据农民工的就业状态实行分类保障，通过就业、保障、户籍等多方面综合政策使农民工逐步实现城市化。

• 对在用人单位就业的农民工，按《劳动合同法》规定均应签订劳动合同参加社会保险。因此，不论合同期限长短，均应随单位参加城镇职工基本养老保险、医疗保险、工伤保险等项社会保险，地方已出台农民工医疗保险办法的，可参加农民工医疗保险；国家农民工参加养老保险办法出台后，用人单位应按该规定要求为农民工参加养老保险。

• 对在城镇灵活就业的农民工，允许其选择参加农民工养老保险、农民工大病医疗保险或城镇居民医疗保险，也可在原籍参加新型农村养老保险或新农合。

• 在城镇阶段性就业的农民工，一般应参加户籍所在地的新型农村社会养老保险、新型农村合作医疗。

• 实行积极的就业和保障政策。即加强农民工的技能培训，提高其在劳动力市场的就业竞争能力。同时，将农民工纳入城市住房保障和社会救助范围，并放宽或逐步取消农民工在所在城市落户的限制性政策。

二、农民工的养老保险

（一）方案选择

农民工养老保险可考虑在以下两个方案中进行选择：

1. 方案 1——直接进入基本养老保险模式

(1) 制度模式。农民工直接参加统账结合的城镇职工基本养老保险。

(2) 缴费。实行低费率。用人单位和农民工个人共同缴纳基本养老保险费。缴费基数按基本养老保险有关规定确定。单位缴费比例为 12%；农民工个人缴费比例为 4%～8%，由所在单位从本人工资中代扣代缴，并全部记入其本人基本养老保险个人账户（以下简称个人账户）。原来已参加基本养老保险的农民工和用人单位，可按本办法调整缴费标准。

(3) 转移与衔接。农民工离开就业地时，原则上不“退保”，由当地社会保险经办机构（以下简称社保机构）为其开具参保缴费凭证。农民工跨统筹地区就业并继续参保的，向新就业地社保机构出示参保缴费凭证，由两地社保机构负责为其办理基本养老保险关系转移接续手续，其养老保险权益累计计算；未能继续参保的，由原就业地社保机构保留基本养老保险关系，暂时封存其权益记录和个人账户，封存期间其个人账户继续按国家规定计息。

(4) 待遇计发。农民工参加基本养老保险缴费年限累计满 15 年以上（含 15 年），符合待遇领取条件后，由本人向基本养老保险关系所在地社保机构提出领取申请，社保机构按基本养老保险有关规定核定、发放基本养老金，包括基础养老金和个人账户养老金。农民工达到待遇领取年龄而缴费年限累计不满 15 年，参加了新型农村社会养老保险的，由社保机构将其基本养老保险权益记录和资金转入户籍地新型农村社会养老保险，享受相关待遇；没有参加新型农村社会养老保险的，比照城镇同类人员，一次性支付其个人账户养老金。

(5) 经办服务。国家建立全国统一的基本养老保险参保缴费信息查询服务系统，批准发行全国通用的社会保障卡。农民工个人身份证号码作为其本人全国通用、终身不变的社会保障号码，农民工可在各地社保机构查询本人参保缴费等权益记录信息。

2. 方案 2——单建个人账户模式

(1) 制度模式。实行个人账户完全积累制。农民工就业地社会保险经办机构负责为参保的农民工建立农民工养老保险个人账户。

(2) 缴费。实行低费率。缴费由用人单位和农民工双方负担，缴费基数为农民工本人工资，单位缴费比例暂定为 12%，个人暂定为 4%～8%。缴费记入农民工个人账户，实行完全积累。个人账户资金不能提前支取。

(3) 转移与衔接。农民工在领取待遇前，在不同统筹地区参保缴费的，个人账户和保险权益只接不转，其个人账户基金留在不同的就业地所在省份，分时段分地区记录其个人账户和收益；也不允许退保。当农民工符合待遇领取条件时，将其个人账户基金一次性转移至农民工户籍地省级社保机构。达到领取待遇年龄的农民工回到农村的，可以转入农保。基金并入农保个人账户，按规定享受农保待遇。转入城镇职工养老保险制度的，可将个人账户基金按个体工商户和灵活就业人员缴费标准逐年折算成城保缴费年限。

(4) 基金管理。农民工个人账户基金通过人民银行国库系统组织收支，归集到省级社保经办机构管理，按照国家有关规定，委托具备资格的投资机构进行运营。基金由省级管理，专款专用，不分散在地（市）、县。

（5）信息管理。由于农民工养老保险参保登记、缴费、待遇核定分散在户籍地和不同的就业地，基金和信息转移的工作量大，在人力资源和社会保障部建立全国统一的农民工养老保险信息系统，作为经办管理的中枢，实现信息数据的上下双向流动，以便在信息系统的任何一个结点都可查到相关信息。

（二）两个方案的初步比较

1. 相同点

一是缴费责任、缴费率、缴费基数基本相同，两者均为双方缴费，单位为12%，个人为4%～8%；二是都有相应的转移接续方案，共同特点是均不允许退保，只能转移接续，但转移接续的方法并不相同。

2. 不同点

第一，两个方案最大的差异在于制度模式不同。方案1让所有农民工以低费率（社会统筹部分的费率与灵活就业人员相当）直接进入基本养老保险制度并同等享受待遇，最大限度地体现了公平，又对农民工实行了优惠费率，有利于农民工在素质偏低情况下实现就业。而方案2则根据农民工就业状况，针对就业状态不够稳定的农民工单独建立的以个人账户完全积累为模式的制度，只有稳定就业的农民工才直接进入基本养老保险制度并按正常费率参保缴费，享受城镇职工的同等待遇。

第二，两个方案的转移接续方式不同。方案1立足于让农民工享受城镇职工基本养老保险待遇，有利于农民工的城市化，只有当本人缴费不够15年时才需要向原籍所在地的新农保转移。而方案2则立足于让农民工返回农村转入新农保享受农保待遇，只有实现稳定就业转入城镇职工基本养老保险的农民工才需要向城保转移养老保险关系和账户资金。

第三，待遇享受不同。方案1直接享受城保待遇，方案2则为过渡办法，需要向城保和农保制度转移后才能享受相应的待遇。

第四，信息管理方式不同。方案1农民工的参保信息可直接进入城保，无需单建新的信息系统和转移接续平台。而方案2则需要对农民工养老保险制度单独建立账户管理系统和全国性的权益结算平台。

3. 初步评估

（1）制度功能：方案2能实现的权益积累、转移接续等功能，方案1也全部具备。此外，方案1还可避免发生学界普遍担心的制度碎片化问题。

（2）保障待遇：方案1显然高于至少是不低于方案2。

（3）制度管理：方案2需要建立相应的信息管理软件和关系转移平台，而方案1则不需要，因此管理上更为便捷。

（4）参保权保障：方案2还需要对参保农民工进行方案选择，即单位和农民工存在参保的选择问题（是直接参加城镇职工基本养老保险，还是参加农民工养老保险），由于两者费率不同，可能导致单位将本应参加城保的农民工参加了农民工养老保险，使农民工本人丧失参保选择权。

（5）可持续性：方案2只是过渡性办法。按方案2，更多的农民工会转入新农保，享受新农保待遇，只有就业稳定的才会进入城保，因此，对现行城镇职工基本养老保险基金的支付能力没有影响或影响较小，可持续性相对较好。而按方案1，所有农民工都直接进入城保，多数人应能享受城保待遇，由于城保待遇标准较高，需要对制度可持续性进行深入的精算分析，以评估农民工加入基本养老保险对基金的中长期影响。

(6) 城市化：方案1有利于农民工进入城市，实现城市化。

总体上，方案1优于方案2。在基本养老保险基金支付能力可持续以及国家经济持续发展的情况下，笔者倾向于选择方案1。

三、农民工医疗保险

(一) 制度选择与分类保障

我国目前有城镇职工基本医疗保险、城镇居民医疗保险、新农合三种医疗保险制度。由于农民工的就业状态很复杂，很难用其中的一个制度解决所有农民工的医疗保障问题，需要根据农民工的就业状态进行制度选择，实行分类保障。

• 对与用人单位签订劳动合同实现稳定就业关系的农民工，要求随单位参加“统账结合”的城镇职工基本医疗保险。

• 对与用人单位签订劳动合同但劳动关系不稳定的农民工，实行农民工医疗保险。按照国务院5号文件精神，通过实行低费率、保当期、保大病为主、雇主缴费，将农民工纳入基本医疗保险。

• 其他农民工，允许自愿选择参加务工所在地的灵活就业人员医疗保险办法或城镇居民基本医疗保险，也可以自愿选择参加户籍所在地的新型农村合作医疗。

(二) 完善农民工医疗保险办法

1. 参保范围

出台农民工医疗保险办法的初衷是为了解决农民工因频繁流动医疗保险权益难以保障的问题，针对的主要是就业不稳定的农民工群体。为避免政策适用范围扩大化、从而损害其他群体的医疗保险权益问题，建议明确农民工医疗保险办法仅适用具有农业户口、从事非农产业（第二、第三产业）劳动、且同时满足下列条件的不稳定就业人员：①流动就业的外来务工人员；②与用人单位签订3年以下（含3年）有固定期限的劳动合同。

2. 资金筹集

坚持低水平筹资，雇主缴费。筹资水平一般控制在职工工资总额的4%。其中2%进入统筹基金，用于支付门诊大病和住院医疗费用；2%进入个人账户，用于个人的日常门诊小病。

有条件的地区可建立大额医疗费用补充保险，由统筹基金和农民工个人适当缴费。

3. 保障待遇

医疗保险的初衷是要分散大病风险，但患大病的毕竟是少数人，而且如前文所述，我国农民工多为年轻男性，身强力壮，患大病的概率相对较低，如果只保大病，一些农民工会认为自己只缴费不享受，白白为城里人作贡献，没有必要。为增强制度的吸引力，建议农民工医疗保险办法以保障住院和门诊大病为主，兼顾日常门诊小病，扩大受益面。

农民工医疗保险的当期待遇与基本医疗保险大体相当。具体说来，门诊大病和住院医疗待遇与基本医疗保险完全相同；个人账户规模略小于基本医疗保险，门诊小病费用参照基本医疗保险的有关规定由个人账户支付。

4. 支付政策

在参保地发生的医疗费用按基本医疗保险规定执行。对回乡就医的，进一步简化医疗费用支付办法，探索按固定比例报销医疗费用。

5. 保障期限

农民工医疗保险办法涉及的是流动性大、就业不稳定的农民工，这些农民工经常在不同的城市之间流动，也可能在城市工作一段时间后返回农村生活，因此应当规定按照保当期的原则，重点解决他们进城务工期间的医疗保障问题。

6. 就医管理

结合当前的社区卫生服务改革，在农民工医疗保险中引入社区管理，发挥社区医疗服务机构“守门人”的作用，鼓励对农民工实行社区首诊制。

四、工伤保险

1. 基本制度。执行《工伤保险条例》，按统一的城镇职工工伤保险制度有关规定实施农民工工伤保险。

2. 参保。农民工所在用人单位注册地与生产经营地不在同一统筹地区的，原则上要在注册地参加工伤保险。未在注册地参加工伤保险的，在生产经营地参加工伤保险。农民工受到事故伤害或患职业病后，在参保地进行工伤认定、劳动能力鉴定，并按参保地的规定依法享受工伤保险待遇。用人单位在注册地和生产经营地均未参加工伤保险的，农民工受到事故伤害或患职业病后，在生产经营地进行工伤认定、劳动能力鉴定，并按生产经营地的规定依法由用人单位支付工伤保险待遇。

3. 对农民工流动频繁，难以按工资确定缴费基数的建筑、煤炭等少数行业，可以探索按预算定额和产量核定缴费的办法。用人单位应按月报告招用农民工的名单。

4. 待遇支付。对农民工实行灵活的待遇支付办法。对跨省流动，户籍不在参加工伤保险统筹地区（生产经营地）所在省（自治区、直辖市）的农民工，1～4 级伤残长期待遇的支付，可试行一次性支付和长期支付两种方式，供农民工选择。一次性享受工伤保险长期待遇的，需由农民工本人提出，与用人单位解除或者终止劳动关系，与统筹地区社会保险经办机构签订协议，终止工伤保险关系。1～4 级伤残农民工一次性享受工伤保险长期待遇的具体办法和标准由省（自治区、直辖市）劳动保障行政部门制定，报省（自治区、直辖市）人民政府批准。对于选择享受长期待遇的，按现行工伤保险有关规定执行。

5. 经办机构。由城镇职工社会保险经办机构统一经办农民工工伤保险。

五、农民工社会保险的实施

推行农民工社会保险工作是统筹和协调城乡社会保障发展的切入点，各地要着眼长远，立足当前，结合实际，量力而行，稳步实施。可以优先推进工伤和大病医疗保险，逐步解决农民工养老保险，有条件的地区也可一并推进农民工工伤、大病和养老保险。

用3～4年时间将所有农民工纳入工伤保险。到2010年，要将在城镇正规单位雇用的农民工全部纳入工伤保险范围，并重点推进农民工较多、工伤风险程度较高和职业病高发的行业参加工伤保险；2011年前将乡镇企业农民工全部纳入工伤保险。到2012年（本届政府任期内），实现农民工工伤保险的全覆盖，使亿万进城农民工和数千万乡镇企业农民工全部进入工伤保险。

用2年左右的时间解决农民工医疗保险问题。2009年，力争在用人单位就业的农民工全部参加大病医疗保险。2010年前，所有农民工均被基本医疗保险（大病医疗保险）、城镇居民医疗保险和新农合覆盖。

从2009年开始，在3～5年内将在城镇单位就业的农民工纳入城镇职工基本养老保险。

第六节　推进农民工参保的政策建议

推进农民工参加社会保险工作涉及方方面面，既要解决政府和用人单位主观认识方面的问题，又要解决工作力度和强制力方面的问题；既要考虑不稳定就业农民工转移社会保险关系问题，还要考虑稳定就业农民工的城市化倾向和社会保障需求；既要从城乡社会保险关系转移角度建立农村社会保障体系，还要考虑农民工的长远发展和职业提升。

一、必须从建设新农村和建立和谐社会的战略高度，重视农民工社会保险工作

地方各级党和政府必须从建设社会主义新农村和建立和谐社会的战略高度，切实转变发展观，把推进农民工社会保险工作与改善投资环境、招商引资及地方的GDP增长放在同等重要的地位，大力推进农民工社会保障，特别是要做好农民工集中的外资和私营企业参保工作，切实保障农民工权益和改善农民工就业环境。各级劳动保障部门要把推进农民工社会保险工作作为当前和今后一项主要工作任务，明确工作目标，认真贯彻落实；加大工作力度，加强执法监察工作，切实按国家有关要求推进农民工社会保险工作。

二、尽快出台农民工社会保险问题的具体指导性意见，以落实5号文件，指导和规范各地工作

目前，各地在农民工参保问题上进展很不平衡，总体参保率低，有的甚至完全没有参保；参保的方式也多种多样，有的进城保，有的进农保，有的实行综合保险；而实行综合

保险的地区在政策上也不尽相同。这一方面造成地区之间、企业之间、农民工个人之间新的不平衡、不公平，同时也为未来制度的统一和完善设置了障碍。鉴于目前国务院有关文件已经明确了农民工社会保障的基本制度框架，为尽快推进农民工参保，必须尽早出台统一的农民工社会保险（包括养老保险、医疗保险）政策，以指导各地开展农民工社会保险工作，使这项工作沿着既定的轨道前进。

三、依法强制用人单位为农民工参保

首先，要进一步加强社会保险立法，对不依法缴纳社会保险费的单位和个人规定严厉的法律责任——除经济处罚外，必要时可借鉴有关国家做法追究违法者的刑事责任，通过加大违法成本，促进依法参保缴费。其次，要加强劳动保障监察执法力量，强化执法力度，督促用人单位依法登记、申报和缴费，对拒不履行法定社会保险责任的，要依法处罚。最后，要动员有关媒体和社会各方广泛宣传保护农民工权益、促进农民工参保工作，通过正反两方面典型案例的宣传和曝光，形成依法维护农民工权益的氛围，促进用人单位依法为农民工参保缴费。

四、积极探索、建立健全农村社会保障制度

虽然我国城镇社会保障体系建设已粗具规模，但农村社会保障制度建设进展缓慢。随着农村人口老龄化和工业化、城市化进程的加快，农民养老和其他社会保障问题日渐突出，迫切需要构建与农村经济发展水平相适应的城乡统筹的社会保障体系。为此，应建立由国家、集体、农民三方负担的养老等社会保障制度，并在经济发展快的地区推进城乡协调的社会保险制度，实现农村社会保险与城镇职工社会保险制度的接轨和社会保险关系的接续。

五、建立农民工应急救助机制

农民工在城镇缺乏生活基础，是城市中最困难的群体之一。为保障其基本生活和权益，应建立农民工应急救助机制。一是通过政府和有关民间机构维护农民工权益，开展针对农民工的法律援助；二是对遭遇意外伤害或重大疾病生活陷入困境的农民工，由当地民政部门给予临时性的应急援助。

六、加强对农民工的技能培训

农民工素质偏低，就业不稳定，需要通过培训提高素质和技能，改善其就业质量，实现职业升级。一是城市公共就业服务平台要向农民工全方位开放，使农民工与城镇职工具有享受就业服务的同等权利；二是加强农民工技能培训，通过免费或资助费用等形式鼓励农民工学习和提高技能，增强其稳定就业能力，提升其就业层次；三是技工学校实行免费教育，鼓励农民工进入技校学习深造；四是鼓励企业对农民工进行岗位培训，政府给予适当资助或补贴。

参考文献

1. 国务院研究室课题组. 中国农民工调研报告. 北京：中国言实出版社，2006

2. 钱文荣，黄祖辉. 转型时期的中国农民工. 北京：中国社会科学出版社，2007

3. 陈诗达主编. 农民工问题研究. 北京：中国劳动社会保障出版社，2007

4. 华迎放等. 农民工社会保障的新情况与新问题. 中国劳动. 2008，1

5. 华迎放，何平. 促进农民工参加社会保障问题研究. 见：首届中国社会保障论坛文集（2006）——和谐社会与社会保障. 北京：中国劳动社会保障出版社，2006

6. 华迎放. 农民工的社会保障：思考与政策选择. 中国劳动. 2004，10

7. 华迎放. 农民工社会保障的模式选择. 中国劳动. 2005，5

8. 李培林. 农民工——中国进城农民工的经济社会分析. 北京：社会科学文献出版社，2003

9. 李强. 城市农民工的失业和社会保障问题. 新视野. 2001，5

李强. 农民工与中国社会分层. 北京：社会科学文献出版社，2004

10. 郑功成. 农民工的权益和社会保障. 中国党政干部论坛. 2002，8

11. 蔡昉. 中国人口与劳动问题报告. 北京：社会科学文献出版社，2004

12. 国际劳工局社会保护处. 农村人口的社会保护：需求、局限性与可能性. 国际社会保障协会第28届全球大会报告

13. 关于印发2008年人力资源和社会保障工作要点的通知（人社部发［2008］6号）

14. 关于印发人力资源和社会保障部2008年农民工工作要点的通知（人社厅发［2008］1号）

15. 上海市外来从业人员综合保险暂行办法（2002年7月22日上海市人民政府令第123号发布）

16. 成都市非城镇户籍从业人员综合社会保险暂行办法

第四章 机关事业单位养老保险制度改革研究

我国城镇职工养老保障制度实行的是双轨制。企业职工养老保险改革始于20世纪80年代中期，历经二十多年的不断调整，目前制度模式已经基本成型。而机关事业单位职工仍然延续50年代确立下来的退休金制度。两个制度截然不同，待遇差距日益拉大，对劳动力流动的阻碍作用也日益明显，由此产生了不少社会矛盾。2008年3月，国务院颁布事业单位养老保险改革试点方案，表明事业单位养老保险改革的大门正在开启。同年年底《社会保险法（草案）》征求意见稿提出“公务员和参照公务员法管理的工作人员参加基本养老保险的办法由国务院规定”，释放出公务员退休金制度也要改革的信息。总体来看，机关事业单位养老保险改革时间晚、难度大，有关改革的具体方案和实施步骤必须全面考虑，多方论证。

报告在第一部分详细介绍了机关事业单位养老保险制度的发展历程和目前的改革试点情况，分析了其所面临的各种问题与矛盾，论证了机关事业单位养老制度改革的迫切性与必要性。第二部分总结了国外公职人员养老保险改革发展的总体趋势和某些具体做法，反映出在当今世界，在人口老龄化压力和社会公平诉求下，养老保险制度统一化改革是一个普遍趋势，另外，即便那些没有实行统一化改革的国家，也对包括公职人员在内的养老保险制度实施了调整。第三部分重点描述了我国机关事业单位养老保险改革的方向，即在基本养老保险层面做到全国统一，在补充养老保险层面实行职业年金。这一部分同时还对机关事业单位职工的基本养老保险统筹层次、职业年金办法和过渡性养老金设计进行了不同方案的比较研究。第四部分针对目前机关事业单位人员流动到企业后养老保险权益受损的情况，提出了待遇衔接的两种方案，以鼓励人员的自由流动。第五部分论证了机关事业单位养老保险改革的步骤和面临的共同问题，以及事业单位实施养老保险改革的基本前提。

第一节 我国机关事业单位养老保险制度的现状与问题

一、发展历程

从历史发展看，我国企业与机关事业单位养老保险制度之间存在着分—合—分的过程，最近20多年的分离，导致两项制度越走越远，差异拉大。

（一）发展历程

新中国成立之初，我国就对机关事业单位的退休管理进行了规定，表现在1950年3月由政务院颁布了《中央人民政府政务院财政经济委员会关于退休人员处理办法的通知》，该办法适用于当时党政机关，以及海关、铁路、邮电等单位中实行工资制的工作人员，而且是一次性给付。1951年我国通过了《中华人民共和国劳动保险条例》，它是新中国第一个社会保障制度基础性法规，经过1953年的修订，逐步建立起企业职工的社会保险体系。但国家机关、事业单位职工不在该法规的执行范围之内，对于干部的退休退职问题一般是当年制定当年的暂行办法。直到1955年12月，国务院颁布了《国家机关工作人员退休处理暂行办法》和《国家机关工作人员退职处理暂行办法》，对国家机关工作人员的退休退职管理制度作了正式规定，被认为是我国公务员退休制度正式立法的开始。《暂行办法》将机关工作人员一次性发放的退休金改为按月发放，干部待遇也有了较大幅度提高，并规定了退休待遇标准根据工作年限的长短来确定：工龄不满10年，发给本人工资的50%；工龄在10～15年之间者，发给本人工资的60%，其中工作年限超过15年或工作年限满10年因公致疾丧失工作能力的，发给本人工资的70%。

可见，我国公务员、事业单位人员的养老保险制度在开创之初就是和企业职工的养老保险分别规定并实行的。

1958年2月，《国务院关于工人、职员退休处理的暂行规定》的颁布，放宽了退休条件，适当提高了待遇标准，这一规定将国营、公私合营企业、事业单位和国家机关、人民团体的工人、职员的退休办法统一了起来。退休条件为：男60岁，女55岁，连续工龄5年以上，一般工龄15年以上。待遇标准根据退休前工龄的长短分40%，50%，60%三个档次。对于工龄超过20年，因健康原因提前退休的干部，退休金标准提高到70%。对不符合退休条件的自动退职者，按工龄长短发给1～30个月的一次性退职金。

“文革”期间，社会保险事业遭到严重破坏，并且随着时间推移，1958年规定的退休退职办法难以适应新的要求，因此“文革”以后，急需恢复和改革养老保险制度。1978年6月2日，经全国人民代表大会常务委员会批准，国务院同时颁发了《国务院关于安置老弱病残干部的暂行办法》和《国务院关于工人退休、退职的暂行办法》，从1958年起施行的“干部”“工人”统一的退休、退职办法，重新分成两个不同的制度。前一个办法对1958年规定的干部退休年龄、工龄和待遇水平进行了一些调整，但基本制度框架和内容没有大的变化。此外，增加了一种较高的退休待遇——离休，主要适用于中华人民共和国成立以前参加过新政权筹建工作的人员。值得说明的是，虽然对于企业和机关事业单位的养老保险是分别颁布的，但二者的退休标准是基本统一的，都是较为稳定、优厚的退休养老保险制度。

因此，这一期间，机关事业单位与企业的养老保险制度基本上是一致的。

20世纪80年代中期开始，随着国有企业改革的全面展开，新老企业养老负担畸轻畸重的问题开始凸显，同时人口老龄化也使养老负担日益沉重。在变化的社会经济和人口形势下，一些市、县开始进行企业养老保险“社会统筹”的试点改革。1991年6月，国务院颁布了《关于企业职工养老保险改革的决定》，明确宣布对企业职工实行养老保险社会统筹，并在全国范围内逐步推行。该决定同时规定国家机关事业单位工作人员不执行企业职工的养老保险制度，其养老保险制度改革由人事部负责，具体办法另行规定。作为主管机关，人事部鉴于当时还很难拿出较为成熟的总体改革方案，于是提出分头同时推进的思路：一方面抓紧研究制定改革方案，一方面指导推动有条件的地区先行试点摸索经验。自此，机关事业单位养老保险制度开始与企业分离。

随后的十余年里，企业养老保险制度改革不断深入。自1991年《关于企业职工养老保险制度改革的决定》确立了养老保险社会统筹之后，又相继于1993年明确了“社会统筹与个人账户相结合”的体制，1995年开始在全国范围内推行“统账结合”的基本养老保险制度改革。1997年，国务院发布《关于建立统一的企业职工基本养老保险制度的决定》，规定了统筹账户和个人账户的缴费比例以及待遇计发办法，并提出对养老资金实行收支两条线管理，基本确立了我国企业职工基本养老保险制度。2005年年底颁布的《关于完善企业职工基本养老保险制度的决定》，提出了扩大覆盖面，逐步做实个人账户，调整基本养老金计发办法，规范养老金调整机制等完善制度的做法。

在企业补充养老保险制度方面，2004年颁布的《企业年金试行办法》和《企业年金基金管理试行办法》，确立了企业年金的制度框架。

（二）制度分离发生的背景和原因

我国企业养老保险制度与机关事业单位的分离，始于20世纪80年代中期。这种分离的产生与我国经济体制转轨密切相关。

20世纪80年代我国开始经济体制改革，为了扩大国有企业的自主权，搞活国有经济，先后于1983年和1984年进行了两步“利改税”，即由原先向国家上缴利润改为上缴所得税，企业的税后利润再通过各种形式在国家与企业之间进行分配。利改税以后，国有企业的退休金不再由财政划拨，而是由企业留利解决。这样，原有的“企业保险”难以为继，新、老国有企业之间产生了退休负担畸轻畸重的现象，直接影响了国家搞活国有企业的改革目标。随着经济体制改革，经济形式和所有制结构多样化，在这种情形下，原来覆盖面单一的养老保险制度就与经济发展不相适应了。企业养老保险制度改革在这一背景下展开。

随着改革的深入，企业分化、兼并、重组乃至破产不断发生，人员流动、下岗乃至失业逐渐成为常态，建立和完善企业养老保障制度成为紧迫的、甚至是“十万火急”的任务。在此期间，人口老龄化趋势对未来养老保障制度带来的严峻挑战逐步显现，很多国家养老保险进入新一轮改革期，可供借鉴的经验逐步增多，加之政府、学界对养老保险制度的认识不断深化，企业养老保险制度进入持续改革阶段。

机关事业单位的养老金筹资模式与企业大不相同，一直由财政供款，不存在外界环境压迫改革的情形，同时出于维护自身利益的考虑，机关事业单位养老保险制度改革远远滞后于企业。

二、现行机关事业单位养老保险制度的现状和问题

（一）现行机关事业单位养老保险制度的特点

与企业职工社会统筹与个人账户相结合，国家、企业、个人共同负担的养老保险制度不同，机关事业单位的养老金全部来源于财政，根据当期实际支出需要从财政列支，同时个人不需要缴纳养老保险费。

机关工作人员退休费按工龄工资和基础工资的100%计发，职务工资和级别工资两项之和以工作年限满35年以上、30～35年和20～29年，分别按88%、82%、75%计发退休费；事业单位工作人员退休费则按本人职务（技术等级）与津贴之和的一定比例计发，同机关工作人员工作年限相对应分别按90%、85%、80%计发退休费。机关和事业单位工人的退休费规定为：技术工人的退休费分为三档，按本人原岗位工资、技术等级（职务）工资、奖金三项之和的90%、85%和80%计发；普通工人的退休费，按本人岗位工资和奖金之和的一定比例计发，其工作年限划分的折扣比例与技术工人相同。

2006年工资制度改革，对机关事业单位工资制度又做了新的规定。即对于改革后工作年限满10年不满20年的退休（退职）人员退休费（退职费），公务员以本人退休前职务工资和级别工资两项之和的70%计发，不满10年的按50%计发。机关技术工人退休时，按本人退休前岗位工资和技术等级两项之和的70%计发。机关普通工人退休时按本人退休前岗位工资的70%计发。事业单位工作人员退休时按本人退休前岗位工资和薪级工资两项之和的70%计发。事业单位工作人员和机关工人退职后的退职生活费，根据本人工作年限及退休前基本工资的50%、60%、70%三档计发。

在现实当中，除了基本退休金外，国家规定的津补贴、地方执行的津补贴，甚至单位自己实行的补贴制度同时并行，导致机关事业单位的退休待遇非常优越。

而企业职工养老金标准则完全不同，其基础养老金在按退休前一年的社会平均工资和个人指数化缴费工资的平均数为计发基数（2006年1月1日以前的规定是以社会平均工资为计发基数，与个人工资无关），缴费15年以上的，每工作一年得到1%，缴费不足15年的，没有基础养老金。个人账户养老金和企业年金支付的养老金则由缴费额和投资收益水平决定。

另外，机关事业单位退休金按照机关事业单位在职人员的工资增长率进行调整，而企业职工养老金则按照社会平均工资和物价指数的一定比例进行调整①。因此在调整幅度上，机关事业单位退休金也要高于企业职工，尤其是近年来公务员实行“阳光工资”，工资增长较快，公务员的退休金也水涨船高，增长速度大大高于企业退休人员。

在管理体制上，机关事业单位养老保险仍实行传统的“单位”管理模式，各机关事业

① 《国务院关于完善企业职工基本养老保险制度的决定》规定，根据职工工资和物价变动等情况，国务院适时调整企业退休人员基本养老金水平，调整幅度为省、自治区、直辖市当地企业在岗职工平均工资年增长率的一定比例，各地根据本地实际情况提出具体调整方案。

单位基本上都设立专门机构，负责本部门、本地区机关事业单位离退休人员的管理工作。而企业职工基本养老保险已建立了独立于企业之外的社会化管理模式，当前基金统筹层次已达到县、市级，并将逐步过渡到省级。

（二）现行制度存在的问题

现行的机关事业养老保险制度与城镇企业职工养老保险制度在制度框架、筹资模式及来源、待遇标准和管理方式等方面均有显著差异，这种在城镇就业者内部实行两套养老保险制度的做法产生了一系列弊端。同时，现行机关事业养老保险制度本身也在财务可持续性及管理方式上存在一定问题。

1. 养老待遇差距过大，引发社会矛盾

实行不同的养老保险制度造成了企业、事业单位职工和公务员的养老待遇差距，这种差距是在20世纪90年代企业进行养老保险制度改革以后逐渐产生的，并且有逐年扩大的趋势。2005年，我国企业、事业、机关职工人均离休、退休及退职费分别为8 083元、16 425元和18 410元，机关和事业单位人均养老金分别是企业的2.1倍和1.9倍，差距十分明显。而1990年，事业单位和机关的人均离休、退休、退职费分别是企业的1.14倍和1.20倍。企业职工养老金水平增长缓慢，1999—2005年的平均增长速度为7.3%，而机关、事业单位的养老金则分别以13.8%和11.8%的平均速度快速增长。图4—1显示了养老金待遇差距从90年代末期开始扩大的趋势。

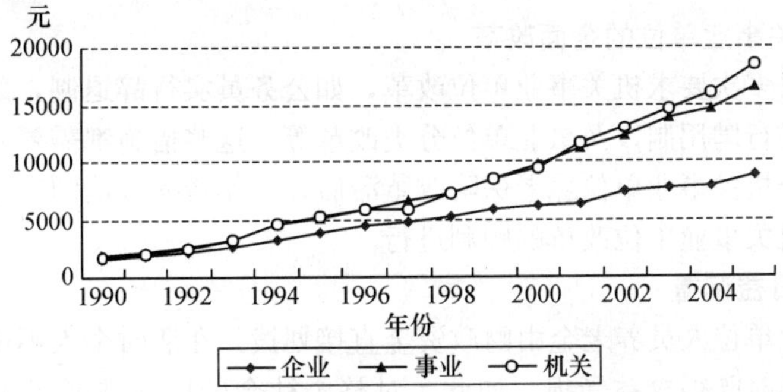

图4—1　1990—2005年我国企业、事业、机关单位的人均养老金

资料来源：历年《中国劳动统计年鉴》。

另外，在替代率[①]上，2005年，我国企业、事业和机关养老金替代率分别为49.3%、87.7%和88.4%，从时间上看，近年来替代率的差距也表现出逐步扩大的趋势，见表4—1。

目前，企业与机关事业单位之间的养老待遇差距问题已经引起了企业在职职工及退休人员的强烈不满。在劳动保障部门每年接待的上访和信访事件中，很多都与企业和机关事业单位的待遇差有关。

① 这里的替代率为平均替代率，由平均退休金除以该部门的在职人员平均工资得到。

表 4—1　　　　历年养老金平均替代率　　　　%

年份	企业	事业	机关
1998	73.7	98.3	101.7
1999	72.6	100.1	100.4
2000	68.8	106.0	100.0
2001	65.0	100.2	99.0
2002	64.3	93.9	98.2
2003	58.6	96.7	97.4
2004	51.9	90.4	92.5
2005	49.3	87.7	88.4

数据来源：历年《中国劳动统计年鉴》。

2. 阻碍了人员的正常合理流动

由于机关事业单位与企业在养老保险制度上存在着很大差别，当劳动者转换工作，特别是从机关事业单位转到企业工作时，其养老保险待遇难以进行相应的转换和衔接，阻碍了人员的合理流动，影响了统一的劳动力市场的建立。在进行工作调动的人员当中，从机关事业单位转入企业的，存在养老保险待遇明显受损的情况，而从企业转入机关事业单位的，则可以套用机关事业单位的标准，获得很高待遇，这对整个社会人员的流动都产生了负面影响。

3. 不利于机关事业单位的全面改革

近些年，中央多次要求机关事业单位改革，如公务员实行辞退制，部分事业单位转为企业，事业单位实行聘用制以及事业单位分类改革等，这些措施都需要有相应的养老保险制度配套。但由于机关事业单位养老保险改革滞后，工作转换人员的养老保险关系难以接续，直接影响了机关事业单位改革的顺利进行。

4. 财政负担日益沉重

我国机关事业单位人员养老金由财政资金直接划拨，在职时个人不用缴费，退休时待遇水平很高，流动时既得权益受损，如此，对整个社会的职业选择产生了巨大的“吸铁石”效应，造成人员队伍不断膨胀。财政每年支付的养老金都是由政府根据支出的需要，从当期财政收入中划拨资金支付的。这种“现收现付”的养老金资金运作模式，在离退休人员较少的情况下尚可顺利实施，但随着老龄化程度的加剧，退休人员的数量越来越多，各级财政用于机关事业单位养老金支出的负担也越来越重。

5. 养老金待遇计发方式不合理

按照目前的养老金计发方式，机关事业单位退休金计算基数是其退休前最后一个月的标准工资，这种做法明显不合理，并带来了一些问题。一是以最后一个月的标准工资为计算基数，没有体现职工在职工作时的实际贡献，还容易出现退休前突击提级、涨工资等弊端。二是由于机关事业单位人员的标准工资由国家统一规定，且个人工资普遍只升不降，通常至退休前达到较高水平，所以以退休前最后一个月的标准工资作为计算基数，退休待遇过于优厚。三是机关事业单位退休人员的退休待遇随机关事业单位在职人员的工资同步调整，而国际上的通行做法是将养老金增长与物价挂钩。这也是机关事业单位退休金增长过快的重要原因之一。四是养老金计发基数混乱，除了国家规定的基本退休金外，各种名目繁多的国家、地方津补贴甚至单位补贴也都进入了养老金的计发基数。由于各地执行的津补贴标准不同，特别是各单位自行掌握的补贴数额不同，导致不同地区，甚至同一地区不同机关事业单位的退休人员的养老金差距非常大。

6. 以单位作为制度实施主体，退休管理成本过高

对企业的养老保险制度进行改革很重要的一个初衷是为了让企业能够摆脱办社会的沉重负担，解除后顾之忧，从而成为真正的市场主体。在近年的改革中，除了养老金征收与发放的社会化外，企业退休人员也开始逐步摆脱对原单位的依赖，以社区为基础的社会化管理服务机制开始形成。与以前的单位管理相比较，整个制度的管理成本有了大幅度下降。但迄今为止，机关事业单位退休人员还是由原单位负责发放养老金并提供各种服务。由于近些年机关事业单位退（离）休人员数量增长非常快，机关事业单位中从事退休人员管理服务的人员和机构出现了膨胀，管理成本加大。

三、各地机关事业单位养老保险制度改革实践

事实上，早在20世纪90年代初，也就是企业养老保险制度开始改革之时，我国政府就考虑了机关事业单位养老保险制度的改革问题。1991年，国务院发布的《关于企业职工养老保险制度改革的决定》提出，国家机关和事业单位养老保险制度改革由人事部负责。1992年1月，人事部发布了《关于机关事业单位养老保险制度改革有关问题的通知》，提出要逐步改变机关事业单位退休金现收现付、全部由国家包下来的做法，本着既要保证经济的发展，也要有适当积累的思想，统筹安排养老保险基金。1993年12月，人事部又通过会议提出了一些原则性要求，比如机关事业单位保险基金筹集和使用要体现权利、义务和强制性相结合；保障责任由国家、单位和个人共同负担；社会保障行政管理与基金经营要分开；要加紧研究建立机关特别是国家公务员的社会保险制度，等等。在上述精神的指导下，特别是1995年国务院发布《关于深化企业职工养老保险制度改革的通知》后，很多地区都开展了机关、事业单位养老保险制度的改革探索。这些改革均由各地自行实施，没有自上而下地制定统一政策。本节所总结的，就是各地在实施中具体实施的一些措施。

（一）实施范围与对象

各地试点改革的实施范围不尽相同，基本可分为四类。（1）差额拨款、自收自支事业单位全体工作人员和机关、全额拨款事业单位合同制工人以及离退休人员。这种类型比较普遍。例如江苏省106个县中有55个地区实施这种办法，占全省开展试点改革地区总数的52.4%。（2）自收自支事业单位全体工作人员和机关、全额拨款事业单位、差额拨款事业单位的合同制工人以及相应离退休人员，如重庆市。（3）所有事业单位的工作人员和机关合同制工人及相应离退休人员，如山东青岛。（4）机关、事业单位（全额拨款、差额拨

款和自收自支）全体工作人员和离退休人员，即全员参保，如湖北枣阳，山西临汾、沂州，山东的17个市中有济南、烟台等14个市开展了全员参保，江苏也有26.7%的地区实行全员参保。

至2006年，除西藏、青海、宁夏外，全国28个省、直辖市和自治区的230个地市和1 844个县区不同程度地开展了机关事业单位养老保险制度改革工作。2007年年底，机关事业单位参加基本养老保险的人数为1 902万人，其中在职人员1 492万人，参保在职人数占机关事业单位在职总人数的37%。

（二）试点改革的基本内容

试点改革的内容与企业养老保险改革类似，主要包括：

1. 对机关事业单位的养老保险进行了“以支定收、略有结余”的费用统筹，形成了一定规模的资金积累。各试点地区在单位缴费上采取了双基数和单基数两种形式。双基数一般为在职人员应发工资额的15%～17%加离退休人员离退休费的50%；单基数一般为在职人员应发工资额的15%～30%，不提取离退休费用。

2. 实行个人缴费，建立个人账户。全国进行机关事业单位养老保险制度改革的地区均实行个人缴费制度，一般以本人上一年基本工资为基数，缴费比例在1%～8%不等，绝大多数地区低于企业职工个人缴费比例。比如，浙江省个人缴费比例小于3%的有24个县市，3%～5%之间的有36个县市，5%～8%的有25个县市。虽然全部实行个人缴费，但并不是所有试点地区都为机关、事业单位职工建立了基本养老保险个人账户，而是将个人缴费并入统筹基金。比如，江苏省各试点地区均为建立个人账户。

3. 养老金发放和退休人员管理一般仍由原单位负责，只有少数地区开始实行养老金的社会化发放。

4. 机关事业单位养老保险统筹资金积累（不包括个人账户储存额）全部按照“收支两条线”的原则存入财政专户。

（三）试点改革存在的问题

各地试点改革虽然取得了一定成效，但也存在很多问题。

1. 各地改革政策多样，发展很不统一

国家一直没有出台统一的、具体的指导性政策，各地试点改革沿用和企业一样的办法，自下而上地摸索经验。由地方自行制定具体制度和实施办法，造成了当前机关事业单位养老保险制度试点改革的政策五花八门，情况参差不齐。首先是实施对象不统一，范围有宽有窄。其次是缴费基数不统一，有的地方按人事部门核定的档案工资为基数征收，有的地方按工资总额（包括奖金、福利、过节费等）为基数征收。有的地方执行“双基数”，有的按“单基数”征收。比如，浙江省的缴费基数就分为四种标准：59个县市以当地全部在职职工上年度工资总额为单位缴费基数，10个县市以当地上年度全省在岗职工平均工资为基数，5个县市按当地全部职工（包括临时工）上年度工资总额为基数，另有11个县市以当地全部在职职工工资总额和离退休人员离退休费之和为基数。江苏省有62个地区实行“单基数”办法，有 43 个地区实行“双基数”办法。最后是缴费比例不统一，各地单位缴费比例差异较大，范围在 19%～38%，个人缴费比例在 1%～8%之间，有的地方实行浮动费率，即由支出情况决定缴费比例，如江苏省的 13 个地区。另外，一些地区对不同类型的单位实行差别费率，如山西省太原市全额拨款事业单位缴费率为 38%，差额拨款事业单位缴费率为 35%，这两类单位没有个人缴费；自收自支事业单位缴费率为 20%，个人缴费 5%。

总之，各试点地区的改革政策差异很大，因此而产生的同岗同工却不同缴费与待遇的情况也引起了参保人员的不满和上访。

2. 多部门管理，影响了改革的推进和效率

按照《国务院关于企业职工养老保险制度改革的决定》（国发［1991］33 号）及有关规定，机关、事业单位在职人员和离退休人员的收入分配调整政策，以及人员退休审批等均由人事部门负责；劳动保障部门负责部分社会保险费征收和养老金发放事务，还有一部分社会保险费则由税务部门负责代收；养老保险基金实行收支两条线和财政专户管理，因此资金的使用和投资等则由财政部门负责。这样便形成了机关事业单位养老保险审、管及收支四部门负责的局面。各地劳动保障部门经办机构的设置也有所不同。从 1998 年开始，机关事业单位社会保险工作由人事部转移至劳动保障部，很多地方纷纷成立了专门的机关事业单位社会保险局或管理中心，但也有一些地方建立统一的社会保险经办机构，对机关、事业单位和企业的社会保险进行统一管理。

这种多部门管理的模式不利于改革的推进。尤其是退休审批权与养老经办权分离，造成养老保险制度改革工作中的脱节和矛盾。一方面，由于缺乏相应的制约手段，增加了社保管理机构养老保险费用征缴的阻力；另一方面，社会保障部门在扩大改革范围，推行改革政策方面常常要受其他部门的牵制，往往“有心无力”，工作很难开展。一些地区的改革范围甚至有所缩小，征缴率下降，改革工作陷入进退维谷的局面。

3. 统筹层次低，养老金社会化发放程度低

统筹层次一般仅达到县级统筹，更加剧了各自为政和政出多门的状况，也影响了未来制度的统一和基本养老保险应有的互济功能。机关事业单位养老金只有少数地方采取社会化发放，多数地方仍采取养老金发放到参保单位后，由参保单位再发放给离退休人员，甚至有些社保经办机构采取征收与发放联动的办法。

4. 待遇给付不合理

多数地区虽然进行了费用统筹并引入了个人缴费，但退休人员的养老金计发办法并没有进行改革，仍执行目前的国家政策，如上海市。一些地区的机关事业单位养老保险和企业实行了费用统筹，但为了不降低待遇水平，另外又对机关事业单位建立了单独的财政补充支付体系。还有少数一些地区将个人缴费形成的个人账户变成了国家养老金支付标准以外的补充养老金，造成了养老待遇的不降反升，如浙江省的某些县市。总的来看，不对机关事业单位待遇计发办法进行改革，不对现行的偏高的待遇标准进行合理调整，就仍然无法从根本上解决企业与机关事业单位养老保险制度不统一、不衔接的问题。

（四）科研院所转制机构养老保险改革情况

1997 年 7 月 1 日，按照国务院办公厅转发科技部等 6 个部委《关于国家经贸委管理的 10 个国家局所属科研院所管理体制改革意见》的要求，中央部属 232 家科研院所首批实行转制。2000 年 1 月，劳动保障部等 4 部门发出了《关于国家经贸委管理的 10 个国家局所属科研院所转制后有关养老保险问题的通知》，按此规定，转制前离退休的人员的待遇不变，调整按企业办法执行；转制后退休的人员基本养老金按照企业办法执行，其中，在 5 年过渡期内退休的人员，加发待遇差（指低于按原事业单位计发退休金部分）90％至 10％不等的补贴。此后，各地也陆续制定了地方转制科研院所养老保险改革办法。

在这个过程中出现了一些问题：一是中央科研院所转制前退休的人员，对其养老金增长机制按企业办法执行表示不满，致使劳动保障部后来不得不发文，将之改为继续按事业单位养老金调整办法执行；二是各地自行制定的地方所属科研院所转制后养老保险办法与中央所属科研院所的办法之间存在着很大差异，导致在政策执行过程中，出现了在对等条件下，中央与地方院所之间的科研人员待遇落差大，最后不得不调整的局面。

转制科研院所养老保险改革为下一步事业单位养老保险改革积累了经验教训。（1）老人的既得权益和待遇不能降低。对于已经退休的“老人”，在新老制度之中，在不同待遇调整机制之间，必须实行“就高不就低”的原则。如果强行“就低”，虽然降低了政府责任，却容易引发新的矛盾，造成社会不和谐。（2）统一制度是化解矛盾的最佳做法。在保留双轨制的情况下，只对处于中间地带的一部分人进行改革，在各方面条件同等的情况下，任由各地自行设计不同的政策，甚至在同一个地区，因为条块分割而执行不同的政策，都是一种人为制造矛盾与混乱的做法。对于养老保险来说，统一政策是减少不同群体之间矛盾的最优选择。

（五）国务院事业单位养老保险改革试点方案

2008 年 3 月，国务院原则通过了《事业单位工作人员养老保险制度改革试点方案》，山西、上海、浙江、广东、重庆五省市将在年内启动有关试点。这表明在继企业板块养老保险制度改革之后，原本捆绑在一起的机关事业单位板块的退休金制度也开始进入改革阶段，并且是以事业单位为首推进。该方案的总体思路是：事业单位基本养老保险制度实行与企业一致的统账结合模式，即单位和个人都缴费，单位缴费进统筹基金，个人缴费进个人账户，事业单位人员退休后的养老待遇与企业一样，都由基础养老金和个人账户养老金构成；老人老办法，新人新办法，对未建立个人账户阶段实行过渡性养老金，“中人”过渡性原则与企业一致。

该《方案》没有对“中人”过渡性养老金和职业年金提出具体的设计办法，而这两个办法是事业单位养老保险制度改革的核心所在。另外，方案只针对事业单位养老保险制度改革本身提出了要求，没有涉及事业单位养老保险制度改革所需的配套措施，而没有外围环境，事业单位养老保险制度改革将很难启动。

继事业单位养老保险制度改革方案公布后，有关公务员是否参加基本养老保险制度的讨论在社会上引起了轩然大波。2008 年 12 月，《社会保险法（草案）》征求意见稿明确规定，公务员和参照公务员法管理的事业单位参加基本养老保险制度的办法由国务院另行制定。尽管该法尚处于征求意见过程中，且该条款的规定还相当模糊，比如没有给出公务员养老保险改革的时间表，但至少释放出这样的信号，即公务员养老保险制度改革的方向大势已定。

总之，有关机关事业单位养老保险制度改革究竟如何开展，还需要详细论证。在展开这部分研究之前，我们有必要先了解一下国外的相关情况。这里特别需要指出的是，在国外，没有事业单位这样一个类别，事业单位或属于企业，或属于公共机构；大多数国家对政府雇员、公益性机构雇员等从事公共行政和公共服务的人员实行相同的养老金制度，有些国家甚至还将国有企业雇员包括在内。

第二节　国际经验与启示

一、国外公职人员养老保险制度概况

根据世界银行的调查资料（2006）[①]，在 158 个可以获得相关养老保险制度信息的国家中，有 84 个国家对公职人员实行单独的养老保险制度，比例为 53%。而另一项来自国际社会保障协会（ISSA）的统计数据显示，全球 172 个已建立养老保险制度的国家中，对公职人员实行单独制度的国家有 78 个，比例为 45%。

从地区来看，目前实行分离的公职人员养老保险制度的国家主要集中在南亚和非洲这些相对落后的发展中国家；在北美和欧洲，很多国家公务员养老保险制度介于“统一”和“分离”之间，即部分统一，主要表现为基本养老保险制度统一（或在基本层次上统一），但实行专门的职业年金计划；在拉美国家和东欧，部分国家在 20 世纪 80 年代和 90 年代，借助国家养老保险制度改革之机，实现了包括公职人员在内的全民统一的养老保险制度（见表 4—2）。

一般而言，各国公职人员养老金水平普遍高于企业，即便是那些已实行统一化改革的国家，政府为了吸引和留住其雇员，也往往提供比其他类型经济活动人口更高的养老金。表 4—3 列出了 OECD 国家终身工作的公职人员可以得到的养老金替代率，为了对比，也给出了其他类型就业者可以获得的最高养老金替代率，从中可以看出，公职人员养老金替代率高于私营雇员是明显且普遍的。

在表中，17 个发达国家公职人员的养老金替代率在 60%～95%，中值为 76%。有意思的是，公职人员养老金替代率最低的芬兰，其私营雇员的养老金替代率也为 60%，达到了绝对平等（在瑞典，公职人员养老金替代率竟然比私营雇员低 3%）；而公职人员替代率

① Robert Palacios，Edward Whitehouse. “Civil-service Pension Schemes around the World”，SP Discussion Paper，NO. 0602，the World Bank，2006.

表 4—2　　公职人员养老保险制度类型及代表国家和地区

<table>
<tr><td rowspan="2">分离制度</td><td>1</td><td>专门的现收现付制度</td><td>阿根廷（部分省），中国，哥伦比亚，巴西，比利时，法国，德国，希腊，爱尔兰，卢森堡，墨西哥，葡萄牙，秘鲁，土耳其</td></tr>
<tr><td>2</td><td>专门的基金制或部分基金制</td><td>韩国，印度，中国香港，印度尼西亚，约旦，马来西亚，菲律宾，西班牙，泰国，中国台北，美国（部分州）</td></tr>
<tr><td rowspan="2">统一制度</td><td>3</td><td>国民基本养老保险制度＋专门的职业年金</td><td>澳大利亚，奥地利，加拿大，哥斯达黎加，丹麦，芬兰，冰岛，意大利，日本，荷兰，挪威，瑞典，瑞士，美国（联邦公职人员和部分州）</td></tr>
<tr><td>4</td><td>完全统一</td><td>阿根廷（联邦和部分省），智利，捷克，斯洛伐克，匈牙利，波兰，乌拉圭</td></tr>
</table>

资料来源：OECD，2005。

最高的西班牙，私营雇员的养老金也达到了88%的水平，仅比公职人员低7%。公职人员养老金与私营雇员养老金差距最大的国家是澳大利亚、加拿大和美国这些受新自由主义影响比较深的国家。在这些国家，法定基本养老金的替代率都非常低，与公职人员养老金之间的差距自然就显得格外大。

表 4—3　　OECD 国家公职人员养老金制度的最高替代率　　%

国家	公职人员	其他雇员	差距
澳大利亚	66～88	52	14～36
奥地利	80	80	0
比利时	75	60	15
加拿大	90	56	34
芬兰	60	60	0
法国	75	71	4
德国	75	70	5
希腊	69		
冰岛	76	73	3
意大利	80	66	14
卢森堡	83	71	12
挪威	66	53	13
葡萄牙	80		
西班牙	95	88	7
瑞典	73	76	－3
瑞士	65	58	7
美国	67	37	30

数据来源：the World Bank，2006。

二、国际上公职人员养老金制度的改革

20世纪后半叶之前，各国公职人员的养老金制度普遍独立于其国民养老金。随着公职人员实行特殊制度阻碍了人员自由流动的弊端逐渐暴露出来，以及随着社会对养老保障体系统一性和公平性的呼声日涨，很多国家着手进行了公职人员养老金制度改革。改革举措的一个重要趋势是“统一化”，只不过各国选择统一化的方式不尽相同。另外，即便那些没有对公职人员养老保险制度实行统一化的国家，随着人口老龄化对未来养老金支付压力的加大，也对包括公职人员在内的养老保险体系进行了调整，并在一定程度上缩小了公职人员与其他人员的养老金差距。

（一）对公务员养老保险制度进行全国统一化改革

由于公职人员养老保险制度的建立普遍早于企业或国民养老保险制度，因此在对公职人员养老金制度进行统一化改革时，各国面临着两种选择：或者放弃旧的公职人员养老保险制度，将其完全纳入统一的国民养老保险制度，即完全统一；或者保留原制度（或计划）而实行部分统一，主要做法是在基本养老保险制度层面统一，而在补充养老保险层面体现差别。

采取前一种做法的主要是拉美国家、东欧经济转轨国家、东亚后发国家及地区。其改革的内容主要有：（1）对公共部门养老金制度进行根本性改革，主要特征与私人部门完全统一，建立缴费性个人账户并实施基金管理。按管理机构的不同分为两种情况，一种以智利的改革为代表，建立个人账户和养老基金并委托私营公司进行管理。在其影响下，秘鲁（1993）、阿根廷（1994）、哥伦比亚（1994）、玻利维亚（1997）、墨西哥（1997）、萨尔瓦多（1996）等拉美国家都进行了程度不一的改革。另一种是以新加坡为代表，建立账户和基金，由国家公营机构管理。受其影响，马来西亚等国家也纷纷建立了类似的公积金制度。（2）筹资方式由现收现付制转为部分积累制，这种情况以东欧经济转轨国家为代表。东欧国家公职人员养老金制度原来与我国一样，国家承担单一责任，公职人员自身不缴纳任何费用。由于国家财政压力太大、经济发展放缓及人口老龄化的冲击，这些国家开始尝试建立国家、单位和雇员共同负担的多层次养老保险制度。其中波兰于1993年进行改革，是东欧第一个对公职人员养老保险制度缴费模式进行改革的国家。

大多数国家采取的是后一种方式，即实行部分统一。多层次养老保障体系使得这一选择更为现实、可行。对于比较典型的实施“三支柱”养老保障体系的国家，如美国、澳大利亚、英国等，养老保障体系通常由国民基本养老金、雇主提供的补充养老金和个人储蓄三部分构成。部分统一式的改革通常是将公职人员纳入国民基本养老金制度，在补充养老金层面单独建立计划，既实现了养老保障体系的基本统一，又在补充层面体现了公职人员待遇机制的特殊性，比如，保证公职人员养老金待遇的相对稳定性和较高的水平。

（二）对包括公职人员在内的养老保险制度进行调整

进行统一化改革的国家和没有进行统一化改革的国家，随着社会经济人口的发展，特

别是人口老龄化和老年人口赡养比例的降低（在职人口/老年人口），都对其养老保险制度进行了调整。改革内容主要包括：

1. 调整待遇领取办法，提高领取方式的灵活性。

2. 调整退休待遇标准。大多数国家降低了公职人员退休待遇标准，采取的方式主要有降低待遇计发标准、延长计算养老金所要求的工作年限等，如丹麦、瑞士等国。

3. 调整退休金的指数化调节方式。一是为应付通货膨胀，一些没有建立指数化退休金的国家纷纷建立退休金指数化调节机制。二是已经建立指数化调节机制的国家，如德国、俄罗斯等国家将退休金调整与工资增长挂钩，改为按工资和物价指数的平均数或二者中的较低者进行指数化调整，以降低退休待遇的支付水平。同时，许多国家采取定期调整办法来代替原先不定期调整方法，并根据各自情况增减调整频率和幅度，以做到既保障公职人员退休生活所需，又减轻财政负担。

4. 改变缴费结构。有的国家如德国、日本、新加坡等相应提高公共部门雇员养老金的缴费率，有的国家如智利等少数国家则提高缴费收入的最高限额，以增加缴费收入。

5. 调整退休年龄，退休更趋于灵活。随着预期寿命的延长，一些国家调高了正常退休年龄。如美国 1983 年规定领取全额退休金的合格年龄将逐渐上升，2000 年为 65 岁零 2 个月，之后每年增加 2 个月，到 2005 年为 66 岁，2022 年以后则为 67 岁。英国、瑞典等国也提高了退休年龄。也有一些国家延长了养老金领取资格的积累年限，如法国、巴西等国家。

6. 提高养老金权益的可转移性。如前所述，大多数国家的公职人员补充养老金计划采取待遇确定制，这种计划类型在养老金的可携带性方面不如缴费确定计划灵活。因此，很多国家在原计划的基础上附加了缴费确定型的补充计划，如设立于 1920 年的荷兰公职人员养老金计划 ABP 原本是一个 DB 计划，近年来开始提供一个小规模的 DC 型补充计划。也有一些国家为新雇员建立补充的缴费确定计划，如美国的联邦储蓄计划（Thrift Savings Plan）就是缴费确定型的。另外，也有国家将原来的待遇确定计划完全更改为缴费确定计划，如丹麦。因此，虽然待遇确定计划仍然是公职人员补充养老金制度所采取的普遍形式，但缴费确定计划的比例正在逐渐增加。这一点与企业补充养老金计划的发展趋势是一致的。

7. 改进补充养老保险基金管理。主要包括建立完善的补充养老保险基金治理结构，增大基金管理的独立性和管理权限，扩大基金的投资范围，以确保基金的保值增值。

（三）改革中新旧制度的接续问题

无论是进行部分统一还是完全统一，是保留原制度进行参数改革，还是建立全新的制度，都涉及一个重要问题，那就是制度（或方案）的转轨方式，它体现为改革针对哪些群体、以何种方式实施。事实证明，与其他就业人员相比，公务员在保护自身群体利益方面拥有更强的力量。而对原本优越的养老金制度进行改革，势必影响公务员的切身利益，因此在世界大多数国家，改革都受到较大的阻力。同时，由于公职人员养老金制度涉及人群较广，对其他体制也有较大的影响，很多国家对于改革都比较慎重。基于这些原因，绝大多数国家都选择了渐进式的转轨方式，规定新制度或新方案只对改革时点之后参加工作的新雇员（即我国所称“新人”）实施，至于改革之前参加工作且没有退休的雇员（即“中人”），则可以保留原制度，或规定可以自主在新、旧制度之间选择。比如，美国于1983年对联邦政府公务员养老金制度进行统一化改革，要求所有新雇员参加基本养老金制度，并相应地对其建立了新的补充养老金计划——联邦雇员退休制度（FERS），不过，新制度仅强制要求1984年1月1日之后工作的新雇员参加，而改革之前参加工作而没有退休的雇员，则可以自由选择参加新制度，或是留在1920年建立的、独立的公务员养老金计划（CSRS）中。新加坡于1986年实施的统一化改革，要求改革实施之后参加工作的公务员参加与企业一致的中央公积金制度，而老雇员则仍然可以选择保留原有制度。就连智利等实行根本性的完全统一化改革的国家，也对其老雇员保留旧的公务员养老金制度。仅有少数国家实行一刀切的激进方式，即不实行过渡，从改革时点起对所有的雇员实施新制度，如玻利维亚、土耳其等。

三、国际改革经验对我国的启示

（一）与企业实行统一的制度

虽然世界上不同国家情况各异，但都同样面临着变化的社会经济条件，如人员流动性增加，人口老龄化加剧等，这些变化使传统的公职人员养老金制度面临挑战，在各方面压力作用下，公职人员养老金制度开始从分离走向统一。对公职人员和私营部门从业人员实行统一的养老保险制度，正成为世界各国的一个改革趋势。同样，我国机关事业单位养老保险制度也面临统一化改革的要求。

（二）建立职业年金计划

在将机关事业单位纳入基本养老保险制度的同时，应对其建立专属的职业年金制度。这也正是我们上面所说的在基本层面统一、在补充层面体现差别的做法。职业年金提供的养老金，作为基本养老金的补充，应当有一定的替代率保证，以避免机关事业单位养老金待遇的过度降低。

（三）养老金差距要合理

为鼓励和吸引优秀人才服务公众，各国公职人员的养老金都普遍高于企业职工。当然，这也与公职人员，特别是公务员作为政策制定者，在维护自身权益方面具有的先天优势相关。但是，面对人口老龄化的共同挑战，面对全社会对公平的诉求，公职人员养老保险制度改革和调整的步伐应与企业雇员的趋同，这也意味着公职人员与企业雇员的养老金水平差距应保持在合理范围内。

（四）公职人员养老金改革要平稳过渡

公职人员是政策制定者，同时也是具有自我利益的群体，让公务员“改革”自身优越的养老金制度，必然面临很大的阻力。为了保障改革顺利进行，必须在承认既得利益的基础上，稳步实施改革。总的来看，实行“老人老办法，新人新办法，中人可自行选择”的办法，最有利于化解来自公职人员的阻力，也最有利于制度的自然实施。但是，考虑到我国企业养老金与机关事业单位养老金之间已经形成了巨大的落差，因此不大可能将机关事业单位养老保险制度改革的过渡期拖延很长，在这种情况下，需要综合考虑各方面的因素，合理设计过渡方案。

第三节　改革方案讨论

通过对我国机关事业单位养老保险制度现状和问题的分析，以及对世界其他国家公职人员养老保险制度改革实践的考察与借鉴，我们认为，必须加快我国机关事业单位养老保险制度改革。

一、改革的目标

机关事业单位人员养老保险制度与企业职工养老保险制度统一是改革的必然趋势。具体来说，同企业职工一样，机关事业单位人员的养老金也应由三部分构成：基本养老金、补充养老金（职业年金）和个人养老储蓄。其中，基本养老保险的目标替代率设定在60%左右，补充养老保险的目标替代率设定在25%左右。

二、改革方案讨论

（一）实行与企业职工一致的基本养老保险制度

机关事业单位实行与企业职工一致的基本养老保险制度。单位按照工资总额的20%缴费，进入基本养老保险统筹基金；个人以工资的8%缴费，记入个人账户，进行实账积累。统筹账户与个人账户资金分别建账，分开管理。

关于基本养老保险统筹层次。机关事业单位实行养老保险改革后，如果地方已实现了省级统筹，则可以一步到位，直接进入省级统筹；如果地方没有实现省级统筹，或者说地方的省级统筹不规范，机关事业单位将面临两种选择：一是与当地企业一起统筹，二是暂时单独实行省级统筹。与企业一起统筹，体现了统一制度的内在属性与根本要求。根据人力资源和社会保障部的部署，2009年全国31个省市区都将实现企业养老保险省级统筹，理论上为机关事业单位养老保险顺利并入企业养老保险省级统筹打下基础，但是由于企业养老保险省级统筹还存在一些问题，即当前的一些省级统筹还不是真正意义上的省级统筹（比如，基金不是统收统支，缴费基数和基础养老金计发基数按当地市县社会平均工资计算而不是按省社会平均工资计算），可能导致机关事业单位的养老保险在这个过程中跟随变动。而暂时单独实行省级统筹的好处是，先在这个最容易实现省级统筹的人群中建立起规范的省级统筹模式，明确财政责任，特别是明确省市县各级财政责任。随着真正的企业养老保险省级统筹的到位，两者再在将来合并，从而减少对这个群体进行二次调整带来的改革成本。

（二）设立中人过渡性养老金

机关事业单位养老保险制度改革的难点在于"中人"过渡办法的制定。国外的经验是"中人"可以自我选择老办法或者新办法。在我国，由于新老办法之间存在着巨大的差异，如果让"中人"自我选择，则会出现向老制度一边倒的情况，导致"中人"改革无法进行。

从理论上看，对"中人"过渡性养老金可采取两种做法：一是分段计算待遇，即中人改革前没有积累的个人账户部分的养老金权益仍按照老办法计算，改革以后的养老金权益按新办法计算。二是参照以前企业基本养老保险改革思路，即对中人未建立账户期间的养老金，通过设立过渡性养老金和调节金进行解决。

第一种办法相对简单，能够保障机关事业单位新老退休人员之间的待遇平稳衔接，缺点是过渡期可能长达30多年。第二种办法体现了机关事业单位养老保险改革办法与企业的一致性，有利于较快地统一制度和促进人员的自由流动。目前，这种做法已为事业单位养老保险制度改革试点方案所采纳。设立过渡性养老金的关键之处在于：一是确定好合适的过渡期限，以保障制度较快平稳地过渡；二是设计好过渡系数，以保障新老制度的待遇合理衔接，对于按新老办法计算的待遇差，可以通过加发补贴以及建立职业年金的做法加以弥补。

（三）建立机关事业单位职业年金

机关事业单位的基本养老保险与企业统一，但是职业年金与企业年金可以不同：机关和财政拨款事业单位的职业年金人人享有，由财政拨款和个人缴费共同构成。

关于职业年金本身可以有多种选择。一是在筹资模式上，可以是现收现付制的或基金积累制的。积累制的本意是预先缴费，通过资本市场的投资运作获得更大收益，从而减少未来养老金的支付压力。二是在享受待遇方面，可以是缴费确定型的，也可以是待遇确定型的。通常而言，待遇确定型计划优于缴费确定型计划。如果将筹资和待遇类型相结合，则在现实中存在三种模式：一是现收现付待遇确定型的，二是积累制待遇确定型的，三是积累制缴费确定型的。

现收现付待遇确定型指的是待遇事先已确定，资金由财政直接拨款发放给退休人员。这种做法的好处是：简单易行，成本低，待遇稳定，对个人有很强的激励作用，其本质相当于保留以往机关事业单位养老保险制度的一个小尾巴。缺陷是：财政当前责任大，既要补进口的缴费，又要补出口的待遇；同时也导致在补充养老保险层次上，企业和机关事业单位之间存在着双轨制（即前者是积累制缴费确定型的，后者是现收现付待遇确定型的）。

积累制待遇确定型指的是待遇水平也是事前确定好的，但是筹资方式是积累式的。为保证待遇支付水平，需要采用精算技术，定期对基金的资产负债情况进行评估，根据评估结果调整缴费水平和投资策略。其好处是待遇确定，职工权益有保障；缺陷是雇主责任大。对于机关事业单位来说，实行这种方式技术要求高，运作过程复杂，远不如现收现付制下待遇确定型计划简单易行。两者的区别是前者试图通过积累与投资运作，来分散未来人口老龄化带来的支付压力；后者则随着人口老龄化，政府负担逐步加重。

积累制缴费确定型指的是单位和个人预先缴费，待遇水平由缴费和投资收益来确定。职业年金采取这种方式的好处是，由于与企业年金的做法完全一致，显示制度公平，同时也方便企业和机关事业单位之间补充养老保险关系的转移与衔接。由于待遇水平是缴费确定型的，政府只负责向机关事业单位职工的职业年金计划缴费，而不管其将来待遇水平，因此政府的负担在这三种方式中最轻。

关于职业年金的具体运作，需要根据具体情况来论证，比如对临近退休的人员来说，再建缴费型职业年金计划可能为时已晚，对其待遇差，可以全部由调节金来承担，或者由待遇确定型职业年金计划来承担。而对新人，则可以考虑建立缴费确定型计划。

（四）统一待遇调整机制

调整机制指的是养老金在领取期间的增长机制。统一基本养老保险制度的基本要素之一就是所有人的养老金调整机制应该相同（除了向最低收入的人倾斜外），养老金应根据物价水平和社会平均工资增长情况进行调整，用以抵御通货膨胀的影响，分享社会进步成果。

第四节　机关事业单位养老保险制度与企业养老保险制度的衔接

一、在原有制度框架下，待遇衔接问题相当突出

由于实行不同的养老保险制度，而且待遇差距较大，机关事业单位人员流向企业时不仅面临退休待遇的下降，更重要的是，其在机关工作期间所积累的养老金权益无法得到兑现与保障。这大大妨碍了人员的正常合理流动，不利于统一劳动力市场的建立。

根据《关于职工在机关事业单位与企业之间流动时社会保险关系处理意见的通知》（劳社部发［2001］13号）的规定，职工由机关事业单位进入企业工作之月起，参加企业职工的基本养老保险，单位和个人按规定缴纳基本养老保险费，建立基本养老保险个人账户，原有的工作年限视同缴费年限，退休时按企业的办法计发基本养老金。机关事业单位在进入企业并按规定参加企业职工基本养老保险后，根据本人在机关事业单位工作的年限给予一次性补贴，由其原所在单位通过当地社会保险经办机构转入本人的基本养老保险个人账户，所需资金由同级财政安排。补贴的标准为：本人离开机关事业单位上年度月平均基本工资×在机关事业单位工作年限×3%×12。相应地，职工由企业进入机关事业单位工作之月起，执行机关事业单位的退休养老制度，退休时按机关事业单位的办法计发养老金。已建立的个人账户继续由社会保险经办机构管理，退休时，其个人账户储存额每月按

1/120 计发，并相应抵减按机关事业单位办法计发的养老金。

2006 年 1 月 1 日起，国务院对城镇企业职工基本养老保险制度进行了新的调整，其中个人账户缴费比例由 11%调整为 8%，全部为个人缴费。这次调整没有涉及不同制度之间人员流动时的待遇衔接问题。2006 年，劳动保障部、财政部和人事部联合组成养老保险制度工作小组，对机关事业单位养老保险制度改革问题进行研究，提出人员流动时养老保险关系的处理办法基本上保持劳社部发［2001］13 号文件的规定，只是将机关事业单位人员进入企业工作的养老金补贴标准调整为：本人离开机关事业单位时的月基本工资×8%×机关事业单位工作年限×12，转入本人基本养老保险个人账户。

实际上，无论补贴系数是 3%，还是后来的 8%，这种待遇衔接方案存在很大的问题。表现在：

1. 不足以体现机关事业单位人员所积累的养老金权益。机关事业单位人员流动到企业后，虽然以往工龄得到了认可，个人账户资金可以携带，但是由于机关事业单位的养老金是一个按工龄计算的打折工资，替代率非常优厚，而企业的基本养老保险制度只是所谓多层次养老保险体系中的一个层次，在这样两个相互不对等的制度体系中，流动到企业的原机关事业单位人员的养老金权益就受到了很大的侵犯。具体来说，这种侵犯分两个层面，一是个人在机关事业单位积累的既得权益大幅下降，二是由于个人进入企业后才开始建立补充养老保险，在同样情况下，与一直在企业就业而较早建立企业年金的人相比，得到的养老金更低。

可见，这样的处理方法对从机关事业单位流动到企业工作的人员来说是十分不公平的，其离开机关事业单位时工龄越长，损失的养老金权益也就越多。

2. 财政补贴不充分，加大了企业基本养老保险统筹账户财务负担。当前的处理办法是对基本养老保险做出补偿，具体到财政补贴数额来说，却仅仅反映为对个人账户养老金缴费部分的补贴，至于基础养老金缴费部分，则没有相应的财政补贴。根据当前的制度规定，基础养老金由单位缴费形成，缴费比例为个人工资的 20%。因此，仅仅规定将职工在机关事业单位工作的年限视同为缴费年限，而不对其在这期间的单位缴费部分进行财政补贴，显然是让企业统筹基金为机关事业单位或财政“买单”，这不仅增加了企业基本养老保险制度的财务负担，而且也侵害了广大企业参保职工的利益。

二、在机关事业单位养老保险制度改革的情况下，有关待遇衔接问题的讨论

从理论上看，如果机关事业单位实行与企业一样的制度模式，将极大地解决人员流动时存在的养老保险关系衔接问题，但这仅仅对于新人来说如是。在现实中，由于机关事业单位养老保险制度改革的时间严重滞后，养老金水平大大高于企业，导致“中人”在流动过程中，存在养老权益的计算与认可问题。我们认为，对于“中人”过去在机关事业单位积累的养老金权益应给予一次性财政补贴，这意味着除了基础养老金和个人账户养老金之外，对相当于过渡性养老金和职业年金部分的既得权益也给予认可。如此，既体现了对个人既得权益的保障，又鼓励人员的自由流动，而不是客观上起着限制人员自由流动的作用。

对个人离职后的一次性补贴，如果仅仅指的是20%的单位缴费和8%的个人账户缴费之和乘以工作年限的总数是不够的，因为这里不含相当于职业年金部分的缴费额。最为简单的做法就是以当前机关事业单位养老金替代率作为标准，反向求解其缴费率。比如，机关事业单位人员的养老金替代率为88%，假设平均工龄为30年，那么相应地，每工作一年可获得工资的2.9%的养老金权益。按照精算原理，可以计算相应的缴费率。经计算，养老保险缴费率为工资的32%～36%①，如此可作为一次性养老补贴的依据。

第五节　关于机关事业单位养老保险制度改革推进步骤与条件的讨论

前面所有的讨论都是将机关事业单位养老保险制度改革放在一起考虑的，这是因为：一是目前机关事业单位养老保险制度是捆绑在一起的，大体相同；二是统一制度是大势所趋，符合养老保险的内在要求和国际发展趋势。换言之，机关养老保险和事业单位养老保险改革的起点和终点都非常明确，即由当前的捆绑制度走向与企业一致的统一制度，在这期间，无论是事业单位单建制度，还是机关单建制度，终归都是翻来覆去的折腾，因此，从一开始就着眼于统一化的制度设计是最佳路径。但是在现实中，机关事业单位养老保险制度改革究竟如何起步，如何实施，阻力何在，还需要认真考虑。

一、机关事业单位养老保险制度改革顺序

关于机关事业单位与企业统一制度有两种选择：一是机关事业单位一起改革，二是事业单位先行改革，待事业单位改革成功后，机关再择机改革。可以说这两种部署各有优缺点。

（一）机关事业单位统一改革

统一改革的好处是显而易见的，最重要的是体现了公平。长期以来，机关事业单位养老保险制度是捆绑在一起的，如果机关事业单位同步改革，则事业单位本身不存在与机关攀比而产生的矛盾，改革过程中的阻力将会减少许多。另外，在实践中，一些已具备超前理念的试点地区，早已同步开展了机关事业单位养老保险改革，虽然并不是真正意义上的改革，但是在这个过程中，机关事业单位都能平等接受，而无不妥之处。总的来看，一起改革本身不存在什么缺陷，如果说有什么不当，也是与制度设计本身相关的一些共同问题，比如投资运营环境是否具备，以及过渡期限的设置和职业年金的方案是否合理等。

（二）先事业后机关改革

从公务员自身的利益来看，推迟改革可以继续享受优厚待遇。从财政负担看，如果机

① 在较高的利率假设下，缴费率将会低于这个水平。但由于现行制度没有基金投资，估算时采取的是记账利率。

关事业单位放在一起改，在保证原有待遇不变，且个人账户要求全部做实的情况下，改革前几年的财政支出必然会出现较大增加，政府负担较重。因此，推迟公务员养老保险改革，或者说分步实施改革，也有出于减轻近期财政压力的考虑。但是，这条理由并不充分。相反，公务员推迟改革，付出的社会代价很大。表现在以下方面：

一是加大了事业单位养老保险制度改革的难度，表现在：(1) 事业单位工作人员因为攀比而产生抵触心理。(2) 事业单位改革的参照系本身也容易发生偏离，即事业单位养老保险在改革过程中，可能会以公务员为参照系，而不是企业。在我国，事业单位分类管理后将分公益一类、二类和三类，分别对应具有一定行政职能的机构、公共服务机构和企业类机构，据统计，这三类机构的占比大致是5%∶70%∶25%。如果机关不改革，而要事业单位向企业养老保险制度靠，则其中的一类和二类事业单位会强烈要求参照公务员体系。一类机构本身就承担着一定的行政职能，二类公共服务机构工作人员在国际上大都也属于公务员保障序列；在国内，《义务教师法》承诺义务教育教师的平均工资水平应当不低于当地公务员的平均工资水平，因此从道理上讲其养老金也不应低于公务员。如此比照，必然会使事业单位养老保险制度改革的方向出现一定程度的混淆。

二是表面上作为政策制定者的公务员可以继续享受优厚的待遇，但同时也会成为社会矛盾的一个聚焦点。就养老保险而言，如果说此前对公务员养老金制度表示不满的群体主要是企业职工，那么，现在更增添了事业单位人员。放在更大背景看，公务员大幅加薪和“三公消费”屡遭诟病，加之社会贫富差距拉大、金融风暴殃及甚广，在种种情境下，如果事业单位先行改革，而机关仍然按兵不动，甚至另起炉灶，必然会成为新一轮的敏感话题。

三是改革越拖延，财政负担就越重。实际上无论改革方案如何设计，改革后公务员养老金替代率都会较以前有所下降，表现在即便公务员的养老金替代率可以达到80%～90%，也不可能再是本人退休前一个月工资的80%～90%。而是与社会平均工资、整个职业生涯工资，以及个人账户养老金和/或职业年金投资回报率挂钩的养老金水平。因此，公务员养老保险制度改革每推迟一年，公务员在老制度下的既得权益就会相应增加一年，而且既得权益一旦获得，财政就要为其终身负担，直到死亡时为止。

四是推迟公务员养老保险制度改革，将继续影响人员的合理流动。

二、机关事业单位养老保险制度改革面临的困境

(一) 共同的困境——关于养老保险基金的投资运营环境

实行机关事业单位养老保险制度改革后，意味着我国养老保险积累基金的规模将以更快的速度扩大。对于养老保险基金来说，无论是积累制的个人账户基金，还是积累制的职业年金基金，都需要开展行之有效的投资管理，才能实现基金的保值增值目标，达到保障退休人员养老收入的目的。从目前看，我国还缺乏养老保险投资运营的成功经验。试点地区个人账户资金的投资收益率比较低。[①] 2006年年底，试点的9个省市将个人账户资金委

① 比如，2004年和2005年辽宁省个人账户资金投资的综合收益率分别为2.6%和2.9%。

托全国社会保障基金理事会进行投资运营，理事会承诺的投资收益率为3.5%，低于目前的通货膨胀率。另外，企业年金信托管理模式初步建立，自2006年第四季度开始才进入市场化运营阶段。总的来看，不论是个人账户养老基金，还是企业年金的投资运作，都还处于起步阶段，在政府政策、治理结构建设、投资运营以及监管等各方面都需要完善。基于这种状况，在当前形势下推行与企业相统一的机关事业单位养老保险制度改革，建立积累基金，可供借鉴的成功经验还比较少。

另外，影响养老基金投资运营的大环境——资本市场本身也有待进一步完善。特别是近30年来，全球几乎每隔10年就发生一次金融风暴，对入市的养老保险基金带来了极其严峻的挑战，对此，还需要深入研究与思考。

（二）事业单位养老保险改革有赖于其他项目的配套改革

改革是一项系统工程，各个方面都需要相互配合；否则，上一轮改革就会为下一轮改革设置障碍，导致改革本身受阻，改革成本加大。事业单位养老保险制度改革只是事业单位分类改革的一个组成部分，其他还包括机构分类、人事制度改革、工资收入分配制度改革、财税政策改革四个方面的内容。其中机构分类和财税政策改革是基础，收入分配制度则直接决定了事业单位养老保险制度改革的实施基础。目前，从全国总体情况看，事业单位收入分配的统计口径不清，基础数据不全不实，从具体情况来看，事业单位职工收入构成相当复杂，既有国家规定的基本工资，也有国家规定的津补贴、地方各级政府规定的名目不同、数额不等的津补贴，甚至单位自行发放的津贴奖金等。与之相对应的是，事业单位退休人员的养老金构成也非常复杂，既有基本退休费，也有依据国家规定、地方规定以及单位自行发放的津补贴，因此各地、各单位的退休金水平不同，在一些经济发达地区，退休人员获得的各种津补贴的总和可能超过基本退休费，而在一些落后地区和经济效益不好的单位，退休金甚至存在拖欠现象。也就是说，从收入分配角度看，事业单位工资收入分配不规范，退休金计发办法并不统一。在这种情况下，将其过渡到企业基本养老保险层面，无疑面临千头万绪的工作。

为避免走过去企业养老保险，以及转制科学院所养老保险反复改革、反复调整的老路，事业单位养老保险制度改革应做到思路清晰，步骤有序。首先要完成的是事业单位机构分类，其次要规范事业单位的工资收入，实行绩效工资改革，在此基础上再开展事业单位养老保险制度改革才是稳妥之路。

参考文献

1. Robert Palacios，Edward Whitehouse. “Civil-service Pension Schemes around the World”，SP Discussion Paper，NO. 0602，the World Bank，2006

2. 劳动保障部社会保障研究所. 机关事业单位养老保险制度改革调研报告. 2007，4

附录 1

典型国家的公务员养老保险制度

一、美国的公务员养老保险制度

美国的养老保障体系经过多年的发展和完善，形成了基本社会保障计划、雇主补充养老金计划和私人养老储蓄三足鼎立的局面，具有覆盖面广、保障层次高、兴办主体多样化等特点。其中，社会保障（social security）体系最初于 20 世纪 30 年代建立，并于 1983 年进行了完善。该制度的老年、遗属和残障保险（OASDI）作为国民基本养老保险制度，为社会成员提供相应的养老等福利待遇。

在社会保障系统建立之前，一些针对公共部门雇员的养老金计划（或协议）就已经存在了，公务员、警察、教师、消防员等都在其列。而社会保障体系是以薪金税为基础建立的，由于国会无权向其他政府部门征税，因此，最初的社会保障立法将公共部门雇员排除在外。因此，美国的公务员养老金制度最初也是一种独立于国民养老保险体系的特殊制度。1983 年以后，美国对这一状况进行了改革，将公务员纳入社会保障，并相应建立了一些新的计划。目前，除少数一些州外，美国公务员基本都参加了社会保障，同企业雇员一样实行三支柱养老保障体系，只不过，在第二层次即雇主提供的养老金计划（职业年金）方面，大都还享有专属的特殊计划。

美国公务员系统可分为联邦政府公务员、州及地方政府公务员，他们实行不同的养老金计划，这里我们分别介绍联邦政府公务员养老保险制度、州及地方政府公务员养老保险制度。

（一）联邦政府公务员养老保险制度

1920 年，美国联邦政府建立了公务员退休制度（CSRS），用以向联邦政府公务员提供退休金和其他津贴。因此，1937 年 1 月 1 日美国开始实施社会保障制度时，联邦政府公务员被排除在外。

公务员退休制度的待遇公式为服务年限与最高 3 年平均工资的一定比例，这个比例随着服务时间的增加而提高，前 5 年为 1.5%，接下来的 5 年为 1.75%，服务期超过 10 年后该比例固定在 2%。退休雇员的最高待遇可达到最高 3 年平均工资的 80%。显然这样的计发办法对老雇员比较有利，但对新雇员则提供较低的待遇。

1983 年，美国社会保障方案经过了一系列的修改，先后要求联邦政府雇员参加住院保险以及老年、遗属和伤残者保险。对应于这些改革，公务员退休制度也做了相应的修改，建立了新的保障制度即联邦雇员退休制度（FERS）。该制度采用待遇确定制与缴费确定制相结合的混合制模式。设计上的特点使得新制度更富有便携性和灵活性，而且，研究表明，年龄与工作时间都相当的新雇员，从新制度中得到的待遇要比老的公务员退休制度多。联邦雇员退休制度覆盖所有 1983 年后参加工作的公务员，并且完全与社会保障制度整合。

至于1984年以前工作的公务员，按规定可以自愿选择转入联邦雇员退休制度，但是，据统计，仅有4%的雇员做了这一选择。截止到20世纪末，仍有40%的联邦政府公务员没有参加社会保障。但随着改革前参加工作的公务员的逐渐退休和死亡，所有雇员都将受社会保障覆盖，而原来的CSRS也将逐渐取消，据估计，CSRS账户资产将于2026年降为零。

（二）州及地方政府公务员的养老保险制度

1935年社会保障法案通过时，联邦政府对州政府征税被视为是违反宪法的，由于社会保障由雇主和雇员的税收来支付，州政府和地方政府公务员也就被排除在外。1950年之后，通过了多次立法规定鼓励州和地方政府公务员自愿选择加入社会保障。到20世纪末，已经有3/4的州及地方政府雇员参加了社会保障。

除了参加社会保障，公务员还拥有专门的养老金计划。目前，美国的州及地方公职人员养老金计划超过2 500个，其中大多数的计划由地方政府运行。这些计划所覆盖的职业除了州及地方政府公务员外，还有教师、警察、消防员、司法人员等，覆盖的在职者约为1 300万人，领取退休金的人数超过500万人。2000年，这些计划的总资产规模达到2.4万亿美元。

大部分的州及地方养老金计划是待遇确定计划，缴费确定计划仅占很少的比例，这一点不同于私人部门雇主提供的养老金计划。除了一些补充计划基于现收现付制以外，几乎所有的计划都采用基金制的筹资方式。

公务员养老金计划通常规定雇员可以获得养老金权益所必须达到的工作年限，43%的公共计划成员需要工作10年方有权获得100%的退休金，年限要求普遍高于企业部门。这说明，公务员养老金计划对雇员的流动在更大程度上设置了障碍，鼓励公务员的长期服务。

几乎所有的州及地方养老金计划均使用最后平均工资公式，即待遇水平与退休前的收入水平挂钩，按退休前最后若干年平均工资的一定比例确定。另外，公共计划大都采用最后三年平均收入（61%），私人部门计划则更多地以最后五年甚至更长时期（如整个职业生涯）的平均收入为待遇确定的基础（78%）。公共部门养老金计划待遇公式的比例系数也高于私人部门计划。43%的州及地方养老金计划系数大于或等于2%，而如此高的系数仅被运用于4%的私人部门计划。

这种较高的待遇水平还体现在待遇调整机制的差别上。几乎所有的州级计划都根据生活费用指数提供自动调整，而只有不到一半的企业养老金计划提供生活费调整，并且基本上都属于在特别年份才进行的“特别”调整。根据PENDAT数据，提供自动调整的州及地方养老金计划的比例为45%，而私人部门计划中该比例仅为3%。

总之，公务员养老金计划的待遇水平明显高于私人部门。来自美国劳工统计署的数据表明，对于低等职位的雇员，公共部门所提供的退休待遇约比私人部门高50%，而对于收入与地位相当的高级雇员，公共计划所提供的退休金比私人部门高2/3。

在基金投资管理方面，20 世纪 80 年代以前，公务员养老基金的资产配置受到法律、条例或内部政策的严格限制。这些限制或者禁止基金投资于某些特定金融产品，或者对特定产品的投资比例设置最高限额。例如，许多公务员养老金计划的资产组合中股票投资份额都受到限制，规定最高不得超过 30%。由于这个原因，80 年代以前，州及地方养老金计划将绝大多数的资产投资于固定收益债券，基金投资的收益率长期停留在较低的水平。从 80 年代以来，法律条文的硬性限制逐渐被“谨慎人”（prudent person）的原则取代。在符合谨慎经营与资产分散化要求的前提下，后者允许更大范围的组合投资。指导原则的转变使得公共部门计划的资产投资结构发生了很大的变化，到 90 年代，股票投资在公务员养老金计划组合投资中已经占据非常重要的地位。据统计，美国前 1 000 个最大的州及地方养老金计划的总资产中，股票所占的份额超过 1/2，债券份额约为 1/3，其余为现金、房地产投资或其他品种（Anand，1999）。由州及地方养老金计划资产配置情况的历史数据可知，股票与债券在组合投资中的相对地位于 80 年代发生了根本的转变。到 1989 年，股票份额已经超过债券份额（分别为 40%和 27%），而在 1960 年，股票投资还几乎为零（3%）。

随着投资策略的转变，公共部门计划与私人部门计划资产投资的差异正逐渐缩小。虽然公务员计划投资的股票份额仍然低于私人部门（主要是外国股票份额低，国内股票份额基本一致），而债券份额仍高于私人部门，但其间的差距并不十分显著。

不过，尽管投资结构越来越接近私人部门，公共部门计划的资产投资仍然面临着一定程度的法律限制，一些投资品种是禁止购买的（或份额受到限制），而另一些品种则被指定强制购买。另外，为了当地的经济或社会发展，公共部门养老金计划有时被强制性地要求投资于某些特定项目（即所谓的经济目标投资）。例如，4%的州及地方养老金计划必须将资产的一定比例投资于本州内的资产项目。

二、新加坡公务员养老保险制度

新加坡的公务员制度形成于 20 世纪 50 年代，其公务员定义比较宽泛，政府各部门和独立机构的工作人员以及教师都属于公务员范畴，但各部正副部长、独立机构的正副首长和公共服务委员会的委员都不是公务员。新加坡按工作性质可将公务员分为行政管理类、职业类和部门类，其管理机构有两个：一是公共服务委员会，一是财政部公共服务署。新加坡的公务员养老保险原本是一个特殊制度，20 世纪 70 年代开始进行了改革，规定从 1972 年 12 月后聘用的公务员开始纳入中央公积金计划，而当时已在职的公务员则可在二者之间进行选择。因此，新加坡目前仍并行两种公务员养老保险制度。

（一）传统的退休金计划

新加坡公务员退休金计划建立于 1943 年，由新加坡中央政府统一进行管理。1972 年以前退休的所有公务员都纳入该退休金计划。但目前还参加该退休金计划的公务员可分为 5 类，包括管理人员、外交人员、警察中的高级职务人员、武装力量中的高级官员和情报系统人员，约占公务员总数的 40%。

在退休金计划中，公务员达到下列退休条件之一，即可退休：一是公务员达到法定退休年龄60周岁，二是达到选择退休年龄55周岁，三是由于健康原因不能继续工作，四是因机构庞大，人员过剩而被裁减等。

根据法律规定，退休金计划提供三种待遇：退休补偿、因公死亡补偿和因公负伤补偿。领取普通退休金（退休补偿）的公务员必须达到法定退休年龄，且必须有10年以上的工龄。其计算公式是：年退休金＝1/600×年薪×工龄。退休金按月支付，不交所得税。对工龄不满10年的，只能领取一次性退休金，其数额相当于公务员在职期间工资总额的10％。

新加坡公务员退休金不与物价挂钩。退休金计划所需资金主要由政府财政预算支付，个人也要缴纳一定的费用，大约相当于中央公积金计划中个人缴费额的60％，基金实行现收现付的模式。

（二）中央公积金计划

1953年，新加坡出台了《中央公积金法》，并于1955年7月创办了公积金制度。该制度是一项为新加坡所有就业人员设立的养老储蓄基金，最初为一项强制性储蓄计划，其主要目的是为职员提供足够的储蓄，以便在退休后或者丧失工作能力时有所依靠。后来该制度被逐渐引入保险机制，最终转变成为功能作用比较广泛的社会保险制度。

公积金作为强制性储蓄制度，雇员都是中央公积金的当然会员。雇主和雇员都必须以雇员的薪金为基数，按规定的比例向中央公积金的雇员公积金账户缴费，并享有利息。1955年该缴费比例为10％（即雇主和雇员各缴纳5％）。在以后的年份里，这一缴费率不断提高。未满55周岁职员的长期中央公积金缴费为月工资的40％，其中雇主和雇员都缴纳20％。对于雇主和雇员的封顶线为每月1 200美元，相当于每月工资6 000美元。老工人（超过55周岁）可缴纳相对较低的费率以鼓励他们继续工作。长期性质的40％中央公积金缴费率能给雇员在退休时提供足够的积蓄，以使他们的年金相当于其最后完税工资的20％～40％（按每月最高工资6 000美元计）。这一年金相当于在留出年老时所需的医疗费用之后的家庭收入，保障他们基本的生活支出。当前，中央公积金的缴费率稳定在雇主缴纳工资额的15％，雇员缴纳20％，中央公积金总缴费率由40％削减了5％（雇主缴费部分削减了5％）。这项临时措施开始于1999年1月份（刚开始时为雇主缴纳10％，雇员缴纳20％），这主要用来帮助新加坡从经济危机中恢复过来。再用几年的时间，如果新加坡的经济持续保持强劲，这一缴费率将恢复为40％。政府财政在中央公积金计划中不负担任何费用，但制定严格的法律制度，实行积极经济社会政策，并在税收、利率方面提供各种优惠。中央公积金局每年会同全国工资理事会，研究确定公积金缴交率。

对于公务员来说，雇主就是政府。目前，新加坡不同职位公务员的缴费比例会略有不同，但一般都维持在工资的36％，其中政府缴纳20％，公务员缴纳16％。上述缴纳比例是针对55岁以下的公务员，对55岁以上的公务员，其个人缴纳比例还要相应低一些，这主要是为了鼓励各单位雇用高龄雇员，以缓解劳动力短缺带来的压力。同时，由于公积金制度规定其会员可以将一部分积累额购买住房、股票和支付教育及住院医疗费用，其实际用于养老的公积金还要低于 36%的缴费率。

会员无权决定公积金存款的期限。公积金账户的存款享有利息，中央公积金管理局比照银行定期存款利息的平均水平，向公积金成员支付公积金储蓄利息。公积金存款是强制性的，其用途由政府规定，存款免交所得税。

在新加坡，55 岁为法定退休年龄，年满 55 周岁的公积金成员可以领取公积金。为了保障公务员在退休之后有能力应付基本生活需求，新加坡规定三项办法来帮助其保留最低存款：可以让存款积蓄留在公积金局，或转移到一间准银行或一间特准保险公司购买一份年金保险。任何一项选择均保证退休公务员自 60 岁起能取得每月最少 230 新元的固定收入。

公积金有三个账户：一是普通账户，为公积金总额的 72.5%，可用来买养老保险、购屋、投资等。二是特别账户，为总额的 10%，只用来当做养老金。三是保健账户，为总额的 17.5%，用于医疗保健。

参加中央公积金计划的公务员，符合下列条件时即可领取公积金：一是年满 55 周岁，二是 35 岁以上因健康原因不能继续工作，三是经批准退休，四是精神不正常，五是永久性离开新加坡的外国公民。

附录 2

国际公务员养老金制度的一些相关资料

表 A1　　经合组织国家的公务员养老金安排

公务员养老金计划与国民养老金计划独立，但待遇水平相同	
芬兰	独立的职业养老金计划（中央政府雇员和地方政府雇员分别享受 VEL 和 KVTEL 计划），但其待遇标准与私营部门雇员的强制性职业养老金计划（私营部门共有 7 个适用于不同部门的独立计划）相同
荷兰	公共部门雇员和私营部门雇员一样，都根据集体协议，实施准强制性的职业养老金计划，两者在待遇标准上相同，在形式上独立；国民养老金（普遍的、基本的养老金）计划覆盖所有雇员（包括公务员）
公务员养老金计划与国民养老金计划合并，但在其上有附加待遇	
加拿大	由国民养老金计划（包括三部分：普遍的基础养老金、根据家计调查实施的“保障收入”补充计划和与收入关联的“加拿大养老金计划/魁北克养老金计划”）覆盖。同时，几乎 100%的公共部门雇员都是某项职业养老金计划的成员；职业养老金待遇为加拿大养老金计划/魁北克养老金计划的支付上限以内的一个较低比例
丹麦	由国民养老金计划覆盖，同时享有独立的附加计划
冰岛	由国民养老金计划（基本养老金和根据家计调查实施的补充养老金）覆盖，同时享有附加的、待遇确定型的职业养老金计划
爱尔兰	由国民养老金计划（普遍的基本养老金）覆盖，同时享有附加的、待遇确定型的职业养老金计划
意大利	由国民养老金计划覆盖，附加养老金计划通过集体协议决定（非法定）

续表

日本	由国民养老金计划（普遍的同一水平的养老金和收入关联型养老金）覆盖，同时享有一次性退休津贴和附加的收入关联型养老金
挪威	由国民养老金计划（由基于家计调查的养老金计划、同一水平的养老金计划，以及收入关联型养老金计划构成）覆盖，同时享有附加职业养老金安排
新西兰	由国民养老金计划（普遍的同一待遇水平的养老金）覆盖；自 1992 年起，原先覆盖所有公共部门雇员的单独计划不再覆盖新加入的公务员；同时，共有 8 个计划覆盖公共部门一些机构的雇员
西班牙	由国民养老金计划（收入关联型养老金）覆盖，同时公共部门有附加计划
瑞典	由国民养老金计划（包括基于家计调查的保障养老金、收入关联型养老金和强制性个人养老金）覆盖。在公共部门，中央政府和地方政府分别实行独立的职业养老金计划。在私营部门，有两个根据集体协议建立的职业养老金计划。这 4 个计划合起来，一共覆盖了全国 90% 的劳动力。所有的职业养老金计划都在国家养老金计划的上限基础上计发待遇
瑞士	由国民养老金计划（包括基于家计调查的补充待遇、收入关联型公共养老金和强制性职业养老金）覆盖，但通常公共部门享有比强制性的“点数”（credit）确定性计划更高的待遇
美国	由国民养老金计划（收入相关型社会保险）覆盖，同时享有附加的缴费确定型安排（“节俭储蓄计划”），但老雇员可以得到以前实行的待遇确定型计划下的既得权益
公务员养老金计划与国民养老金计划部分合并	
澳大利亚	由国民基本养老计划（指基于家计调查确定的“养老待遇”）覆盖。此外，实行独立的养老金计划，不同于适用于其他部门的强制性缴费确定性计划（即超级年金待遇）
英国	由国民基本养老保险计划覆盖，但所有公共部门的雇员都退出了基本计划中的收入相关型部分，而纳入职业养老金计划。不久的未来，公共部门雇员可以选择参加待遇确定型计划或缴费确定型计划
公务员养老金计划与国民计划完全独立	
奥地利	
比利时	
法国	公务员和军人没有参加国民公共养老金计划或职业养老金计划。公务员自身的养老金方案中包括了一个反映国民计划的基本部分。不过，一些公共部门的雇员被纳入到国民计划中。此外，公务员享有附加的待遇计划 IRCANTC，该计划类似于私营部门雇员享有的 AGIRC 和 ARRCO 计划
德国	
希腊	
韩国	
卢森堡	
葡萄牙	
土耳其	拟立法将其与国民养老金计划合并

表 A2　　实施单独公务员养老金计划的国家名单

经合组织	拉丁美洲	东亚	南亚	中东	非洲
奥地利	巴西	中国	孟加拉*	巴林	贝宁
比利时	哥伦比亚	印度尼西亚	不丹*	塞浦路斯	博茨瓦纳*
芬兰	危地马拉	韩国	印度	吉布提	布基纳法索
法国	海地	老挝	马尔代夫*	伊朗	布隆迪
德国	洪都拉斯	马来西亚	尼泊尔	科威特	喀麦隆
希腊	牙买加	巴布亚新几内亚	巴基斯坦	摩洛哥	佛得角
卢森堡	墨西哥	菲律宾	斯里兰卡	沙特阿拉伯	乍得
荷兰	巴拿马	所罗门群岛		叙利亚	刚果
葡萄牙	巴拉圭	泰国		突尼斯	科特迪瓦
	苏里南			土耳其	厄立特里亚*
	特立尼达岛			也门	埃塞俄比亚*
	委内瑞拉				加蓬
					冈比亚
					肯尼亚
					马达加斯加
					马拉维*
					马里
					毛里塔尼亚
					毛里求斯
					莫桑比克
					纳米比亚*
					尼日尔
					尼日利亚
					塞内加尔
					塞拉利昂
					南非
					苏丹
					斯威士兰
					多哥
					乌干达
					扎伊尔
					赞比亚

注：* 只有公务员参加正规退休储蓄计划。

表 A3　　公务员享受 DC 计划情况

	起始年份	同时享受 DB 和 DC	只享受 DC
非洲			
博茨瓦那	2001		X
拉丁美洲			
阿根廷	1994	X	
玻利维亚	1997		X
哥斯达黎加	2000	X	
智利	1981		X
多米尼加共和国	1998		X
萨尔瓦多	1999		X
尼加拉瓜	1997	X	
巴拿马	1997	X	
秘鲁	2003		X
乌拉圭	1995	X	
高收入经合组织国家			
丹麦	1993	X	
荷兰	1986	X	
瑞典	2000	X	
瑞士	1985	X	
英国	1988	X	
美国	1986	X	
东欧和中欧			
保加利亚	2002	X	
克罗地亚	2002	X	
爱沙尼亚	2002	X	
匈牙利	1998	X	
拉脱维亚	2001	X	
立陶宛	2002	X	
马其顿	2003	X	
波兰	1999	X	
俄罗斯	2004	X	
斯洛伐克	2005	X	
亚太地区			
澳大利亚	2006		X
不丹	2001	X	

续表

	起始年份	同时享受DB和DC	只享受DC
中国香港	2001		X
印度	2004		X
哈萨克斯坦	1998		X
泰国	1997	X	

附录3

贵州、河南、河北机关事业单位养老保险制度改革情况

贵州省机关事业单位养老保险制度改革情况

贵州省机关事业单位养老保险从1993年1月正式开展起来，为完善贵州省社会保障体系建设，维护社会稳定起到了重要作用。但在近几年的工作运行当中，由于机关事业单位养老保险尚处于探索试点运行时期，国家尚未出台统一政策，使得全省工作也是自行探索、方案各异，没有形成统一的政策规定和制度模式。目前，已经形成“政策各异、停走并行”的状态。

一、基本情况

（一）试点初期工作情况

贵州省机关事业单位养老保险工作，根据《国务院关于企业职工养老保险制度改革的决定》（国发［1991］33号）中关于“劳动部和地方各级劳动部门负责管理城镇企业职工的养老保险工作”、“国家机关事业单位和农村（含乡镇企业）的养老保险制度改革，分别由人事部、民政部负责”的分工规定和人事部关于各级政府人事部门应履行职责，把机关事业单位养老保险工作摆上重要位置，首先做好合同制工人养老保险工作，推动机关事业单位养老保险制度改革的顺利进行的要求，从1993年1月1日起，贵州省开展了机关事业单位合同制工人“两费”收缴工作，其中养老保险基金的缴费比例为单位15%、个人3%，并在省人事厅下设了国家机关事业单位养老保险办公室，全省9个市州地也先后成立了机关事业单位社会保险专门机构。1996年5月，原人事厅养老保险办公室又正式组建为贵州省机关事业单位社会保险事业局，负责管理省直和部分中央在黔机关事业单位合同制工人养老保险工作。

（二）试点起步与推广时期的工作情况

1995年，根据国家人事部和省人民政府关于积极推进机关事业单位养老保险制度改

革的要求，按照积极启动、先易后难、突出重点、有计划、有步骤地分类推进改革的原则，积极推进贵州省机关事业单位养老保险工作。在黔东南自治州率先开展合同制工人、聘用制干部和自收自支事业单位的养老保险社会统筹试点工作（参保人数 3 728 人，缴费比例单位 20%、个人 3%～8%，养老金支付方式为现收现付制）。

随即，安顺市于 1996 年 1 月正式启动机关事业单位养老保险工作，先覆盖差额拨款、自收自支事业单位，然后扩大到全额拨款事业单位，市直共 8 000 余人参加社会统筹，缴费比例单位 20%、个人 2%～5%、基金实行现收现付管理，有近千名退休职工享受待遇，养老金拨付方式为差额拨付。

1996 年年底，遵义市统一启动机关事业单位养老保险统筹，参保人数达 97 933 人，缴费比例单位 3%、个人 2%，从 1997 年 1 月起至 2001 年，实行先 5 年积累，2002 年 1 月开始支付，采用低积累滚动流存的基金管理模式。

在各地区试点经验基础上，按照“先易后难、分类推进、逐步到位”的原则，贵州省人民政府办公厅下发了《关于印发〈贵州省直、中央在黔自收自支事业单位职工养老保险和失业保险费社会统筹试行方案〉的通知》（黔府办发［1996］172 号），从 1997 年 1 月 1 日正式开展省直、中央在黔自收自支事业单位职工养老保险和失业保险费社会统筹，参保人数达三千多人，其中离退休 455 人，按照“以支定收、略有结余，留有部分结余”的原则，缴费比例单位 25%、个人 3%，养老金支付方式为差额拨付。

随后，贵阳市在 1997 年 1 月正式启动差额拨款、自收自支事业单位养老、失业保险社会统筹，参保人数 9 290 人，缴费比例单位 15%、个人 3%，执行机关事业待遇；已转为企业管理的事业单位和市属、省属单位编制外临聘人员参加企业职工基本养老保险制度，参保人数 19 190 人。

1998 年，毕节地区整体启动机关事业单位养老保险统筹。从 1998 年 1 月起到 2001 年年底实行先 4 年积累，2002 年 1 月开始支付待遇，缴费比例单位 3%、个人 4%，采用低积累滚动流存的基金管理模式。

从 1996 年开始，全省 9 个市州地相继开展了机关事业单位养老保险试点工作，其中遵义、毕节、黔南在全区范围内实行机关事业单位养老保险统筹，其余地区也在市直、州直和部分区县开展了试点工作，全省机关事业单位参保人数一度超过 40 万人。截至 1998 年年底，全省机关事业单位社会保险，除合同制工人全部进入外，已经开展统筹的市县区共达 42 个，参保单位占全省市县机关事业单位总数的 48.3%，参保人数近 32 万人，离退休近 2 万人，基金结余近一个多亿（含合同制工人和从劳动部门划转的“两金”），其中养老保险基金结余七千多万元。

（三）职能归并以后的工作情况

1999 年 4 月，按照国家统一部署，贵州省社会保障工作机构职能进行了重大调整，机关事业单位社会保险管理职能从省人事厅移交省劳动和社会保障厅，省直机关事业单位养老保险业务由贵州省社会保险事业管理局管理。1999 年，省直机关事业单位合同制工人养老保险缴费比例，统一为单位 15%、个人 3%；2000 年，将成都军区驻黔部队和武警部队机关事业单位纳入养老保险统筹；2002 年，省直机关事业单位合同制工人和省直、中央在黔自收自支事业单位以及驻黔部队，武警部队机关、事业单位职工养老保险缴费比例，统一为单位 20%、个人 6%，2005 年将个人缴费比例提高到 8%，并改差额拨付为全额拨付。到目前为止，省直参保的机关事业单位职工人数 5 690 人，离退休人数 1 677 人，基金结余 6 116 万元。

近年来，由于缺乏国家政策支持，各地试点方案不完善，特别是缴费水平和待遇支付不平衡，且没有财政兜底政策，各地试点方案已难以为继，已开展的地区先后停保和退保，全省机关事业单位社会保险试点工作停滞不前，参保人数不断萎缩。目前，贵州省机关事业单位养老保险工作仍正常运转的仅剩省直、贵阳市及个别区县，其余各地工作已处于停滞状态。截至 2006 年年底，全省机关事业单位养老保险参保人数 14.5 万人（含停保人数），实际缴费 3.8 万人，享受待遇人数 1.13 万人，2006 年度基金收入 20 654 万元、支出 21 470 万元，基金累计结余 45 169 万元（含停保封存资金）。

二、试点工作存在的问题

（一）制度不健全，政策不配套

由于国家对机关事业单位养老保险制度改革尚未有明确的模式设计和具体的政策规定，各地试点工作出现各自为政、探索前进，在试点方案设计上受眼前利益、局部利益和经济承受能力的限制，方案存在种种弊端，如缴费水平较低、未改革退休人员待遇支付办法、缴费与待遇不挂钩、缴费积极性不高，必然难以实现制度的可持续发展。因此，开展试点工作的遵义市、毕节地区先后于 2001 年、2002 年停止了试点工作，基金进行封存，黔南州在 2006 年也停止了试点，个人缴费全部清退，单位缴费予以封存。

（二）基金征缴难度大、积累不足、支付能力差

一方面各地试点方案大都缴费比例过低，且地方财政难以负担因缴费增加的支出，致使基金征缴难度大、积累不足；另一方面未改革机关事业单位退休待遇计发办法，基金难以承担养老金支出。如贵州省黔南州地区，方案设计为：改革起步期即 1999—2003 年为养老保险基金积累期，只征收不支付；缴费比例单位 3%、个人 2%。但是，一方面单位和个人欠费严重，征收率只达到 22.19%，基金积累严重不足；另一方面，缴费费率太低，5 年积累不足，而退休人员待遇较高，基金收支缺口大。

（三）缴费与待遇不挂钩，权利与义务不对等

企业养老保险缴费与退休待遇密切挂钩，体现了权利义务相一致的原则。但是，贵州省试点方案没有改革待遇计发办法，参保人员退休后仍执行机关事业退休工资制度，与本人缴费水平高低和缴费时间长短无关，致使待遇与缴费脱钩，违背了基本养老保险制度权利与义务相对应的基本原则。

（四）地方财政困难，政府责任不到位

贵州省属西部欠发达地区，经济落后，财政困难，地方财政拖欠公职人员工资的情况时有发生，财政难以承担缴费和兜底责任。即使方案有财政兜底的明确规定，往往将因地方财政困难，难以协调，无法进入财政预算盘子，单位缴费根本无法保证，基金呈现无源之水。如黔南州福泉、罗甸、长顺、龙里、惠水、三都等县，因财政未安排预算，单位缴费部分无法到位，停止了对单位缴费的征缴。

（五）统筹层次低，抗风险能力差

贵州省机关事业单位养老保险基金实行的是县级统筹，由于分类分步开展，基金规模总量小，抵御风险能力差。另外，由于受财政体制“分级预算、分级管理”的制约，全省经济结构不平衡，经济困难的县、区得不到上级财政的支持，迫使试点方案停止运行。

三、贵州省对下一步改革的意见和建议

（一）尽快出台统一的机关事业单位养老保险制度，确立模式，明确发展方向

尽快出台统一制度，有利于统一思想，行动一致，规范运作；有利于覆盖城乡的养老保险体系的建立；有利于平衡机关事业与企业退休人员待遇水平，促进社会和谐。

（二）机关事业单位养老保险制度改革可分类分步进行

由于机关工作人员的退休制度与企业职工养老保险制度有较大区别，机关的经费全部来源于财政，退休待遇与工资水平紧密挂钩，退休干部由单位负责。相比之下，事业单位的退休待遇，由于财政拨款的比例不同而有所不同，单位补足未拨部分，如同企业的统筹内和统筹外。因此，事业单位养老保险先行统筹要比机关更顺畅，利益格局不明显，容易与企业养老保险制度接轨。

（三）必须明确政府责任

部分机关事业单位社会保险试点不成功，一个重要原因是政府责任不到位。社会保险要由国家、单位、个人共同负担，事业单位要负担的这部分社会保险费按财政拨款的比例不同，要由财政负担，因此，这项改革工作很大程度上决定于有没有财政的投入支持。

（四）要体现权利义务相对应的原则

缴费与待遇不挂钩、权利与义务不对等，是目前试点工作难以维系的根本原因。必须改变现行的机关事业单位退休工资制度，建立待遇与缴费挂钩的激励约束机制，从机制上保障制度的可持续发展。

（五）要建立高起点的统筹层次

目前，机关事业单位养老保险试点工作实行的是县级统筹，基金规模小，抗风险能力差。因此，机关事业单位养老保险改革应高起点起步，按照省级统筹模式进行规划。这样有利于合理调度使用资金，保障基金安全与完整，增强基金抗风险能力和实现养老金的确保发放。

河南省机关事业单位养老保险改革情况

河南省按照“先行试点，以点带面，逐步推开”的思路开展机关事业单位养老保险制度改革试点。目前，机关事业单位养老保险基金积累粗具规模，管理制度逐步完善，工作机构基本健全，队伍素质不断提高，改革正在健康发展。

一、试点情况

（一）试点依据

1993 年，根据党的十四届三中全会《决定》提出的建立多层次社会保障体系的精神，各省（市、区）相继开展了机关事业单位社会保险制度改革试点的工作。河南省于 1994 年印发了《关于开展机关事业单位工作人员养老保险制度改革工作的通知》（豫人［1994］27 号），正式启动了全省的改革工作，明确了改革的基本思路和实施步骤。根据文件部署，河南省大部分市（地）、县政府（行署）也印发了改革试点方案。省监狱系统作为省直改革试点单位全员进行了试点。到 1996 年 1 月，全省大部分市（地）、县进行了机关事业单位养老保险制度改革，省、市（地）、县级试点格局基本形成。

（二）试点范围

全省 18 个省辖市中有 17 个省辖市、136 个县（市、区）开展了改革试点工作。其中，郑州、南阳开始试点时为机关事业单位全员参保，其他市、县开展了机关、全供事业单位合同制工人、差额补贴和自收自支事业单位人员的养老保险。根据劳社部函［2000］168 号文件要求，2001 年 9 月，水利部直属驻豫事业单位劳动合同制职工基本养老保险工作移交省机关事业社保中心管理。截至 2007 年 12 月底，全省参保人数达到 108.22 万人，其中，在职人员 88.46 万人，离退休人员 19.76 万人。省直参保人数 5 992 人。

（三）基金征收

全省有 15 个市本级、131 个县（市、区）采取全额征缴，尚有 2 个市本级、5 个县（市、区）采取差额征缴。全省有 6 个市本级、75 个县（市、区）实行单基数征缴，11 个市本级、61 个县（市、区）采取双基数征缴。养老保险费的筹集费率，按照以支定收的原则确定。单位在职工缴费比例为 14％～37％，个人缴费比例为 2％～8％。养老保险基金的筹集办法，多数采取由参保单位向社保经办机构缴纳，少数采取由财政部门将参保单位缴纳的保险费直接划拨到社保经办机构。社保经办机构按月征收养老保险费，除在支出户预留2个月的周转金外，全部纳入财政专户。2007年，全年应征额35.3亿元，当期实征额34.6亿元，当期征缴率达98%。截至2007年12月底，全省机关事业单位养老保险基金滚存积累33.5亿元。

（四）养老金计发

养老金计发标准仍按国家现行的机关事业单位工作人员离退休费计发标准执行，基本养老保险待遇给付项目为：离（退）休费、退职生活费及国家和省规定的各项津贴、补贴。离休人员按本人原基本工资全额计发，退休（退职）人员按本人职务（岗位）工资和级别（薪级、技术等级）工资之和的一定比例计发。社保经办机构每月下旬制定拨付计划，向财政部门报告，财政部门将所需基金由财政专户划入支出户，月初发放给离退休人员。未纳入统筹项目的费用，仍由原渠道支付。养老金的支付方式，部分市、县采取委托原单位代发，部分市、县由经办机构直接发放，部分市、县实现社会化发放。

（五）机构设置

全省18个省辖市中有10个单独设立了机关事业单位社会保险经办机构，郑州、开封、安阳、南阳、濮阳、商丘6个省辖市的社保经办机构为副县级事业单位，周口、驻马店、许昌3个省辖市的社保经办机构为正科级事业单位，济源市社保经办机构为正股级事业单位。136个县（市、区）的社会保险经办机构多数为股级单位，少数为副科级单位。省机关事业单位社会保险基金管理中心系正处级全供事业单位，于2007年12月并入省社会养老保险事业管理局。

二、试点成效

（一）试点工作不断规范

近年来，河南省根据国发［2000］42号文件精神，积极做好全省改革试点的规范、完善工作。河南省劳动保障厅先后印发了《关于完善和规范全省机关事业单位养老保险制度改革试点工作的意见》（豫劳社养老［2001］51号）、《关于进一步做好水利部直属驻豫事业单位劳动合同制职工基本养老保险工作的通知》（豫劳社养老［2001］30号）、《关于进一步巩固机关事业单位养老保险试点工作的通知》（豫劳社养老［2005］41号）等文件，此外，省直围绕规范、完善具体业务工作也印发了一系列文件，省内各级政府也出台了相关政策，对养老保险费征缴、养老保险待遇审核和计发、养老保险关系转移、基金管理、基础工作、经办机构建设等提出了规范意见。为加强对各地的工作指导，河南省还编印了《机关事业单位养老保险文件选编》和《社会保险基金管理政策法规选编》两书。这些措施，有效地巩固了改革成果，保证了试点工作的发展。

（二）征缴率稳步提高，养老金按时足额发放

多年来，全省积极推行目标责任制，强化征缴工作。各级经办机构采取目标分解、量化考核、加强稽核、通报检查等措施，加强养老保险费征缴和清欠，努力做到应收尽收，使每年的当期征缴率均保持在95%以上。各级经办机构还采取多种手段，不断完善养老金发放管理办法，确保参保缴费单位离退休人员养老金按时足额发放，发放率达到100%。同时，积极创造条件，稳步提高养老金社会化发放率，促进了社会稳定。

（三）基金积累不断增加，保证基金安全运营

各级经办机构强化征缴，大力清欠，严把养老金支付关，使养老保险基金每年以2亿～3亿元的速度增加。截至2006年12月底，基金滚存积累达到33.5亿元，比1999年年初增加了27.59亿元。在基金管理上，各级经办机构认真执行《社会保险会计制度》和《社会保险财务制度》的规定，实行收支两条线管理，通过建立、完善内部控制制度和基金财务管理制度，从制度上、程序上堵塞漏洞，坚持每年定期或不定期对全省各地基金管理情况进行检查监督，确保了基金的安全运营。

（四）基础工作成绩显著

多年来，河南省制定了《河南省机关事业单位养老保险业务规程》，坚持抓好基础工作，规范业务程序；统一了全省会计、统计制度，统一了会计、统计报表，统一了会计、统计软件。河南省机关事业单位社会保险会计、统计报表已连续五年获得全国一等奖；统计分析报告两次获得全国社会保险优秀统计报告奖；社会保险调研工作荣获全国社会保险经办系统调研活动优秀组织单位奖；社会保险稽核工作多次受到部社保中心表扬。

（五）为全面改革奠定了基础

河南省通过改革试点，初步转变了职工观念，发挥了养老保险的保障功能，减轻了机关事业单位的负担，夯实了基础，锻炼了队伍，取得了许多管理经验，认识了不少问题，为机关事业单位养老保险制度的全面改革奠定了基础。近年来，河南省还积极做好事业单位养老保险制度改革的准备工作。调查掌握了全省事业单位机构编制、人数、工资水平等相关数据。积极配合厅信息中心不断完善机关事业单位养老保险业务经办管理软件。强化了经办人员的业务培训，仅省中心近年来即对全省经办机构的财务、统计、计算机人员累计培训达1 000余人次，有效地提高了工作人员的素质，为改革做好了准备。

三、存在问题

1. 政策不统一，发展不平衡

由于国家和省政府未出台机关事业单位养老保险制度改革的统一方案，导致各地参保范围、缴费基数、缴费比例、缴费方式、统筹项目等政策规定都不尽相同。政策不统一，发展不平衡，对养老保险费征缴、养老保险关系转移、基金抵御风险能力等带来不利影响。

2. 计发办法未改变，个人缴费和待遇不挂钩

已纳入机关事业单位养老保险改革试点的职工，退休待遇计发办法未改变，个人缴费多少与退休待遇水平不挂钩，影响了单位和职工的缴费积极性，有的机关、全供事业单位人员提出停保退保。

3. 体制未理顺，管理职能交叉

机关事业单位已参保的职工退休仍由人事部门审批，劳动保障部门发放养老金，造成退休待遇审批和养老金发放相脱节，工作中的矛盾不断增多。近年来，参保职工提前退休人员增加较快，增加了基金支付压力。

4. 财政不兜底，基金缺口无法解决

国家对机关事业单位养老保险制度改革试点中出现的基金缺口如何解决，没有明确规定。目前，机关事业单位养老保险统筹层次较低，尚未建立基金调剂机制，一旦出现基金缺口，财政不兜底，离退休人员养老金不能保证按时足额发放，将会出现不稳定因素。

河北省机关事业单位养老保险制度改革情况

一、基本情况

河北省自1994年10月起，开始对机关事业单位养老保险制度改革进行了探索。各级部门相继建立机关事业社保经办机构，并首先启动了机关事业单位合同制工人、自收自支事业单位养老保险统筹。1996年，省政府召开全省社保工作会议对机关事业单位养老保险提出了“先易后难，积极试点，总结经验，逐步推开”的要求。1997年按照省政府部署，唐山、秦皇岛、衡水三个市开展了养老保险全员统筹试点，在取得经验的基础上逐步向全省推开。1998年10月，廊坊市启动了市本级的养老保险全员统筹，其他市的部分县区也相继推开了全员参加的养老保险制度改革。目前全省的改革情况是，在全省范围内普遍开展了机关事业单位合同制工人、自收自支事业单位、差额拨款事业单位、军队事业单位及机关事业单位流动人员、聘用人员参加的养老保险。四个设区市和70个县、市、区推开了党政机关事业单位全员参加的养老保险统筹。截至2008年9月底，全省纳入统筹的在职职工116.23万人，离退休职工33.66万人，参保总人数达到149.89万人，约占全省机关事业单位总人数的55%。年社会保险费规模约为110亿元，其中，收入和支出各半。累计滚存结余40亿元。历年收缴率均在95%以上，及时足额给付率100%。其中，99%的离退休人员依托银行、邮局等形式实现了养老金社会化发放。

（一）改革内容

遵循“社会统筹与个人账户相结合”的制度模式，内容如下：

基本原则：社会保险费由国家、单位和个人共同合理负担，公平与效率相结合，权利与义务相对应，管理服务社会化等。

基金统筹层次：养老保险基金实行省、市、县三级分级统筹，自求平衡，互不调剂。

基金征缴：按照“以支定收，略有结余，留有部分积累”的原则筹集基金，即按照统筹范围内离退休人员的负担情况确定合理的基金筹集比例，在确保发放的情况下，留有一部分基金积累，积累量一般掌握在年度积累可支付一个月养老金。

征缴基数：由于河北省机关事业养老保险在起步阶段，大部分市县与省直实行双基数缴费，以缓解基金负担大的问题。随着基金积累日益增加，逐步改为单基数缴费，但由于缴费率太高无法继续实施，故有些地方又由单基数改回了双基数（如张家口市市直）。

缴费比例：由各级政府的机关事业社会保险经办机构，根据本统筹范围承担的养老金费用和在职职工工资收入情况，经实际测算分别确定。目前全省机关事业单位缴费比例各地不统一，单位缴费比例最低为19%，最高为42%。个人缴费比例最低为1%，最高为8%，普遍在5.6%左右。各级社会保险经办机构收缴的养老保险费，纳入同级财政社会保障基金财政专户管理。

养老金的计发：河北省机关事业单位养老保险实行社会统筹后，仍按国家及河北省的原计发标准计发，保险机构只负担统筹规定的项目，统筹项目外的仍由单位负担。养老金标准调整按国家和省的统一政策执行。2000年1月建立机关事业单位个人账户制度，个人账户规模为11%（2006年个人账户规模调整为8%），对实行机关事业单位养老保险制度改革后退休的人员，增发个人账户补偿金，个人账户补偿金的数额为其个人账户中的个人缴费除以计发月数，不足5元按5元发放，高于5元据实发放。

养老金发放：机关事业单位养老金发放可分为三个阶段：第一阶段（1986年至1997年）为“全额管理，差额结算”，即由社会保险经办机构对单位应缴纳的保险费和应领取的保险金进行核算，将其中差额向单位收取或拨付，由单位代发离退休人员养老金；第二阶段（1998年至2000年8月）为“全额缴拨”，即单位将保险费全额缴到保险机构，保险机构将养老金全额拨付给单位，由单位发给每位离退休职工；第三个阶段（2000年9月以后）实行“社会化发放”，为了防止单位将保险机构拨付的养老金挪作他用，保险经办机构直接将养老金通过银行、邮局发放到离退休人员手中，截至目前全省养老金社会化发放率已达到99%。

（二）改革经验

一是参照企业职工的养老保险办法，推开了机关事业单位非正式人员，即聘用人员养老保险。近几年，随着市场机制的引入，机关事业单位使用了大批聘用人员，这部分人员流动性强，没有或缺少人事档案，工资为协议工资，无法执行现行机关事业单位正式人员的养老保险办法。为解决好这部分人的老有所养问题，2003年参照企业职工的养老保险办法，出台了《河北省机关事业单位聘用人员养老保险办法》，在保费筹集、待遇计发、个人账户管理等方面，均与企业制度衔接。目前看运行较为平稳，全省已参保4.34万人。

二是建立与企业同等规模的个人账户，方便职工在企业和机关事业单位之间流动时养老保险关系的调转。2000年机关事业单位建立个人账户制度，个人账户规模与企业一致，人员在调转时，个人账户按规定随同转移，畅通了人员流通渠道。

三是个人缴费与待遇计发适当挂钩，体现了公平与效率，提高了参保积极性。离退休人员养老金在原计发办法的基础上，加发个人账户补偿金，即个人缴费额除以计发月数。这样做不利之处是提高了替代率，但在改革的试点阶段对推动改革发展比较有利。

四是将军队职工纳入到地方社会保险统筹。为支持军队后勤保障社会化建设，1999年河北省劳动保障厅与北京军区联合签发文件，将军队职工全部纳入到地方统筹。这一做法在全国属首例，当时劳动保障部对河北省的做法给予了充分肯定，并向全国进行了转发。

通过改革，对经济和社会发展起到了重要促进作用。(1) 确保了离退休人员养老金的按时足额发放，使离退休人员老有所养，维护了老年人的合法权益，确保了他们的晚年生活。(2) 平衡了单位养老负担畸轻畸重的矛盾，像水力、地勘、文艺团体、民政福利单位等，单位老，养老负担沉重，可以说社会保险在保障这些单位生存和运行方面发挥了巨大作用。(3) 在职人员按时缴费，老有所养，心态平稳，社会安定。(4) 全省基金积累40亿元，为这项制度运行和今后发展奠定了一定基础。(5) 机关事业单位养老保险的开展，畅通了机关事业与企业人员的流通渠道，促进了人才的合理有序流动。(6) 养老金实行社会统筹和社会化发放，使单位从许多繁杂的事务中脱身出来，更好地投入到经济建设中。

二、存在的主要问题

1. 由于缺少统一的法律、法规依据，目前继续开展工作陷入窘境，进一步深化改革更加艰难。河北省部分县区已出现整体退保情况，如张家口涿鹿县已于2006年退保，另有阳原等三县区也在2007年提出退保要求。分析原因，基金收不抵支是问题的表象，无政策依据才是导致这一问题产生的主要原因。

同时，由于基金收不抵支，承受压力大，也出现了若单位不能按时足额缴纳养老保险金，经办机构在审批退休资格时加以限制，延迟或不发放退休养老金。如水库、福利工厂等，因经营状况差，无法承担养老保险单位缴费部分的自收自支事业单位。

2. 未改变养老金计发办法，以至于造成改革缺乏后劲和生命力。河北省虽然出台了以增发个人补偿金，提高替代率来调动各事业单位养老保险制度改革的积极性，但由于目前的养老金仍按老的计发办法实施，待遇和缴费不能完全挂钩，难以很好体现权利和义务对等原则。

3. 各地改革范围不统一，改革启动时间有别，养老保险转移接续存在困难，影响人员的合理有序流动，不利于统一的社会保险制度的建立。

4. 统筹层次太低，未建立财政支持机制，各地基金自求平衡，2006年以前收入大于支出，2006年以后基金支付压力越来越大，部分县区已出现当期收不抵支的情况。据上半年全省调查，全省194个统筹地区中，有92个当期收不抵支。

三、河北省下一步改革的设想及建议

1. 尽快出台全国统一的机关事业单位改革方案。各地机关事业单位养老保险目前尚处于各自为战的试点阶段，没有法律、法规或地方法规作依据，在如今依法行政的情况下，显得十分不适应。造成推进改革的难度增大，参保人员增长缓慢，基金支付压力增大，而且由于各地改革的差异性，时间越长，建立统一制度的难度越大，加上当前事业单位实行聘用制改革，及军队非战单位后勤人员用人制度改革等，使得推行机关事业单位养老保险改革显得更为必要。目前国务院已经下发了事业单位养老保险改革方案，在山西等五省市开展试点，改革的大方向已经确定，建议国家尽快下发全国统一的机关事业单位养老保险制度改革方案。

新的方案应解决好以下问题：一是机关事业单位全覆盖。这样做才符合建立完善社会保障体系总要求，否则将会出现更多人群之间的攀比，不利于社会和谐稳定。二是变“双轨”运行为“单轨”运行。企业和机关事业单位实行统一制度，不同待遇，在保费筹集、个人账户运行、基本养老金、个人账户养老金等方面应趋于一致。两类人员可用补充养老保险办法，即企业职工建立企业年金，机关事业单位职工建立职业年金，体现出待遇差别。这样做既体现公平、效率，减少运行成本，又方便人员流动和关系调转，符合科学发展观要求。

2. 在出台相关政策时，应当考虑全国已经开展机关事业单位养老保险制度改革的实际，考虑地方试点和国家试点及全国统一方案的衔接。截至2007年年底，全国机关事业单位参保人数达到1 902万人，其中参保职工1 492万人，离退休人员410万人。但全国机关事业单位实有工作人员3 786万人，离退休人员1 052万人。在这种情况下，在部下发的文件中是否不再出现“凡在机关事业单位工作年限视做缴费年限”的词句，应对按地方政策参保和未参保人员区别对待。

3. 隐性债务问题是企业与机关事业单位养老保险共同面临的问题。国家提出了确保企业离退休人员养老金按时足额发放，并对不能确保的地区给予财政补贴，而机关事业单位离退休人员却不能享受这一权利，不利于构建公平合理的社会氛围，应在新制度建立时，认真考虑这一问题，尽快建立对机关事业单位养老保险的财政补贴机制，以避免走弯路。

4. 做实机关事业养老保险个人账户。社会统筹和个人账户相结合是我国养老保险制度改革的总体要求，个人账户空账运行有悖于总体制度设计，应接受企业养老保险空账运行的教训，在当前企业养老保险做实个人账户的同时，应将机关事业个人账户一并考虑，以防止空账日趋加大，积重难返。

第五章　覆盖城乡居民的基本医疗保障体系研究

随着农村新型合作医疗的快速推进，以及城镇居民基本医疗保险试点的开展，我国已经初步建立起覆盖城乡居民的医疗保障制度体系，离实现城乡全体居民人人享有基本医疗保障的目标越来越近。不过，制度上覆盖城乡全体居民并不意味着实际的人人享有。实现城乡居民人人享有基本医疗保障、真正化解人们的疾病风险仍然需要进一步的医疗保障改革和建设。从覆盖面的扩大到医疗保障权益的转移和维护、医疗保障水平的提高，再到通过更高水平的管理服务来保障城乡居民真正获得负担得起、质优、价廉的医疗服务，仍然需要进一步完善医疗保障制度体系，建立更为高效的医疗保障管理体制机制。本章在回顾和分析我国城乡医疗保障制度的历史和现状、总结国际上实现医疗保障全民覆盖的经验和教训的基础上，提出我国到2020年的医疗保障体系建设的目标、发展步骤，并对医疗保障制度和管理的几个重要问题进行了分析，提出进一步改革和完善的政策建议。

第一节　城乡居民医疗保障制度历史和现状

一、城乡医疗保障制度的三个发展阶段

新中国成立以来，随着经济社会的发展和改革，我国城乡医疗保障制度经历了计划经济时期的医疗保障、改革开放后的医疗保险改革和2003年以来的全民医保建设三个发展阶段。

（一）第一阶段：计划经济时期的医疗保障（从新中国成立到改革开放前）

从新中国成立到改革开放，我国实行高度集中的计划经济体制，并建立了与之相适应的以国有单位为核心的单位医疗保障和以农村集体经济为基础的农村合作医疗。

新中国成立初期我国企业所有制形式比较单一，基本上只有全民所有制和集体所有制两种形式。1951年，政务院颁布《劳动保险条例》建立了我国第一个包括医疗保险在内的企业劳动保险制度。劳动保险覆盖全民所有制职工及其供养直系亲属，城镇集体所有制企业则参照执行。劳动保险制度规定，劳保医疗经费按照企业职工工资总额的一定比例提取，在企业生产成本项目中列支。享受劳保医疗的职工患病在本企业自办医疗机构或指定

的社会医疗机构就医，可享受几乎免费的医疗待遇，其供养直系亲属可享受半费医疗待遇。文革时期，原本实行费用统筹的劳保医疗由于种种原因转化为仅在单位内部统筹使用资金的单位保障。

与此同时，机关事业单位建立了公费医疗制度。1952年，政务院发布《关于全国人民政府、党派、团体及所属事业单位的国家工作人员实行公费医疗预防的指示》，建立了公费医疗制度。享受人员包括各级党政机关、社会团体以及文化、教育、科研、卫生、体育等事业单位的工作人员及其离、退休人员，在乡二等乙级以上革命残疾军人，大专院校在校学生等。公费医疗所需经费由财政按人头划拨卫生部门统一安排使用，标准由国家根据职工实际医疗需要、国家财力以及医疗机构所能提供的资源三方面因素确定，实际超支部分由地方财政补贴。各级卫生部门建立了公费医疗管理委员会和办事机构，负责管理辖区内的公费医疗事务。公费医疗人员发生的医疗费用实行实报实销。部分有条件的机关事业单位还组织职工缴费建立了子女医药费统筹。

农村合作医疗则出现于20世纪50年代中期。农村合作医疗大都以公社为组织单位，由公社卫生院组织本公社所辖大队举办，并由公社卫生院进行管理。资金一般由社员群众和村集体共同筹集，费用金额根据各地的经济情况确定，其中主要费用由村集体承担。

新中国成立初期，我国城市中除机关、社会团体和事业单位外，几乎所有企业都是全民所有制或集体所有制，因此，公费、劳保两项制度基本覆盖了大多数城市劳动人口及家属。至20世纪70年代末，公费、劳保医疗制度覆盖了全国75%以上的城镇职工及离、退休人员，享受劳保医疗的人群达到1.14亿人，享受公费医疗的人群达到2 300万人①。我国广大农村地区也广泛建立了农村合作医疗制度，1980年全国有90%的生产大队（行政村）实行了合作医疗，覆盖了85%的农村人口②。在新中国成立初期的关键时期为维护社会稳定，激发人民群众生产热情，保障医疗需求发挥了巨大作用。

但我国当时生产力总体水平低下，福利型的医疗保障在运行多年后弊端逐渐显现。一是医疗费用上涨迅速，加上公费劳保医疗缺乏有效的管理，浪费严重，财政和单位不堪重负；二是公费劳保医疗资金缺乏社会共济，经济效益和供养负担不同的单位苦乐不均；三是单位拖欠职工医疗费严重，职工基本医疗需求难以得到保障。

我国政府曾于20世纪80年代中期分别对原有各项医疗保障制度进行了调整。首先，对享受公费和劳保医疗的职工收缩了医疗待遇的范围，并实行个人费用分担，即个人要支付一定比例的医疗费，一般在10%～20%，使职工干部的费用意识有所增强。其次，将经费按享受人数和定额标准包给医院，节余留用，超支分担，激励医院主动控制成本和费用开支③。最后，制定了公费医疗用药报销目录，以控制药品的滥用。这些措施对控制费用的迅速增长起到了一定的作用，但并不是制度性的根本变革，不能根除制度上的弊端。一是没有从根本上改革公费劳保医疗的筹资、支付和管理制度以及医疗服务提供体系方面存

① 乌日图．医疗保障制度国际比较．北京：化学工业出版社，2003

② 卫生部档案。

③ 吴明．医疗保障原理与政策．北京：北京大学医学出版社，2003

在的弊端和制约机制的缺陷。二是这些改革只是在局部范围内进行，不仅缺乏宏观指导，也没有对医疗服务体系、医药价格制度、供方补偿机制等配套政策进行改革。三是一些改革措施不够完善，如支付制度的改革，只有“包干”一种形式，医院超支后也仅负担很少比例的超支医疗费用，甚至不负担，对医疗机构约束力度并不大。因此，仍未能遏制费用快速增长的势头①。

与此同时，随着农村地区经济体制改革的推行，农村合作医疗也迅速衰退。农村经济体制从人民公社下的集体经济向家庭联产承包责任制的转变，乡镇集体的衰退使得集体经济对合作医疗等集体福利的支持力度大幅下降。作为农村合作医疗制度主要资金来源的人民公社、生产大队等集体经济的弱化萎缩，使得农村合作医疗失去了组织基础和主要资金来源。根据 1985 年全国农村卫生服务调查显示，全国实行合作医疗的行政村比例由高峰时期的 90%以上猛降至 5%。

针对农村合作医疗的萎缩，从 20 世纪 80 年代中期开始，各级政府为恢复、发展、完善农村合作医疗制度也进行了许多努力。进入 90 年代，中央政府高度重视农村医疗保障问题，多次发文要求加强农村医疗卫生工作，完善和发展合作医疗制度，并多方合作进行了调研和试点。合作医疗的部分恢复和重建在局部地区对保障农民的健康也产生了积极的影响。经过几年的试点、恢复与重建，到 1997 年，农村合作医疗有了一定程度的恢复，但覆盖率也仅占全国行政村的 17%，农村居民参加合作医疗的比例仅为 9.6%。

（二）第二阶段：城镇医疗保险改革时期（改革开放至 2003 年）

20 世纪 80 年代中期，以城市为中心的改革开放以来，我国的经济、社会结构发生了巨大变化。随着社会主义市场经济体制的确立和国有企业改革的不断深化，我国政府围绕国有企业改革，探索建立了以职业人群为重点的社会保险制度，包括医疗保险制度。

20 世纪 80 年代后期，一些地方探索了以缴费共济为基础的医疗费用社会统筹。有的以地区为单位、有的以行业为单位进行费用社会统筹，解决企业离退休人员医疗费苦乐不均和在职职工大病风险的问题，化解单位保障的弊端。

1993 年 11 月，党的十四届三中全会通过的《关于建立社会主义市场经济体制若干问题的决定》，提出了实行社会统筹和个人账户相结合的医疗保险改革的基本原则。国务院选定江苏省镇江市和江西省九江市作为职工医疗保障制度改革试点城市（两江试点），进行社会统筹与个人账户相结合的社会医疗保险制度改革，为全国医疗保险制度改革探索路子。1996 年，在“两江”试点取得初步经验后，国务院决定将试点范围扩大到 20 多个省区的 40 多个城市，进一步探索统账结合的具体方式和运行机制。

1998 年，在总结试点经验的基础上，国务院颁布了《关于建立城镇职工基本医疗保险制度的决定》（国发［1998］44 号），决定在全国范围内建立城镇职工基本医疗保险制度。《决定》一是明确了强制性参保的人员范围，要求城镇所有用人单位及其职工和退休人员都必须参加基本医疗保险；二是实行医疗保险费由用人单位和个人共同缴纳的机制；

① 乌日图．医疗工伤生育保险．北京：中国劳动社会保障出版社，2001

三是要求建立社会统筹医疗基金和个人医疗账户；四是明确社会统筹与个人账户的各自支付范围；五是明确统筹层次，原则上实行地级统筹，直辖市实行市级统筹；六是要求强化医疗服务管理措施，制定了基本医疗保险药品、诊疗项目和医疗服务设施标准三个目录，定点医院和定点药店的管理办法以及医疗费用结算办法等配套办法。之后又陆续出台了灵活就业人员、农民工等其他就业人群的参保办法以及基金管理和财务会计制度等相关的配套政策文件。以覆盖职业人群为目标的医疗保险制度逐步在全国全面建立起来。

（三）第三阶段：全民医保阶段（2003年以来）

2003年1月，国务院办公厅转发卫生部等部门关于《建立新型农村合作医疗制度意见》的通知，确定建立以大病统筹为主的新型农村合作医疗制度。新型农村合作医疗实行大病统筹，为住院和门诊大病提供保障，目的是缓解农民的“因病致贫、因病返贫”问题；新型农村合作医疗实行由政府财政与个人共同缴费筹资，以政府的财政筹资为主，个人缴费为辅。在统筹层次上，新型农村合作医疗实行基金的县级统筹。新型农村合作医疗的实施意味着我国医疗保障改革和建设由城镇扩展到农村地区。

随着城镇职工医疗保险制度的推进以及新型农村合作医疗的建立，城镇职工的家属子女等城镇非就业居民的医疗保险制度缺失问题日益突出。为此，国务院于2007年下发《关于开展城镇居民基本医疗保险试点的指导意见》（国发［2007］20号），提出了建立城镇居民基本医疗保险制度，将我国最后一个没有医疗保障制度人群纳入医疗保险制度。城镇居民基本医疗保险制度实行大病统筹，为住院和门诊大病提供费用保障，缴费由各级财政和居民个人共同缴纳，各级财政为每个参保居民提供的缴费补贴为40元（2008年增加到80元），各级财政还给予低保、残疾等困难人群以更大的缴费补贴。在统筹层次上居民医保实行市级统筹。

至此，以城镇职工基本医疗保险制度、新型农村合作医疗和城镇居民基本医疗保险三大制度为主体，城乡医疗救助制度为托底，商业保险、补充保险等为补充的较为完整的医疗保障体系框架初步形成。这标志着我国医疗保障已经开始进入逐步实现全民医保的新的发展阶段。

二、城乡居民医疗保障发展现状

（一）城镇职工基本医疗保险

经过10年的运行，目前全国4个直辖市、340个地级市、2 000多个县市都建立了城镇职工基本医疗保险制度。在推进城镇职工医疗保险改革的过程中，为适应我国经济结构调整、就业格局转变、城镇化水平提高以及农村劳动力转移的新情况，医疗保险的覆盖范围逐步从国有集体单位扩大到非公经济组织，从正规就业人员扩大到灵活就业人员，从城镇职工扩大到城镇从业人员再扩大到农村进城务工人员（农民工）。在制度覆盖范围上打破了不同所有制、不同就业形式、不同身份劳动者之间的界线。

截至2008年年底，全国城镇职工基本医疗保险参保人数达到19 996万人。其中，在职职工 14 988 万人，退休人员 5 008 万人。

（二）新型农村合作医疗

2003 年，各省、自治区、直辖市选择有代表性的地区积极推进试点工作，随后试点范围不断扩大。2004 年，全国有 333 个试点县，2005 年年底，全国开展试点县达到了 678 个；截至 2008 年 9 月底，全国开展新型农村合作医疗的县（市、区）达到 2 729 个，参加新农合人口 8.14 亿人，参合率达 91.5%。各级财政对参合农民的补助标准也从 40 元提高到每人每年 80 元。

（三）城镇居民基本医疗保险

2007 年 7 月，国务院明确 88 个城市开展城镇居民基本医疗保险试点，其他一些地方也自愿加入到试点行列。2007 年年底，城镇居民基本医疗保险参保人数达到 4 291 万人，覆盖全国 29 个省份的 137 个地市 692 个区县，共有 181.5 万人次享受待遇。2008 年，试点城市进一步扩大，城镇居民基本医疗保险扩大试点工作进展顺利，新增试点城市 229 个，试点城市总数达到 317 个，占地级以上城市的 85%。截至 2008 年年底，城镇居民基本医疗保险参保人数突破 1 亿人，达到 11 826 万人。此外，2008 年 10 月，国务院还出台了《关于将大学生纳入城镇居民基本医疗保险试点范围的指导意见》，通过财政补贴和个人缴费，将大学生也纳入城镇居民基本医疗保险的覆盖范围。

（四）城乡医疗救助

2003 年，民政部等三部委下发了《关于实施农村医疗救助的意见》，开始在全国全面推开农村医疗救助工作。到 2006 年，全国所有的有农业人口的县市区都建立了农村医疗救助制度。农村医疗救助的对象包括农村五保户、低收入家庭等农村贫困人群，救助内容包括为救助对象缴纳参加新型农村合作医疗的个人缴费部分，以及对新型合作医疗报销之后个人负担过重的农村居民进行二次补助等。截至 2008 年年底，农村医疗救助共救助 948.1 万人次，民政部门资助参加合作医疗 2 786.1 万人次，全年累计支出农村医疗救助资金 35.8 亿元。

2005 年，国务院转发了民政部等四部委《关于建立城镇医疗救助试点的意见》，自此，城市医疗救助工作全面展开。城市医疗救助的对象主要是低保对象中未参加医疗保险的人员，以及参加医疗保险但个人医疗费用负担过重的人员。截至 2008 年年底，城市医疗救助共救助 513 万人次，全年累计支出城市医疗救助资金 23.5 亿元。

（五）多层次医疗保障体系

在完善城镇职工基本医疗保险制度的同时，大额医疗费用补助、公务员医疗补助、企业补充医疗保险、商业医疗保险等补充性医疗保险也得到了长足的发展，多层次的医疗保障体系初步形成。

一是为了解决企业参保职工在基本医疗保险统筹基金封顶线以上大额医疗费用负担问

题，各地普遍建立了大额医疗费用补助。大额医疗费用补助主要由职工或单位缴费筹资，绝大多数地方由社会医疗保险机构负责管理，少数地方委托商业保险公司经办。从各地的做法看，大额医疗补助筹资标准多数在每人每年60元左右，资金有的是个人全额缴纳，有的是用人单位全额缴纳，还有的是用人单位和个人分担。参保人员发生超过基本医疗保险社会统筹基金最高支付限额以上的医疗费用，由大额医疗救助金支付大部分费用，一般在85%左右。二是各地根据国务院《关于实行国家公务员医疗补助的意见》（国办发［2000］37号）的精神，普遍建立了公务员医疗补助办法。医疗补助经费主要用于三个方面：一部分用于基本医疗保险统筹基金最高支付限额以上，符合基本医疗保险用药、诊疗范围和医疗服务设施标准的医疗费用补助；第二部分用于在基本医疗保险支付范围内，个人自付超过一定数额的医疗费用补助；第三部分用于中央和省级人民政府规定享受医疗照顾的人员，在就诊、住院时按规定补助的医疗费用。三是许多有能力的参保企业建立了多种形式的补充医疗保险。职工工资总额4%以内的缴费由企业从职工福利费中列支，享受免税优惠。

（六）完善各项基本医疗保险制度及其管理的探索

在建立基本医疗保险制度、不断扩大覆盖面的同时，各项基本医疗保险制度还在完善制度和管理机制方面开展了积极探索。部分地区开展了统筹城乡医疗保障的探索，将城镇居民基本医疗保险和新型农村合作医疗整合成统一的城镇居民基本医疗保险制度，打破城乡居民的身份界限；也有的地区（如成都）统一了城乡医疗保险管理机构，把过去分别由劳动和社会保障部门主管的城镇职工、居民医保和卫生部门主管的农村新型农村合作医疗统一到一个管理机构来管理，实现了城乡医疗保险的统一管理，个别地区（如杭州）甚至将民政部门负责的医疗救助也整合到一个部门来管理，真正实现了整个医疗保障的统一管理。部分城市还开展了城镇居民基本医疗保险门诊统筹的探索，将医疗保障范围由住院和门诊大病延伸到普通门诊，扩大了受益面，降低了群众门诊费用负担。另外，还有近40个城市探索医疗保险的市级统筹，在全市范围内统一政策和标准，实行基金调剂或统一管理支付。

在城镇居民基本医疗保险经办管理服务方面，各地不断探索，将经办管理服务延伸到基层，充分利用社区劳动保障平台，依托学校，方便居民和学生参保。在基础管理方面，各地不断规范经办规程，推进信息化建设，加强基金管理，完善结算办法。各统筹地区结算办法已由原来单一的按项目付费发展为按项目付费、总额预付、病种付费、单元（人次、床日）付费等多种支付方式并存的格局。一些地区对治疗费用稳定的常见住院病例采用单病种结算的支付方式，部分地方如黑龙江省齐齐哈尔市、牡丹江市，广东省深圳市、湛江市已将病种结算作为主要支付方式，每年按病种结算的费用占统筹基金支出的80%以上。对于一些治疗费用差异较大的科别和病种，如精神疾病，许多地方纷纷采用按床日定额付费的方式。

三、建立覆盖城乡居民医疗保障体系面临的挑战和问题

（一）实现城乡居民全覆盖的宏观挑战

1. 人员流动的挑战

我国劳动力区域流动规模之大举世罕见，每年有几亿人在城城之间、城乡之间流动。流动人员的流向、身份和属地不易界定，容易出现重复参保和人群遗漏，这将对医疗保险各政策间衔接的紧密性，以及政策范围的边界清晰与否提出挑战。流动人员带来的参保人数不稳定、账户转移接续等问题，也对经办机构管理服务提出了挑战。

2. 就业形式多样化的挑战

就业方式多样化是市场经济的自身规律。近年来，我国灵活就业数量和比例不断上升，联合就业人员的主要特征是劳动关系不确定，就业岗位不确定，工作时间不确定，工资收入不确定。就业方式不再是传统单位正式工、合同工、临时工几种简单的分类。灵活就业人员的流动性使得社会保险管理机构难以强制其参保缴费；灵活就业人员的低收入使得他们无力承担过高的城镇社会保险的缴费。就业形式多样化对社会保险的参保管理、扩大覆盖面提出了很大挑战。

3. 人口快速城镇化的挑战

改革开放初期，我国的城镇化率不到20%，目前已达到44.9%。按人口城镇化水平年均增长1个百分点测算，今后20年将有3亿农村人口陆续转化为城镇人口。日益庞大的流入人口对城市的基础设施、公共服务、城市管理能力以及社会保障提出了挑战。在医疗保险方面，人口城镇化的突出问题是农民工的参保问题。不解决包括医疗保险在内的社会保险参保问题，农民工将无法留在城市，城镇化将无法真正实现。

（二）医疗保险特别是城镇医疗保险的覆盖面有待提高

相对于农村居民90%以上的覆盖率，城镇医疗保险的覆盖面还有待大幅度提高。关于城镇职工医疗保险，影响覆盖率的主要有三类人群。一是关闭破产和困难企业的退休人员和在职职工。部分关闭破产国有企业退休人员医疗保障问题尚未解决，缺乏资金来源，成为解决这部分人员基本医疗保障的核心问题。部分国有困难企业因缺乏参保资金，企业职工和退休人员无力参保，职工基本医疗保障问题难以解决。最近几年，尽管各地政府采取多种办法，包括参保优惠政策或出资等形式，大力帮助国有困难企业参加基本医疗保险，但由于帮扶面大、资金量小，至今仍然有相当一部分困难企业没有参加医疗保险。与其他类型企业相比，这些企业普遍存在经济运转困难、财务状况差、退休人员比例高、医疗费用负担沉重的问题，企业职工，特别是退休职工得不到医疗保障。这部分人群的参保问题属于历史遗留问题。二是非公所有制企业和灵活就业人员参保率低。近年来，中央政府先后下发了《关于城镇灵活就业人员参加基本医疗保险的指导意见》《关于推进混合所有制企业和非公有制经济组织从业人员参加医疗保险的意见》，大力推进混合所有制、个体私营等非公有制经济组织从业人员和灵活就业人员参保，但实际参加的人员比例仍然比较

低。三是农民工参加基本医疗保险问题。虽然中央政府出台了《关于开展农民工参加医疗保险专项扩面行动的通知》，但由于农民工就业稳定性差、流动性大且收入较低、参保积极性低等原因，农民工参保率也有待提高。

至于城镇居民，由于城镇居民基本医疗保险开展时间较短，目前覆盖面还较小。城镇居民基本医疗保险的覆盖面有待大力拓展。

（三）各项医疗保障制度面临的问题

1. 职工基本医疗保险制度存在的主要问题

一是个人账户问题。在制度设计上，个人账户属于个人所有，通过明确个人账户的个人所有权来促使个人树立自我保障意识，使得人们有动力约束自己的医疗消费行为，从而制约需方不合理的医疗费支出。但实际上，从参保人的观念和感觉上看，虽然个人账户属于个人所有，但与现金仍有一定差距，对个人医疗消费的约束作用是有限的，特别是在个人账户有大量结余的情况下。人们对账户资金的珍惜程度不如对自己手中现金的珍惜程度高。串换药品、医疗外支出比比皆是，增加了经办机构的管理成本。另外，个人账户支付范围是低费用的小病门诊，但每个人门诊的费用差异巨大。经常得病看门诊的人个人账户不够用，个人账户起不到保障作用；身体好、不看病的人个人账户基本不用，导致个人账户资金大量沉淀。在目前我国医疗卫生资源总体不足的情况下，个人账户大量资金沉淀造成了有限卫生资源的浪费。此外，在医疗消费过程中，医疗服务供方占主导和优势地位，需方则处于被动从属地位。供方可以利用所拥有的信息优势来诱导患者的需求，这也大大削弱了个人账户对需方的约束作用。

二是退休人员个人不缴费问题。随着社会平均预期寿命的不断提高，退休人员的医疗费用将迅速增长，退休人员医保基金支出占基金总支出比重将越来越大。在老龄化程度日益加重、人口抚养比不断缩小的情况下，目前退休人员不缴费的政策使得医疗保险基金的收支将进一步失衡，给未来医疗保险基金带来巨大的支付压力。在国外，退休人员同样也参加医疗保险缴费，退休人员不缴费并不合理。而且退休人员不缴费同时也不利于城镇职工医保与城镇居民医保、新农合等终身缴费型制度的衔接，为不同医疗保险制度之间的相互转换制造了障碍。

2. 医疗保险对门诊费用保障不足

现行的三大医疗保险制度主要还是以住院保险为主，门诊保障相对不足。城镇职工医疗保险实行统账结合，门诊费用主要由个人账户支付，只有部分费用高昂的门诊大病被纳入到统筹基金的支付范围；城镇居民、新农合则实行大病保险，医疗保险基金只承担住院和为数不多的门诊大病的支付责任，大部分门诊费用完全由个人负担。门诊保障不足或缺乏，一方面加重了部分体弱多病、门诊就医频繁的参保患者的个人经济负担，甚至可能使得一部分患者因经济原因放弃必要的门诊治疗，造成小病因得不到及时有效治疗而发展成大病，需要花费更多治疗和住院费用，因小失大；另一方面，门诊保障不足或缺乏也会促使一部分患者为了能够报销费用而放弃费用相对较低的门诊治疗，选择费用较高的入院治疗，造成医疗资源的浪费和医疗费用的不合理增长。此外，针对城镇居民和农村居民来说，参加医疗保险是个人自愿选择的，医疗保险不提供门诊待遇，而住院的发生概率相对较低，从而使得只有很小比例的参保人员因住院实际能够获得医疗保险待遇，不发生住院的大部分参保人员得不到任何医疗保险待遇，从而影响他们的参保积极性，影响到城镇医保和新农合覆盖面的扩大和巩固，影响基本医疗保险覆盖城乡全体居民目标的实现。

（四）各项医疗保险制度待遇水平差距大，城乡居民医疗保险待遇水平有待提高

城镇职工医疗保险、城镇居民医疗保险和新农合三项医疗保险制度之间待遇水平、报销比例存在较大差距。2008年，城镇职工医疗保险的报销率约为70%，城镇居民医疗保险的报销率约为50%，新农合医疗报销率仅为38%左右。另外，虽然城镇职工医保的报销比例相对较高，但参保职工仍然反映统筹基金的起付线、封顶线偏高，个人负担较重。在统筹基金结余较多的情况下，职工医保的待遇水平也有进一步调整的空间。

（五）制度间、地域间医疗保险关系转移接续不畅

目前，城镇职工基本医疗保险制度、城镇居民基本医疗保险制度和新型农村合作医疗制度三种医疗保险制度独立运行，分别面向城乡不同的人群，在制度模式、覆盖范围、缴费标准与方式、政府补助、保障范围、就医管理以及基金管理上差异很大。即使是同一制度，因我国区域发展不平衡，各地之间医疗保险政策与管理办法也不尽相同。制度之间、地区之间的政策差异使得流动人口在身份变化、流动就业过程中转换医疗保险关系存在很大障碍，制度之间的衔接不畅，使得参保人员在身份、就业状态、就业地改变过程中，医疗保障关系难以顺利接续，造成参保者医疗保险权益的损失，很不公平。特别是因不同制度、不同地区缴费年限不能累计造成部分人员退休时无法享受到退休医疗保险待遇。医疗保险关系转移接续问题已经成为社会关注的一个热点问题。

（六）各项医疗保险制度筹资机制及支付标准形成机制尚待完善

目前各制度都尚未建立稳定可靠、合理增长的筹资机制。城镇职工医疗保险制度个人缴费水平长期维持在较低水平，单位和个人缴费比例差距过大，个人责任偏小。城镇居民医保、新农合目前按定额缴费筹资，筹资政策还是临时性的，不可持续。

此外，近年来我国医疗费用增长迅速，大大高于居民收入的增长速度，使得基金和百姓费用负担过高的趋势越加明显，“看病贵”成为社会热点问题。根据2003年国家卫生服务调查，不管在城市还是农村，次均住院费用都已经超过了年人均收入（见表5—1、图5—1）。

目前尚未将社平工资或医保基金收入纳入医药价格形成机制决定因素之中。各地经办机构也没有与医疗机构之间形成常规平等的医疗服务供需双方价格谈判机制。医保基金支付机制与医疗收费标准之间相互完全孤立，从长期趋势看必然影响基金平衡。

表 5—1　　居民收入和次均住院费用比较　　元

年份	居民收入			次均住院费用		
	城乡均值	城镇	农村	城乡均值	城镇	农村
1993	948	1 789	665	916	1 607	541
1998	1 383	2 284	1 079	1 355	2 361	837
2003	1 814	3 502	1 220	2 265	4 178	1 455

注：扣除物价上涨因素，以 1993 年为基数，按消费价格指数对 1998 年和 2003 年数据进行调整。

资料来源：卫生部．第三次卫生服务调查分析报告．2004

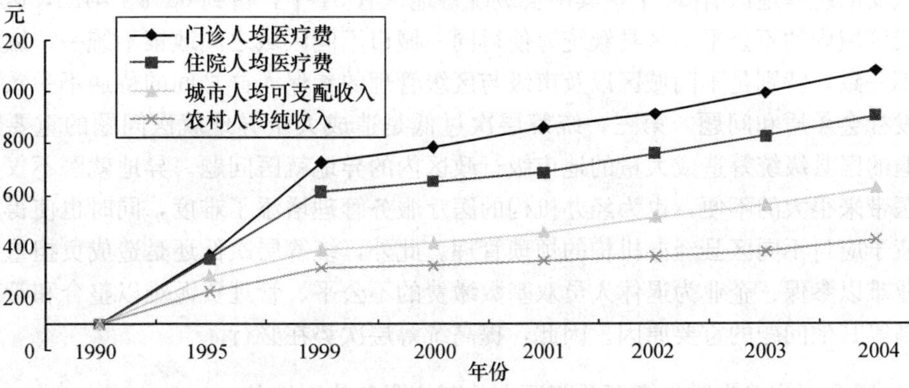

图 5—1　1990—2004 年综合医院人均门诊/住院医疗费用增长

资料来源：《中国卫生统计年鉴 2005》《中国统计年鉴 2005》。

（七）医疗保险管理服务水平亟待提高

1. 经办管理的体制和能力难以满足制度快速推进的需要

目前，城镇职工、城镇居民医疗保险由人力资源和社会保障部管理，新农合由卫生部管理，城市和农村医疗救助工作由民政部管理。分割的行政和经办管理体制，不利于制度间的统筹协调和管理上的简捷高效。在新型农村合作医疗由卫生部门管理的地区，各级政府要成立一套相应的管理机构，县里设立农村合作医疗管理局（挂靠县卫生局的事业单位），各乡（镇）成立农村合作医疗办公室，人员和办公经费都列入财政预算。这对于本身就很拮据的县乡财政和较低的合作医疗筹资水平来说，是一笔不小的支出。此外，经办机构经费和人员编制的核定方法尚未与服务对象、业务量挂钩，也未形成购买社区组织和社会服务机构承担医疗保险管理服务工作的社会（医疗）保险经办管理方式，使得经办机构的可持续发展、人员队伍的专业化建设受到影响，难以在管理服务上满足制度建设快速推进、参保人员迅速增多的客观需要。此外，信息平台不统一，网络平台尚未延伸到社区和乡、村级，也难以为参保人员特别是居民提供方便快捷的服务。

2. 统筹层次过低

根据国务院《关于建立城镇职工基本医疗保险制度的决定》（国发［1998］44 号）的

规定，基本医疗保险原则上实行地市级统筹，同时也允许少数经济发展水平及医疗消费水平内部差异较大的地区实行县级统筹。但是在改革实践过程中，44 号文规定的“地市级统筹的原则”并没有得到充分体现，大多数地区选择的是区县级统筹，真正实行地市级统筹的反而成了少数。据统计，目前在 2 620 个基本医疗保险统筹地区中，大约有 85%是区县级统筹地区。统筹层次过低成为目前医疗保险制度建设和管理中所面临诸多问题的重要影响因素之一。第一，部分地区医疗保险出现基金风险，统筹层次过低是造成基金风险的重要原因。由于区县级统筹地区参保人数少，大数法则难以发挥作用，医疗保险基金抵御风险的能力弱，区县级统筹地区更容易出现基金风险。据统计，2007 年医疗保险基金当期收不抵支的统筹地区有 54 个，其中县级统筹地区有 34 个，占到 63%。第二，区县级统筹也造成区域内的不公平。区县级统筹使得同一城市不同区域之间政策不统一，缴费和待遇水平不一致，特别是不同城区以及市级与区级管理的参保人群之间的待遇不一致，往往容易引发社会矛盾和问题。第三，统筹层次过低是造成大量异地就医问题的重要影响因素。普遍的区县级统筹造成大量的地市级行政区内的异地就医问题。异地就医不仅为参保人群就医带来很大的不便，也为经办机构的医疗服务管理增添了难度，同时也使得定点医疗机构疲于应付不同区县经办机构的烦琐管理。此外，统筹层次低还是造成负担重的地区困难企业难以参保、企业为退休人员双基数缴费的不公平、管理资源难以整合和管理效率难以提高等其他问题的重要原因。因此，提高统筹层次势在必行。

（八）城乡医疗卫生服务资源差距巨大，医疗服务公平性差

当前，全国的卫生资源主要都集中在城市，农村卫生资源相对较为缺乏。医疗卫生领域的高新技术、先进设备和优秀人才基本都集中在大城市、大医院，农村乡镇卫生院则条件差、设备少、技术水平低，农村缺医少药的局面还没有根本扭转（见图 5—2）。农民患病在当地难以得到有效治疗，要到外地、到大医院就诊，不仅造成了看病困难，也增加了农民的经济负担。如果计算我国城乡人均拥有的卫生资源数量，城乡居民所拥有的卫生资源之间的差异将变得更为明显。如图 5—3 所示，2003 年我国农村人均卫生资源的拥有量不到城市人均拥有量的一半，并且农村地区的卫生资源质量和就医条件比城市地区差得更远。城乡卫生资源的这种差距在很大程度上影响着城乡居民的卫生服务利用，从长远考虑对统筹城乡医疗保险也是不利因素。

（九）医药卫生体制改革滞后

一是医疗机构追求自身利益最大化。以药养医，以检查养医，通过增加不合理的医疗服务来创收，使得医疗保险无法通过促使医疗机构控制成本、转变管理和盈利模式来控制医疗费用；医疗机构的倒金字塔机构，以及基层社区卫生服务机构的衰败，使得病人不得不选择大医院，从而导致医疗费用难以降下来；药品加成制度促使医疗机构选高不选低，使得医疗保险控制费用的措施成效有限。

二是医疗卫生服务和卫生投入的绩效低下。有关卫生统计表明，在人口不断增长的情况下，医疗机构的门诊量却在下降。2003 年全国医院和卫生院门诊总量为 20.96 亿人次，

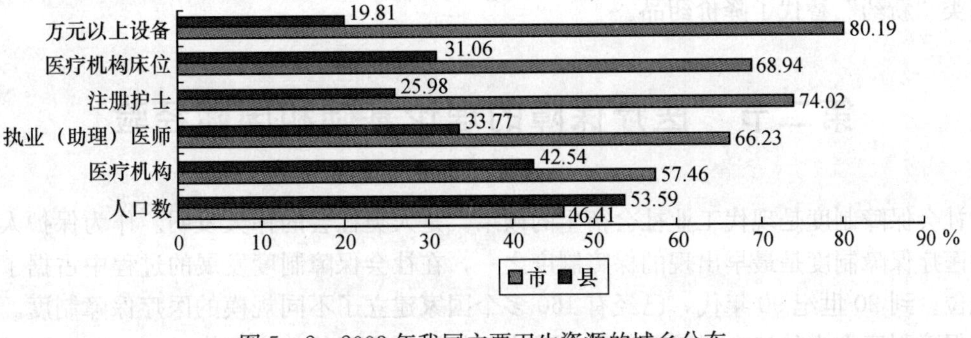

图 5—2　2003 年我国主要卫生资源的城乡分布

资料来源：《中国卫生统计年鉴 2005》。

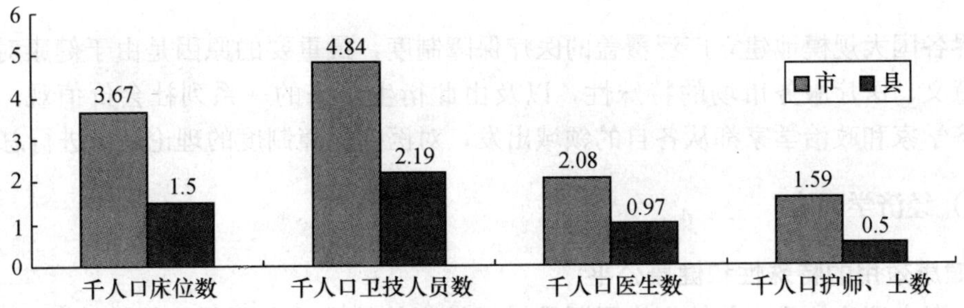

图 5—3　2003 年我国城乡人均卫生资源拥有量

资料来源：《中国卫生统计年鉴 2005》。

比 1993 年减少了 1.09 亿人次。但同期城乡居民的两周患病率却从 140.1‰ 提高到 143.0‰。① 另据统计，2002 年，卫生总费用占 GDP 的比重已经增至 5.24%，2003 年超过 5.4%。② 尽管如此，居民综合健康状况却没有明显的改善，在某些领域特别是公共卫生领域，一些卫生、健康指标甚至有所恶化。

三是药品和医用器材生产流通秩序混乱，价格过高。我国的药品和医用器材生产流通企业数量多、规模小，监管难度大。截至 2004 年年底，全国有药品生产企业 5 000 多家，药品批发企业 12 000 家，零售企业 12 万多家。由于企业数量多、规模小，难以实施有效监管。药品作为商品，按一般市场经济规律，药品在供大于求的情况下，价格应该下降。但我国的药品却出现价格上升、越贵越好卖的反常情况。原因之一是一些企业违规操作，不少生产企业虚报成本，造成政府定价虚高。原因之二是现行医院的药品收入加成机制，诱导医院买卖贵重药、医生开大处方。原因之三是替代药品泛滥。按现行药品定价办法，国家批准的新药可以高于成本定价，以鼓励研发新药。但一些企业把一些常用药品改头换面申报新药，从而获得较高的价格。有的同类药品竞达数百甚至上千个产品，替代药品泛滥。多年来，国家多次降低定价药品价格，但群众反映效果不大，重要原因是企业和医院

① 张冉燃．权威报告：中国医疗卫生体制改革总体上不成功．医院领导决策参考，2005．14

② 葛延风．反思中国医疗卫生体制改革．中国经济时报，2005-06-06

用同类“新药”替代了降价药品。①

第二节　医疗保障的理论基础和国际经验

社会保障制度是现代工业社会衍生的硕果，是人类社会的伟大发明。作为保护人群健康的医疗保障制度是最早出现的保障制度之一，在社会保障制度发展的过程中占据了重要的地位。到20世纪90年代，已经有160多个国家建立了不同规模的医疗保障制度。包括医疗保障制度在内的社会保障制度已经成为现代社会重要的政府职能。

一、理论基础

世界各国大规模地建立广泛覆盖的医疗保障制度，最重要的原因是由于健康对于社会的特殊意义、医疗服务市场的特殊性，以及由此衍生出来的一系列社会价值观。社会学家、经济学家和政治学家都从各自的领域出发，对医疗保障制度的理论基础进行总结。

（一）经济学理论

1. 健康效用的特殊性和健康公平

人力资本理论的重要创始人格罗斯曼对于健康的特殊性做了很好的总结②：健康给人快乐，所以健康本身是一种效用品；健康是享用其他商品的前提，因此健康是消费其他任何商品的补充品；健康是从事生产劳动获取收入的基础，因此健康还是一种投资品。健康效用的三重意义，把健康与财富、能力，以及机会联系在一起，促使人们更加关注基本健康的公平问题。

著名的发展经济学家阿马蒂亚·森对贫困的定义是：“缺乏一定的最低限度的能力，来获得争取物质的富裕的机会。”③ 从这个角度来看，贫困不是一个收入问题，而是一个能力和机会的问题。如果没有健康，个人就可能丧失“致富的机会”，也就是陷入了真正的贫困。因此，近代以来，保障基本健康成为一个重要的社会价值观，甚至成为现代社会的一项基本人权，政府有责任保障每一位国民的基本健康，保障其维护基本健康水平的医疗服务。

2. 医疗服务市场的特殊性

医疗服务市场的特殊性主要是不确定性和信息不对称，以及外部性。经济学家阿罗早在1963年就提出，医疗服务行业跟理想的市场模型相比，其特殊性从根本上说是一个信

① 高强. 发展医疗卫生事业 为构建和谐社会作贡献. 中国网，2005-08-04

② Grossman，Michael. The Demand for Health：A Theoretical and Empirical Investigation. Columbia University Press，1972.

③ 阿马蒂亚·森. 以自由看待发展. 北京：中国人民大学出版社，2002

息不完备的问题①，主要包括不确定性和信息不对称。因为疾病发生的概率不确定，发生疾病以后的损失不确定，医疗服务的治疗效果不确定，因此个人无法很好地规划将来对医疗服务的需求。同时，患者和医生之间存在信息不对称，个人在使用医疗服务的时候无法决定应该利用何种医疗服务，只能委托给医生做出决定，这就出现了医疗服务提供方可能通过诱导需求牟利的问题。

在一般情况下，保险是解决不确定性的好办法，委托—代理机制是解决信息不对称的好办法，这样保险机构往往身兼“保险人”和“代理人”两个角色。然而，在医疗保险市场中，保险方和消费者之间也存在严重的信息不对称，参保人可能采取“逆向选择”的行为（即有病者参保，无病者不参保）来获利，这使得医疗保险市场难以运行。

在政府干预之下建立全民覆盖的强制性的医疗保障制度，解决了医疗保险市场失灵的问题，使得保险机构身兼“保险人”和“代理人”的角色得以建立，从而进一步解决医疗服务市场失灵的问题。首先，广泛覆盖的医疗保障制度可以利用“大数法则”解决医疗服务的不确定性问题。其次，医疗保障制度通过集中购买提高了消费者的市场权力，便于保险机构从服务价格和服务质量上对供方进行监督，因此在很大程度上解决了供需双方信息不对称带来的问题。最后，公立医疗保险制度还是一个再分配机制，通过累进制的缴费，把财富从高收入人群向低收入人群转移，通过医疗费用的补助，使健康人群为患者承担部分医疗费用。总之，政府举办的强制性基本医疗保障制度的建立既克服了医疗服务市场失灵的问题，也有助于健康公平的社会价值观的实现。

3. 外部性和公共产品

传染病具有强外部性，如果由个人来防治传染病，可能出现防治不足，引起传染病蔓延，殃及整个社会。因此传染病的防治体系与国防体系一样，成为重要的公共产品，由政府统一来提供。

从更深层次的意义来说，健康也具有外部性，一般来说健康人的经济活动对整个社会是有益的，而不健康的人参与经济活动的能力下降或丧失，而且还要消耗社会保障的资源，所以说健康具有正的外部性，也就是说消费医疗服务维护健康的活动具有正外部性。根据国际经验，基本卫生服务项目，例如预防接种、妇幼保健、慢性病防治等，对人群健康具有很大的影响，因此也具有很强的正外部性。如果仅是由个人来决定购买具有正外部性的基本卫生服务项目，那么就可能出现使用不足的现象。所以，大多数国家的医疗保障制度首先覆盖一些基本卫生服务项目。

4. 社会福利和社会和谐

福利经济学认为，一个人的效用不仅仅依赖于个人本身的消费，还依赖于周围的人的消费。如果在一个社会中，贫困群体中的人不能得到足够的基本医疗服务，有些富裕的好心人就愿意帮助他们获得基本的医疗服务。人类的慈善之心不只是体现在维护医疗服务利用的公平性上，在其他领域也有表现，各种各样的慈善组织的存在就是明证。正如上面分

① Arrow, Kenneth J.. “Uncertainty and the Welfare Economics of Medical Care”. American Economic Review 53, 1963: 941-973.

析的，健康的效用具有特殊性，因此在医疗服务的利用方面，人们的慈善之心表现得特别明显。卫生经济学家 Pauly 指出，“总体来看，渴望消除可治疗却未治疗的疾病或伤害对其他人造成的非经济性是人类的共同特征”①。

如果追究人类“慈善之心”的目的，可以概括为人们对社会和谐的追求，这是人类普遍的需求。从经济学上看，社会和谐是一种公共品。如果有人通过行善减轻了社会上的不幸，那么其他人就可以“免费”享受由此获得的社会和谐。如果人人都有“搭便车”的心理，那么慈善行为即使有也会比较少见，而不能满足大多数人对社会和谐的需求。因此，和谐社会并不会在人们中间自发地产生，需要建立一个社会制度，把建立和谐社会的成本在所有社会成员中合理分配，大概这就是世界各国建立大规模的社会保障制度的最有力的解释。

上面的理论分别从社会价值观、公平和效率，以及社会福利等不同的角度解释了建立医疗保障制度的原因，指出现代社会建立医疗保障制度势在必行。根据上面的理论，建立医疗保障制度的思路可以整理成表 5—2 的形式。

表 5—2　**医疗服务的特殊性和解决思路**

医疗服务的特殊性	导致的问题	解决问题的思路
不确定性	个人无法安排医疗服务的消费	广泛覆盖保险
信息不对称	医疗服务市场出现供方诱导服务的问题，医疗保险市场出现“逆向选择”和过度利用医疗服务的道德风险	强制保险或政府引导
外部性	对社会效益较好的服务项目利用不足，或者市场无法提供	政府补助、购买或直接提供
健康的特殊性	健康是人们生存和发展的重要条件，没有健康公平就没有其他领域的公平	在政府职能中，给予维护健康公平较大的优先权
健康公平关系到社会和谐	社会和谐是人类的普遍需求，但是社会和谐具有公共产品性质	政府为弱势人群提供保障

(二) 社会政治理论

医疗保障制度已经成为现代国家的重要职能，政治因素在其建立和发展中起着重要的作用。许多学者用工业化论、阶级斗争理论、经济危机和财政危机、利益集团竞争等理论来解释社会保障制度（包括医疗保障制度）在资本主义国家的起源、兴起和改革②。实际上，在资本主义发展的不同阶段，医疗保障制度的政治基础也在变化。

1. 社会分化和阶级斗争的动力

医疗保障制度最早于 18 世纪后期在德国和英国出现。工业化论和阶级斗争理论可以较好地解释当时医疗保障制度建立的政治基础。

① 舍曼·富兰德等. 卫生经济学. 北京：中国人民大学出版社，2004

② 郑秉文等. 试论东亚地区福利国家的“国家中心主义”特征. 中国社会科学院研究生院学报，2002. 2

18世纪末欧洲工业革命的兴起，使得机器生产逐渐代替了传统的手工业生产方式，随之而来，澎湃的城市化浪潮使得非正式制度的家庭保障功能日趋衰微，工业革命不可抗拒地将疾病、工伤、失业等各种风险强加在产业工人群体身上。这种风险的后果，起初表现为劳资关系的严重对立，尔后进一步演化成共产主义思潮主导下的工人运动。建立社会保障制度，分散社会风险，逐步成为缓和社会矛盾的重要选择。在这个背景下，英国于1875年，通过《公共健康法》，1911年，颁布了《国民保险法》。德国于1883年颁布了《疾病保险法》，1884年颁布了《意外工伤保险法案》，1911年颁布了《帝国保险制度》。英国和德国在社会保障方面的创举，为现代医疗保障制度的发展建立了模版。

2. 国家干预理论的发展

在社会保障制度的早期发展中，资本主义经济危机，以及由此产生的阶级对立起了重要作用。针对周期性的经济危机而产生的凯恩斯经济理论为扩大政府职能，直接干预社会经济提供了理论依据。另外，第一次世界大战等经济政治事件进一步加剧了阶级矛盾，迫使资产阶级政府干预社会生活。在20世纪初，欧、美、澳洲的各发达国家纷纷开始建立社会保障制度。到第二次世界大战前，全世界已经有50多个国家建立了社会保障制度。

3. 民主政治的发展

如果说工业化是社会保障制度起源的原因，阶级斗争是社会保障制度早期发展的动力，政治经济学理论的发展为社会保障制度的发展提供了理论依据，那么资本主义国家的民主政治斗争和利益集团博弈促进了福利国家的兴起，并引导其改革。在这个阶段，社会民主论和多元化理论可以较好地解释社会保障制度的发展和改革。

第二次世界大战期间，欧洲国家的战争总动员使战争成为全民战争。国家在战后必须承担其对国家经济、公民权利和公民生活的管理成为战后的一种政治共识，也成为战后福利国家的思想基础。福利国家政策的出现与欧洲国家实现了全民选举和政党政治也有重要的联系，没有选民的推动和公开的政治竞争，福利国家的计划是难以实现的①。英国、瑞典等福利国家都是在这个背景下建立的。

从历史发展的经验看，政治理念和政治斗争的发展在社会保障制度的建立过程中起了重要的作用，并且影响着保障制度的模式。同时，社会保障制度的发展具有阶段性，随着社会经济的发展逐步提升。我国当前正处于工业化中期，经济发展水平正在进入中低收入国家的行列，在这个时期推进和完善社会保障制度成为一项迫切的任务，具有重大的政治意义，也是发展和完善保障制度的一个重要时机。

（三）制度模式选择

在政府干预下，建立广泛覆盖的基本医疗保障制度已经成为一种共识，不同的国家从自己的国情出发，建立了不同模式的医疗保障制度，各种模式孰优孰劣往往成为医疗保障制度改革中的争议点。在我国当前的医药卫生体制改革中，医疗保障制度的模式选择事关

---

① 王希．近代欧洲国家建设历史的回顾与启示．见：胡鞍钢主编．第二次转型国家制度建设．北京：清华大学出版社，2003

改革的方向，也是各方争议的焦点。

1. **模式的划分**

在医疗保障制度的比较研究中，从不同的角度和标准出发，可以把医疗保障制度做不同的归类。有人将 OECD 国家的医疗保障制度分为三种模式：国民保健服务模式（英国）、社会医疗保险模式（德国）、商业医疗保险模式（美国）①。也有人把世界各国的医疗保障制度分为四种模式：政府医疗保险模式、社会医疗保险模式、商业医疗保险模式和其他医疗保险模式（包括储蓄性医疗保险，互助医疗保险等）②。也有人把医疗保障制度分为社会医疗救助、国家卫生服务、社会医疗保险、市场医疗保险、储蓄医疗保险制度五类③。还有的分为传统的患病保险、国家健康保险、国家卫生服务、混合型系统④。

对医疗保障制度进行分类，有助于人们把握各国医疗保障制度的主要特征，但是值得注意的是，任何一个国家的医疗保障制度都是各种模式的混合体，只是在这个混合体中，某种模式占了主导地位。

关于医疗保障制度的分类存在许多争议，无法形成统一的标准，主要原因是因为医疗保障制度复杂，从不同的角度可以看到其不同的特征。在我国目前有关医疗保障制度模式选择的争议中，重点是政府和市场在筹资和医疗服务提供中的责任问题。根据这一问题，有学者提出应该同时从筹资方式和医疗服务提供的组织方式两个维度来对医疗保障制度进行分类⑤，这样便于简便、清晰地展现各方的观点。在这种分类下，把政府和市场在这两个维度中的作用作为分类的标准。当然，在任何一种模式下，都有政府和市场的作用，但是有时候政府占主导地位，有时候市场占主导地位。在当今我国医疗保障制度改革中，最困扰的问题是政府和市场如何定位。采用这种方式来进行医疗保障模式的分类具有现实的意义，可以清晰地反映在各个国家、不同的医疗保障模式下，政府和市场在医疗保障筹资和医疗服务提供领域分别处于什么地位。

根据上面的分类方式，理论上可以把医疗保障制度分为四大模式，这四种模式可以在下面的二维图（见图 5—4）中表现：筹资和医疗服务提供都以政府为主导（东北象限）、筹资以政府为主导服务提供以市场为主导（西北象限）、筹资和服务提供都以市场为主导（西南象限）、筹资以市场为主导服务提供以政府为主导（东南象限）。第一种模式与国家卫生服务模式相对应，代表性国家有英国、爱尔兰等；第二种模式与许多实行社会保险制度的国家相对应，例如德国、日本、荷兰等；第三种模式是商业保险模式，例如美国；第四种模式在实际中没有作为一个保障体系而存在，但是在医疗保障体系不完善的国家可能存在，例如中国、南非。

2. **不同模式的特点**

国家卫生服务模式由贝弗里奇于 1943 年在英国提出，又称贝弗里奇模式。1946 年第

---

① 刘见祥．全民健康保险与各国健康照护服务系统比较．2002 年全球健康照护研讨会．美国哈佛大学，2002

② 蔡仁华．医疗保险培训实用教材．北京：北京医科大学出版社，1999

③ 乌日图．医疗保障制度国际比较．北京：化学工业出版社，2003．66～67

④ 舍曼·富兰德等．卫生经济学．北京：中国人民大学出版社，2004

⑤ 关志强，董朝晖等．中国医疗保障制度发展报告．卫生政策支持项目（HPSP），2007

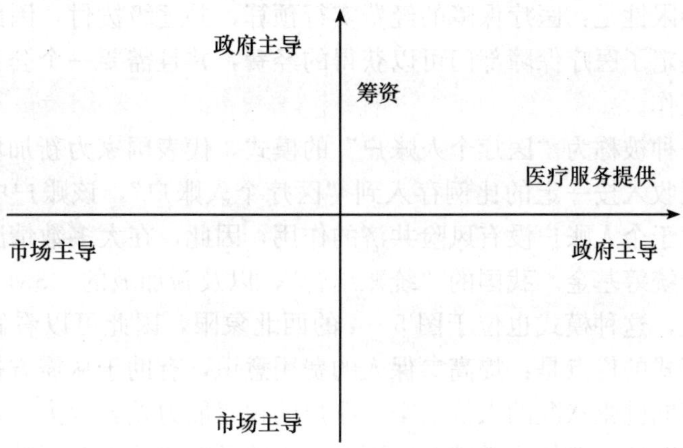

图 5—4 医疗保障模式分类

二次世界大战结束以后，英国基本上按照贝弗里奇的建议建立了社会保障体系，包括国家卫生服务制度。其特点是：国家通过税收筹集医疗保障资金，通过举办公立医疗机构为全民提供免费（或低费用）的医疗服务，服务内容包括预防保健、疾病诊治和护理康复等。在这种模式下，国家给全民提供统一的基本医疗服务，有利于实现保障健康公平。但是，其局限性是：公立医疗机构提供医疗服务的效率较低，医疗机构的反应性差，造成“看病难、手术难”的现象。

社会保险模式由俾斯麦于 1883 年在德国首先建立，又称俾斯麦模式。其特点是：国家通过立法强制国民参加医疗保险，由政府或政府授权的医疗保险机构为全体国民提供医疗保险，由公立和私立医疗机构共同提供医疗服务。由于有部分贫困人群没有能力缴纳保费，国家财政将为这部分人群购买保险。这种模式较好地结合了政府和市场的功能，充分发挥了市场机制的作用。其局限性是：政府对医疗保险的调控能力较弱，其结果是往往形成多板块的医疗保险制度，不利于制度的整合。

商业保险模式的代表国家是美国。其特点是：国家没有对普通人群的医疗保险进行立法，人们自愿参加保险公司提供的医疗保险，医疗服务也主要由私立部门提供。但是在以商业保险模式为主的国家中，政府并非无所作为。政府的作用在于：（1）通过减免所得税的方式，鼓励企业和职工购买医疗保险；（2）政府为穷人和老年人提供医疗保险。商业保险模式充分尊重了消费者的选择权，较好地发挥了市场机制的作用，但是难以做到全民覆盖。商业保险模式的优点是，充分鼓励医疗保险机构之间的竞争，对于医疗保险管理技术的发展有积极的意义。其缺陷是，由于普通人群没有实行强制性参保，并且政府补助较少，因此相当一部分人群可能没有参保，影响医疗服务利用的公平性。

在国家卫生服务和社会保险模式之间还有一种称为“国家健康保险”的中间模式，代表性国家是加拿大、澳大利亚等。其特点是：政府通过税收筹集医疗保险基金，为全民提供医疗保险，主要由私立部门提供医疗服务。在分类上，这种模式位于图 5—4 的西北象限，因此更接近于社会保险模式。这种模式下，通过政府筹资较好地实现了基本医疗保障的均等化，并且在医疗服务提供上由公立和私立部门共同提供，较好地发挥了市场的作用。这种模式的局限性是：医疗保障的经费实行预算，并逐级拨付，因此卫生部门在政府决策中的优先权决定了医疗保障部门可以获得的经费，并且需要一个公正、高效、廉洁的政府来完成这个工作。

另外，还有一种被称为“医疗个人账户”的模式，代表国家为新加坡。其特点是：国家立法强制国民把收入按一定的比例存入到“医疗个人账户”，该账户中的资金只能用于医疗保健支出。由于个人账户没有风险共济的作用，因此，在大多数情况下在个人账户之上还建立一个社会统筹基金。我国的“统账结合”，以及新加坡的“3M”计划就是属于这种情况。在分类上，这种模式也位于图 5—4 的西北象限，因此可以看做社会保险模式的一种变体。这种模式的优点是：提高参保人的费用意识，有助于从需方控制费用。局限性是：不同收入、不同健康状况的人群，个人账户的积累能力差异很大。可能会限制低收入人群和健康状况较差的人群的正常就医，而高收入并且健康状况较好的人群，可能会造成个人账户积累过多，影响资金的使用效率。

3. 中国医疗保障制度模式选择

一个国家具体选择何种医疗保障模式与其社会经济发展水平、行政体系结构、行政管理能力、保障制度的历史发展等有着密切的关系。在计划经济时期，我国在城镇地区实行公费医疗和劳保医疗，由政府直接提供医疗经费和医疗服务。在医疗保障制度的分类上位于图 5—4 的东北象限，因此类似于英国模式。随着社会经济的发展，到 20 世纪 80 年代，我国也出现了“住院难、手术难”的“英国病”。

我国社会保障制度改革从 20 世纪 80 年代初开始，与经济体制改革的轨迹基本重合。从计划经济向市场经济转型过程中，国有企业的社会保障作用逐步削弱；同时，由于处在工业化早期，国家财政投入以经济建设为中心，通过税收建立政府保障的可能性较小。所以，医疗保障制度采取社会保险模式符合我国的国情。我国于 80 年代后期开始探索社会医疗保险制度的建设，于 1998 年在全国建立城镇职工基本医疗保险制度（以下简称职工医保），属于社会医疗保险的模式。

但是，在制度转轨的早期，医疗保险的覆盖面比较狭窄，仅限于城镇职工，因此出现了个人医疗负担过高的情况。进入 21 世纪以后，我国社会经济取得了重大的发展，财政能力大大提高，这使得为低收入人群的医疗保障提供财政补助成为可能。新型农村合作医疗（以下简称新农合）和城镇居民基本医疗保险（以下简称居民医保）分别于 2003 年和 2007 年启动试点工作。

我国的职工医保制度以保险费的形式筹资，城镇居民基本医疗保险以保险费筹资为主结合税收筹资，新型农村合作医疗以税收筹资为主结合保险费筹资，三大医疗保险制度共享一个以公立医疗机构为主体的医疗服务提供体系。三大医疗保险制度由于筹资水平差异大，待遇水平差距也很大，形成了多层次的保险制度（见表 5—3）。

20 世纪 90 年代以来，我国在医疗保障筹资上进行了很大的改革，覆盖面迅速扩张，但是医疗服务提供体系的改革非常有限，公立医疗机构仍然处于行政垄断地位，限制了社会资源在医疗服务领域的投入，医疗服务供不应求。90 年代后期以来“看病难、看病贵”问题突出，公立医疗机构改革成为当前医药卫生体制改革的重点。

表 5—3 我国多层次的社会保障制度

人群	制度	筹资	服务提供
城镇职工	职工医保	个人和企业缴费	公立医疗机构为主体
城镇居民	居民医保	个人缴费为主，财政补助为辅	
农村居民	新农合	财政补助为主，个人缴费为辅	

二、覆盖城乡医疗保障制度建设的国际经验

在大多数国家和地区，医疗保障制度的发展是一个渐进的过程，首先覆盖经济能力较强的人群，然后逐渐向弱势人群扩展，并且政府的责任主要在于为弱势人群提供保障。本节从制度覆盖的阶段性、弱势人群医疗保障和城乡医疗保障制度的整合三个方面来讨论医疗保障制度建设的国际经验。

（一）制度覆盖的阶段性

医疗保障制度从无到有的建立过程中，有一个阶段性的进展。一般首先覆盖正规就业的人群，然后向农民和城镇非正式就业人员扩展。在这个过程中，对医疗保险管理能力和政府补助力度的提高有越来越高的要求。下面以韩国为例，分析社会医疗保险制度覆盖面扩展的过程①。

早在 1963 年，韩国政府通过第一部医疗保险法案，允许建立自愿参加的医疗保险。1977 年，韩国政府下文，强制规定所有雇用 500 名以上雇员的企业必须实施医疗保险。1979 年，政府进一步宣布对 300 名以上雇员的中型企业实施强制性医疗保险。同年，该国政府宣布对本国政府公务员及学校教职工实施医疗保险。1981 年，韩国对 100 名以上雇员的企业亦实施了强制性医疗保险。1983 年开始对所有凡雇有 16 名职员以上的公司、企业均实施了强制性医疗保险。

1981 年，韩国政府开始在农村地区进行医疗保险实施试点。进行试点工作的初期，政府只支持有关的行政费用，因此农民投保积极性不高，只有少数人投保。之后，政府决定将投保费改由政府负担 50%，农民自己负担 50%。这样，逐步调动了广大农民的投保积极性，医疗保险在农村逐步得到普及与实施。到 1988 年，政府已完成了对广大农村地区实施强制性区域医疗保险的计划。1988 年，开始对城市居民推行强制性区域医疗保险计划。通过对贫困城市居民提供基本的免费医疗保险，切实解决城市贫困群体参加医疗保险中所遇到的经济困难。到 1989 年，政府的全民强制性医疗保险计划在各地实施，并得到各阶层人士的认可和支持。

（二）为弱势人群提供医疗保障

医疗保障中的弱势人群包括低收入人群、老年人群、边远地区的人群等。弱势人群的

① 李国鸿．韩国医疗保险制度的建立及影响因素的分析．国外医学．卫生经济分册，2003：20（2）

覆盖是实现全民医疗保障的重点和难点。在不同的医疗保障模式下，都对弱势人群的参保做出了适当的安排。

社会医疗保障体系总体上体现“高收入帮助低收入，富人帮助穷人，团结互助、社会共济、体现公平”的宗旨。法律要求各种职业的人群加入社会医疗保险，按工资比例缴纳基金，但是低收入人群可能无法履行缴费义务，这时由政府为其提供医疗保险费，使其享受正常的医疗保险待遇。例如，德国、日本和我国的台湾地区，都有免除低收入人群缴费义务的规定。在我国的居民医保中，也规定免除或部分免除低保和重残人群的缴费义务。

在国家健康保险和国家卫生服务模式下，国家通过税收筹资，达到了全民覆盖。然而，不同地区的医疗水平有差异，特别是在地域辽阔的国家，边远地区存在缺医少药的情况。政府不仅要为边远地区的居民提供医疗保障资金，还要帮他们建立医疗机构。在加拿大，政府为居住在偏远地区的土著人提供社区医疗资源。加拿大的土著人社区医疗尤其重视对社区的“赋权”，主要的方式是，政府资助或全部出资，在边远的土著人居住区建立医疗机构，然后把医疗机构交给社区管理，政府不再干涉医疗机构的具体运营①。这种社区自治的方式避免了文化冲突，也避免了政府干预带来的低效率，有利于社区医疗机构的自我发展。

在以商业医疗保险模式为主的美国，仅为老人（medicare）和穷人（medicaid）提供公立医疗保障制度。这两大社会保险计划的显著成果是大大改善了弱势人群利用医疗服务的可及性，对贫困人群健康水平的提高也有显著影响。但是由于穷人保险计划是以州为单位执行的，各州之间的待遇水平相差很大，因此不同州之间的贫困人群利用医疗服务的公平性还是存在问题②。除了公立医疗保险以外，美国法律规定医院在面对急诊病人时都要采取先治病、后付费的方式，无论贫穷或富裕，只要是急诊病人，即使没有任何医疗保险，医院也要治病救人在先、追账要钱在后。这使得没有医疗保险的急诊病人能够得到及时治疗。

（三）“多板块”医疗保障制度的统筹和整合

在社会医疗保障制度发展过程中，由于不同地区、不同行业的人群经济能力有差异，因此可能存在多板块的医疗保障制度。例如，我国台湾地区在建立“全民健保”之前，存在公教人员保险、劳工保险、农民保险、低收入户保险、军人和荣民保险等多个制度，但是覆盖面只有59%。日本的公立医疗保险制度中，至今还存在职员保险和国民保险的差别。前者主要针对正式就业人群，后者具有一定的福利性，主要针对无工作和非正式就业者。由于历史原因，职员保险根据所属单位规模大小和性质的不同，形成了几个不同的医疗保险制度。700人以上的大企业，可以建立一个医疗保险协会，保险基金由医疗保险协会管理；而小企业工作人员的医疗保险由政府管理。

---

① Health Systems in Transition，European Observatory on Health Systems and Policies，2005，7（3）

② 关于医疗筹资与服务的“美国模式”有很多著作，系统而简要的介绍参见 Steven Jonas，*An Introduction to the U. S. Health Care System*. 5th edition. New York：Springer Publishing，2003

台湾地区采取了“全民健保”的方式，建立了统一待遇的社会医疗保险制度。但是在筹资上，按照参保人职业和经济能力缴纳不同的保费。其核定缴费水平的方式如下：首先是历史上“多板块”的保险制度，根据参保人和职业的不同，分为六类十三种，同时将参保人的眷属随参保人一同纳入保险范围。第一类是公务人员和正规就业的职员；第二类是无固定雇主的劳工；第三类是农民和渔民等；第四类是军人；第五类是低收入人员；第六类是荣民及遗属。其中第一到第四类需要缴纳保费，但是这四类人的“负担比率”根据经济能力有所不同；另外，家属人数超过5口人的，按5口人计算，以减轻赡养家属较多的职工的负担①。

日本并没有建立全民统一的医疗保障制度，而是在职员保险和国民保险两大保险制度之间进行和衔接②。例如失业者可以从原来的职员保险，转换到国民保险。从筹资上看，一般来说职员保险的待遇高于国民保险，职员和雇主各负担一半，自营业者和农民参加的国民保险缴费，由个人和政府各承担一半。从待遇上看，2003年以前，不同保险制度的支付比例各不相同，2003年以后，政府通过修改法律，各制度的支付率统一定为70%，但是3岁以下儿童的支付率为80%，70岁以上老年人的支付率为90%。

从国际经验看，建立全民覆盖的医疗保障制度面临三大难题，一是非正规就业人员参保的问题，二是贫困人群参保的问题，三是不同经济能力人群多层次医疗保障制度统筹的问题。许多国家的经验显示，社会保障制度首先覆盖正规就业人群，然后逐步向非工作人群和自由职业者扩展。在扩展过程中，往往有一个从自愿参保到强制参保的过程，在发展中国家，由于财政能力的限制，需要在政府补助下为低收入人群建立专门的较低保障层次的制度。这与我国当前新农合和居民医保的经验相似。

基本达到全覆盖以后，有些国家和地区对不同层次和板块的医疗保障制度进行整合，形成统一的制度，例如我国的台湾地区；也有些国家保留原来多板块的制度，而在待遇上进行协调，例如日本。韩国的经验告诉我们，针对非就业人群的医保制度在启动时期可以实行自愿参保，当这个制度得到广泛的认可以后，为了达到全民参保，应该适时调整为强制性参保。

第三节　覆盖城乡的医疗保障体系的目标和框架

经过20多年改革，我国目前已经建立了由城镇职工基本医疗保险、城镇居民基本医疗保险、新型农村合作医疗和城乡医疗救助组成的多元化的基本医疗保障制度体系，初步实现了城乡各类人群医疗保障制度上的全覆盖。不过，制度上的全覆盖仅仅是我国医疗保障体系建设的一个阶段性的成就，随着国家经济和社会的发展，特别是为了实现2020年全面建设小康社会的目标，有必要进一步确定我国医疗保障体系建设的中长期目标，并整

① 黎宗剑，王治超等. 台湾地区全民健康保险制度研究与借鉴. 北京：中国金融出版社，2007

② 宋金文. 日本医疗保险体制的现状与改革，日本学刊，2005（3）

体设计医疗保障体系的基本框架和实施步骤。

一、我国覆盖城乡医疗保障体系建设的目标

党的十六大提出了“在21世纪头20年，全面建设小康社会”的宏观发展目标。国民健康状况则是衡量全面小康社会实现与否的重要指标之一，把所有国民纳入医疗保障体系，实现人人享有基本的医疗保障是全面实现小康社会的重要任务之一。根据2020年全面建设小康社会的目标，党的十七大提出的“覆盖城乡居民的社会保障体系基本建立，人人享有基本生活保障”的社会保障发展目标，结合国际医疗保障发展的历史经验和现实选择，我们认为，我国覆盖城乡的基本医疗保障体系建设的目标应定位在：到2020年，建立覆盖城乡的基本医疗保障制度体系，实现城乡居民的全面覆盖，消除城乡人员流动的制度障碍，统一城乡医疗保障管理，逐步提升保障水平，缩小城乡医疗保障水平的差距。上述目标的具体含义如下：

1. 制度全面覆盖

实现全面覆盖首先必须建立城乡各类人群都能够参加的医疗保障制度，不使任何一个人群遗漏在这一医疗保障制度网之外。为体现医疗保障制度的公平性，城乡各类人群的医疗保障均通过社会保险的方式来实现。针对经济承受能力差的贫困群体，通过政府的财政补贴来帮助他们参加医疗保险。目前我国已经建立了城镇职工基本医疗保险、城镇居民基本医疗保险和新型农村合作医疗三项医疗保险组成的医疗保险制度网，覆盖所有城乡各类人群，使得城乡所有居民均可以参加的医疗保险制度，制度全覆盖的目标已经基本实现。

2. 人员全面覆盖

制度覆盖不等于实际覆盖。目前城乡居民还有相当大一部分尚未参保。因此，在建立了三大医疗保险制度之后，需要逐步扩大医疗保险覆盖面，最终实现城乡居民人人都被纳入医疗保险制度，人员全面覆盖的目标是，全体居民覆盖率达到90%以上。

3. 提供基本保障

鉴于我国经济社会发展的现状，我国医疗保险提供的保障还是基本保障，还无力提供高水平的医疗保障。更高水平的医疗保障需要通过自愿参加的补充性医疗保险来实现。即使将来我国的经济发展水平大幅度提高了，也不可能解决医疗需求的无限性与医疗保障资源的有限性之间的矛盾。政府承担基本保障的责任，让市场承担基本保障之上的更高水平保障的责任，也是长远的政策方向。当然，政府提供的基本保障水平应该随着经济的发展逐步提高，基本保障水平达到能够有效化解居民疾病风险的程度。

4. 城乡制度衔接和整合

城乡居民参加了一种医疗保险制度，并不意味着一定能够真正享受到医疗保障。由于我国城乡二元结构和人员的跨区域流动，使得部分人群，特别是进城的农民工，在城乡之间、城市之间发生流动时，因为制度间的壁垒造成医疗保障权益的损失甚至丧失。因此，在短时期内无法实现城乡各类人群实行统一制度的情况下，必须设法做好城乡之间、地区之间的制度衔接，切实保护参保人的医疗保障权益不受损害。此外，为保障城乡居民参保的公平性，应逐步打破按城乡、按就业状况分别设置制度的格局，打通城乡医疗保险制度

之间的参保障碍，允许城乡各类人群自由参加任何一个医疗保险制度，保障城乡居民的自由参保权。并且在一定的条件下，逐步整合城乡居民医疗保险制度，最终实行统一的城乡居民基本医疗保险制度，将三大制度合并为两大制度。

5. 统一管理

目前城乡医疗保险分别由社会保障和卫生部门管理，而且管理（统筹）层次基本上还是在区县一级。分散管理不利于提高管理效率、节约管理成本，对参保人的就医也存在诸多不便，而且分散管理也构成制度之间的整合和统一的障碍。因此，需要改革现行分散的医疗保障管理体制，逐步整合各类管理资源，最终建立统一的医疗保障管理体系，将三大医疗保险和医疗救助制度纳入到一个医疗保险管理机构之下，加强医疗保障体系的统一规划、医疗保险制度的统一管理，并将医疗保险的统筹层次提高到地市一级，以便节省管理资源，提高管理效率。

6. 逐步提高医疗保障水平

医疗保障的目的是化解人们的疾病经济风险。目前各项医疗保险制度、特别是城镇居民医疗保险和新型农村合作医疗的保障水平还比较低，还不能达到真正化解疾病风险的程度，因此需要在逐步提高缴费水平和政府财政补贴水平的基础上，逐步提高医疗保障的待遇水平。一方面提高住院和门诊大病的支付比例，职工医保的支付比例逐步达到80%以上，城乡居民医保的支付比例达到60%以上，以减轻参保患者的个人负担；另一方面逐步扩大门诊大病的范围，并逐步建立普通门诊统筹，将普通门诊也纳入医疗保险的支付范围，最终形成覆盖所有门诊和住院医疗服务的综合医疗保险制度，门诊统筹的支付比例达到50%以上。

7. 逐步缩小城乡医疗保障差距

目前虽然农村也建立了医疗保险制度，但城乡医疗保障待遇水平还相差很大，有必要通过增加财政对医疗保障的投入、财政投入向农村医疗保障倾斜以及随着农村经济发展逐步提高农村医疗保险的缴费水平，逐步提高农村医疗保障的待遇水平（支付范围和支付比例），使得农村医疗保障待遇水平的增长快于城镇医疗保障的待遇水平增长，逐步缩小城乡待遇差距，从而提高整个城乡医疗保障体系的公平程度。

二、覆盖城乡的基本医疗保障制度体系构架及其特点

我国城乡医疗保障体系由三个层次组成（见图5—5）。一是保底层，即医疗救助层，为没有能力参保和无力支付医疗费用的贫困人群提供医疗救助。医疗救助包括两部分：参保救助与医疗服务和费用救助。参保救助为那些无力参保的城乡居民提供参保缴费救助，帮助他们免费或减费参加城镇居民基本医疗保险或新型农村合作医疗；医疗服务和费用救助为那些少数仍没有参加任何医疗保险的贫困人群在发生疾病时，由政府提供免费或低费的直接医疗服务，以及为那些参加了医疗保险、但个人费用负担沉重的贫困人群提供医疗保险之外的医疗费用救助。二是基本层，基本层是整个医疗保障体系的主体部分，绝大多数城乡人口都要参加基本医疗保险，基本医疗保险由三部分组成，覆盖到城乡全体居民：城镇职工基本医疗保险，主要覆盖城镇从业人员，同时对外开放，其他人群（包括农村居

民）也可自愿参加，只要按照职工基本医疗保险的缴费标准即可；城镇居民基本医疗保险，覆盖城镇非从业人员，包括儿童、学生、老人以及未就业的成年居民，同时对外开放，城镇非正规从业人员、农村居民也可自愿选择参加；新型农村合作医疗，覆盖农村居民，城镇居民也可自愿选择参加新农合。逐步将城镇居民基本医疗保险、新型农村合作医疗整合为城乡居民基本医疗保险，形成以就业与否而非城乡户籍为特征、同时相互开放的两个层次的基本医疗保险体系：城镇职工基本医疗保险＋城乡居民基本医疗保险。三是补充层，包括各种补充医疗保障，作为基本医疗保险的补充，为城乡居民提供更好的医疗保障。补充医疗保障包括单位为职工建立的补充医疗保险（包括公务员医疗补助）、单位直接提供的医疗福利、单位为职工购买的商业医疗保险，个人购买的商业医疗保险等多种形式。

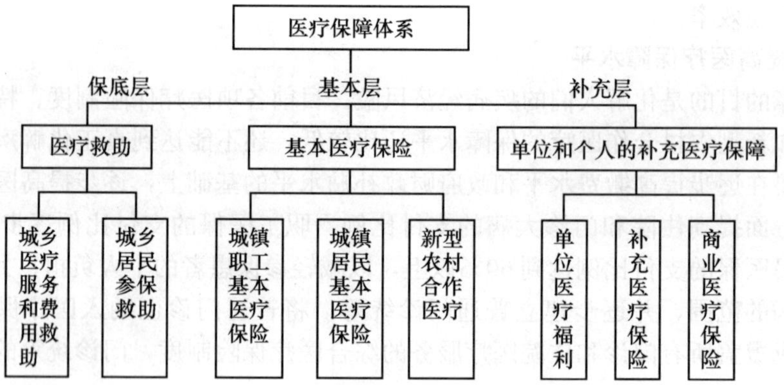

图 5—5　城乡医疗保障体系构架

上述多层次医疗保障体系具有如下特点：

1. 以社会保险制度为主体

我国医疗保障体系是以社会保险制度作为医疗保障的主体制度，通过参加社会医疗保险的方式解决绝大多数人口的医疗保障问题，而不是采用普遍的医疗福利来提供医疗保障。而且，即使是作为辅助制度的医疗救助也主要以为贫困人群参加医疗保险提供缴费救助、将大多数贫困人群也纳入相同的医疗保险制度的形式存在。各种补充性的医疗保障以及其他形式的医疗救助只是医疗保障体系的辅助性、补充性制度。

2. 多元筹资

社会医疗保险制度采用多方筹资来筹集医疗保险基金，根据不同人群的特征和收入状况分别采用不同组合的多元筹资，实行多方的责任共担。具体来说，对于有用人单位的正规就业者，主要由单位和就业者个人共同缴费来筹资，政府的责任主要是作为雇主为机关事业单位职工缴费；对于非正规就业者（灵活就业人员），主要由个人承担缴费责任，政府对收入相对较低的人群给予一定的缴费补贴；未就业人群，包括儿童、学生、老年人以及无业的成年人，这类人群参加医疗保险由家庭缴费和政府财政补贴共同筹资，对于家庭困难的未就业人群，主要甚至完全由政府财政资助他们参加医疗保险，个人承担较少的筹资份额甚至完全不缴费。另外，政府的筹资责任还体现在对单位、个人和家庭的医疗保险缴费均给予免税的优惠政策上。

3. 开放、可衔接的多元制度组合

我国在相当长时期内不追求用一个统一的社会医疗保险制度覆盖所有城乡居民，而是基于就业人群与非就业人群的缴费能力差异以及相当长时期内城乡差距的现实，采用城镇职工、城镇居民、农村三大筹资和待遇水平存在差别的医疗保险制度组合来实现覆盖城乡全体居民的目标。不过，在2020年之前需要努力缩小城乡、就业与非就业人群之间的待遇差距，提高整个医疗保障的公平程度。另外，非常重要的是，在2020年前还需要逐步打破以户籍、身份为界的制度壁垒，逐步实现三大制度的完全开放，即所有人群，不论城乡、就业与否，均可根据自己的缴费能力和意愿自愿参加任何一种医疗保险制度。同时为了适应人员流动、人员户籍、身份、就业状况变化的要求，制定相关制度间衔接和转换的管理办法，保障各类人员可以在不同制度之间自由转换而不至于损害其医疗保险权益。

4. 保障范围兼顾住院和门诊

医疗保险制度为城乡居民提供基本保障，基本保障的范围随着经济的发展而逐步扩大。目前主要以保障住院和门诊大病待遇为主，但需不断扩大保障范围，门诊大病的范围应不断扩大，并且积极探索保障范围逐步向普通门诊延伸，建立门诊统筹，兼顾住院和门诊。到2020年应全面建立包括住院和门诊统筹的综合医疗保险制度。与此同时，医疗保险应与公共卫生密切配合，探索保障范围由以疾病治疗为中心的医疗保险逐步向以健康维护为中心的健康保险转变。

5. 多层次体系

在基本医疗保险覆盖城乡全体居民之外，国家倡导和通过一定的优惠政策激励用人单位为职工建立补充医疗保险，鼓励用人单位和个人购买商业医疗保险，帮助居民获得更好的医疗保障。国家还应以财政补贴参保缴费和直接提供医疗服务的形式为贫困人群提供医疗救助，形成以基本医疗保险为主、医疗救助和各种补充医疗保险为辅的多层次医疗保障体系。

三、覆盖城乡医疗保障体系建设的步骤

2020年建立覆盖城乡的医疗保障体系的目标将分两个阶段完成。

（一）第一阶段（2008—2012年）：全面覆盖阶段

在本届政府任内重点解决人员覆盖问题和人员流动的医疗保险关系转移接续问题，使得城乡居民全部纳入医疗保险体系之中，并且在发生疾病时能够真正享受到相应的医疗保障待遇。扩大覆盖面的重点在于：继续推进城镇居民基本医疗保险；解决国有困难企业、关闭破产企业退休人员的基本医疗保障问题，解决非公有制经济组织从业人员和灵活就业人员参保率低的问题以及农民工如何参保的问题。解决人员流动的关系转移接续问题主要是通过建立统筹地区之间的利益协调机制和三大制度之间的衔接和转换办法来解决。

此外，在第一阶段，还需要进行一些完善制度和管理机制方面的探索，比如门诊统筹、地市级统筹、城乡统筹以及建立医疗保险供需双方谈判机制的探索，为下一阶段全面

完善制度和管理机制做铺垫。

（二）第二阶段（2012—2020年）：完善制度和管理机制阶段

从下届政府到2020年建成全面小康社会期间，在第一阶段基本完成各项医疗保险制度基本覆盖城乡居民的基础上，重点着手进一步完善医疗保险制度，提高医疗保障水平并缩小城乡医疗保障水平差距，建立健全管理体制机制。具体任务包括：完善医疗保险制度，将医疗保险的保障范围扩大到普通门诊，普遍建立门诊统筹，形成保障范围涵盖住院和门诊的综合医疗保险制度；整合和统一城乡居民医疗保险制度，形成就业人群与非就业人群两个医疗保险制度结构；随着经济发展水平的提高，逐步提高医疗保险待遇水平，城镇职工医保的支付比例达到80％以上，城乡居民医保的支付比例达到60％以上，门诊统筹的支付比例达到50％以上，实现基本化解城乡居民的疾病经济风险的目标；完善筹资机制，实现个人缴费按收入的一定比例缴纳，单位缴费和个人缴费适度增长，建立制度化的筹资增长机制；逐步缩小三大制度、城乡之间的医疗保险待遇差距；完成城乡医疗保险管理体制的整合和统一，实现三大制度统一由一个管理部门管理，整合管理资源，提高管理效率；全面实现地市级统筹，实行基金统一管理、机构垂直管理，有条件的地区可以向省级统筹发展或建立省域范围内的基金部分调剂；全面建立医疗保险供需双方谈判机制，完善医疗费用支付方式，进一步提升医疗服务管理水平；通过完善医疗保险信息管理系统和医疗保险经办管理业务流程、经办服务下沉到社区，进一步提高医疗保险经办管理服务水平，为参保人提供高效、方便的经办管理服务。

第四节　覆盖城乡的医疗保障体系建设的主要内容及政策思路

一、解决各类人群的参保问题，努力扩大医疗保险覆盖面，实现人人享有基本医疗保障

医疗保险覆盖90％以上城乡居民的目标应基本在第一阶段即本届政府任内完成。目前新型农村合作医疗覆盖率比较高，城镇职工基本医疗保险的参保率也比较高，完成90％覆盖率这一目标的关键在于：全面推进城镇居民基本医疗保险，解决国有困难企业、关闭破产国有企业退休人员参保困难的历史遗留问题，以及非公有制经济组织、灵活就业人员医疗保险参保率不高的问题。

（一）推进城镇居民基本医疗保险制度建设，扩大城镇居民参保覆盖率

自2007年7月城镇居民基本医疗保险试点工作开展以来，城镇居民基本医疗保险的覆盖面迅速扩大。2008年年底，全国参加城镇居民医保的人数超过了1.1亿人。尽管覆盖面迅速扩大，但离实现全覆盖所要求的90％的参保率仍然还有很大的距离，实现城乡居民

医疗保险全覆盖，加快扩大城镇居民基本医疗保险覆盖面至关重要。推进城镇居民基本医疗保险，加快参保覆盖面的扩大，需要在如下四个方面进行努力。一是进一步强化宣传。通过各种媒体，充分利用社区、学校、单位，宣传居民医保的基本政策、参保的益处以及参保的具体办法。二是充分利用学校、社区的平台，为居民参保提供方便的服务。三是通过探索建立各种形式的门诊保障办法，扩大医疗保险的受益面，以增强居民医保的吸引力。四是以大学生医疗保障办法的出台为契机，将 2 000 万大学生纳入居民医保的范围。此外，由于城镇居民是自愿参保，在基本医疗保险实行大病统筹的情况下，有可能出现因为多数参保居民因未发生住院和门诊大病、享受不到医疗保险待遇而出现参保反复，因此，有必要通过逐步建立门诊统筹、提高参保居民的受益面和保障水平来巩固参保率，确保覆盖全体居民的目标实现。

（二）国有困难企业职工、关闭破产国有企业退休人员的参保问题

国有困难、关闭破产企业的医疗保险问题是历史遗留问题，难以仅仅通过企业自身来解决参保问题，需要各级政府承担责任。2008 年 7 月，中央政府出台了《关于中央财政帮助地方政策性关闭破产国有企业退休人员参加城镇职工基本医疗保险补助资金拨付有关问题的通知》，明确中央财政通过“奖补结合”方式，帮助地方政策性关闭破产国有企业退休人员参加城镇基本医疗保险。中央政府共拿出 98 亿元对解决上述人群的参保问题进行补助，加上地方政府财政给予的配套补助，2008 年年底基本完成了将上述人群纳入基本医疗保险的目标。下一步，需要继续通过政府财政补助、企业尽责，多方共同筹资，来解决其他类型的关闭破产企业退休人员以及国有困难企业职工的参保问题，争取在 2010 年前彻底解决这一历史遗留问题。2009 年，同样通过一定的中央和地方财政补贴，再解决中央和中央下放地方以及地方依法破产等关闭破产、依法破产的国有企业退休人员的参保问题。此外，通过企业尽责、多渠道筹资，再逐步将其他国有、集体困难企业职工纳入医疗保险制度，确有缴费困难的，也可以选择参加城镇居民基本医疗保险，政府给予一定的财政补贴。

（三）非公经济从业人员、灵活就业人员的参保问题

目前，我国非公有制经济组织（通常是规模小的中小企业）从业人员、灵活就业人员占总体就业的比重比较大，但由于企业经济实力比较弱，从业人员就业稳定性差、收入低、参保管理难度大等原因，医疗保险参保率不高，仅 30%左右，成为制约城镇职工基本医疗保险参保率提高的最主要因素。在推动这两个从业人群参保时，必须考虑区分不同情况，采用灵活的参保政策。一方面严格执行《劳动合同法》，强化雇主责任，将有能力缴费参保的非公有制企业从业人员纳入城镇职工基本医疗保险；另一方面也应采取灵活措施，如允许全额缴费确有困难的企业和人员参加相对低费率的单建统筹的医疗保险，确实无力参加职工医保的企业和人员也可以通过财政补贴参加居民医保。

（四）农民工的参保问题

农民工是在城镇就业的一支庞大的就业人群，为城镇发展和经济增长作出了巨大贡献，推动农民工参加包括医疗保险在内的各项社会保险，保护他们的社会保险权益十分重要。相当一部分农民工具有流动性大、就业不稳定、收入低等特点。因此，推动农民工参加医疗保险应根据其就业状况区别对待。一方面将签订劳动合同、稳定就业的农民工直接纳入城镇职工基本医疗保险，与城镇职工同等对待；另一方面对于就业不稳定、从事灵活就业的农民工，允许他们自愿选择参加就业地的城镇居民基本医疗保险，也可以选择参加户籍所在地的新型农村合作医疗，无论参加居民医保还是新农合，均享受相应的财政补贴。此外，还需要在管理上加强城镇医保与新农合的协调，避免农民工的双重参保。

二、解决人员流动医疗保险关系的转移接续问题

应在第一阶段全面解决人员流动医疗保险关系的转移接续问题，保障人员流动时的医疗保险权益。人员流动医疗保险关系转移接续涉及三个方面的情况：人员跨统筹地区流动就业后医疗保险关系的转移，人员身份变化（农民转市民）和城乡之间就业流动（农民工离乡和返乡）时医疗保险关系在城乡医疗保险制度之间转移和接续，以及跨统筹地区就医引起的医疗保险待遇支付的转接（异地就医问题）。应在本届政府任内出台相关政策，解决人员流动的医疗保险关系转移接续问题。

统筹地区之间医疗保险关系转移接续面临的主要问题是流出地区基于保护地方利益，不愿将参保人员过去的缴费转移至流入地区，而流入地区则以没有在本地缴费为由而不承认流出地区参保人员的缴费年限，从而影响到参保人员退休时的医疗保险待遇。解决统筹地区之间医疗保险关系转移接续的关键是要处理两个问题，一是地区间的利益矛盾，二是参保人员的权益保护。因此，必须在统筹地区之上的政府层次（中央和省）进行利益协调，并同时保护参保人员的权益不因流动就业而受到损失。建议成立中央和省级的医疗保险权益转移中心，承担跨地区医疗保险关系的利益协调和转移工作。医疗保险关系转移的基本政策是：参保人员退休时在不同统筹地区参保的缴费年限可合并计算，无论在最后参保地区缴费时间多长，只要在不同地区参保缴费年限合计达到法定的享受退休医疗保险待遇的年限，即可在当地享受退休人员医疗保险待遇。由于农民工是跨地区人员流动的主体人群，农民工就业在东部发达地区，其中很大一部分最终回归经济欠发达的中西部家乡，必然形成年轻时在东部发达地区缴费参保、年老时回中西部地区享受医疗保险待遇的局面，如果不进行一定的东西部地区间的医疗保险基金的转移显然是不公平的，必须建立地区间医疗保险基金的转移机制，将农民工东部地区缴费权益的一部分转移回中西部家乡。国家应该出台医疗保险关系地区间转移的权益计算和转移办法。

解决农民在城乡之间流动、医疗保险制度在城乡之间的转换和接续问题，关键在于城乡制度间的权益如何计算和转接。由于城镇职工医疗保险与新农合之间有着巨大的缴费和待遇差异，短期内还不能将新农合的缴费年限直接转为城镇职工的缴费年限，因此需要根据城乡医疗保险的缴费水平和待遇的差距确定一个合理的新农合缴费年限折算城镇职工医

疗保险缴费年限的折算率，在农民转成市民后，根据确定的折算率将其过去新农合的缴费年限折算成城镇职工的医疗保险缴费年限，合并记入其将来享受退休待遇的缴费年限之中。

解决异地就医问题，一方面需要提高统筹层次，将统筹层次提高到地市级，消除地市范围内的大量的异地就医问题；另一方面就是要建立统筹地区医疗保险经办机构之间的协作机制。统筹地区之间的协作可以有多种形式：一是信息联通和传输，就医地医保经办机构将患者的就医信息及时传输给参保地医保经办机构，参保地经办机构负责审核和结算，所结算的费用通过就医地经办机构转入就医的医疗机构；二是由就医地经办机构代为审核和支付费用，然后再由参保地经办机构和就医地经办机构进行费用结算；三是针对异地安置的退休人员和长期驻外人员，将其所有医疗保险权益和缴费全部转移至居住地，由居住地医保经办机构全权承担其医疗保险管理和待遇支付责任。

三、完善基本医疗保险制度

本届政府的主要任务是扩大覆盖面和保障人员流动时的医疗保险待遇，但也应在完善制度和完善管理机制方面进行必要的探索。完善制度和管理机制探索的重点包括三个统筹和两个机制：门诊统筹、地市级统筹、城乡统筹和医疗保险筹资机制、医疗保险供需双方谈判机制。到第二阶段，全面实现上述三个统筹的完善和建立正常的医疗保险的筹资调整机制，全面建立医疗保险供需双方的谈判机制。

（一）建立医疗保险门诊统筹

我国城乡三项医疗保险制度均以住院为保障重点，对门诊则缺乏保障或保障严重不足。就城镇职工基本医疗保险来看，经过十多年的发展，目前城镇职工医保已经为住院提供了比较好的保障，基本能够化解住院的费用风险，但在门诊方面提供的保障还不尽如人意。城镇职工医保门诊主要由个人账户支付费用，而个人账户缺乏互助共济，不能化解门诊大病的风险，造成部分健康人群个人账户大量结余，部分患病人群个人账户不足支付、负担较重。虽然，多数地区把部分门诊大病纳入统筹基金的支付范围，但由于门诊大病范围有限，仍然有一些费用较高的门诊疾病由于没有被界定为门诊大病，不能进入统筹基金的支付范围，个人负担仍然较重。不少门诊费用较高、又得不到报销的参保患者倾向于用费用更高但能报销的住院服务替代费用较低但不能报销的门诊服务，反而增加了医疗保险基金的支出。就城镇居民基本医疗保险来说，居民医保实际上是大病统筹保险，没有个人账户，大病统筹只为住院和少数门诊大病病种提供保障，而普通门诊则完全由个人负担全部的医疗费用，门诊保障水平比城镇职工还要低。门诊保障不足一方面加重了个人的医疗费用负担，甚至抑制必要的门诊医疗服务需求，另一方面也使不少可以在门诊治疗的疾病，患者为了能够得到报销，选择不必要的住院治疗，从而造成医疗资源和医疗保险基金的浪费。此外，在自愿参保的情况下，由于没有门诊保障、受益面小也影响到城镇居民和农民参加医疗保险的积极性，不利于城乡居民医疗保险覆盖面的扩大和巩固。因此，改变目前各项医疗保险制度门诊保障缺乏或不足的局面，逐步建立门诊统筹、扩大医疗保险的保障范围将是医疗保险制度进一步完善和发展的重要内容之一。国务院《关于开展城镇居民基本医疗保险试点工作的指导意见》中也明确要求“有条件的地区开展门诊统筹的探索”。

为提供更好的门诊保障，不少地区开展了各种形式的门诊统筹探索。就城镇职工基本医疗保险来看，少数地区通过建立门诊大额费用统筹来提供门诊保障，即为年度门诊总费用超过一定额度以上的部分，由统筹基金支付一定比例的费用。如北京市规定城镇职工在一个年度内门急诊医疗费用累计超过 2 000 元（退休人员 1 300 元）的部分，由大额医疗费用互助资金支付 60%（退休人员 70%～80%），最高支付到 2 万元。还有广东等地的部分统筹地区也开始建立门诊统筹，在门诊大病之外为普通的常见病、多发病的门诊提供费用保障。就城镇居民基本医疗保险来看，出于扩大受益面、促进居民参保的考虑，部分地区也开展了门诊统筹的探索，开始把大病统筹向普通门诊延伸，为普通门诊提供一定程度的保障。各地从当地的实际情况出发，实行不同的门诊统筹办法。从筹资来源看，有的地区对门诊统筹单独筹资（如广东顺德），有的地区则从居民医保缴费中直接划转；从保障范围看，有的地方门诊统筹只为低端的门诊费用提供保障（如武汉只对 100 元以内的门诊费用提供一定比例的报销），有的地方则只为高额门诊费用提供保障（如上海为 60 岁以内的成年居民 1 000 元以上的门急诊费用提供报销），部分地区则为中等的门诊费用提供一定比例的报销（如无锡为 900 元以内的门诊费用报销 50%）；在支付办法和费用控制方面，有的地方门诊统筹通过设置起付线、封顶线进行需方控制，有的地区则在需方控制的基础上通过定额包干的支付办法来进行供方约束（如青岛、深圳等地将医保支付的门诊费用按人头包干给社区医疗机构）；在就医管理上，有的地方门诊统筹实行社区首诊制，居民就医必须首先在社区卫生服务机构，去医院就医必须经社区转诊（如深圳、青岛），有的地方门诊统筹则不限制在社区首诊，但通过提高报销比例来吸引和鼓励居民到社区就医。另外，一些地区在新型农村合作医疗试点过程中也出于扩大受益面、增加制度吸引力的考虑开展了门诊统筹的探索。

目前，虽然三大保险制度均有门诊统筹的探索，但开展的地区还比较少，离全面建立门诊统筹、实行包括门诊和住院统筹在内的城乡综合医疗保险制度还有很长的路要走，在政策调整、完善和建立相应的管理办法和管理机制方面还需要进行进一步的探索。

对于城镇职工基本医疗保险来说，建立门诊统筹的关键在于如何转化个人账户。统账结合的基本医疗保险制度已有 10 多年的历史，而且相当多的参保人员、特别是健康的年轻人，个人账户有大量的结余，立即完全取消个人账户不太可能，应该采取渐进的方式，逐步缩小个人账户，弱化个人账户的作用，最终取消个人账户。为避免社会震动，目前可以采用多种形式来弱化个人账户，比如继续保留个人账户，但个人账户不再按比例记账，而是按固定额记账，以后不再做任何调整，让个人账户自然缩小、弱化功能，把固定额之上自然增长的资金部分用于建立门诊统筹；封存以前的个人账户，所有人员现在不再将资金划入个人账户，而是将其用于建立门诊统筹等。新建的门诊统筹仅设低水平的起付线或不设起付线，报销比例不能过高，应低水平起步，然后逐步提高。在管理上，应该积极引导参保职工到社区就医，探索针对社区的按人头付费的支付方式，激励社区卫生服务机构开展预防保健，主动控制成本和费用。

对于城镇居民医保和新农合来说，门诊统筹是大病统筹医疗保险的延伸，是额外增加的医疗保险待遇，属于从无到有，可以低水平起步，形式可多种多样，既可以是低水平的门诊定额待遇，或者是有封顶线、按比例报销的门诊保障，也可以是设置高门槛、为少数门诊费用很高的人群提供费用保障的门诊保障，还可以采用逐步扩大门诊大病范围的方式来提供门诊保障。城乡居民的医疗保险门诊统筹的探索应坚持如下几个基本原则：一是低水平起步，保障基本，逐步解决门诊费用风险；二是坚持社会共济，不建个人账户；三是依托社区卫生服务，方便就医，降低成本；四是简化管理，探索社区首诊和双向转诊以及按人头付费的结算方式，充分利用社区劳动保障平台的医保管理功能，减轻医疗保险管理的负担和降低基金风险。

到了第二阶段，全面推进城镇职工、城乡居民的门诊统筹，不断提高门诊统筹的待遇水平，实现全面建立包括门诊和住院在内的综合医疗保险制度，建立社区首诊制、守门人制度和双向转诊机制，并在期末将门诊统筹与公共卫生结合起来，开展从以治疗为中心的医疗保险制度向以健康为中心、结合预防保健的健康保险制度转变的探索和尝试。

（二）完善筹资机制，建立缴费的正常增长机制

目前城镇职工基本医疗保险实行按工资水平的一定比例缴费，缴费会随经济增长而自然增长，但城镇居民和农村居民则是按固定金额来缴费，缴费与收入没有任何关系。这样低水平、等额的缴费方式在初期推进城镇居民参保方面发挥了重要、积极作用，但是定额缴费不能长期持续下去。一方面是定额缴费是不公平的，在目前财政承担很大比例（特别是新农合财政补贴占了 80%）、个人缴费比较少的情况下，缴费的不公平还不显著，那么随着缴费水平的逐步提高，特别是个人缴费的不断增加，定额缴费的不公平就会逐步显现出来，对于低收入人群来说，采用与其他人群相同的金额缴费意味着他们比其他人群承担了更大的负担，这是不公平的；另一方面，更为重要的是，按定额缴费是不可持续的，随着经济增长、居民的收入水平也相应增长，居民的医疗消费也随之增长，而定额缴费却与收入增长和医疗消费的增长无关，将会使筹集的医疗保险基金难以适应随收入增长而增长的医疗消费的费用支付需要，收与支难以匹配，最终难免导致基金支付危机，制度不可持续。

在第二阶段，必须逐步完善城乡医疗保险的筹资机制。一方面将目前按固定金额缴费的城乡居民医疗保险筹资方式转变为按收入（缴费基数）的一定比例缴费的筹资机制，使得缴费随经济发展、收入增长而自然增长，与医疗费用随经济增长而自然增长、医疗保险基金支出自然增长相适应。具体来说，城镇居民的缴费以城镇居民家庭人均收入为基数，农村居民的缴费以农村人均纯收入为基数。另一方面也要逐步调整城镇职工单位和个人的缴费结构，在不降低总的缴费比例、或适当提高总的缴费比例的前提下，维持目前的单位缴费比例不降低或适当降低单位缴费比例，同时逐步提高个人的缴费比例。从国际上看，个人缴费的比重一般与单位的缴费比例相等或是单位缴费比例的一半。随着居民收入水平的提高，我国有必要提高个人缴费的比重，逐步将个人缴费与单位缴费的比例由目前的

1∶3.6（2%∶7.2%）提高到1∶2，或更进一步提高到1∶1。另外，应该改变目前退休人员不缴费的做法，采用国际通行的享受待遇权利与履行缴费义务对等、退休人员也缴费的做法，按退休人员养老金的一定比例由退休人员个人从领取的养老金中缴纳医疗保险费，或者直接从养老保险基金中按一定比例划拨给医疗保险基金作为退休人员的医疗保险缴费。

四、完善医疗保险管理机制

（一）实现医疗保险地市级统筹

根据国务院《关于建立城镇职工基本医疗保险制度的决定》（国发［1998］44号文）的规定，基本医疗保险原则上实行地市级统筹，同时也允许少数经济发展水平及医疗消费水平内部差异较大的地区实行县级统筹。但是在改革实践过程中，44号文规定的“地市级统筹的原则”并没有得到充分体现，大多数地区选择的是区县级统筹，真正实行地市级统筹的反而成了少数。据统计，目前在2 620个基本医疗保险统筹地区中，大约有85%是区县级统筹地区。统筹层次过低成为目前医疗保险制度建设和管理中所面临诸多问题的重要影响因素之一。其一，部分地区医疗保险出现基金风险，统筹层次过低是造成基金风险的重要原因。由于区县级统筹地区参保人数少，大数法则难以发挥作用，医疗保险基金抵御风险的能力弱，区县级统筹地区更容易出现基金风险。据统计，2007年医疗保险基金当期收不抵支的统筹地区有54个，其中县级统筹地区有34个，占到63%。其二，区县级统筹也造成区域内的不公平。区县级统筹使得同一城市不同区域之间政策不统一，缴费和待遇水平不一致，特别是不同城区以及市级与区级管理的参保人群之间的待遇不一致，往往容易引发社会矛盾和问题。其三，统筹层次过低是造成大量异地就医问题的重要影响因素。普遍的区县级统筹造成大量的地市级行政区内的异地就医问题。异地就医不仅为参保人群就医带来很大的不便，也为经办机构的医疗服务管理增添了难度，同时也使得定点医疗机构疲于应付不同区县经办机构的烦琐管理。此外，统筹层次低还是造成负担重的地区困难企业难以参保、企业为退休人员双基数缴费的不公平、管理资源难以整合和管理效率难以提高等其他问题的重要原因。因此，提高统筹层次势在必行。

关于提高统筹层次到什么层级，有着不同的看法。有的认为应该像养老保险一样提高到省级统筹，有的则支持地市级统筹。我们认为，在一定时期内将医疗保险提高到省级统筹的时机还不成熟，提高到地市级统筹比较实际。省级行政区范围广大，参保人员规模庞大，省内各地区经济发展水平以及医疗消费水平差异很大，实行省级统筹，全省实行统一政策、统一筹资和待遇，很难适应地区间的巨大差距，导致落后地区缴费水平偏高而难以承受、发达地区势必要大幅降低待遇从而引发社会不满。如果在地市级进行统筹，虽然地级市内部有差异，但不会很大，基本可以实现医保的缴费、待遇标准的统一。另外，从管理上来看，统筹地区过大，如实行省级统筹，将会给医疗保险的管理带来巨大挑战，一方面在人口众多、地区众多的省范围内有效调动各地区开展参保扩面和基金征缴的积极性难度极大，另一方面如何激励各地区加强医疗服务管理、控制医疗费用也是巨大的难题。因此，在目前的医疗保险管理能力和水平不高的情况下，如果实行省级统筹，省级医疗保险经办机构难以胜任。一定时期内还是先将统筹层次提高到地市一级，逐步积累管理经验，等到时机成熟时再进一步将统筹层次提高到省级。

实际上，一些地区已经开始提高统筹层次、实行医疗保险地市级统筹的探索。目前大约有 40 多个地市开展了地级统筹。部分省份如广东、云南还在全省范围内开展了地级统筹工作。开展地级统筹的地区大都统一了基本医疗保险政策，在全市范围内统一参保范围、筹资标准和待遇标准。在管理上，少数地方如珠海，还探索了医疗保险经办机构的垂直管理、统一部署，提升区县经办机构的经办管理能力。在基金管理上，昆明等市实行了基金统收统支、由市里集中管理支付；太原等市则实行的是区县管理、市级调剂，大部分基金仍由区县管理，但区县需将一定比例（5%～20%）的基金上缴市里建立市级调剂金，用于区县出现基金缺口时调剂使用。另外，2007 年以来，部分地区在开展城镇居民基本医疗保险试点的初始阶段就实行地市级统筹，居民医保的地市级统筹也促使一些地区开展了或准备开展职工医保的地市级统筹。可以说，实行医疗保险的地市级统筹已是大势所趋。

提高统筹层次、实现真正的地市级统筹，需要逐步做到四个统一：一是政策统一，在全地区、全市范围内实行统一的职工医疗保险政策；二是标准统一，即缴费费率统一、待遇支付办法统一；三是基金统一，基金统一由地市级政府统一管理和支付；四是管理统一，形成地市级医疗保险管理部门统一管理、地市和区县政府责任分担、各负其责、经办机构垂直管理的管理架构。鉴于目前调整区县与地市政府间复杂的利益关系的难度较大，开始时地市级统筹不一定一步到位，可以在起步阶段先实现政策和标准的统一、基金分级管理但实行一定的地市级调剂，并且制定相关的制度衔接政策，保障人员在区县间流动时能够顺畅实现医疗保险关系转移和接续以及跨区县就医时能够及时支付待遇，基金的完全统收统支和垂直的管理体制可在第二阶段逐步实现。在探索地市级统筹过程中，特别需要探索建立区县、地市政府的管理激励机制，合理划分两个层级政府的各自职责，建立激励双方、特别是区县级政府加强基金征缴、积极监督管理定点医疗机构、控制医疗费用的奖惩机制。另外，在逐步实行地市级统筹的过程中，需要提高区县医疗保险经办机构的能力，完善信息系统网络建设和联通，为提高整体的经办管理能力和管理效率创造基础条件。到了第二阶段的末期，应全面实现四个统一的地市级统筹，并开展省级统筹或建立省级调剂金的探索。

（二）统筹城乡医疗保障

进入 21 世纪，我国政府充分认识到城乡不平衡发展的弊端，提出了科学发展观，开始统筹经济社会发展和城乡发展。统筹城乡社会保障发展成为统筹城乡发展的重要内容之一。在医疗保障方面，2003 年，国家加强了对农村医疗保障的制度建设和财政投入，开始在农村全面建立新型农村合作医疗。新农合在短短的几年内取得了长足发展，迄今已覆盖了 90%以上的农村人口。近几年来，在新农合全面建立的基础上，少数地区在统筹城乡医疗保障方面开展了进一步的探索。比如，成都市整合了城乡医疗保险管理机构，成立了医疗保险局，统一管理城乡医疗保险；杭州市则更进一步，把城乡医疗保险以及城乡医疗救助全部整合到一个机构来统一管理；江苏、浙江、广东的部分地区则打破城乡界限，把新农合和城镇居民的医疗保险制度合并，形成统一的城乡居民医疗保险制度；一些地区还进一步打破了身份界限，允许城乡居民根据自身的经济条件自由选择参加居民医疗保险还是缴费、待遇水平更高的职工医疗保险。

尽管统筹城乡医疗保障有了一些探索，但统筹城乡医疗保障还远未普遍开展，统筹城乡医疗保障任重道远。首先，城乡居民还没有全部参加医疗保险：城镇未就业居民的医疗保险刚刚开始建立，覆盖面还比较小；仍然有一部分农民没有参加新农合；城镇从业人员还有几类人群参保率还比较低，如困难企业职工和退休人员、中小企业职工、灵活就业人员和农民工。其次，城乡医疗保障的差距仍然十分巨大，新农合的待遇水平还相当低，还不能真正化解农民的疾病风险，与城镇职工医疗保险的待遇水平相差甚远。最后，城乡医疗保障管理尚未统一，城乡医疗保险以及医疗救助分属不同部门管理，管理上的分割不仅不利于管理效率的提高，也在很大程度上制约了城乡医疗保障的统筹发展。

统筹城乡医疗保障的发展是一个长期的过程，现阶段统筹城乡医疗保障首先是建立覆盖城乡全体居民的医疗保险制度体系，这一目标已经实现，城镇职工、城镇居民、新型农村合作医疗三大医疗保险制度已经为城乡所有居民参保提供了制度基础；其次是扩大覆盖面，基本实现城乡人口医疗保障的全覆盖，目前扩大覆盖面正在抓紧推进，本届政府有望实现医疗保险基本覆盖城乡人口的目标。第一阶段在统筹城乡医疗保障方面还需要努力的是，一要统筹规划城乡医疗保障发展，统筹考虑城乡医疗保障制度体系的整体设计、发展目标和步骤，并把统筹城乡医疗保障纳入国民经济和社会发展的总体规划中考虑；二要消除制度间、城乡间的衔接障碍，保障人员流动和身份转换时医疗保障的顺畅转移接续，确保人们在城乡之间流动时医疗保障权益不受损害；三要扩大各项医疗保险制度的开放性，探索逐步实现不以身份、就业状况，可自由选择参加任何一种医疗保险制度；四是可以进行整合和统一城乡居民医疗保险制度的探索，根据城乡经济发展水平的差距和城乡的规模采取不同的统一的制度模式：对于城乡差距较小的发达地区，可以实行完全的城乡统一制度，统一缴费水平和待遇，覆盖城乡居民；对于城乡经济发展水平差距大的地区，可以实行统一制度、但设置两个缴费和待遇标准供城乡居民选择，城乡差距大的地区也可以实行统一制度、统一缴费和待遇，但要根据城和乡的规模，或选择高标准（城区规模大、农村地区规模小，水平向城区靠）或选择低标准（城区规模小、农村地区规模大，水平向农村靠）。此外，第一阶段应探索统一城乡医疗保障管理，将三大医疗保险制度和医疗救助制度合并一个管理部门统一管理；在不降低城镇医疗保险待遇水平的前提下，通过提高农村医疗保险的待遇水平来缩小城乡医疗保障待遇差距。

到了第二阶段，第一应全面实现三大医疗保险制度的完全开放，各类人群均可自由选择参加任何一种医疗保险制度；第二整合城镇居民基本医疗保险制度和新型农村合作医疗制度，形成统一的城乡居民医疗保险制度，城乡非从业人员参加统一的居民医疗保险制度，三大医疗保险制度体系转变为职业性制度和非职业性制度两大制度体系；第三是全面实现统一的城乡医疗保障管理；第四是进一步缩小城乡医疗保障待遇差距，增强制度体系的公平性。

（三）建立医疗保险供需双方谈判机制

随着我国城乡医疗保险覆盖面的不断扩大，全民医保即将实现，这就使得医疗保险经办机构作为第三方购买者拥有越来越大的管控医疗服务的能力和手段；与此同时，广大参保居民对医疗保险医疗服务管理提出的要求也越来越高，医疗保险经办机构有能力、也有压力加强医疗服务管理，通过与医疗服务供方的协商谈判来为广大参保居民争取低价格、高质量的医疗服务。我国医疗卫生体制总体改革即将拉开帷幕，医疗服务价格形成机制也纳入了改革的范围，这为医疗服务供需双方开展医疗服务价格的谈判、建立制度化的谈判机制提供了十分难得的良好外部条件和重要契机。因此，有必要在第一阶段开展建立医疗保险经办机构与医疗机构的谈判机制的探索，并且在第二阶段逐步推进，最终全面建立起医疗保险经办机构与医疗机构的谈判机制，通过双方对等的谈判来确定合理的医疗服务价格，维护参保患者的利益，同时也由此促进医疗机构转变行医模式、通过主动控制成本来提高医疗服务的效率。

建立医疗保险供需双方的谈判机制首先要明确谈判双方的角色定位，特别是医疗保险经办机构的角色定位，医疗保险经办机构应该作为医疗服务的购买方的角色而不是作为政府监管者的身份来参与价格谈判，双方以平等的购买方和提供方的身份来协商谈判医疗服务的价格。另外，鉴于我国特殊的管理体制，还应该明确劳动保障、卫生、价格等行政部门以及药品生产流通企业在价格谈判中的角色，没有它们参与的价格谈判是不可想象的。其次，应明确双方谈判的主要内容，谈判主要围绕医疗服务价格来进行，医疗服务价格既包括单项的药品和诊疗项目的价格，更重要的是包括医疗服务整体的支付价格，如单病种的医疗保险支付价格、医疗机构的总额预算、定额结算标准、DRGs 等，同时也可包含医疗服务的内容和范围。最后，需要通过双方以及相关管理部门（如劳动保障、卫生、价格等）的协商确定谈判的基本规则和程序以及争议的处理办法，为谈判的有序开展提供管理框架。此外，为促使医疗保险经办机构开展谈判的积极性、提高谈判的效率，还需要建立激励医疗保险经办机构主动开展谈判的奖惩机制，以及通过培训提高医疗保险经办机构的谈判能力。

医疗保险供需双方开展谈判离不开一系列的支撑条件，特别是技术支撑条件。医疗服务价格谈判涉及单项医疗服务项目（药品或诊疗项目）的价格确定，合理的价格确定必须建立在对相关医疗服务的成本效果的数据分析基础上，而医疗服务的成本效果分析离不开卫生评估技术的支持，单病种的费用标准、DRGs 也同样需要卫生评估技术的支持。没有卫生评估技术分析提供的支撑，价格谈判就失去了科学依据，价格谈判就会变成空洞的形式，难以真正起到为参保人争取质优价廉医疗服务的作用。因此，医疗保险经办机构非常有必要设立卫生技术评估的专业部门，开展药品、诊疗项目的成本效果分析以及单病种付费、DRGs 标准的制定，国家也可以鼓励社会力量兴办类似的卫生技术评估的中介机构，由医疗保险经办机构购买其提供的卫生技术评估服务，为开展供需双方的谈判提供技术支持。

当然，开展医疗保险供需双方的谈判只是完善医疗服务管理的一个重要方面，完善医疗服务管理还需要在支付方式的调整和优化、协议管理的完善、引导参保患者积极寻求社区卫生服务等方面进行大量的管理政策和方法的探索。

（四）完善医疗保险经办管理

我国各项医疗保险制度已经基本成型，医疗保险工作的重点将逐步转移到经办管理服务上，经办管理的责任越来越大，提升医疗保险经办管理能力、提高医疗保险经办管理的效率越来越迫切。目前医疗保险经办机构人员和经费不足、管理能力和效率不高的情况必须要改变。第一，要建立与医疗保险管理工作任务相匹配的人员经费保障机制。人员经费根据工作量按比例匹配，在人员编制难以大幅增加的情况下，需要按工作量匹配相应的工作经费，由医疗保险经办机构通过服务购买的方式向社会、市场购买相关服务。第二，完善基本医疗保险信息系统，统一基本医疗保险信息管理系统，逐步建立省级或市级统一的数据中心、统一的结算平台、统一的操作软件。第三，完善医疗保险经办管理流程，提高经办效率。第四，经办服务功能下沉到社区，为参保人员提供更为方便快捷的服务。此外，医疗保险经办机构需要加强基金监管和基金风险控制，加强基金的内控管理和社会监督，建立基金风险调剂机制并将基金结余控制在合理的范围内，提高基金的使用效率。

第六章　统筹城乡基本生活保障制度研究

当今世界，大多数国家都建立了社会救助制度，它通过基本生活保障、教育救助、医疗救助、住房救助等措施，在最低生活标准之上织就了一张结实的安全网，以确保每一个公民在因各种主观或客观原因而断绝生计时，不至于陷入生存绝境。而保障每一个陷于贫困的公民的基本生存权利，则成为当今政府应该担负的责任和义务。基本生活保障制度作为现代社会救助制度的一项重要内容，它体现了国家和社会对弱势群体生命权利的尊重。在构建多层次的社会保障体系中，基本生活保障制度作为最后一道保护网，往往被大多数国家放在优先发展的序列中。在我国，作为最重要的一项民生工程，基本生活保障制度也成为各级政府建设社会保障制度的重点之一。

我国基本生活保障制度的建立发展始于20世纪80年代。自80年代中期尤其是90年代初以来，我国对计划经济时期定期定量救济和临时救济办法进行了一系列改革，首先在城镇，继而在农村开始探索建立基本生活保障制度。1999年，城镇居民基本生活保障制度在全国建立；时隔8年，即2007年，农村居民基本生活保障制度在全国建立。作为现代社会保障和福利制度的“最后一道防线”，基本生活保障制度在缓解贫困、保障基本生活，缩小城乡居民收入差距、维护社会稳定等方面发挥了重要的作用。

我国的基本生活保障制度是在社会保障制度尚未实现全民覆盖的情况下建立的，因此，相当一部分未被纳入养老、医疗等制度体系的城乡贫困群体，除了基本的生存需求，在医疗、住房、子女教育等方面也面临非常突出的问题和困难。随着“以人为本”“构建和谐社会”“科学发展观”等理念的提出，在全面推进城乡一体化的进程中，健全完善的社会救助体系作为落实科学发展观、全面建设小康社会、构建和谐社会的基础性工作，被提到了重要的战略地位。随之，国家在以切实保障城乡各类群众基本生活的基础上，逐渐向解决困难群众各种特殊困难方面延伸，颁布了教育、医疗、住房等一系列专项救助措施。因此，在当前或未来相当长的一段时间内，我国的基本生活保障制度与教育救助、医疗救助、住房救助是密切相关、四位一体的问题，因此，本章的基本生活保障研究将以基本生活保障制度为重点，同时又向其他救助措施方面有所拓展，对贫困群体的基本生活施以全面研究。

第一节 我国贫困人口现状

一、总量及分类

在城镇，一般把低保对象看做贫困人口。随着1999年城镇基本生活保障制度在全国的建立，自2003年以来，我国城镇低保对象基本稳定在2 200万人左右，基本实现应保尽保。不过根据专家研究，城镇低保人口数量实际低于贫困人口数量。根据实际失业率及对一些地区实际情况的推算，有专家认为目前城市贫困人口的数量应该在3 000万人左右[①]。城镇贫困人口主要包括三部分人：一是在结构调整过程中出现的失业人员、下岗职工、离岗职工；二是较早退休的“体制内”人员；三是“体制外”人员，即那些从来没有在国有单位工作过，靠打零工、摆小摊养家糊口的人，残疾人和孤寡老人。从享受低保待遇的人员构成情况看，70%的低保人员具有劳动能力。

在2009年之前，我国农村执行两条贫困线，即绝对贫困线和相对贫困线，并由此区分绝对贫困人口（享受低保人口）和相对贫困人口。2009年，国家规定，从这一年起取消农村绝对贫困线，将相对贫困线作为界定农村贫困人口的标准。2008年，我国农村地区相对贫困线为1 067元，根据这一标准，2008年我国农村地区的贫困人口总数为4 320万人，其中包括2 841万的绝对贫困人口和1 497万人的相对贫困人口。[②] 农村贫困人口主要包括那些孤老户、因病残失去劳动能力或者居住地区自然环境和资源条件恶劣的人口。他们基本丧失劳动能力或缺乏基本的生存技能，除非外力相助，否则靠自身努力很难摆脱贫困。据民政部的调查，在农村贫困人口中，因重残、重伤、重病等原因基本丧失劳动能力的人口大概占到了贫困人口的1/2，是贫困中的绝对贫困者。

二、分布及变化趋势

（一）城乡贫困人口分布

从地区分布看，我国城镇贫困人口主要集中在中西部地区。根据国家统计局城调总队王有捐的研究，占全国城市人口53%的中西部地区，拥有全国3/4的贫困人口。2007年，中西部地区拥有全国77.5%的贫困人口，东部地区拥有全国22.5%的贫困人口。[③] 从各省情况看，贫困发生率[④]在5%以上的省区有21个，其中中西部有19个省，占到82.6%。

① 何平，费平．我国城乡居民最低生活保障问题研究（内部研究报告）．2007

② 数据来源：中国扶贫信息网。

③ 我国目前还没有建立城镇贫困动态监测体系，无法掌握各地贫困人口的准确数量，因此此处把低保人口等同于贫困人口来计算贫困人口的地区分布。

④ 此处仍把低保人口当做贫困人口来推算贫困发生率，但这对说明贫困人口的地区分布影响不大。

贫困发生率在10%以上的有4个省。①

在农村贫困人口中，中西部集中了全国农村85.7%的贫困人口，与城镇情况相差不大。从各省情况看，2007年，全国有23个省、自治区、直辖市的农村贫困发生率在5%以下，这一点与城镇有较大差异；有7个省的贫困发生率在5%～10%，只有青海省农村贫困发生率超过10%，为13.6%。②

（二）城乡贫困人口分布变化趋势

对比城乡贫困人口的变化趋势可以发现，农村贫困发生率的下降速度快于城镇地区。2007年，城镇贫困发生率在5%以下的有10个省，而农村有23个省；城镇贫困发生率在10%以上的有4个省，而农村只有1个；城镇贫困发生率在5%以上的有21个省，而农村只有8个省，与2000年相比，不论是下降幅度还是绝对数量，农村贫困发生率的下降速度都快于城镇地区。研究表明，贫困发生率在5%以上时，贫困人口中有相当一部分是有劳动能力的，需要通过提供就业帮助他们摆脱贫困；而在5%以下时，这些人口大多数无法通过自主的市场参与获得必要的收入，经济增长难以自动惠及这部分人口，必须实施有针对性的干预措施才能帮助这些人分享增长的成果。而当贫困发生率降到3%以下时，这些人口往往是由缺乏能力的、具有特殊困难的弱势群体构成，只有给予及时救助或其他保障措施才能解决这部分人口的贫困问题。城乡贫困发生率的数字对比说明，以下岗、失业人员为主体的城镇贫困人员由于再就业不稳定、再就业率低，依靠自身就业脱贫的能力相对薄弱，因而脱贫速度缓慢；而农村由于加大扶贫开发和财政、科技投入力度，有劳动能力的那部分人口脱贫速度较快，剩余的贫困人口大都是老弱病残、鳏寡孤独等无劳动能力人员。

第二节　基本生活保障制度的建立

一、基本生活保障制度的建立与发展

（一）城镇居民基本生活保障制度

改革开放以前，城市贫困人口以“三无”人员、鳏寡孤独和残疾人为主，对于这部分人的生活问题，主要通过民政部门的定期定量救济和临时救济解决。20世纪80年代开始，随着国有企业改革的深入和产业结构的调整，大批企业下岗、离岗、待岗和失业人员进入贫困群体行列并成为贫困主体。原来的救济方式已经无法适应新形势的要求，1999年国务院颁布《城市居民最低生活保障条例》，建立城市居民基本生活保障制度，原体制外的

① 数据来源：根据《中国民政统计年鉴》和31个省区的统计年鉴整理而成。

② 2007中国农村贫困监测报告．北京：中国统计出版社，2008

“三无”人员、鳏寡孤独和残疾人员也一并纳入城镇低保，临时救助转变为制度化救助。至1999年年底，我国所有县级以上城市和县政府所在地的镇均建立起了基本生活保障制度。

城镇低保救助对象是那些家庭人均收入低于当地最低生活保障标准、持有非农业户口的城市（镇）居民。具体包括三类人员：一是“三无”人员；二是领取失业保险期间或失业保险期满仍未能重新就业，家庭人均收入低于最低生活保障标准的居民；三是在职职工和下岗人员在领取工资、基本生活费后以及退休人员领取退休金后，其家庭人均收入仍低于最低生活保障标准的居民。

（二）农村基本生活保障制度

与城市低保制度的建立过程一样，我国农村低保制度也是首先在地方开始试点，继而在全国推广的，只不过这一过程的持续时间要比城镇漫长很多。我国传统的农村社会救济是对农村“五保户”和特困户实行不定期、不定量的临时救济，这种方式具有一定的随意性，救济费用容易被挤占、挪用。为确保农村贫困人员获得稳定的、规范性的制度保障，党的十六大明确提出，有条件的地区应探索建立农村基本生活保障制度；条件不具备的地区则坚持“政府救助、社会互助、子女赡养、稳定土地政策”的原则，建立特困户基本生活救助制度，继续由特困救助制度和五保制度发挥重要的救助功能。

1994年，东部部分省区开始农村基本生活保障制度试点。随后有北京、天津、上海、浙江、江苏、广东、福建、辽宁8个省、市建立了农村低保制度；2005年，吉林、河北、山西、四川、海南5个经济条件不发达的省也建立了低保制度；到2006年，全国有23个省份建立了农村基本生活保障制度，2 133个县（市）开展了农村最低生活保障工作，有1 593.1万人、777.2万户得到了农村最低生活保障。为贯彻落实党的十六届六中全会精神，切实解决农村贫困人口的生活困难，2007年，国务院发出《关于在全国建立农村基本生活保障制度的通知》（国发［2007］19号），决定在全国建立农村基本生活保障制度。目标是通过在全国农村范围内建立基本生活保障制度，将符合条件的农村贫困人口全部纳入保障范围，稳定、持久、有效地解决全国农村贫困人口的温饱问题。

农村基本生活保障制度的覆盖对象主要包括三部分人：无劳动能力、无生活来源、无法定赡养人或抚养人的“三无”家庭；家庭主要成员因严重残疾而丧失劳动能力的“重残”家庭；家庭主要成员常年有病基本丧失劳动能力的“重病”家庭。

二、专项救助措施的建立与发展

2000年以来，我国的社会救助工作从基本生活保障向教育救助、医疗救助、住房救助等救助措施延伸，目的是解决困扰贫困群体的子女教育、大病医疗、住房等问题。与基本生活保障制度的建立顺序不同，我国的医疗救助是率先在这些问题最集中、最突出的农村地区开展，继而推广到城镇地区的；而教育救助则是在城乡贫困家庭中同时推开的。这都是“以人为本”“社会和谐”和“城乡统筹发展”理念的直接体现。

（一）医疗救助

措施出台：2002 年 10 月，国务院出台《中共中央、国务院关于进一步加强农村卫生工作的决定》，提出要对农村贫困家庭实行医疗救助。2003 年，民政部、卫生部、财政部发布《关于实施农村医疗救助的意见》，开始在全国农村建立医疗救助制度。2005 年，民政部、卫生部、劳动保障部、财政部联合发布《关于建立城市医疗救助制度试点工作的意见》，开始在城镇地区建立农村医疗救助制度。

救助对象：在城市，主要是对低保对象中未参加城镇职工基本医疗保险人员、已参加城镇职工基本医疗保险但个人负担仍然较重的人员和其他城市特殊困难群众发放住院和非住院医疗费补助。在农村，主要是资助农村五保户、贫困户家庭成员缴纳新型农村合作医疗个人应负担全部或部分费用，对因患大病个人实际负担费用过高从而影响家庭基本生活的给予适当救助。

救助方式与救助待遇：当前医疗救助主要针对门诊或大病开展，但是选择门诊救助还是大病救助则由各地决定。在救助方式上也主要有两种：资金救助和服务救助。资金救助针对个人实施，包括费用补贴和购买保险两种形式。费用补贴是指直接为就诊的被救助对象提供资金帮助，如报销或减免一部分医疗费用；购买保险是用医疗救助资金预先为贫困群体购买医疗保险。服务救助是通过建立专门的救助医院为符合条件的所有救助对象直接提供免费或低费的医疗服务。受当前经济条件的限制，我国提供服务救助的条件还不具备。各地主要还是采取费用补贴的方式实施医疗救助。青海省西宁市实行门诊救助，每人每月为 80 元，家庭内部可调剂使用。大病救助范围则一般限于医疗费用开支较为巨大的病种开展。像甘肃省安宁区就是按照大病开展医疗救助，大病病种包括恶性肿瘤、肾衰竭、器官移植等在内的 13 类，救助起付线为 10 000 元，按照 5 000 元划分一个救助档次，封顶线为 5 000 元/年/户。[①] 重庆市大病救助金额在 1 500～5 000 元不等，但年累计不超过 5 000 元。除了大病救助，重庆市还针对救助对象发放医疗救助卡，每年往卡里打几百元现金，此卡可以进行日常就医，也可以用于支付大病医疗费用。[②] 相比较而言，东部发达地区医疗救助的费用减免力度更大一些。比如北京市规定，对就医的低保对象减收 20% 的基本手术费、核磁共振等大型设备检查费和 50% 的普通住院床位费；低保对象患危重病发生的医疗费用，全年个人负担超过 1 000 元以上时，可通过医疗救助给予个人全年累计不超过 10 000 元的救助。上海市对救助对象在挂号费、治疗费、住院费等实行减收或全免，并规定对个人全年累计医疗救助金额一般不超过 5 000 元。

资金来源：医疗救助资金主要通过政府财政预算拨款、专项彩票公益金、社会捐助等渠道筹集。地方财政每年安排医疗救助资金并列入同级财政预算，中央财政通过专项转移支付对中西部贫困地区农民贫困家庭医疗救助给予适当补助。医疗救助资金纳入社会保障基金财政专户。各级财政、民政部门对医疗救助资金实行专项管理，专款专用。

---

① 高梦滔，顾昕，张颖. 青海省与甘肃省城市医疗救助试点情况调查报告. 卫生经济研究，2006（12）

② 刘蔚玮，唐钧. 重庆医疗救助制度调查报告. 学习与实践，2007（5）

比如北京市各区县根据上年度享受城镇低保待遇的人数，按照每人月低保标准的15%安排医疗救助资金，列入财政预算，并从社会福利彩票所筹集的福利资金中提取15%用于特困人员的医疗救助。而北京市财政也会每年安排一定资金用于医疗救助和困难区县医疗救助资金缺口。

（二）教育救助

措施出台：2003年，国务院召开了新中国成立以来首次全国农村教育工作会议，明确了农村教育“重中之重”的战略地位，做出了加快中西部农村普及义务教育、新增教育经费主要用于农村等重大决策，要求农村地区的贫困学龄人口都能获得“两免一补”（免杂费、免教科书费、补助寄宿生生活费）的资助，来完成九年义务教育。随着中央教育救助措施的出台，“两免一补”政策的推进过程和惠及范围不断扩大。2003年开始惠及城乡贫困学生，2006年扩展到西部地区全部农村，2007年又覆盖到全国农村（含县镇）学生。2006年，全国人大通过了《义务教育法（修订案）》，首次明确规定不收杂费，规定各级政府保障普及义务教育的责任，将义务教育经费全面纳入财政保障范围，按照基本公共服务的要求均衡配置经费师资等资源，逐步缩小城乡之间、区域之间和学校之间的差距。

救助内容：在农村义务教育阶段，主要是对家庭经济困难学生实行“两免一补”；中等职业教育阶段，主要通过奖学金、助学金、贷学金和培训费补贴等多种形式，对家庭经济困难群体及其子女接受职业教育和就业培训提供帮助；高等教育阶段，逐步建立了以奖学金、国家助学贷款、勤工助学、特殊困难补助和学费减免为主的政策。

救助对象：教育救助对象主要包括四类群体：一是持有农村五保供养证的未成年人；二是属于城市“三无”对象（即无劳动能力、无生活来源、无法定扶养义务人或虽有法定扶养义务人但扶养义务人无扶养能力）的未成年人；三是持有城乡最低生活保障证和农村特困户救助证家庭的未成年子女；四是当地政府规定的其他需要教育救助的对象。

（三）住房救助

住房和衣、食、行一样属于人的基本消费内容。但贫困群体由于收入水平低，租不起房更买不起房，对此，各国（地区）政府均在不同程度上为贫困群体提供公共住房帮助，比如我国香港特区的廉租屋体系，新加坡的公共组屋体系等。目前，我国针对贫困群体实施的住房救助措施主要是建立廉租住房体系。1998年，国务院发出《关于进一步深化城镇住房制度改革加快住房建设的通知》（国发［1998］23号），首次提出建立廉租住房制度。2003年，国务院发出《关于促进房地产市场持续健康发展的通知》（国发［2003］18号），同年，建设部会同有关部门修订并颁布了《城镇最低收入家庭廉租住房管理办法》（建设部第120号令），廉租住房制度基本建立。

保障对象：我国廉租住房的分配对象主要以双贫困户为主，即分配对象不仅现在住房困难而且经济上也是贫困户。保障对象主要包括两类。一类是特困家庭，主要是残障人员、孤寡老人和丧失劳动能力的人群中的住房困难家庭；另一类是低收入的困难群体，是指虽有劳动能力，但家庭月收入只能略高于当地最低标准线的住房困难人群。具体保障方式包括发放租赁补贴、实物配租以及租金核减等。从北京、广州、武汉、重庆的地方实践看，也基本是以现住房困难、又符合低保条件的家庭作为分配对象，尚没有超出规定的范围。

配租标准：《管理办法》规定，对住房建筑面积低于当地人均住房面积60%的城镇最低收入家庭实行住房保障。对于具体配租标准，由于各地条件不同，标准往往也不相同。从目前各地实际的配租标准看，均能达到本地区的平均居住水平。比如北京按人均10平方米的面积配租，上海则按照人均7平方米配租。

配租方式：从地区实践看，各地的配租方式都比较灵活。但一般是以发放租赁住房补贴为主、以实物配租和租金核减为辅。比如北京采取租金补贴、实物配租和租金减免相结合的方式，上海采取实物配租和租金补贴的方式。从地域看，经济水平较发达的东部地区多采用租金补贴的方式；而中西部多采用实物配租的方式，比如长春市的幸福乡，每年都给贫困户建房，现已建房72栋计210余间，直接给贫困户居住。长春市净月区虽然没有给贫困户建房，但每年区里拿出2万元解决贫困户住房维修，10万元用于老兵住房维修。江阴市各镇则直接减免了低保对象的房租。

房源与资金来源：城镇廉租住房主要从实物配租出发，以收购旧住房为主，少量新建。房源的主要来源是：一是腾退的并符合当地人民政府规定的廉租住房标准的原公有住房；二是最低收入家庭承租的符合当地人民政府规定的建筑面积或使用面积和装修标准的现公有住房；三是政府和单位出资兴建或购买的用于廉租的住房；四是社会捐赠的符合廉租住房标准的住房。

目前廉租住房的资金主要来源于：住房公积金增值部分，地方财政预算及按经济适用房、商品房建筑面积提取的“廉租住房基金”。

第三节　基本生活保障制度的运行情况分析

一、基本生活保障制度的运行情况

（一）城镇基本生活保障制度

1. 救助对象

自2003年起，城镇低保对象基本稳定在2 200万人，人员构成也趋于稳定，基本实现应保尽保（见表6—1）。2007年年底，全国共有1 064.3万户、2 272.1万人城市居民得到了最低生活保障。虽然统计口径与以往有所不同，但得到最低生活保障人员构成并没有太大变化。其中：在职人员93.9万人，占总人数的4.1%；灵活就业人员343.8万人，占总人数的15.1%；老年人298.4万人，占总人数的13.1%；登记失业人员627.2万人，占总人数的27.6%；未登记失业人员364.3万人，占总人数的16%；在校生321.6万人，占总人数的14.2%；其他未成年人223万人，占总人数的9.8%。

表 6—1　　2002—2006 年城镇低保人员构成　　万人

构成/年份	总数	在岗人员	失业人员	下岗人员	退休人员	三无人员	其他人员
2002	2 064.7	186.8	358.3	554.5	90.1	91.9	783.1
2003	2 246.8	179.3	409.1	518.4	90.7	100	949.4
2004	2 205	141	423.1	468.9	73.1	95.4	1 003.5
2005	2 234.2	112.5	401.1	432.1	60.2	95.7	1 131.1
2006	2 240.1	97.6	420.8	350	53.2	93.1	1 225.3

资料来源：民政统计年鉴（2003，2004，2005，2006，2007）。

2. 救助水平

由于各地经济发展水平不同，目前我国还没有制定全国统一的最低生活保障标准。各地的保障水平，基本是按照当地维持城市居民基本生活所必需的衣、食、住费用，并适当考虑水电燃煤费用及未成年人的义务教育费用后确定的。此标准旨在解决贫困群体的基本生存问题。2002 年，城镇平均低保标准为 108.7 元，平均补差 52 元。随着低保资金投入的增加和逐步稳定，城镇低保标准和平均补差自 2003 年开始稳中有升。低保标准由 2003 年的 149 元/月提高到 2004 年的 152 元/月，2005 年的 156 元/月，2006 年的 169.6 元/月，2007 年的 186 元/月；平均补差也由 2003 年的 58 元/月提高到 2004 年的 65 元/月，2005 年的 72 元/月，2006 年的 83.6 元/月，2007 年的 102.7 元/月。大多数省区的低保标准和补差水平也在逐步提高（见表 6—2）。

表 6—2　　2003、2004、2006 和 2007 年全国各省区城镇平均低保标准和补差水平　　元/月

2003 年			2004 年			2006 年			2007 年		
地区	平均低保标准	平均补差水平	地区	平均低保标准	平均补差水平	地区	平均低保标准	平均补差水平	地区	平均低保标准	平均补差水平
全国	149	58	全国	152	65	全国	169.6	83.6	全国	186	102.7
北京	290	192	北京	290	227	北京	300	242	北京	300	242
天津	241	65	天津	265	99	天津	265	122	天津	265	122
河北	157	47	河北	137	58	河北	148	69	河北	148	69
山西	124	56	山西	132	63	山西	133	71	山西	133	71
内蒙古	127	53	内蒙古	127	68	内蒙古	130	79	内蒙古	130	79
辽宁	175	61	辽宁	172	75	辽宁	172	77	辽宁	172	77
吉林	130	53	吉林	137	60	吉林	136	70	吉林	136	70
黑龙江	150	48	黑龙江	124	58	黑龙江	131	67	黑龙江	131	67
上海	290	134	上海	290	137	上海	300	170	上海	300	170
江苏	188	76	江苏	198	79	江苏	215	96	江苏	215	96
浙江	213	111	浙江	213	131	浙江	224	142	浙江	224	142

续表

2003年			2004年			2006年			2007年		
地区	平均低保标准	平均补差水平	地区	平均低保标准	平均补差水平	地区	平均低保标准	平均补差水平	地区	平均低保标准	平均补差水平
安徽	155	51	安徽	165	53	安徽	171	74	安徽	171	74
福建	172	54	福建	169	58	福建	171	63	福建	171	63
江西	112	55	江西	122	53	江西	132	68	江西	132	68
山东	162	49	山东	167	55	山东	181	82	山东	181	82
河南	125	51	河南	127	58	河南	130	59	河南	130	59
湖北	137	54	湖北	137	60	湖北	142	66	湖北	142	66
湖南	138	47	湖南	140	58	湖南	145	67	湖南	145	67
广东	206	73	广东	203	76	广东	202	79	广东	202	79
广西	136	55	广西	135	51	广西	141	72	广西	141	72
海南	145	60	海南	140	51	海南	140	57	海南	140	57
重庆	148	74	重庆	160	77	重庆	161	85	重庆	161	85
四川	135	50	四川	139	58	四川	142	64	四川	142	64
贵州	109	52	贵州	124	64	贵州	138	81	贵州	138	81
云南	152	62	云南	159	69	云南	160	76	云南	160	76
西藏	170	82	西藏	196	82	西藏	206	105	西藏	206	105
陕西	135	50	陕西	135	58	陕西	148	74	陕西	148	74
甘肃	128	58	甘肃	118	57	甘肃	141	72	甘肃	141	72
青海	152	72	青海	162	86	青海	158	89	青海	158	89
宁夏	153	71	宁夏	158	52	宁夏	155	75	宁夏	155	75
新疆	130	69	新疆	128	73	新疆	129	72	新疆	129	72

资料来源：《民政统计年鉴（2004，2005）》和《2006民政事业统计发展公报》。

3. 资金来源

根据《条例》规定，城市居民最低生活保障所需资金，由地方人民政府列入财政预算，纳入社会救济专项资金支出项目，专项管理，专款专用。国家鼓励社会组织和个人为城市居民最低生活保障提供捐赠、资助，所提供的捐赠资助全部纳入当地城市居民最低生活保障资金。不过受地方政府的财政能力限制，在城镇低保制度推行之初，各地低保资金缺口一直较大，应保未保的情况很普遍。为了保证城镇低保资金的来源，从1998年开始，中央和地方政府不断调整财政支出结构，加大低保资金投入。中央划拨的低保资金从2000年的8亿元增加到2004年的102亿元；地方财政投入也从2000年的29.6亿元上升到2004年的70.9亿元。2005年，中央和地方投入的低保资金增加到190.7亿元，到2006年，这一数字增长到224.2亿元，增长了16.8%。2007年全年各级财政共支出低保资金

277.4亿元，比上年增长23.7%（见表6—3），有效保证了覆盖范围。

表6—3　　2000—2007年城市低保资金投入　　亿元

年份	2000	2002	2003	2004	2005	2006	2007
中央财政投入	8	46	108	102	190.7	224.2	277.4
地方财政投入	29.6	59.3	50	70.9			

资料来源：《历年民政事业统计发展公报》。

（二）农村基本生活保障制度

1. 救助对象

2004年之前，农村低保仅在部分省区试点，获得低保的人数并不是很多，随着农村基本生活保障制度在全国范围内的推开，获得最低生活保障的农村居民人数急剧上升（见表6—4）。据民政部统计，截至2007年年底，已有3 566.3万人（1 608.5万户）得到了农村最低生活保障，比上年同期增加1 973.3万人，增长了123.9%，增加的这部分低保人口主要由特困救助人员直接转入。不过，当前还有30万（14.7万户）农村人口享受了农村特困救济，所占比例已经极低。

截至2007年年底，共有531.3万（499.2万户）农村五保老人享受到了农村五保救济，比上年同期增长5.5%，其中分散供养393.3万人，集中供养138万人。2007年，我国农村五保分散供养平均标准为1 432.0元/人、年，农村五保集中供养平均标准为1 953.0元/人、年。此外，还有646万人次得到了农村临时救济。

表6—4　　全国农村贫困标准及获得救助人数　　元，万人

指标	2002年	2003年	2004年	2005年	2006年	2007年
贫困标准	627	637	668	683	683	
低保人数	407.8	367.1	488	825	1 593	3 566.3
特困救助数	1 468.1	793.4	914	1 066.8	880	30
五保户	213.3	204.2	265.8	328	443	531.3

数据来源：《历年民政事业统计发展公报》。

2. 资金来源

农村最低生活保障资金的筹集以地方为主，低保资金列入地方财政预算，省级人民政府和中央财政对财政困难地区给予适当补助。各地根据当地农村经济社会发展水平和财力实际状况，来确定保障标准和对象范围。从实施情况看，农村低保资金一般由省、县（市、区）地方财政共同负担，但各地区的情况存在很大差异。一般来说，经济发达地区，县乡级财政承担比例要大一些；在经济欠发达地区，省级财政承担的比例则要高一些。这几年，随着开展低保试点省份的增加，投入到农村低保的资金总额也在不断增加。2003年，农村低保资金投入9.3亿元，占民政事业支出的3.9%。到2005年，全国农村地区共

投入低保资金 25.1 亿元，占民政事业费支出的 3.8%，比 2004 年增长 54.9%。[①] 2006 年开始，用于低保的资金投入大幅度增长，到 2007 年，全年共投入农村最低生活保障资金已达 109.1 亿元。

3. 救助方式及救助水平

受地区经济水平的限制，目前农村低保主要以现金救助和实物救助相结合，经济条件好的地区发放现金，通常每季度或每半年发放一次，少数地方按月或按年发放；经济条件差一些的地区发放实物。从救助水平看，目前农村低保救助水平还偏低，平均补差基本维持在 30 元左右。2007 年，农村低保平均保障标准为 70 元/人、月，人均补差 38.8 元/月，比去年同期提高 4.3 元，增长 12.5%。

二、专项救助措施的运行情况

（一）医疗救助

2007 年，各级财政共投入医疗救助资金 42.5 亿元，比 2006 年增长 100.1%，其中中央财政共补助各地城乡医疗救助资金 34 亿元，有力地保障了各地医疗救助工作的开展。从资金支出看，当前医疗救助资金主要向农村地区倾斜，其中又以大病救助为主。在 2007 年投入的 42.5 亿元救助资金中，28.1 亿元用于农村医疗救助支出，14.4 亿元用于城市医疗救助资金支出；而在 2006 年投入的 21.2 亿元医疗救助资金中，农村医疗救助支出 13.1 亿元，城市医疗救助资金 8.1 亿元，农村也占了大头（见表 6—5）。

表 6—5　　2006 年、2007 年医疗救助资金投入　　亿元

地区	2006 年	2007 年
农村医疗救助	13.1	28.1
城市医疗救助	8.1	14.4

数据来源：民政部《民政事业发展统计报告》。

从资金用途看，农村医疗救助主要以大病救助为主。2007 年，在投入农村的医疗救助资金中，资助参加新型农村合作医疗资金 4.8 亿元，大病救助资金 20.5 亿元。在 2006 年，这一数字分别是 2.6 亿元和 8.8 亿元。

从救助数量看，以 2007 年为例，在农村，累计救助贫困农民 2 896 万人次，其中：民政部门资助参加合作医疗 2 517.3 万人次，人均资助参合水平 19.1 元；民政部门资助大病救助 377.1 万人次，人均救助水平 543 元。在城市，城市医疗救助 442 万人次，人均医疗救助水平 326.6 元。

（二）教育救助

到 2007 年，全国共有 1.5 亿名农村（含县镇）义务教育学生（占全国 85%）不仅全

① 数据来源：《民政事业统计发展公报》。

部免交学杂费，而且享受政府提供的免费教科书，上千万名农村贫困寄宿生的生活补助标准也在提高。2008年，国务院决定全面免除城市义务教育学杂费，这是推动义务教育均衡发展、促进教育公平的又一重大举措。除此之外，中央财政安排专项资金8亿元，设立了中等职业教育国家助学金，当年约80万人获得这项资助；截至2006年年底，全国累计审批了292万名大学生的国家助学贷款，审批助学贷款253亿元。为使所有困难家庭的学生都能上得起大学、接受职业教育，从2007年起，中央财政投入95亿元在普通本科高校、高等职业学校和中等职业学校建立健全国家奖学金、助学金制度。到2008年，财政用于此类支出加大。

（三）住房救助

到2006年年底，全国已有512个城市建立并实施了廉租住房制度，占城市总数的77.9%。其中，287个地级以上城市中，有283个城市建立了廉租住房制度，比例达到98.6%；全国累计用于廉租住房制度的资金为70.8亿元，有54.7万户低收入家庭通过廉租住房制度改善了住房条件。其中，领取租赁住房补贴的家庭16.7万户，实物配租的家庭7.7万户，租金核减的家庭27.9万户，其他方式改善居住条件的家庭2.4万户。北京、上海、河北等省市对所有符合条件的家庭基本实现了应保尽保。

三、成效与问题

（一）成效

目前，城乡各项社会救助制度已基本建立，以低保为基础的社会救助体系框架已初步形成，城乡基本生活保障制度已经建立且运行平稳。医疗、教育、住房等救助措施也在逐步开展试点，社会救助成效显著。从实施情况看，绝大多数进入城乡低保的贫困人口的基本生活得到了保障。

1. 城镇基本生活保障制度进入平稳运行时期

《城市居民最低生活保障条例》颁布后，由于城镇低保纳入规范化、制度化轨道，资金来源相对稳定。城镇获得低保的人数直线上升，在8年内完成了两级跳（见图6—1）。低保人数从1998年的184.1万人上升到2000年的402.6万人，在2001年，这一数字达到1 170.7万人；从2002年开始，低保人数基本稳定在2 200万人左右，城市居民中的孤寡老人、“三无”对象进一步得到了保障，无劳动能力的“三无”人员基本保持在100万人左右，城镇低保制度已经趋于稳定。自2003年来，城镇低保水平稳中有增，平均低保标准由2003年的149元/月增加到2005年的156元/月；人均补差水平由2003年的58元/月上升到2005年的72元/月。到2007年，根据物价变化，低保标准和补差水平分别增长到186元/月和102.7元/月，增幅较大（见图6—2）。

2. 农村低保制度基本建立，资金投入逐年增加，覆盖范围不断扩大

随着全国农村低保制度的建立，农村低保的资金投入不断增加，由2003年9.3亿元增长到2005年的25.1亿元，增长了169%。到2007年，农村低保资金投入已经达到

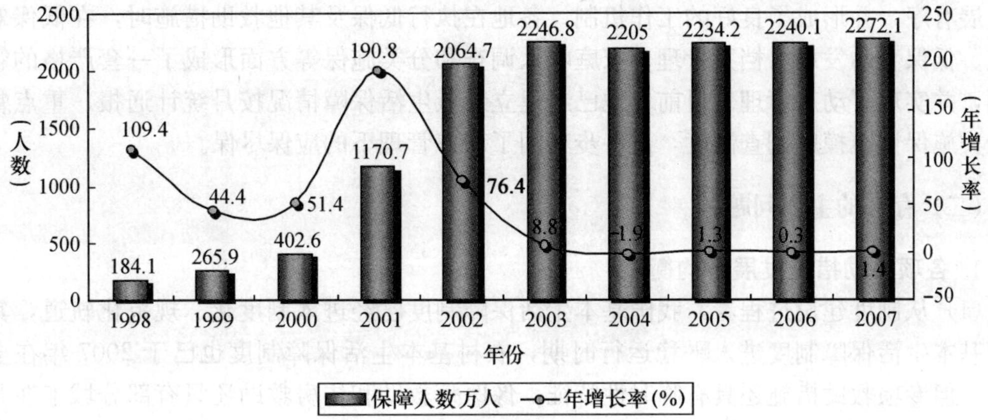

图 6—1　城市最低生活保障情况

资料来源：《民政部历年民政事业发展统计报告》。

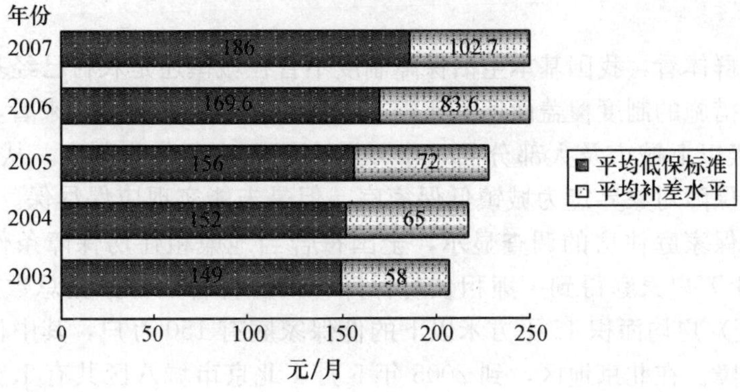

图 6—2　城镇平均低保标准与平均补差水平

109.1 亿元。

随着低保资金投入的增加，低保对象的覆盖范围也不断扩大，获得救助的农村贫困人口急剧上升。2003 年，仅有 367.1 万人被低保制度覆盖，到 2007 年，这一数字增长到 3 566 万人，其中相当一部分是从特困救助直接转入低保制度，基本实现应保尽保（见表 6—6）。

表 6—6　　全国农村低保资金投入及保障人数　　亿元，万人

指标	2002 年	2003 年	2004 年	2005 年	2006 年	2007 年
低保资金投入		9.3	16.2	25.1	30	109.1
低保人数	407.8	367.1	488	825	1593	3 566

数据来源：《历年民政事业统计发展公报》。

3. 管理工作规范，制度运行效率较高

目前以城乡最低生活保障工作为重点的社会救助管理运行体系已经形成，各项救助工

作进展有序，并形成了良好的工作机制。各地在执行低保及其他救助措施时，在低保对象审批、低保金的发放、档案管理、家庭收入调查和分类施保等方面形成了一套严格的管理机制，并实现了动态管理。目前各地已经建立最低生活保障情况按月统计通报、重点督察和分类施保情况摸底调查制度，进一步巩固了动态管理下的应保尽保。

（二）存在的主要问题

1. 各项救助措施发展不均衡

（1）从制度建设进程看，我国基本生活保障制度已经进入制度化、规范化轨道，其中城镇基本生活保障制度进入平稳运行时期，农村基本生活保障制度也已于2007年在全国建立。但专项救助措施还具有临时性特征，像医疗救助和住房救助还只有部分城市在开展试点，缺乏稳定的资金筹集机制和科学规范的管理机制，缺乏法律法规的约束，随意性较大，没有上升到制度层面。各级政府往往根据本地区的财政能力来决定救助群体、救助标准和救助方式，而且救助活动过于零散，多头救助导致重复救助，无法满足贫困群体多方面的救助需求。

（2）从覆盖群体看，我国基本生活保障制度不管在城镇还是农村已经基本实现应保尽保，但专项救助措施的制度覆盖面还是比较小。从实施廉租房的城市来看，截至2006年，全国有70个地级以上城市及大部分县（市）没有建立廉租住房制度。从保障对象来看，各地普遍将住房保障对象界定为城镇低保家庭，但是未能实现应保尽保。据2005年建设部、民政部对低保家庭住房的调查显示，全国符合当地廉租住房保障条件的有443.9万户，但仅有34.1万户家庭得到了廉租住房保障，仅占符合条件家庭总数的7.7%。西部12个省、市（区）户均面积45平方米以下的低保家庭有150万户，其中仅有5.8万户享受到廉租住房保障。在北京地区，到2005年5月，北京市城八区共有1.4万户家庭享受到廉租住房政策，仅占城八区户籍人口的1%，覆盖面非常小，一些远郊区县还没有实施廉租住房制度。另外，随着社会的转型，城镇化进程的加快，进城农民工、城乡结合部土地被征后的农民都有可能成为新的贫困群体；另外还有那些“夹心”阶层，即家庭收入、住房标准超过廉租住房保障范围，但仍属于低收入的家庭、没有能力负担经济适用房首付款的成员。但按照现行的制度设计，这部分群体没有被纳入城镇廉租住房保障范围。这些成员的住房问题如果不得到有效解决，同样也给城镇的发展带来冲击。从教育救助看，贫困生救助存在“从优”现象。由于受救助资金的限制，我国能接受救助的贫困生比较有限。因此，在选择救助对象时救助部门往往会选择学业成绩优良的贫困生。使义务教育阶段的贫困生救助，变相为对优秀贫困生的救助。由于救助名额有限，学业成绩便成了是否享有教育救助的隐性条件，那些家境贫寒且学习成绩较差的学生很多只有被迫选择退学。在医疗救助方面，目前在城市和农村都存在救助项目单一、救助病种普遍较少的问题。很多地区只对大病（住院）有救助，并且在开展大病救助的地区，一般只限于几种或多则十几种病种的救助，在大病的种类中只占极少部分，救助范围狭窄，客观上限制了贫困群体对医疗救助的利用。

（3）从救助水平看，城乡救助水平差异较大，农村低保对象救助标准偏低。2007年，城镇居民基本生活保障月补差平均为70元/月，而当前我国农村由于低保资金不足，地方财政只能"就菜下碟"，财政有多少，就补多少，造成保障标准低。低保人均月补差为30元，特困救助人均月补差标准为16元，在中西部地区，有的省区特困补差只有几元钱[①]，城乡救助水平差距比较大。这对于农村那些老弱病残、鳏寡孤独、没有劳动能力的群体来说，这么低的补助水平的确是杯水车薪，很难解决基本的生活问题。

2. 资金投入机制尚不完善，缺乏稳定的资金渠道

从城镇低保资金投入来源看，虽然为了确保城镇低保制度的规范运行，中央财政调整支出结构，不断加大对城镇低保的资金支持力度，但从当前的低保资金投入机制看，尚不完善。低保资金的投入比例在各级财政中没有固定的预算，低保资金支出额度的随意性相对比较大。各级政府、尤其是中央政府与地方各级政府低保资金投入责任不明晰，也没有在法律上做出明确规定，无法保障低保资金的稳定来源。从农村低保资金投入来源看，这一点就更为明显了。当前的农村低保制度是在原先各省先行开展试点的基础上建立起来的，在资金筹集方面基本保留了原先的机制，即资金主要由省、市、县、乡村集体等各级财政按比例筹集，中央政府没有转移支付。在这种情况下，地方政府的资金投入主要取决于各级地方政府的财政能力，在低保资金投入责任方面，地方各级政府也存在责任不明晰的问题。从专项救助措施看，医疗救助、教育救助和住房救助的救助规模、救助水平、覆盖群体，从根本上取决于救助资金的数额。从资金来源看，这些救助措施均要求地方财政给以资金安排，并且中央财政也给予一定的支持，不过中央在拨付资金时往往要求地方政府按照一定比例给予配套资金。在经济不发达地区由于地方财力有限，往往拿不出这部分配套资金，而只能依靠中央财政拨付的这部分经费开展教育、医疗、住房救助。在调研中我们发现，部分中西部省区在选择医疗救助试点城市时，提出的先决条件就是当地政府要答应并有能力提供配套资金，否则不予考虑。这实际上还是不能从根本上解决困难的地区医疗救助等问题。像高校教育救助资金的一个重要来源是学校自筹资金，其中主要是学校的一部分学费。在这种情况下，学校用于教育救助的资金越多，学校自身利益就越会受到损害。在这种情况下，高校很难拿出大量资金用于教育社会救助。

3. 中西部农村地区低保资金整体投入不足

根据农村低保由地方人民政府负责、按属地进行管理的原则，及由此确定的低保资金的投入机制，各地一般根据地方政府的财政能力确定低保标准和救助对象。在地方财政能力比较强的东部地区，一般能保证农村低保资金的投入。但在经济欠发达的中西部地区，由于大多数地区属于"吃饭财政"甚至是"要饭财政"，由地方政府自筹资金解决农民的低保问题，的确有些困难。从乡村两级财政看，当前乡村两级普遍负债，平均每个乡镇负债400万元，每个村负债20万元，中西部各省区有60%～70%的乡镇不能正常发工资。[②]因此，在经济发展水平相对落后、贫困人口相对聚集的中西部地区，依靠自身发展突破贫困的能力不足，仅仅依靠地方财政解决低保问题很难，也就不可能形成稳定的低保资金扶

---

① 费平.《西部地区农村社会救济问题研究》，西部办"西部地区农村社会保障问题研究"课题分报告。

② 陆学艺. 三农新论. 北京：社会科学文献出版社，2006

持机制。

4. 管理机制尚不完善

(1) 救助对象的资格识别程序不科学。

一方面，家计调查还存在一些技术性难题没有解决。从国际上看，实施社会救助的国家主要是通过家庭经济状况调查的方式确定申请者是否具备接受救助的资格，但如何进行家计调查，如何有效识别救助对象是个世界性的难题。目前，我国主要通过申请人申报、基层居民委员会审核并报当地政府批准来确定申请人是否符合享受低保的条件。但各地在核算申请人家庭收入财产等方面，还未形成比较系统科学的操作性办法。目前面临的主要困难：一是如何界定"共同生活的家庭成员"；二是如何核定家庭成员的收入，尤其是那些困难家庭成员的临时性收入，以及具有法定赡养、抚养关系并且在一起共同生活的家庭成员的收入，技术上不容易处理；三是如何确定可享受低保家庭的资格，那些因建房、置业失败而导致生活困难的家庭，那些有小量经营但目前的确生活存在困难的家庭，那些有外出务工的家庭该不该纳入低保，这些都是在识别低保对象过程中需要加以解决的。由于这些技术性问题没有解决，再加上非正规就业、隐性就业者越来越多，收入不稳定现象越来越普遍，因此在识别低保对象的过程中，难免会产生道德风险。

另一方面，根据规定，在界定救助对象时，需要将申请者的材料进行公示，这就面临一个问题，即公示时没有充分考虑被救助人员的自尊心，这一点在高校教育救助中表现得非常突出。在现行管理体制下，贫困大学生要申请教育救助，首先要向学校申请，经过学校等部门审查批准后，方能领取教育救助金。这种方式容易使申请和领取教育救助金的大学生在学校和同学中曝光，极大地伤害这些学生的自尊心，使他们在学校和同学中难以抬头，造成相当一部分有资格享受教育救助的学生由于这种原因而没有申请。

(2) 农村基层组织管理体制不顺，服务能力不足。

一是管理职能分散，政出多门。民政部门负责最低生活保障等社会救助工作，卫生部门负责医疗救助工作，建设部门负责廉租住房等住房保障工作，教育部门负责贫困学生的教育救助，而各级财政部门则负责各项社会保障资金的预算和承担财政责任。这种部门分割、缺乏协调，且部门色彩浓厚的管理运作和分头决策体制，导致城市贫困群体社会救助制度建设缺乏统一安排和长远规划，各项制度发展很不均衡，地区之间保障水平相差悬殊等问题。而且，由于涉及的部门多，部门间缺乏合作，浪费了大量宝贵的行政资源。

二是农村基层管理人员整体数量不足。由于城乡扶贫队伍整体缩编，民政部门基层工作人员减少，有的地区一个县只有 1～2 名民政干部，乡镇和村大量的特困救助和低保工作基本依靠村委会成员完成，远远满足不了当前农村工作形势的要求。

三是对当前农村社会救助工作缺乏有效监督管理。张云英在对湖南农村社会救助进行调研时发现，有一半以上的村镇并没有严格遵循救助对象界定的程序。一个乡镇的社会救助往往就由一个民政专干说了算，工作程序随意更改，工作透明度不高，难以坚持公开、公平、公正的原则。在实际操作中，个人申请的只占 36.3%，投票产生的占 27.46%，直接由村委会决定的却占 22.25%。① 在当前农村，在进行“家计调查”时，由于村委会人员素质参差不齐，对贫困农民生活情况了解掌握不透彻，浮于表面，“优亲厚友”的现象比较普遍，低保救助对象瞄准率低，而基层人员不足，无法逐一实地审核低保对象，基层民政部门的管理能力相对薄弱。

四是专项救助管理机构尚未健全，管理不规范。目前大部分市、县没有设立专门的管理机构开展医疗救助、教育救助、住房救助等工作，在住房救助方面，由于缺乏明确的廉租住房管理部门，没有配备专职人员。尤其是基层管理力量薄弱，职能不明确，没有独立的部门对保障性住房进行政策宣传、入户调查、审核公示等基础性工作进行管理，从而导致了低水平的基础管理工作，以及必要的房屋权属系统和个人诚信系统的缺失，无法准确界定住房保障对象的收入和住房状况，影响了保障政策的有效性。由于管理不规范，救助资金在发放过程中存在“挤占”或“挪用”现象。以教育救助为例，根据《教育部、财政部、国务院扶贫开发领导小组办公室关于落实和完善中小学贫困学生助学金制度的通知》，“助学金原则上集中分配到校，不直接发给学生本人”。但有的地区将救助金直接挤占或挪作他用。

在救助程序上，管理设计也过于烦琐。以教育救助为例，“两免一补”的资金发放要经过 6 道程序，先由上至下下达资金指标和控制名额，再由下至上汇总上报数据信息，再由上至下拨付资金发放到学生手中。在这必不可少“一上两下”程序中，既要核定数据及名单，又要公示信息；既要填表申请，又要审核评定，发放程序过于繁杂，过手的机关和部门太多。在管理上也没有建立完整、规范的贫困生档案，获得救助资金的渠道和救助后的跟踪管理均有欠缺，救助体系还不规范。

第四节　统筹城乡基本生活保障制度的基本思路及目标定位

一、基本思路

我国地区经济发展很不平衡，贫困人口之间的差异也很大。既有仍具备劳动能力的贫困人口，也有不具备劳动能力的劳动人口。因此，建立统筹城乡的基本生活保障制度应立足我国实际，制定反贫困的总体规划和分步实施战略，并应根据贫困人口的具体情况开展分类救助。对于贫困人口而言，除了提供基本生活保障、医疗救助、教育救助、住房救助之外，还应为那些有能力的人员提供更多的再就业保障措施，促进其积极就业。

（一）制定反贫困的总体规划与分步实施战略

鉴于贫困分布和贫困原因的复杂性，应区别不同情况，根据当地贫困程度、贫困对

① 张云英．论湖南农村社会救助存在问题与制度创新．湖南农业大学学报，2007（12）

象、扶持项目的特点，实事求是地选择最应该的扶持对象和最适合的反贫途径，制定市、县、乡、村、户等各级扶贫规划和实施措施，合理选择是救济还是扶贫开发，是全面保障还是重点干预，是区域发展还是到村到户，是就地脱贫还是异地安置，分阶段、分层次、分对象、分程度地解决城乡贫困问题。首先要着眼当前，把农村基本生活保障作为重点，置于优先地位。同时，也要立足长远，从国家的长期发展和社会的和谐稳定出发，把医疗救助和教育救助作为解决农村贫困的优先发展战略。

（二）进行分类救助，实施积极就业保障

在我国，城镇70%的被救助人口和农村50%的被救助人口具有劳动能力，从贫困发生率看，大多数省农村地区的贫困发生率已经降到了5%以下，这说明这些地区的贫困人口大都属于不具备扶持能力的贫病群体。因此，在实施社会救助时需区分被救助对象的不同情况施以不同的救助措施。对那些不具备扶持能力的病、残贫困人员，应全部纳入低保范围，直接实施最低生活保障，确保其医疗、住房和教育需求，改“造血机制”为“输血机制”，否则继续使用开发式救助方式，不仅成本很高，效果不明显，而且也很难解决基本生存问题。① 有劳动能力的则以扶持就业能力为主，继续使用开发式救助方式，实施积极的社会救助政策。在保障贫困人员基本生活的同时，以扶持取代救济，以服务提供取代现金给付，通过帮扶措施，鼓励其积极就业或从事农业生产，鼓励贫困者自立，鼓励贫困者通过积极就业脱离贫困。

（三）加强贫困监测，整合救助资源

缩小宏观检测结果与微观贫困瞄准所需要的数据缺口。目前，全国及各省所掌握的贫困检测结果与具体的反贫困政策，如低保救助、医疗救助、救灾、扶贫等救助措施所需要的精确贫困数据之间还存在一个巨大的信息缺口。不把这个缺口补上，救助对象就容易被遗漏或重复，救助效果不明显。需要强调的是，加强贫困监测，应建立相对独立的监测体系，对救助对象的确定、救助效果评估建立统一的标准，这样才能使各项救助措施瞄准救助对象，达到最好的救助效果。

二、2020年统筹城乡基本生活保障制度目标定位

单项救助制度发展到一定程度，迫切要求各项救助制度之间的配套衔接，加强各项社会救助资源的整合，建立系统的城乡社会救助体系。目前，我国城乡已经建立起以低保为基础，包括医疗救助、住房救助、教育救助在内的社会救助体系框架，城乡社会救助工作进入了统筹安排、整体推进、制度运行的轨道，但与统筹城乡社会救助制度体系的要求相比还有一定的差距。

---

① 1990—1999年，我国每年绝对贫困人口脱贫680万人左右，但自2000年以来，虽然国家的扶贫资金在增加，人均收入水平不断提高，但每年绝对贫困人口的脱贫数字却在不断下降：2000年脱贫200万人，2001年脱贫273万人，2002年脱贫107万人，2003年贫困人口比上年增加80万人，说明开发式救助对失去生活能力的人效果不明显。

到 2020 年，我国统筹城乡基本生活保障制度应当逐步实现以下几个方面的发展目标：一是尽快实现城乡低保对象的“应保尽保”，把所有低于最低生活保障线的贫困居民全部纳入基本生活保障制度内。二是加快统一城乡最低生活保障标准，实现一个地区或区域内城乡居民低保制度的一体化和低保标准的均等化。三是逐步提高最低生活保障标准，让贫困人口能够摆脱贫困、进入温饱，能够确实保障其基本生活，最大限度地发挥反贫困的作用。四是提高中央财政对基本生活保障制度的投入，通过转移支付等手段促进全国范围内低保制度的基本统一和低保标准的地区平衡。五是整合救助资源，建立与低保制度相匹配，但又符合彻底改善贫困家庭状况的综合救助体系，积极建立完善教育救助、医疗救助、住房救助等救助措施。六是创新社会救助的管理体制和运行机制，加强各项社会救助制度的配套衔接，实现基本生活保障与教育救助、医疗救助、住房救助等的对接和配合。

第五节 对策建议

一、完善基本生活保障制度

（一）进一步推进农村基本生活保障制度建设

政府有责任和义务保障每一个陷于贫困的公民的基本生存权利，这不仅应包括城镇贫困人员，同样也应包括所有农村贫困人员。当前我国城镇基本生活保障制度已经进入平稳发展期，农村低保制度刚刚在全国范围内建立，还有一部分群体没有纳入制度保障范围。我国处于高经济增长时期，财政收入增长很快，具备了在全国建立覆盖城乡居民最低生活保障的支撑条件，适时将低保制度扩大到农村所有居民，满足所有贫困人口的基本生存需求，推进农村低保制度的建立应成为下一步低保工作的重点。

（二）进一步完善政府公共财政对低保的投入机制

在规范中央与地方的低保资金投入机制时应注意：一要明确中央政府与省级、市级等地方政府的财政责任划分，建立由中央、省、市、县、乡五级财政共同负担的低保资金筹资机制。二是建立中央、省级财政低保资金专项转移支付制度，加大政府公共财政资金中对低保资金的投入。三是加大中央政府对老工业基地、资源枯竭型城市和中西部贫困地区的财政转移支付力度，解决地方财政无力负担最低生活保障费用的问题。

（三）适当提高低保救助标准

对于那些没有劳动能力的“三无”人员，老弱病残、鳏寡孤独人员来说，他们的收入来源往往更少、收入稳定性更差、抗风险能力也更弱。目前的低保标准只能维持一般的生存需要，还不能满足医疗、住房、教育等需求，这意味着这部分群体的日常生活不能再有其他的“风吹草动”，但事实上，这部分群体在医疗、教育、住房等方面存在更迫切的需求。因此，还需要适当提高对这部分群体的救助标准，逐步提高其生活质量。

（四）完善低保对象的资格审核制度，谨防福利依赖

一是规范低保对象的收入核实标准。研究表明，家庭具有结构性效应，不同的家庭规模会产生不同的家庭需求，有劳动能力的家庭成员和无劳动能力的家庭成员的贫困程度也不同。据此，在核实低保对象收入时，必须充分考虑家庭结构、家庭规模、家庭成员的不同构成特点。根据我国的国情，贫困家庭可以区分为以下八种类型：独身家庭、单职工夫妇家庭、双职工夫妇家庭、单职工夫妇有一个小孩的家庭、双职工夫妇有一个小孩的家庭、单亲家庭、残疾人家庭、只有老人和孩子的家庭。对这八种家庭应按照不同的标准实施不同的救助。

二是科学核定“实际生活水平”。“实际生活水平”应根据不同地区经济发展水平、地区收入和消费水平的差异，根据不同时期的物价指数，全面考虑收入水平和其他影响生活质量的因素，并在完善在职人员工资外收入、非在职人员的劳务和经营收入的统计检测的基础上进行核算。

三是对享受低保的个人和接受中央资金支持的地区要规定必要的义务。从国际上看，为防止贫困者的惰性和对政府的依赖性，避免公共财政的过重负担，西方国家纷纷调整救助政策，引入工作导向型的激励措施，把现金救助与就业措施结合起来，鼓励救助对象在经济上独立，并对未履行义务的救助对象实施严厉的经济惩罚措施。我国的低保制度建设也应借鉴上述做法。中央政府在向地方政府拨付低保资金时，一方面，应适度监控地方政府的资金使用量和使用过程，避免出现挤占、挪用或超额使用低保资金的现象；另一方面，作为中央拨付资金的条件，地方政府应履行自身的筹资责任，并保证当地救助对象中有适当比例的人员实现再就业或从事公益性劳动。通过这两方面的惩戒措施，保证拨付的低保资金真正发挥救助的功能。

（五）改进“补差”做法，制定科学的低保标准

为避免福利依赖和出现“贫困陷阱”，一方面应适当提高行业的最低工资标准；另一方面在制定最低生活保障标准时，应对家庭中的个体情况加以区分，改进“补差”做法。城镇当前的贫困群体以下岗失业和在职低收入者居多，这一部分人大多数有劳动能力。为激发有劳动能力救助对象再就业的积极性，建议在家庭某一成员再就业收入未超过本地最低工资时，仍按照原来的低保标准，按照“补差”实施救助；当该成员再就业收入超过本地最低工资时，不再对其本人实施最低生活保障（补差），但仍给家庭其他成员低保救助；当该成员的个人收入使该家庭的人均收入达到或超过本地最低工资标准时，不再对该家庭实行最低生活保障。这样做，既鼓励贫困人员通过再就业实现自我解困，又能有效控制被救助对象的隐性收入，也有利于提高社会救助的公平性，有利于降低低保制度的社会成本。

二、实行积极的就业保障政策

对于大多数有劳动能力的城镇贫困人口来说，获得再次就业的机会才是摆脱贫困的最终手段。因此，对这部分贫困人员，国家应在现行有关下岗失业人员就业扶持政策的基础上，对家庭贫困的下岗失业人员，特别是贫困的长期失业人员要有更为优惠的扶持政策。对贫困群体进行免费职业指导和职业介绍，强化失业保险的就业保障功能，开展多种形式的再就业培训和就业援助服务，鼓励有能力的贫困人员自谋职业，鼓励非公有制企业优先招用下岗失业人员。

三、进一步完善专项救助措施

（一）完善医疗救助体系

一是完善救助对象的资格条件。医疗救助资金不足与庞大的医疗需求之间的矛盾会长期存在。在这种情况下，医疗救助资金只能优先选择最需要救助的人员。判断救助对象主要看三个方面：一是被救助对象的收入水平；二是被救助对象是否有医疗保险；三是被救助对象医疗费用负担的轻重。对于能够享受医疗保险和其他救助手段的对象，先由医疗保险或其他救助保障，没有医疗保险或经其他途径救助后仍有困难的，给予医疗救助，以发挥医疗救助兜底的保障作用。

二是开拓救助资金来源渠道。首先，救助资金应明确由中央和地方财政共同负担。贫困群体集中的地区，由于经济欠发达、财政力量比较薄弱，上级财政，尤其是中央财政应加大对该地区医疗救助财政转移支付力度。其次，充分利用民间力量，多方筹集医疗救助资金。借助非政府组织和民间组织的力量，通过捐赠，发行福利彩票，组织义卖、义演、义画等充实医疗救助基金。

三是完善救助方式。费用补贴方式由于补贴额度、比例不高，保障程度相对较低，对贫困人员发生的重大疾病往往无能为力。因此，考虑贫困群体的不同医疗需求，可以选择两种方式对被救助对象进行救助。一是对门诊病人采用费用补贴的方式；二是预先由政府资助为贫困群体建立大额互助保险或大病统筹基金，以备贫困人员患病时之需。

四是立足社区卫生服务机构，建立平民医院。社区卫生服务机构负责一般疾病的治疗和慢性病的长期护理以及社区健康和预防工作，这样一方面使闲置的卫生资源得到利用，另一方面减少医疗费用开支，并且方便患者就医。

五是慈善基金捐助特大病患者。慈善捐助是用社会爱心给予特大病患者及家庭经济扶助的形式。目前我国已经有了一些社会慈善基金组织，如中国慈善基金、中国残疾人福利基金会、中华永恒慈善基金等，这些慈善基金组织也在帮助贫困者解决因疾病带来的经济困难问题。给予贫困医疗患者以社会的关爱可以继续借助已有的社会慈善基金组织，也可以专门建立医疗慈善基金，目的都是给予那些在各种医疗保险和医疗救助职责完成后，仍无法承受医疗费负担的贫困人口一定的经济帮助。

（二）完善住房保障体系

一是以租金补贴为主要配租方法，推动房地产二级市场的发展。对享受住房救助的家庭采用租金补贴的配租方式，由其到市场上直接租赁适合自己的廉租房。这样，不仅可以推动房地产二级市场的发展，形成住房消费的合理结构，而且还可以节约政府在廉租房维修保养等方面的常规性工作投入，降低管理成本。

二是为房地产开发商提供优惠政策，拓宽廉租房供应渠道。为鼓励房地产开发商开发廉租住房，政府可以将土地无偿划拨给开发商，由开发商按照政府要求开发廉租住房，并按政府限定的租金提供给贫困家庭。开发商的损失通过税收优惠等方式给予补偿。在规定的廉租住房使用期限到期时，开发商可以按照市场价格进行公开销售和出租（为此，开发商就不可能建设那些低质量、低功能的房子）。这既维护了开发商的利益，又解决了廉租住房的开发问题，避免了廉租住房的低档建设问题。

三是建立完善的个人收入申报机制。我国目前个人收入申报机制很不完善，房地产登记未能与个人实际资产挂钩，这不仅使廉租房的资格审核工作困难重重，而且对于那些享受廉租房家庭的收入变动情况也无法准确掌握。因此，应尽快建立个人收入申报机制，确保家庭收入信息透明，这对确保整个社会救助政策体系的公平性都大有裨益。

（三）完善教育救助

其一，为贫困群体子女提供公平的教育机会。实现教育公平，即人人享有均等的受教育机会，通过教育提升个人的人力资本是帮助贫困群体及其后代脱离贫困、实现社会公平的重要手段。为贫困群体子女提供均等的教育机会是政府无可推卸的责任，尤其在义务教育阶段，政府必须通过资金投入、统筹规划、合理配置确保贫困群体子女接受义务教育的权利。

其二，建立规范的奖学金、贷学金制度，简化申请程序，避免出现因生活困难而退学或辍学的情况。

其三，降低农民工子女进入公立学校的门槛。加强对为农民工子女提供教育的简易学校的管理，并在土地使用、校舍建设费用、教学设备、师资培训等方面给予指导和帮助。

四、完善管理机制，提高管理能力

一方面加强基层组织机构队伍建设，充实基层管理力量，提高基层管理能力建设；另一方面，着重规范城镇居民家庭收入核算和生活支出调查方法，完善保障标准测算方法、保障标准动态调整机制和分类施保办法。尽快完善低保对象的资格甄别制度，加强对低保救助对象的规范化管理。在核定“实际生活水平”、核实低保对象收入等方面尽快形成比较系统科学的操作性办法，制定全国性的指导细则，以保证基层低保工作的有效组织实施。

五、整合救助资源，提高救助效果

建立健全社会救助制度体系，在管理机构、管理办法、进入/退出机制等方面加强低保救助与医疗救助、教育救助、住房救助及最低工资制度、再就业扶持政策的衔接，整合救助资源，增强救助效果。在解决贫困家庭基本生活的基础上，要有计划、有步骤地扩大医疗救助、教育救助和廉租住房制度覆盖范围，首先解决城乡低保家庭的医疗、教育和住房需求，再逐步把保障范围扩大到住房困难的低收入家庭。

六、积极发展慈善事业

大力发展慈善事业，通过慈善组织，向社会、企业和个人开展慈善募捐。由慈善组织为城乡老弱病残、鳏寡孤独人员提供慈善救济，包括经济帮助、医疗服务和医疗费用补助、教育援助、住房补贴等。通过社会、个人等多种渠道、多种参与方式帮助贫困人口，尤其是那些老弱病残、鳏寡孤独人员提高生活质量，提升做人的尊严。

第七章 养老保险个人账户基金管理运营和风险防范

养老保险是社会保障制度的重要组成部分，具有覆盖人数广、基金量大、周期长的特点。本章从建设覆盖城乡居民的养老保障体系目标出发，结合不同群体（职工、农民）养老保险制度覆盖面扩大、个人账户做实试点扩大的趋势，分析当前养老保险个人账户基金投资管理现状，发现问题，明确目标定位和发展方向，提出个人账户基金运营和风险防范的政策建议。

第一节 我国养老保险个人账户基金发展概况

我国基本养老保险经过多年的探索和实践，确立了社会统筹和个人账户相结合的基本养老保险制度。随着制度的确定，个人账户基金的管理运营也不断完善和改进。

一、制度改革概况

（一）第一阶段（改革开放初期至党的十六大之前）

20世纪80年代，随着经济体制改革的深入，我国经济市场化程度越来越高，私营公司、外国公司、合资公司越来越多，从业人员在不同企业之间的流动越来越频繁，使得原有的主要适合于国有企业职工的养老保险制度已不能适应经济体制改革的需要。1991年，为适应经济体制改革的需要，我国政府对养老保险制度进行了改革，基本养老保险基金实行社会统筹。国务院发布了《关于企业职工养老保险制度改革的决定》，规定企业职工基本养老保险基金由当地政府根据实际需要和企业、职工的承受能力，按照以支定收、略有结余、留有部分积累的原则统一筹集，企业和职工个人都要缴纳养老保险费。企业缴纳的基本养老保险费，按本企业职工工资总额和当地政府规定的比例在税前提取，职工个人缴纳基本养老保险费，在调整工资的基础上逐步实行，缴费标准开始时可不超过本人标准工资的3%，以后随着经济的发展和职工工资的调整再逐步提高。

1993年，党的十四届三中全会通过了《中共中央关于建立社会主义市场经济体制若干问题的决定》，确定了社会基本养老保险实行社会统筹和个人账户相结合的制度。1995年3月，国务院据此发布了《关于深化企业职工养老保险制度改革的通知》（国发［1995］

6 号）。它明确指出个人账户制度是我国多层次养老保障体系的重要内容，并对个人账户的财务管理、会计制度和投资范围等做出原则性的规定。

1997 年 7 月，国务院为解决个人账户范围和规模的统一问题，又发布《关于建立统一的企业职工基本养老保险制度的决定》。该决定在全国范围内统一了企业职工基本养老保险制度，对企业缴费率、个人账户规模做出统一规定，即从 1997 年开始全国一律按照个人缴费工资的 11%来建立个人账户。至此，社会统筹和个人账户相结合的社会基本养老保险制度在全国范围内基本确立。亚洲金融危机以后，我国出口压力剧增，国有企业也纷纷面临倒闭，伴随国家对国有企业大规模的改革和结构调整，庞大的下岗分流人员使得当期养老金制度面临巨大的支付压力。从 1998 年开始，社会统筹就已经无法保障当期养老金的支付。据数据显示，1998 年当年全国基本养老保险基金收入为 1 459 亿元，比上年增长 9.1%；支出 1 511.6 亿元，比上年增长 20.8%；当期结余－52.6 亿元。[①] 为保障当期养老金的发放，企业和职工缴费不可能划入个人账户，使得个人账户空账运行。

2001 年，党中央、国务院决定在辽宁省开展完善城镇社会保障体系的试点工作，2001 年 5 月 25 日，国务院总理办公会确定了中央财政对辽宁试点的资金补助办法。从 2001 年 7 月 1 日启动，为期三年，缴费起征点从 8%起步，做实个人账户 5%的部分，由中央财政补贴 75%，中央补助占总缴费比例的 3.75%；地方财政解决 5%的 25%，占总缴费比例的 1.25%，另外的 3%由地方政府补足。

（二）第二阶段（党的十六大以来）

2003 年，党的十六届三中全会《关于完善社会主义市场经济体制若干问题的决定》提出，加快建设与经济发展水平相适应的社会保障体系，完善企业职工基本养老保险制度，坚持社会统筹与个人账户相结合，逐步做实个人账户。5 月 13 日，国务院批准同意了吉林、黑龙江两省完善城镇社会保障体系试点实施方案。城镇企业职工基本养老保险缴费率保持不变，进一步规范了个体工商户、自由职业者和灵活就业人员的缴费政策。企业缴费比例为企业工资总额的 20%，全部纳入社会统筹基金。职工缴费比例为本人缴费工资的 8%，全部记入个人账户。个体工商户、自由职业者和灵活就业人员缴费基数统一为当地职工平均工资，缴费比例统一为 20%，其中 8%记入个人账户，12%纳入社会统筹基金。

在充分调查研究和总结过去 20 年来养老保险制度改革经验的基础上，国务院于 2005 年 12 月发布了《关于完善企业职工基本养老保险制度的决定》，其重要内容就是逐步做实个人账户。

养老保险个人账户是企业职工基本养老保险重要组成部分，它是用以记录职工个人缴纳基本养老保险费和单位缴费划入职工个人名下的账户，是计算职工退休的基本养老金中的个人账户养老金的重要依据。从 2006 年 1 月 1 日起，个人账户的规模统一由本人缴费工资的 11%调整为 8%，并且全部由个人缴费形成，单位缴费不再划入个人账户，单位交付将全部用于社会统筹，用来确保当期基本养老金发放，个人缴费则全部用于积累，用于

① 1998 年劳动和社会保障事业发展年度统计公报。

本人将来的养老问题。职工退休后除统筹部分的基础性养老金外，还可以领取个人账户养老金，即用储存积累的个人账户额除以120作为个人账户养老金。

二、养老保险个人账户基金管理运营现状

配合我国社会主义市场经济改革和现代企业制度的建立，我国确立了部分积累制的养老保险制度，即“社会统筹和个人账户相结合的制度”。目前个人账户的逐步做实已在全国范围内推广开来。

（一）试点城市及基金规模

劳动和社会保障部《关于上报做实企业职工基本养老保险账户试点实施方案的通知》（劳社［2006］8号）和《关于进一步扩大做实企业职工基本养老保险个人账户试点工作有关问题的通知》（劳社［2007］6号）颁布后，11个城市继东北三省后正式从3%起步做实个人账户。截至2007年年底，辽宁、吉林、黑龙江、天津、山西、上海、山东、河南、湖北、湖南、新疆11个做实企业基本养老保险个人账户试点省份共积累基本养老保险个人账户基金786亿元。①

（二）管理现状

目前，我国养老保险个人账户基金由政府直接管理。我国社会保险经办机构几乎承担了个人账户管理的全部职责（有些地区试行税务代征保险费）：依法对参保人的基本信息进行登记、稽核缴费基数，建立职工及退休人员数据库，管理个人缴费记录，按照国家规定将保险费存入银行定期或者购买国债以实现基金的保值增值，运营收益率略高于银行同期存款利率，按规定审核、发放社会保险待遇（委托银行、邮局等社会服务机构发放），提供查询等。

（三）运营现状

个人账户基金实行积累制，与社会统筹基金性质不同，其保值增值是关键，也是直接涉及投保人利益的重大问题。目前，我国还是按照1997年国务院下发的《关于建立统一的企业职工基本养老保度的决定》，各地社会养老保险基金除留足两个月的周转金外，其余全部要购买国债和存入银行专户，严格禁止社会养老保险基金投放其他金融部门和经营性事业。

第二节　个人账户基金管理和投资运营面临的风险

虽然个人账户会面临诸多风险，但仍成为国际养老保险制度改革的主流趋势。当前，

① 人力资源和社会保障部，国家统计局. 2007年度劳动和社会保障事业发展统计公报. 2008

我国市场经济体系还不够完善，个人账户基金主要有以下三个方面的风险：

一、管理风险

社会保险政策规定：(1) 个人账户基金由职工本人缴费构成；(2) 参保单位到社会保险经办机构进行参保申请、登记、申报，社会保险经办机构向参保单位征缴社会保险费，个人缴费由参保单位代扣代缴。以上规定，无法从征缴、管理、支付环节上完全分开个人、单位缴费，也难以完全分开统筹基金与个人账户基金，以下只能分析养老保险基金，同时尽量考虑个人账户基金。

个人账户基金的征缴、管理、发放是基金管理中的三个重要环节。它们都直接牵涉到不同经济主体的经济利益，同时都承担着相应的风险。

(一) 征缴环节风险

我国现行社会保障制度明确规定，用人单位应为其职工缴纳社会保险费，而缴纳保险费会增加劳动力成本。因此，一些用人单位处于降低成本的目的，就会逃避、拖延缴纳社会保险金或者采取压低工资总额（缴费基数）的方式达到少缴保险费的目的。而对职工来说，用人单位为其缴纳养老保险，可以保障企业职工退休后的基本生活需求，但在我国劳动力过剩的情况下，一些职工为获得或维持工作机会，用人单位往往以要求职工放弃为其缴纳社会保险费为代价。对负责社保基金征收的社会保障行政部门以及工作人员来说，他们负有征收和监督的职责，但工作人员少、范围广，同时征收情况并未与他们的个人利益挂钩，使得在一定的程度上缺乏监督的积极性，导致一些用人单位和职工抱有逃避和拖欠社保基金的侥幸心理。再加上我国关于社会保险的法制相对落后，即使社会保险部门发现了企业的拖缴欠缴行为，也无法运用法律手段依法处置，只能使用行政手段维持。

(二) 管理环节风险

管理环节薄弱时，相关人员会利用职务与工作之便，非法侵占或挪用基金，威胁着基金的安全。2006 年 8 月，审计署对 29 个省（自治区、直辖市）、5 个计划单列市的企业职工基本养老保险基金、城镇职工基本医疗保险基金和失业保险基金进行了审计，发现违规金额总计 71 亿元，由于 1999 年（含 1999 年，下同）之前发生的违规案件大都是涉及基金安全和完整问题，发生金额为 23.47 亿元，占总违规金额的 33%。2000 年以后发生的案件大都属于管理不规范问题，违规金额为 47.88 亿元，占总违规金额数的 67%，部分涉及基金安全和完整。

根据审计署公布的结果，2006 年违规侵占、挪用基金大致可以分为五大类：一是“没有实行专款专户管理”的违规资金约 27.13 亿元（其中包含了 3.76 亿元是属于原行业基本养老保险统筹基金结余未移交给财政专户）；二是“违规投资”19.49 亿元（对外投资 11.48 亿元、委托金融机构贷款未收回 1.89 亿元、经商办企业 0.68 亿元、委托金融机构贷款和对外投资等 5.44 亿元）；三是用于弥补支付缺口 16.69 亿元；四是用于构建办公用房和弥补行政经费（含违规担保和其他房产与职工宿舍）4.64 亿元；五是由于管理混乱和账目不全等原因造成的损失（详见表7—1）约3.4亿元。

表7—1　2006年审计署查处社保基金详情表

类型	违规原因	违规资金数额（亿元）	占比（%）
第一类	没有实行专款专户管理	27.13	38
第二类	违规投资	19.49	27
第三类	用于弥补支付缺口	16.69	23
第四类	用于构建办公用房和弥补行政经费	4.64	7
第五类	由于管理混乱和账目不全等原因造成的损失	3.4	5
总计		71.35	100

（三）发放环节风险

养老保险的最终目标就是向符合条件的退休人员提供养老金，保障退休人员基本生活，促进经济发展和社会稳定。养老金是否能及时并准确的发放直接关系到退休职工的切身利益。为了保障养老金能够及时和准确发放，社保经办机构对此是负有确认和审查的职责。但由于每个人的基本信息和缴纳养老保险情况各不相同，而且相关信息总是处于动态变化之中，在没有实现社会信息网络化管理的情况下，不论是负责养老金发放的社保经办机构，还是负责监督的劳动保障行政部门，要保障养老金准确无误的发放，都面临着极大的挑战。据全国各级社保经办机构调查发现，养老金发放过程中的遗漏、错误或者冒领等情况时有发生。截至2003年，冒领养老金人数已达到5万人，冒领的金额达到10亿多元。

二、投资运营风险

我国采用社会统筹和个人账户相结合的养老保险管理模式。其中，社会统筹实行“现收现付”制，主要用于支付当期离退休人员的基本养老金，而个人账户是用于支付职工本人退休后的养老金，其退休之前所缴金额在个人账户中进行积累。在职工退休之前，养老保险个人账户中将存有大量余额。随着医疗技术的不断进步，人的寿命不断增长，同时在通货膨胀的影响下，社会养老基金所承担的支付压力将越来越大。因此，要确保养老保险基金能够使职工退休之后得到保障，就必须实现养老保险基金的保值和增值，就必须对其进行投资运营。个人账户基金投资运营面临着三类风险，即投资风险，代理风险和系统风险。

（一）投资风险

投资风险是指个人账户基金所投资的资产价格发生变化而产生不确定的投资收益。投资风险包括两种：一是个别风险，是指在个人账户基金资产组合中个别资产的价格起伏对基金的投资收益所带来不稳定的风险，但这种风险是可以通过适当的分散基金投资组合得以降低或消除的。二是市场风险，是指金融市场整体资产价格波动风险，它包括政治经济政策的不稳定，一般金融市场的价格波动，宏观经济不稳定所引起的市场波动（通货膨胀等），泡沫经济的破裂等因素造成的风险。市场风险，不能像个别风险一样通过分散同一市场投资组合来消除，但是它可以通过对不同市场（如国内市场、国外市场、债券市场和股票市场等）的资产组合来降低市场风险。

目前有部分养老保险个人账户基金委托全国社会保障基金理事会投资。2008 年全球发生历史罕见的国际金融危机，全国社会保障基金理事会在国内股市持续大幅下挫的情况下，坚持审慎投资方式，兼顾当期业绩压力和长期投资目标，及时调整资产配置。按照相关法规规定，在控制风险的前提下，于 2008 年下半年通过指数化投资和委托投资增加境内股票投资。于中央银行利率下调之前，提高并实现了固定收益产品的投资，同时支持京沪高铁等国家重要基础设施和多个省市的民生工程建设，同时经国务院同意，以战略投资者身份参与对国家开发银行和中国农业银行的股份制改造；以国内首家可以自主投资股权投资基金的机构投资者身份，承诺对弘毅和鼎晖两支股权基金各投资 20 亿元。2008 年 12 月 31 日，全国社会保障基金总资产为 5 625 亿元，基金权益达到 5 132 亿元。全年已实现收益率 5.25%。由于国内股票大幅下跌，导致股票资产从浮盈转为浮亏，基金权益投资收益为−6.75%。2008 年，基金境内股票的缩水远低于同期 A 股市场的下跌幅度。取得的这个投资业绩已实属不易。成立 8 年来，全国社会保障基金累计投资收益 1 600 亿元，整体年化收益率为 8.98%，战胜同期累计年均 2.35%的通货膨胀率。[①]

（二）代理风险

代理风险主要表现在对资产管理无效率，滥用职权，挪用、欺诈甚至盗用个人账户基金等。还有一些更为隐蔽的做法，如利用个人账户基金进行自我投资，对关系企业进行投资，合谋制定不合理的管理费标准等。导致基金投资收益低于投资同样风险的产品，投资管理成本及管理费用高于正常水平。基金管理费结构复杂，包括收费种类多样（如行政管理费、资产管理费、交易费等），收费方式不同（从缴费附加或扣除，或者从投资收益中扣除），收费对象不同（如按缴费收费或按资产收费），收费时间不同（前段收费或后端收费）等，而且管理收费经常与其他服务收费捆绑在一起，使得进行基金管理收费相当困难，为代理风险的产生提供了很大的可能性。

养老保险个人账户基金投资运营过程中，存在多种委托代理关系。养老保险个人账户基金需要委托专业的代理投资机构进行投资，这样代理投资机构就成为个人账户基金的托管人，托管人就是由社保经办机构授权代为进行基金投资管理的金融机构。这样，个人账户基金的所有权与经营权实际上就发生了分离，当作为委托人的社会保险经办机构和作为代理人的托管人之间出现目标不一致的情况时，委托代理问题也就不可避免了。

（三）系统风险

系统风险是个人账户基金投资过程中所必须依赖的金融环境（经济环境），如市场基

① 全国社会保障基金理事会第三届理事大会第二次会议新闻稿。

础设施（银行清算系统）出现问题所造成的经济损失。尽管养老保险个人账户基金本身流动性风险较小，但是银行资产的流动性问题引发的危机对基金资产价格可能产生较大的冲击。当基金的管理者是银行的附属机构时，银行危机可能影响到基金管理机构的资本安全性，进而对社保基金的投资运营产生不利的影响。

个人账户基金投资运营中存在以上三种风险，出于对基金资产安全和维护基金缴费人权益出发，政府有必要对社保基金投资运营进行监管。

三、空账风险

我国1997年统一企业职工养老保险制度，改革前退休的职工没有个人账户积累，这部分养老金为隐性债务，现收现付制向部分积累制转轨中，债务显性化，在职的一代缴费难以支付退休人员养老金和预留自己退休时的部分养老金积累，只能通过社会统筹部分和向“中人”“新人”的个人账户积累借钱的办法，来支付当期养老金，造成“中人”和“新人”个人账户的“空账”运行。可见，养老金的隐性债务和“空账”问题是紧密联系在一起的，也是我国目前养老保险制度面临的最大风险。目前我国的养老保险费用都被用于支付现期退休金，已设立的个人账户在很大程度上是空账。据劳动和社会保障部统计，我国的空账规模已经达到了8 000多亿元。[①] 如果不尽快解决这个问题，基本养老保险支付风险会随之而来。

第三节　个人账户基金投资管理与风险防范建议

养老保险个人账户基金是为应对人口老龄化而准备的长期储备性基金，所以一定要确保其保值增值。但是按照我国目前的法律规定，个人账户基金只能投资于银行存款和债券，投资渠道非常狭窄。实际上，把基金用来买国债或是存入银行，也同样面临着基金贬值的危险，一旦银行利率下调或者物价上涨过高，也会严重影响基金的保值增值。

严格限制投资范围不利于个人账户基金投资运营，容易导致投资回报率过低。当然将个人账户基金投入资本市场进行投资运营可能会加大投资风险，但是现代理论表明，当不同类型投资之间的相关程度不高时，只要管理得当，采取多样化的投资方式来防范和分散一部分非系统风险，基金是可以得到稳定的投资受益。为做好基本养老保险个人账户基金管理运营和风险防范工作，在保障基金安全的前提下实现保值增值目标，我们应从以下几个方面着手。

一、个人账户基金应坚持市场化投资运营方向

目前全国大部分地区的个人账户基金都是按规定存入银行或购买国债，基金投资渠道

① 劳动和社会保障部．劳动和社会保障事业发展第十一个五年规划纲要草案［W］．http://www.molss.gov.cn/gb/zt/2006/11/08/content_146879.htm/

狭窄。随着社会保险扩面和养老保险个人账户做实，基金规模将迅速扩大。以上的投资方式难以应对人口老龄化的需求。近年来银行利率已低于工资增长率，而适合养老保险个人账户基金投资的国债数量、期限已远远无法达到现有要求。实现基金增值的主要手段是投资运营，虽然社会保障制度实施主体是政府，但由于社会养老保险个人账户基金投资是一项专业性很强的工作，应充分发挥专业投资机构优势。从国际经验来看，建立准入门槛和淘汰机制，在市场上选择绩效高的专业化公司投资运营基金是理性的选择。同时，应发挥政府和监管机构等相关机构监管作用，防止代理人侵权行为对基金安全造成威胁。鉴于此，我国养老保险个人账户基金应坚持市场化投资运营方向，并着重做好以下几个方面的工作：

（一）提高社会保险统筹层次

五项基本保险中，除养老保险有十几个省市实现省级统筹外，其他险种基本都在市县一级。目前仅省市县三级各类社保经办机构就有 7 400 多个。基金分散，投资运营成本高，风险大，监管难度大。

当前应逐步提高统筹层次，尽早实现养老保险省级统筹，以省、自治区、直辖市社保经办机构为单位，集中管理全省（自治区、市）个人账户基金。提高养老保险统筹层次带来的好处，首先，可以大大降低基金管理单位管理成本；其次，有规模的管理便于雇用较高水平的管理人才，尤其是在选择投资管理人的阶段，专业人才的作用最为重要；最后，相对集中的管理体制可以克服投资阶段的过度竞争所带来的副作用。

（二）建立统一基金管理架构

目前我国各地对于个人账户基金的管理水平不一致，管理做法不一样，基金的缴费标准也不相同，所以导致地方差距较大。个人账户基金的专业化经营管理，实质上是基金的行政管理（包括账户管理）、基金投资、基金保管分离三方面管理相结合的模式。在这种管理模式下，社保经办机构与参保职工建立信托关系，与行政管理机构（个人账户管理机构）、投资机构和保管机构之间建立委托代理关系。

现阶段，应由国家出台相关政策（如严格的资格市场准入退出机制、监管机制、设定严格的投资限制和设定最低收益率），省级政府为主体统一管理养老保险个人账户基金。省（自治区、市）级社保经办机构作为基金的受托机构，负责基金的行政管理。由省（自治区、市）级社保经办机构和相关部门选择已获得基金投资运营资格的机构进行市场化运营，实现养老保险个人账户基金专业化管理运营。

同时，省级社保经办机构和基金监管机构，按照国家规定共同对基金投资管理机构进行监督和管理。同时建立有效的基金监督机制，充分发挥多层次监督功能（见图 7—1）。以上各种角色在养老基金管理运作中相互配合、相互支持，形成一个统一的整体。

（三）建立严格的资格准入制度

养老保险个人账户基金应由国家相关部门制定投资机构资格标准、认定办法，实行机

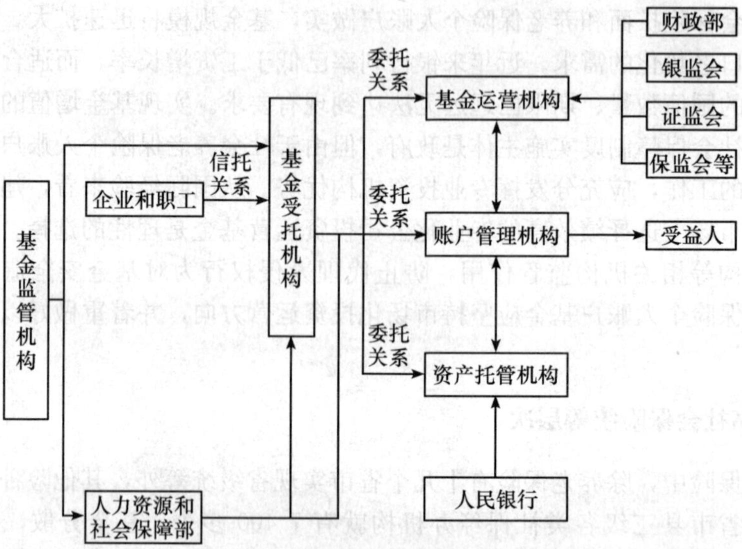

图 7—1　基金管理架构图

构申请、政府部门核定等办法来确定基金的投资运营机构。省（自治区、市）级社保经办机构通过以上考核办法从中选出资产质量和管理人员素质高、经营业绩好的机构进行基金的投资管理，只有符合所有规定指标要求的机构才有资格进行基金投资管理。基金的投资管理人可以是新建的养老基金的专门机构，也可以是现存的金融市场主体，包括：资产管理人、基金管理公司、保险公司、银行等（全国社会保障基金理事会也可以参与到竞争养老保险个人账户基金投资运营资格当中来，跟其他的基金管理运营机构一样接受基金托管机构资格审查等），通过这些专业的机构来实现养老基金的专业化运作。

对于已经获批的基金管理机构，监管部门应定期和不定期的对其投资运营、内部风险控制等情况予以监督。如发现其违规行为应加以调查和处理。当某些投资管理机构不能有效履行义务，致使基金利益受到严重损害时，监管部门要采取措施加以纠正或取消其基金营运的资格。

（四）设定相应的投资限制

由于目前我国投资市场还不够完善，相应的信息披露制度缺失，容易出现投机行为，投资风险也相对较大。因此，为了降低投资对基金安全造成的危险，应对基金管理公司管理基金的数额、投资工具的种类、每种投资工具的投资限额以及单只股票或债券的投资规模等做出相应的限定。投资管理公司只能在规定的投资品种和投资限额内有选择地进行组合，以避免风险过度集中。

（五）设定最低收益率

社会保障责任主体是政府，养老保险个人账户基金市场化投资运营是为了保障基金增值，保障企业职工退休后的待遇，而不是政府责任退出。为了实现被保障人利益目标，养老保险个人账户基金的投资运营应当设定最低投资收益率。设定最低投资收益率有利于促进各投资机构的竞争，增强投资管理公司投资运营的压力，从而提高基金的运营效率。

最低收益率的标准设定应合理，不宜过高，也不宜过低。过高会让受托人无法承受，过低无法保障受益人待遇。目前国际上主要参照以下两种标准：一是以工资增长率或通货膨胀率为基准，二是以市场平均收益率或者银行存款利率为基准。第二种标准在一定程度上既可以反映市场变化，又同时保证社保基金收益水平，因此，以此种标准为参照较为妥当。

基金管理公司必须在保证其运营基金的最低投资收益率的前提下进行养老保险个人账户基金的投资运营，当基金管理公司不能保障这个最低收益率时，它必须由公司的投资准备金来补充，如果投资准备金动用后仍达不到投资收益率的最低规定值时，应清算基金管理公司。在这种情况下，由国家来弥补基金投资管理机构实际投资收益率与最低标准的差额，同时将其管理的基金转至其他基金投资管理机构。

（六）拓宽投资渠道

我国关于个人账户基金投资管理的原则主要体现在 1997 年国务院发布的《关于建立统一的企业职工基本养老保险制度的决定》中，即个人账户基金结余只能存入银行和购买国债。此后国务院对于我国个人账户制度建设曾多次发文，但这一原则至今几乎都没有任何变动。然而，十多年来我国养老保险基金市场化运营的外部环境正在不断改善，中国资本市场的发展发生了很大的变化。2006 年 12 月，全国社会保障理事会接受天津、山西、吉林、黑龙江、山东等省市个人账户基金委托，对其个人账户基金进行投资运营，其基金收益率为 9.34%，经营收益率为 29.01%，2007 年上半年收益率更是达到 15.2%[①]，这都为养老保险个人账户基金的投资运营提供了很好经验。

除了将个人账户基金委托给专业的投资机构投资于资本市场，国家还可考虑适当将基金投资于垄断性经营行业和经济效益明显的国家基础设施，例如大型水电、通信、能源、交通、石化等。这些建设项目规模巨大、建设周期长、投资回收期长，但投资收益较高并具有稳定性，投资风险也相对较低。这些特点也非常适合养老保险个人账户基金的特点和投资要求。投资于国家基础设施建设和重点项目，既可在一定程度上缓解建设资金的不足，又可以满足基金保值增值的需求。国家也可专门发行特种养老保险个人账户基金债券，在限定的年限内承诺较高的收益率。

二、完善社保基金投资运营和监管的法律法规

一个良好的法制环境是保障基金持续健康发展的基本前提。目前国家规范基金运营和监管只在 1994 年颁布的《中华人民共和国劳动法》中对基金的使用管理监督有些原则规定。其他有关监管的规定都散见于国务院有关法规，如《社会保险费征缴暂行条例》，劳动和社会保障等部门颁布的部门规章，如《企业职工养老保险基金管理规定》《社会保险

---

① 2006 年全国社会保障理事会。

基金行政监督办法》《全国社会保障基金投资管理暂行办法》《关于加强社会保障基金监督管理工作的通知》《社会保险稽核办法》等。这些部门规章立法层次低、缺乏权威性，严重地影响监督执法能力。为了克服上述问题，国家需要考虑尽快制定较高法律层级的行政法规或法律。

（一）制定个人账户基金投资管理办法

立法、立规是行为的前提，在市场化投资运营方向下，要使个人账户基金投资运营的保值增值走上法制化、规范化的道路，必须以相应的法律、法规为依据。我国目前缺乏关于个人账户基金投资管理的详细办法，使个人账户基金市场化运营受到一定的制约。因此建议尽快制定严格的个人账户基金投资管理办法，对投资运营等一系列问题作出明确规定，例如在投资机构的主体、投资原则、投资方向、投资权限，可用于投资的比例、入市基金的筹措，运营机构的市场准入制度及收益程度、风险管理、奖惩办法、管理质量评价等方面都做出具体限制和要求。

（二）完善基金监管法律法规

按照中共十七大"建立健全决策权、执行权、监督权既相互制约又相互协调的权利结构和运行机制"的要求，利用目前制定《社会保险法》的契机，明确社保基金监督主体的法律地位和基本原则。在未来全国人大审议通过《社会保险法》后，在认真总结现行社保基金监督管理方面有关行政规章合理成分的基础上，借鉴国外的立法经验，由国务院制定《基金监督管理条例》。作为基金监督的实体法，将个人账户基金合理界定政策标准、规范管理行为，明确责任主体、权限、方法和手段，设定处罚权。同时出台配套基金监管方面的法规、规章、政策，逐步构建完备的基金监管法律、法规体系。

（三）完善司法保障措施

要建立健全基金管理体系，不仅立法要跟上，相应的司法配套措施同样也不可缺少。没有严格公正的司法和执法就没有法制，目前个人账户基金违规与缺少相关惩罚规定或惩罚力度有重要关系。为此，应在《刑法》中增加相应的处罚条例，对拒不缴纳社会保险费用，贪污、挪用、侵占、截留基金的行为人要依法追究其行政责任、经济责任和刑事责任。

在建立和完善养老保险个人账户基金投资运营和监管的法律体系的同时，还应加强信息披露、媒体监督、舆论评论等工作，完善基金监管环境。

三、加强监管机构建设、理顺监管体制

目前我国监管机构尚不健全，监管人数少，监管力量薄弱，无法满足基金监管事业发展的需要，形势严峻。如果监管机构不能实际履行职责，将会使基金安全受到威胁，所以应尽快加强监管机构和监管队伍建设。

（一）监管机构建设

目前，从基金管理机构设置来看，个人账户基金的事务管理主体是各级社会保险经办机构，各级社会保险经办机构本身是隶属于当地劳动和社会保障局的行政事业单位。由于各社会保险经办机构通常隶属于上一级主管部门，且没有明确与之分离，这样，从政策制定到具体的征收、管理、使用和运营，实际上都由同一部门执行，使得行政管理机构的监督趋于弱化。因此需要在整合行政部门职能的基础上，建立一个强有力的、独立的基金监管部门。它是一个独立的常设机构，可由社会保障、财政、全国社会保障基金理事会、证监会、银监会、保监会等部门的人员组成，并可以吸收企业和参保职工代表共同参与，负责对社保基金进行全面监管，它可称为“基金监督管理委员会”。各部门在监管委员会内互相协调、互相制约，对外则统一对基金的投资运营进行全面监管和管理。

委员会的主要职责是根据国家有关基金的政策及国际、国内宏观经济趋势，研究制定社保基金投资策略及监管办法；根据有关法规制度，对基金运营管理进行全面监督；对违规运营的基金投资管理机构和个人做出处罚决定等。基金监督管理委员会的成立会剥离一些其他行政部门的监管职能，并在整合行政部门监管职能的基础上形成一个监管协调机制，从而可以提高行政监管的有效性。

（二）监管队伍建设

劳动和社会保障部从1998年建立基金监督机构以来，从事基金监督工作的人员只有12个人，全国省一级还有15个省市没有设立专门的基金监督机构，工作人员全国加起来也不过100多人，力量十分薄弱。截至2007年年底，全国各项社会保险结余1万多亿元，我国人均社保基金监管比例为100亿元。按参保人数计算，我国是每个监管官员平均管理上千万参保人员，这严重超过“监管负荷”（监管负荷是指监管机构官员人均与参保人数或资产数量之比）。

随着社保基金逐年结余量不断的增加，从事社保基金监管的人员负责监管的基金数额也不断增加，应在国家层面强化社会保障基金监督工作，增强社保基金监管人员队伍，为基本保险、补充保险和全国社保基金监管提供人员和组织保障。

（三）监管体系建设

建立基金监管体系是完善社会保险制度的重要组成部分，对于确保社会保险制度的正常运转有着重要的意义。养老保险个人账户基金的行政监督应包括劳动保障行政主管部门的监督、财政部门的财务监督和审计部门的审计监督。

1. 劳动保障部门监督基本监管内容应包括：有关社会保险基金管理法律法规和国家政策的贯彻执行情况，个人账户基金征收、支出及结余情况。同时劳动保障部门还负责协调各项基金管理政策，拟定基金监管制度和社会保险经办机构管理规则，认定基金运营机构资格，建立监管网络，监管养老保险个人账户基金的运营，会同有关部门制定全国社保基金、企业年金和补充医疗保险等基金的监管政策，依法对各类社会保险基金管理运营和信息披露情况实施监督检查，以及查处基金管理过程中的重大违规违纪案件等职责。

2. 财政部门主要负责拟定会计法规，实施财务会计监督。主要职责是建立健全财务管理制度，做好基金的计划、控制、核算、分析和考核工作，并如实反映收支情况，严格遵守财经纪律，加强监督和检查，确保基金安全。

3. 审计部门依法实施审计监督，审计部门对养老保险个人账户基金的监管职责主要是审计劳动保障部门、财政部门等，定期或不定期地对收入户、支出户和财政专户内的基金收、支和结余情况进行监督检查，发现问题及时纠正，并向政府和基金监督组织报告。

4. 社会监督是人民群众通过社会团体和社会组织、舆论机构以及公民个人对基金管理情况的监督，各级政府监督委员会和社保基金监管机构开设举报电话、受理来信等监督方式。同时依法实行社保经办机构年度会计报告，并将经过注册会计师审计的会计报告向社会公布。定期向社会公布基金收支和结余情况，自觉接受群众、团体和组织的社会监督。

参考文献

1. 崔少敏，李克平，波涛，武玉宁主编. 企业年金发展研究. 北京：中国财政经济出版社，2007

2. 刘子兰主编. 社会保障基金和企业年金管理. 北京：经济科学出版社，2007

3. 邓大松，李珍主编. 社会保障问题研究 2005. 北京：中国劳动社会保障出版社，2006

4. 林羿主编. 美国企业养老金的监督和管理. 北京：中国财政经济出版社，2006

5. 吕学静，张寿琪主编. 社会保险基金管理和监督. 北京：中国劳动社会保障出版社，2005

6. 林义主编. 社会保险基金管理. 北京：中国劳动社会保障出版社，2002

7. 孙建勇. 社会保障基金监管制度国际比较. 北京：中国财政经济出版社，2004

8. 柴月姣. 社会保障基金管理教程. 北京：中国财政经济出版社，2002

9. 刘诚. 社会保障法比较研究. 北京：中国劳动社会保障出版社，2006

10. 梁君林，陈野. 社会保障基金运行研究. 北京：中国商业出版社，2002

11. 王洪春，卢海元. 美国社会保障基金投资管理与借鉴. 北京：中国社会科学出版社，2006

12. 郑功成. 社会保障学——理念、制度实践与思辨. 北京：商务印书馆，2000

13. 郑秉文. 中国社保基金违规的制度分析与改革思路. 中国人口科学. 2007，4

14. 冯志强. 对社保基金运营情况的分析. 经济观察报，2005，12

15. 中国社会科学院，国家开发银行. 开发性金融在社保基金领域应用研究. 2005，11

16. 博时基金管理公司. 资本市场与养老金运营系列谈. 2003，8

17. 劳动保障部法制司，劳动保障部社会保险研究所，博时基金管理公司. 中国养老保险基金测算与管理. 2001

第八章　财政社会保障投入问题

社会保障事业是构建社会主义和谐社会的重要内容，财政因素在社会保障制度发展中具有重要作用。本章分析历年社会保障支出水平，结合理论分析，研究我国财政社会保障责任定位、投入水平和投入结构，提出政策建议。本章中所讲“社会保障”是狭义的社会保障，内容包括社会保险、社会救济、社会福利和社会优抚。

第一节　财政社会保障投入水平分析

随着国家总体实力不断增强，各国对社会保障制度的财力支持也不断增高，我国也不例外，社会保障总支出水平逐年增加，且注重对弱势群体、欠发达地区的财政投入。1998年政府机构改革，成立劳动和社会保障部统一管理社会保险事业。同年，行业统筹逐步移交地方管理，社会保险“条块分割”的管理局面基本结束。以此为起点，我们分析和研究财政社会保障投入水平。从支出绝对额来看，我国社会保障总支出逐年增加，从社会保障支出水平来看，与多数国家相比存在显著差距，支出水平相对较低。

一、社会保障绝对支出水平

我国经济实力不断加强，社会保障投入力度逐渐增加。1998 年社会保障总支出为 2 409.27 亿元，到 2007 年增加到 13 714.96 亿元（见图 8—1、表 8—1）。分项目看，各项财政社会保障支出额不断增长，1998—2006 年我国的行政事业单位离退休支出增长了 3.85 倍；抚恤和社会福利救济增长了 4.3 倍；社会保障补助支出增长 13.16 倍，行政事业单位医疗支出增长了 1.12 倍；社会保险基金支出增长了 2.96 倍。财政社会保障支出与经济快速增长、国家经济实力增强及对社会保障制度建设的重视分不开。

二、社会保障相对支出水平

社会保障支出绝对额受经济增长、物价、覆盖人数的影响，无法全面反映社会保障支出水平。国际上，常用社会保障总支出占 GDP 的比例、社会保障支出占财政支出的比例反映社会保障发展水平。

（一）社会保障总支出占国内生产总值的比例

社会保障总支出占 GDP 的比重从 1998 年的 2.85％提高到 2007 年的 5.56％。1998 年

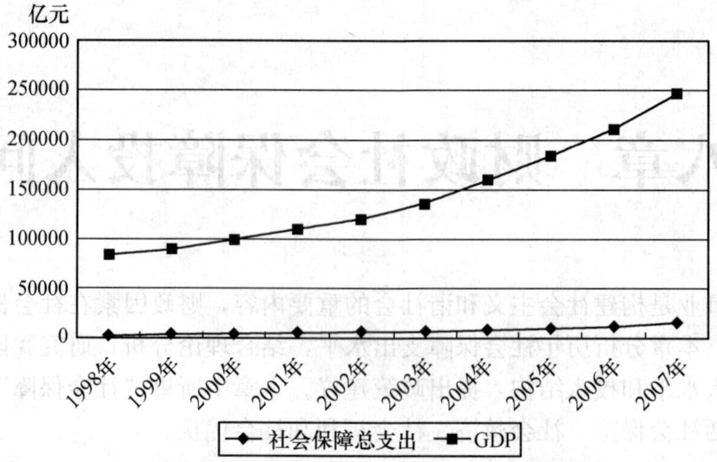

图 8—1　1998—2007 年我国社会保障总支出及 GDP 增长情况

注：1. 根据《中国劳动统计年鉴》《中国财政年鉴》《中国统计年鉴》整理；

2. 社会保障总支出＝抚恤和社会福利救济费＋社会保障补助支出＋行政事业单位离退休经费＋行政事业单位医疗和补充全国社会保障基金支出＋社会保险基金支出

表 8—1　　1998—2007 年社会保障分项目支出情况　　亿元

项目 \ 年份		1998	1999	2000	2001	2002	2003	2004	2005	2006	2007
1. 财政社会保障支出		772	1 389	1 733	2 229	2 894	2 942	3 440	4 069	4 736	5 827
其中：	抚恤和社会福利救济	171	180	213	267	373	499	563	716	908	
	行政事业单位离退休支出	274	394	479	625	789	895	1 028	1 165	1 330	5 447
	社会保障补助支出	150	624	826	1 096	1 474	1 262	1 525	1 818	2 124	
	行政事业单位医疗费用	177	191	215	241	258	286	324	370	375	380
2. 社会保险基金支出		1 637	2 108	2 386	2 748	3 472	4 016	4 627	5 401	6 477	7 888
社会保障总支出		2 409	3 497	4 119	4 977	6 365	6 959	8 068	9 470	11 214	13 715

资料来源：根据《中国劳动统计年鉴》《中国财政年鉴》《中国统计年鉴》整理。

说明：①财政社会保障投入是指全国财政投入的抚恤和社会福利救济、行政事业单位离退休支出、社会保障补助支出等社会保障项目支出；

②2007 年行政事业单位医疗费用、预算内财政社会保障支出为估计值。

以来，除了 2003 年和 2004 年以外，其余年份社会保障支出相对于 GDP 弹性系数均大于 1（见表 8—2），即社会保障支出增长率高于 GDP 增长率。这是因为从 1998 年开始，一方面，我国加快了以养老保险、医疗保险、失业保险、国有企业下岗职工基本生活保障和城市居民最低生活保障制度等为主的社会保障体系改革的步伐，社会保障覆盖面不断扩大，待遇享受人数增加；另一方面，为了确保国有企业下岗职工基本生活费和企业离退休人员基本养老金按时足额发放，国务院明确提出并开始推行“两个确保”工作，以及城市居民最低生活保障对象“应保尽保”，中央和地方各级财政极大地调整支出结构的力度，大幅度增加用于社会保障方面的财政支出。

表 8—2　　1999—2007 年社会保障总支出的增长弹性　　%

年份	占 GDP 比重	社会保障总支出增长率	按当年价格计算的 GDP 增长率	社会保障总支出增长弹性系数
1999	3.90	45.14	6.25	7.22
2000	4.15	17.78	10.64	1.67
2001	4.54	20.84	10.52	1.98
2002	5.29	27.91	9.74	2.87
2003	5.12	9.32	12.87	0.72
2004	5.05	15.94	17.71	0.90
2005	5.15	17.38	15.00	1.16
2006	5.32	18.42	14.69	1.26
2007	5.56	22.30	16.95	1.32

注：①根据表 8—1 和《中国统计年鉴（2006）（2007）》有关数据整理计算；

②为使数据具有可比性，GDP 增长率按当年价格计算；

③社会保障支出增长弹性系数＝社会保障支出增长率/GDP 增长率

从国际发展经验看，社会保险以征税方式筹集资金的国家，如英国、瑞典、美国、捷克、匈牙利等国在 2002 年时，社会保障总支出占 GDP 的比重分别为 13.5%、20.7%、12%、19.6%、16.4%；社会保险以缴费方式筹集资金的国家，如德国、日本等国 2002 年的社会保障总支出占 GDP 的比重分别为 27.1%、16.8%。① 从表 8—2 中可以看出，我国社会保障总支出水平持续增长，到 2007 年为 22.30%，但与上述两种社会保险资金筹集方式的国家相比，社会保障总支出水平还有较大差距。

（二）社会保障财政投入比例

1. 社会保障总支出中财政投入比例

社会保障总支出中财政投入所占份额是国家承担社会保障制度责任多少的直接体现。数据显示，1978 年改革开放时，我国社会保障总支出中财政投入所占比例为 19.49%，到 1993 年下降到 4.31%，此后一直处于较低水平；1996 年后，社会保障总支出中财政投入所占份额开始迅速增大，到 1998 年这一比例扩大至 32.06%，此后，财政投入比例呈放缓增长趋势。② 图 8—2 中显示，1998—2007 年财政的投入较为平稳，平均在 41.67%。10 年中投入比例最高的是 2002 年，为 45.46%，最低的是 1998 年，为 32.06%。

2. 财政支出中用于社会保障的投入

由于我国社会保险收支未纳入财政预算，而另外一些国家社会保险采用缴税筹资，社会保险收支包含在公共财政之内，为了便于比较，此时需要对采取社会保险税收筹资方式的国家的财政及其对社会保障支出的口径进行调整，即从财政收支中扣除社会保险缴税及

---

① 社会保障研究所，部分国家社会保障支出占财政投入情况分析报告，2006 年 3 月。

② 申曙光，郝佳，中国社会保障支出水平及其与经济发展的相关性分析，中国社会保障的科学发展（上册），中国劳动社会保障出版社，2008 年 12 月。

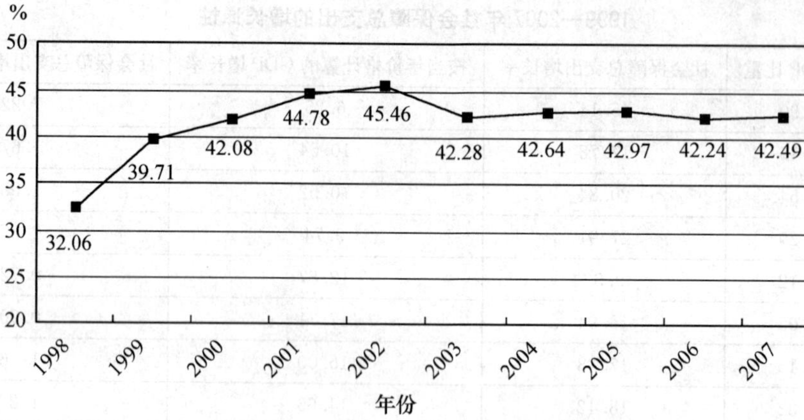

图 8—2 社会保障总支出中财政投入比例（1998—2007 年）

计算公式：投入比例＝（抚恤和社会福利救济费＋社会保障补助支出＋行政事业单位离退休经费＋行政事业单位医疗和补充全国社会保障基金支出）/（抚恤和社会福利救济费＋社会保障补助支出＋行政事业单位离退休经费＋行政事业单位医疗和补充全国社会保障基金支出＋社会保险基金支出），即财政社会保障支出/社会保障总支出

对应支出数额，计算公共财政支出（扣除社会保险税）中社会保障支出（不含与社会保险税相对应的部分）所占的比重。

1996 年前，我国财政支出中用于社会保障的份额一直处于较低水平。1996 年后，我国加大了对社会保障的财政投入力度，财政社会保障支出占财政支出的比例快速增长。1998 年财政社会保障支出为 7.15%，此后，投入比例呈上升趋势，最高时为 2002 年的 13.12%，2003 年开始持平稳趋势，2007 年为 11.71%（见图 8—3）。

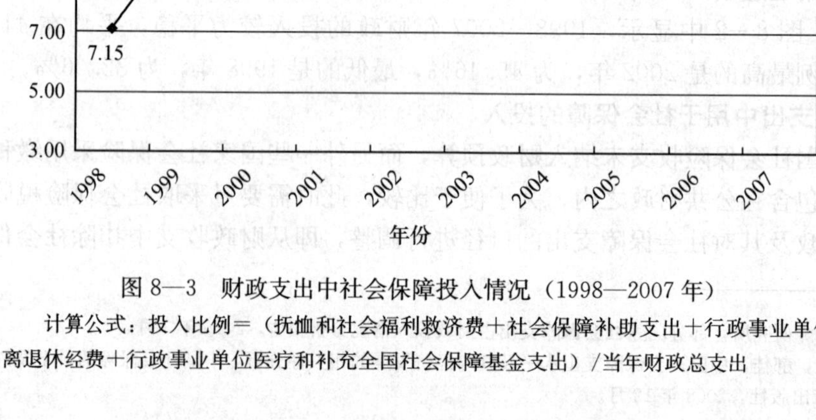

图 8—3 财政支出中社会保障投入情况（1998—2007 年）

计算公式：投入比例＝（抚恤和社会福利救济费＋社会保障补助支出＋行政事业单位离退休经费＋行政事业单位医疗和补充全国社会保障基金支出）/当年财政总支出

从国际情况来看，尽管受到制度类型、税收体制、文化传统、改革措施等因素影响，发达国家公共财政（不含社会保险税或费）支出中社会保障支出所占的比重较高，其中德国高达31.3%。2002年，我国财政支出用于社会保障支出的比重为13.1%，既远低于发达国家，也低于发展中国家巴西（见表8—3）。

表8—3　　2002年部分国家财政支出中社会保障支出的比重　　%

制度类型	国家	第一种口径	第二种口径
发达国家	瑞典	35.4	13.6
	英国	32.4	19.4
	美国	33.6	17.0
	德国	55.9	31.3
	日本	44.0	24.4
转轨国家	俄罗斯	35.8	
	捷克	35.4	9.2
	匈牙利	31.2	8.2
发展中国家	印度		4.5
	巴西		17
	中国	23.7	13.1

资料来源：社会保障研究所．部分国家社会保障支出占财政投入情况分析报告，2006

说明：受资料检索条件不足的限制，目前还没有充分掌握各国财政在社会保障投入方面的详细情况，上述国家有关情况的资料也不够完整，只能大致反映这些国家的相关概况。

三、投入结构

社会保障分项目结构、城乡结构，反映国家财政社会保障投入重点与方向。在我国，财政支出中以城镇社会保障投入为主，农村社会保障投入力度相对较弱。投入结构也以社会保障补助为主，特别是对养老保障方面的投入。

（一）项目结构

根据现行财政收支预决算制度，财政部门将社会保障投入按用途分为三大类：抚恤和社会福利救济费、社会保障补助支出和行政事业单位离退休经费。其中，抚恤和社会福利救济费主要包括抚恤、安置、城市居民最低生活保障、农村社会救济、社会福利和自然灾害生活救助等项目；社会保障补助包括社会保险基金补助、就业补助、关闭破产企业补助、国有企业下岗职工补助和补充全国社会保障基金等项目。2006年，抚恤和社会福利救济支出、行政事业单位离退休支出、社会保障补助支出和医疗卫生事业等支出，分别为

907.68 亿元（20.81%）、1 330.2 亿元（30.50%）、2 123.9 亿元（40.69%）、405.2 亿元（8.5%），以社会保障补助支出比例最高（见图 8—4）。

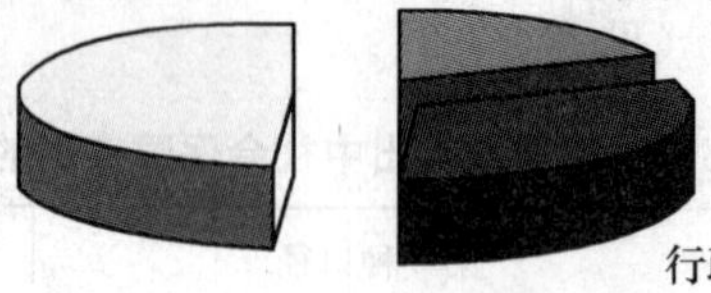

图 8—4 财政社会保障支出构成（2006 年）

资料来源：根据《中国劳动统计年鉴》《中国财政年鉴》《中国统计年鉴》整理。

从构成变化看（见表 8—4），由于 1999 年财政大幅度增加社会保障补助支出，使该项支出占总支出的比例从上年的 25.2%一跃而至 52.1%，成为最大的支出项目。此后，支出构成逐步趋于稳定。目前，社会保障补助、行政事业单位离退休支出、抚恤和社会福利救济三项支出大体维持在 5∶3∶2 的比例。

表 8—4 财政社会保障支出构成变化（1998—2006 年） %

项目＼年份	1998	1999	2000	2001	2002	2003	2004	2005	2006
抚恤和社会福利救济	28.8	15.0	14.0	13.4	14.1	18.8	18.1	19.4	20.8
行政事业单位离退休支出	46.1	32.9	31.5	31.4	29.9	33.7	33.0	31.5	30.5
社会保障补助支出	25.2	52.1	54.4	55.1	55.9	47.5	48.9	49.1	48.7

资料来源：1. "公共财政投入报告"，社保中心；

2. 根据《中国劳动统计年鉴》《中国财政年鉴》《中国统计年鉴》整理。

为了更准确、全面地反映财政社会保障投入结构，根据财政预决算科目调整前的 2004 年数据，将行政事业单位医疗费纳入社会保障支出，同时从支出中扣除就业补助。则 2004 年构成情况是（见表 8—5）：直接用于养老保障的支出达 1 795 亿元，占总支出的 54.3%（行政事业单位离退休经费占 31.1%、社会保障补助支出中基本养老保险基金补助约占 18.6%、作为养老保险储备的全国社会保障基金支出 4.6%）[①]；直接用于医疗保障的支出为 335 亿元，占总支出的 10.1%（行政事业单位医疗费 9.8%、医疗保险基金补助 0.3%）；用于下岗失业人员生活保障支出 186 亿元，占 5.6%（国有企业下岗职工基本生活保障 5.2%、失业保险补助 0.4%）；关闭破产企业补助和其他社会保障补助支出 431 亿元，占 13.0%；除此以外，城乡居民最低生活保障等社会救济支出为 278 亿元，占 8.4%。抚恤和安置事业费等社会优抚支出 182 亿元，占 5.5%；社会福利支出 52 亿元，占 1.6%；其他支出 48.6 亿元，占 1.5%。

① 如果考虑到国有企业下岗职工补助和就业补助中的社会保险补贴等项目，实际用于养老保障的支出比例还会更高。

表 8—5　　2004 年财政对社会保障投入结构分布情况

项目	占财政总支出比重（%）
养老保障支出	54.3
其中：	
行政事业离退休经费	31.1
基本养老保险基金补助	18.6
全国社会保障基金	4.6
医疗保障支出	10.1
其中：	
行政事业单位医疗费	9.8
医疗保险基金补助	0.3
下岗失业人员生活保障支出	5.6
其中：	
国有企业下岗职工基本生活保障	5.2
失业保险补助	0.4
关闭破产企业补助和其他社会保障补助支出	13
城乡居民最低生活保障等社会救济支出	8.4
抚恤和安置事业费等社会优抚支出	5.5
社会福利支出	1.6
其他支出	1.5

资料来源：根据《中国财政统计年鉴 2005》《中国民政统计年鉴 2005》《中国统计年鉴 2005》整理。

（二）城乡结构

2004 年前，我国社会保障制度建设重点在城镇，农村社会保障体系建设滞后，财政投入农村社会保障力度小。由于历史和现实原因，财政用于农村社会保障事业的支出以社会救济为主，对其余项目的投入几乎是空白。而在城镇，居民可以享受一系列的补贴，除肉价补贴和副食品价格补贴等，还可以享受离退休金和养老、医疗、失业和生育等一系列保险待遇。由表 8—6 可以发现，农村社会保障支出的绝对数额和相对份额都很少，无法满足占全国人口 57.01%的农村居民的社会保障需求。

表 8—6　　我国财政农村社会保障支出水平

项目 / 年份	支出总额（亿元）	占社会保障总支出的比重（%）
2001	47.68	2.40
2002	44.38	1.68
2003	79.80	3.00
2004	85.87	2.76
2005	125.38	3.39

资料来源：根据《中国统计年鉴 2006》《中国财政年鉴 2006》相关数据整理。

四、投入方式与责任主体

（一）投入方式

目前，我国财政对社会保障的投入分为两个渠道，一是列入财政年度预算对社会救助、社会福利和社会优抚资金的政府投入；二是社会保险基金，由于社会保险基金以自求平衡为主，它不同于财政一般预算资金，财政用于社会保险方面的投入，通过劳动部门与财政根据社会保险基金收支情况协商确定，财政投入方向主要是支付制度转型带来转轨成本，投入未实现制度化、规范化。

（二）财政责任、中央与地方责任

1998—2000 年受社会保险基金补助需求大的影响，中央财政投入的比重从 1998 年的 28.7%急剧上升到 2000 年的 61.8%。“十五”期间，社会保障补助支出增幅回落（2003 年支出额比上年减少 14%），中央财政投入比重逐年下降（见表 8—7）。

表 8—7　　财政社会保障投入资金来源（1998—2007 年）　　%

年份 / 资金来源	1998	1999	2000	2001	2002	2003	2004	2005
中央财政	28.7	52.9	61.8	55.2	52.0	47.6	47.0	43.9
地方财政	71.3	47.1	38.2	44.8	48.0	52.4	53.0	56.1

资料来源：“公共财政投入报告”，社保中心。

两个确保和低保方面，2001—2004 年，各级财政共支出 3 162 亿元，其中，中央财政投入 2 562 亿元，占 81%；各级财政用于救灾支出 184.4 亿元，其中，中央财政投入 131.5 亿元，占 71.3%（见表 8—8）。

表 8—8　　2001－2004 年全国重点社会保障支出情况表　　亿元

项目	年份	2001	2002	2003	2004
两个确保和低保支出合计	全国	614.07	825.28	816.95	906.37
	其中：中央	507.74	583.76	700.07	770.59
	地方	106.33	241.52	116.88	135.78
救灾支出	全国	35.86	38.62	56.95	52.94
	其中：中央	25	25	41.5	40
	地方	10.86	13.62	15.45	12.94

数据来源：财经统计资料。

“两个确保”指确保企业离退休人员基本养老金按时足额发放，确保国有企业下岗职工基本生活；“低保”指城市居民最低生活保障。

从资金来源看，2005 年中央和地方分别负担了财政社会保障投入的 43.9%和 56.1%。三大类投入的资金来源主体不同（见图 8—5）。中央财政最大的投入项目是 1 214 亿元的社会保障补助支出，占该项目支出的 66.7%；地方财政最大的投入项目是 1 066 亿元的行政事业单位离退休费支出，占该项目支出的 91.5%。

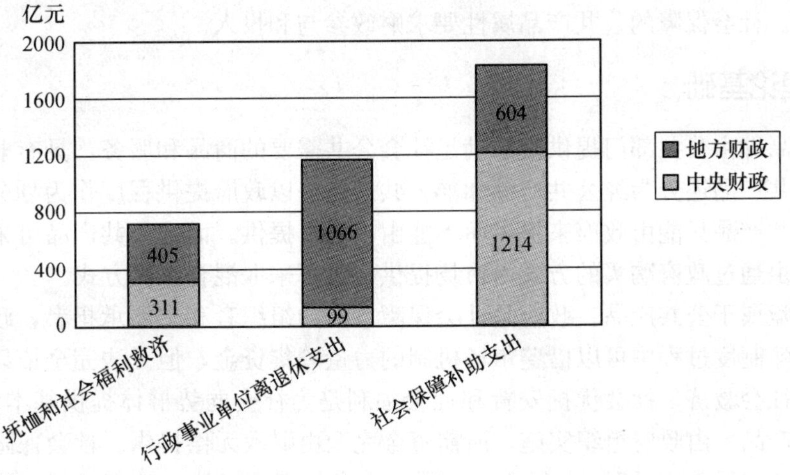

图 8—5　社会保障投入来源（2005 年）

地方之间财政责任。由于经济发展不平衡，东、中、西部财政社会保障投入水平差别较大。西部省份主要依靠中央财政支持，中部省份地方财政有一定的投入，东部省份以地方财政投入为主。如西部的甘肃省，地方财政收入不足，2005 年全省地方财政收入只有 255 亿元，支出却有 428 亿元，收支缺口达 173 亿元，地方财政无力投入，劳动保障投入主要来源于中央财政转移支付。

在中部，如河南与安徽两省，财政在承担社会救济福利与优抚的同时，在社会保险方面的投入以养老保险为主，且低于中央财政投入。1998—2005 年，中央财政累计补助河南省企业基本养老保险资金157.9亿元，地方财政累计补助4.2亿元，中央与地方财政共同承担了关闭破产企业离退休人员参加医疗保险费用。1999—2005年，各级财政补助安徽省养老保险基金共计109.9亿元，其中，中央补助105.4亿元，地方补助4.5亿元。

在东部的上海市与江苏省，中央财政对社会保障的投入很少，地方财政承担了大部分社会保障投入。地方财政除承担了行政事业单位离退休经费和公费医疗经费、与民政相关支出、公共卫生支出外，还给予了社会保险基金补助。如上海市养老、医疗、失业、工伤和生育等各项社会保险基金由于存在结余，财政对社会保险基金补助很少，2003—2005年只对养老保险基金累计投入36亿元。江苏省养老保险基金整体上有结余，中央财政从2001年开始对存在养老保险基金缺口的苏北地区给予补助，截至2005年，中央财政累计投入3.6亿元，地方财政投入46.3亿元。江苏省失业和医疗保险基金的补助由地方财政承担，从2003年到2005年，地方财政累计对失业保险基金补助1.26亿元，对医疗保险基金累计补助0.37亿元。

第二节　财政社会保障投入责任理论分析

政府通过为社会保障提供财政支持，履行社会管理职责，调控经济发展，实现经济社会协调发展。社会保障的公共产品属性要求财政参与和投入。

一、理论基础

公共产品即由公共部门提供用来满足社会公共需要的商品和服务，具有非竞争性与非排他性。公共产品还分为纯公共产品和准公共产品，以政府提供程度作为划分标准。一般而言，纯公共产品只能由政府来提供而不能由市场来提供。而准公共产品可采取政府直接提供方式或由通过政府购买的方式由市场提供，也可采取混合提供方式。

社会保障属于公共产品。政府是社会保障事业的组织者和主要承担者，政府在组织与实施社会保障制度过程中可以借鉴市场机制的力量筹集资金，但无法完全依靠市场。社会保障制度中社会救济、社会优抚安置和社会福利是为社会弱势群体提供基本的生活保障，属于纯公共产品，由政府组织实施，所需资金完全由财政无偿提供。社会保险则属于准公共产品，由“俱乐部成员”（参保者）享受，在参保者间互济，政府只承担弥补缺口而不承担全部责任。同时，社会保险基金的使用方向一方面为满足当期发放解决养老、医疗、工伤、失业等项目的基金发放外，另一方面是为应对将来社会保险基金支出大幅增加的风险，保证参保人员权益不受损害，在基金长期积累过程中，就需要借助市场力量，进行资源合理配置、稳健投资，实现社会保险基金保值、增值。

二、社会保障各领域的财政职责

在我国计划经济时代，政府承担着城镇居民的社会保障责任，农村是在政府支持下主要依靠集体经济来承担。改革开放以来，政府社会保障责任相对减弱，个人责任强化，社会保障制度改革成本一直未能较好地解决，城乡居民后顾之忧和贫富差距有扩大的趋势。财政社会保障投入是政府公共职责的具体表现之一。不同社会保障项目的财政责任不同，社会福利、社会救助及社会优抚制度中政府应承担全部责任，社会保险制度中政府更多的是承担资金补助的责任。经济的不断发展和变化，也影响着财政投入领域的变化。

(一) 城乡之间责任

我国正处在工业化进程中，统筹城乡发展是科学发展观的重要内容。财政是统筹城乡发展的重要支持力量，而城乡统筹发展反过来同步增强财政实力，二者是相互制约、相互推动的关系。我国正处在经济转型时期，实践表明，转型时期的政府比在市场机制下的政府要承担更多的责任。

在我国，社会保障制度的建设方向是先城镇后农村，截至目前，城镇社会保障制度已基本健全，已远远超过农村社会保障制度的建设步伐，在覆盖面、享受标准等方面我国城乡社会保障体系存在巨大差异。但我国是农业大国，农业占国民经济比重份额较高，农村人口数量也较多，要实现统筹城乡社会保障的发展目标，就要按照科学发展观的要求，更新理财观念，优化城乡社会保障资源配置，加大对农村社会保障投入力度，将投入的重点由城市转为农村，向困难地区、困难基层、困难群众倾斜。

(二) 机构建设财政责任

我国目前公共财政对社会保障部门建设的投入严重不足，远不能满足事业发展的基本需求。一方面，在中央提出“两个确保”以来，社会保险经办机构的管理服务对象增长很快，在2000年到2005年间，社会保险参保人数（不含失业保险）增长速度为82%，经办机构人员编制增长速度为34%①，与国际常规标准和经济发展水平相近的发展中国家相比，我国社会保险经办机构人员编制和人均经费投入相差较远。以医疗保险为例，大多数国家医疗保险经办机构管理费用占总支出的2%～4%，我国医疗保险管理费用仅相当于国际平均水平的1/3，但人均工作量基本上是其他国家的两倍左右②。

另一方面，随着我国社会保险经办机构管理服务方式的引入和借鉴金融服务机构的成功经验，逐渐突出“规范化、信息化、专业化”。但许多地方仅把社会保险经办机构作为一般性行政单位，投入经费严重不足，办公设施与基础设施配置落后，人手短缺，影响服务质量，与“三化”要求差距大。

(三) 分项目财政责任

首先，社会保险是建立在劳资共担基础之上的制度安排，也是中国社会保障体系的主体构成部分。虽然政府财政与社会保险的关系在不同国家间有差异，但财政社会保险责任基本相同。主要由以下几部分构成：一是依法承担公职人员社会保险雇主缴费责任，责任大小由费率标准及雇主分担份额确定；二是分担农民参加养老保险缴费负担，从国际上

①② 社会保险事业管理中心. 公共财政对社会保障投入现状分析研究报告. 2006，7

看，这是惯例，补贴的比重在30%～70%且高低不一；三是为弱势与低收入群体提供社保补贴；四是承担社会保险兜底责任，弥补资金缺口。

其次，在社会福利和社会优抚制度中，政府承担全部责任。政府通过专项财政拨款直接推动和发展针对老年人、残疾人、妇女、儿童等特定群体的社会福利事业。

再次，在社会救助制度中，国家财政需要承担完全责任，利用一般性的税收资金支持社会救助事业发展，不断完善社会救助项目，提升社会救助水平。

最后，承担公职人员职业年金等补充性社会保障项目责任，体现在税收优惠、财政补贴与雇主缴款等方面，利用市场机制与社会机制，引导社会资源参与。

不同的社会保障项目，需要政府承担不同的财政责任，这些责任都应建立在相应法律、法规规范之上。

（四）解决历史遗留责任

在经济体制改革前，政府推行的是一种“高就业、低工资、高福利的政策”，即“政府包揽一切”；1978年以来，市场经济体制改革，企业面向市场、自主经营、自负盈亏，部分企业关闭、破产，出现了相当数量的下岗失业人员，需要国家通过制度安排保障他们的基本生活。由于在计划经济体制下，职工保障性费用未预先扣出和积累，也未支付给职工，而是用于国家扩大再生产，形成国家对职工过去工作期的社会保障负债，政府对历史欠账负责，由财政承担相应的责任。

三、社会保障预算

社会保障预算是反映社会保障收支规模、结构与变化的计划。建立独立于政府公共预算和国有资本金预算之外的社会保障预算，有利于实现社会保障投入规范化和制度化。

一方面，建立社会保障预算是市场经济下政府职能转变的体现。我国政府具有社会管理者和国有资产所有者双重身份，行使社会管理和国有资产管理双重职能，原有单一的综合预算已不能明确分清财政职能的不同目标，作为财政职能重要目标之一的社会保障，体现的是政府作为社会管理者的身份和实现收入公平分配的职能，与政府作为国有资产所有者的身份实现国有资产保值增值的职能有着本质的区别。因此，为了反映政府这种职能的转变，将社会保障收支从单一的综合预算中分列出来，建立社会保障预算的做法更能全面掌握社会保障资金运行情况。

另一方面，建立社会保障预算利于规范政府收支，增强政府宏观调控能力。随着社会保障支出水平以及财政对社会保障投入的比重逐步上升，在我国经济社会协调发展阶段中的作用逐渐增强，社会保障基金收支计划对政府日益重要。规范社会保障资金收支，便于政府和人民全面和完整了解社会保障基金管理情况，便于政府和人民监督。同时，社会保障资金收支逐年增大，形成大量基金结余，若建立了社会保障预算，政府对其收支情况已全面掌握，可大大增强政府对经济进行宏观调控的能力。目前，我国的社会保障基金收支管理被分为预算内资金和预算外资金两部分。其中，预算内部分社会保障资金收支与其他经常性资金收支混合，无法真实、完整地反映社会保障资金收支情况，不利于社会保障事业持续发展，也不利于政府对社会保障资金的监督。

第三节　面临的问题及政策建议

改革开放以来，我国进入经济发展快速阶段，财政增速显著提高，财富增加，但社会事业发展滞后，社会保障投入不足。2008 年受金融危机影响，我国国民经济和财政收入增幅下降，失业群体增长，部分群体生活困难。我们应借鉴国际经验，抓住这个时机，大力发展社会保障事业，充分发挥其经济减震器、保障民生、协调经济社会发展的功能，为此，我们应进一步完善财政体制，准确定位财政社会保障职能，加大对社会保障的投入，明确财政投入重点，推动社会保障制度建设。

一、面临的问题

尽管我国财政社会保障投入总量持续增加，但与社会保障体系建设要求仍存在差距，同时，还存在一些亟待解决的制度性问题。

（一）中央与地方财政社会保障责任不清晰

地方财政对社会保障投入有所增长，但由于财力薄弱，对社会保障投入不足；在社会保障事权分散，统筹层次不高的情况下，造成主要由中央财政负担或提供配套资金的项目资金投入较充足，由地方负责的项目资金匮乏。2004 年，由中央和地方财政共担的城镇企业职工基本养老保险、城市居民最低生活保障补助支出分别达到 614 亿元和 179 亿元（中央财政分别占 85%和 57%）；由地方财政负担的城镇职工基本医疗保险和农村居民最低生活保障补助为 11 亿元和 16 亿元。后者只相当于前者的 1/30。此外，各级财政向有基金征缴来源的社会保险项目转嫁改革成本的倾向比较突出。为支持国有企业改革，缓解社会矛盾，各级政府先后出台了部分群体享受社会保险待遇的优惠措施，造成社会保险基金大量增支，但是未建立相应的财政补偿机制。2005 年，仅关闭破产企业的政策性提前退休人数就达 13.2 万人，估计造成养老保险基金减收增支 114 亿元。

（二）财政社会保障投入水平低

财政支出用于社会保障的比例在 1996 年以后呈快速上升，近几年趋于稳定，保持在 11%左右。同时，从 20 世纪 90 年代后期开始，财政支出成为社会保障支出的重要来源，特别是近几年社会保障总支出中来自财政的份额都稳定在 1/3 以上。但是通过与发达国家以及中等水平的发展中国家进行比较，我国财政用于社会保障的支出水平还很低，需要进一步加大投入力度，尽早实现《劳动和社会保障事业发展“十五”计划纲要》中提出的“逐步将社会保障支出占财政支出的比重提高到 15%～20%”的目标。

（三）财政社会保障投入城乡间、群体间不平衡

由于财政性资金的使用具有行政垄断性质，强势群体成为财政社会保障投入的主要受益者。机关事业单位职工与企业职工、国有企业职工与其他所有制从业人员、城乡居民之间在财政投入的覆盖范围和保障水平上都存在较大差距，社会保障本质的公平、调节收入分配的功能被削弱。分城乡比较，2005 年直接用于农村社会保障的支出不到财政社会保障支出的 2%。从受益群体看，占城镇人口不足 1/10（总人口 3.7%）的机关事业单位职工和退休人员的养老和医疗费用占用了近 40%的财政社会保障投入。同样是保障基本生活，机关事业单位离退休人员年养老金相当于企业职工的 2 倍、城镇居民最低保障线的 8 倍、农村居民最低保障线的 16 倍。在医疗保障领域，财政投入的 90%以上用于机关事业单位医疗支出。

（四）财政社会保障投入非制度化，不规范

由于目前没有建立一种规范化、制度化的财政社会保障预算制度，缺乏统筹安排资金使用机制，企业基本养老保险历史债务责任界定不清，这些弊端不利于统筹城乡社会保障制度建设发展，也不利于公共财政改革目标的实现。

二、政策建议

（一）财政社会保障投入定位

社会保障作为一项社会经济制度，需要公共财政代表国家履行相应的宏观管理职能。企业和个人是资金缴纳者，无力进行社会保障资金的保值增值运作管理，难以在社会保障体系中占主导地位。社会主义市场经济下的企业是自主经营、自负盈亏、自我发展、自我约束的法人实体，其经营目标是企业利润最大化。它只有依法缴纳社会保障税（费）的义务，而没有义务和能力经管社会保障体系的运转。个人仅有缴纳社会保险税（费）的义务，也无力成为社会保障体系的主体。其他社会组织如商业保险公司和各类民间福利团体也不具备管理社会保障事务的能力。

作为公共产品的社会保障制度，是公共财政建设和重点支持的领域之一。公共财政除承担社会救助、社会福利、社会优抚出资责任、管理与服务责任外，还要在社会保险方面发挥积极作用，承担以下四方面责任：一是作为最终责任者，承担弥补各项社会保险基金缺口的责任；二是政府作为雇主，承担公务员及公益性事业单位缴费义务；三是承担养老和医疗保险制度转轨费用，筹资帮助贫困破产企业退休人员缴费，参加职工医疗保险；四是提供专项补贴，补助农民参加养老保险，为城镇居民医疗保险、新农合提供补助。

（二）加大财政社会保障投入

财政实力持续大幅增强，为构建健全的社会保障体系奠定了经济基础。中国改革开放的 30 年是经济持续高速增长的 30 年，GDP 年均增长 9.7%，总量已从 1978 年的 3 600 亿

元增长到2007年的24万多亿元[①]，经济增长也带动了国家财政收入的大幅增加。因此，国家为合理提高财政性社会保障支出占国家财政支出的比重，确保社会保障在财政支出的分配中占据优势地位，提供了充足的财力支持，逐步实现社会保障支出占财政支出的比重达到15%～20%的目标。

(三) 财政社会保障投入重点

立足于“人人享有社会保障”，以社会公平为着力点，逐步创造条件，均衡地向城乡和不同阶层社会成员分配财政资源，推动统筹城乡社会保障制度建设。加大财政社会保障投入，合理调整财政用于社会保障支出的结构，切实加大对农村社会保障体系扶持力度，提高新型农村合作医疗财政投入水平，缩小城乡社会保障待遇差距。

在城镇向低收入群体倾斜，妥善解决困难企业职工和退休人员、灵活就业人员参加医疗保险的资金来源问题，对城镇其他人员的医疗保障给予适当的财政补助，为城乡无保障老人提供老年补贴。

(四) 建立社会保障专项预算

建立社会保障预算制度，从而使社会保障的财政投入经常化、规范化、制度化。社会保障预算是体现公共财政分配关系和履行公共财政职能的年度财政收支计划。建立社会保障预算是适应社会主义市场经济体制、加强社会保障基金管理、完善预算制度的客观要求。

把社会保障资金收支从一般性的经常收支中分离出来，独立于政府公共预算和国有资本金预算之外，这是因为社会保险基金收入主要由单位缴费和个人缴费组成，其统筹基金为社会保险受益人共同所有，个人账户基金为个人所有，不属于财政性资金，社会保险基金征缴、支付和运营有着自身特性，与财政性资金管理要求不尽相同。同时，将预算外的各项社会保障基金纳入政府预算统一管理，推动公共财政下的复式预算制度建设。设立单独的社会保障基金特设账户，杜绝财政与社会保险基金相互挤占和挪用，维护基金独立性和安全完整性，由中国人民银行管理。

全国社会保障基金预算草案由人力资源和社会保障部门商财政部编制，报经国务院审定后，报全国人民代表大会审查和批准。统筹地区预算编制草案由当地劳动保障部门商财政部门编制，报经本级人民政府审定后，报本级人民代表大会审查和批准。基金预算经人大批准后，由政府批复社会保险及相关部门执行。

参考文献

1. 郑功成．中国社会保障改革与发展战略．人民网，2008，10
2. 社保所，社保中心．公共财政对社会保障投入情况国际比较研究．2006，7

① 资料来源：中国统计年鉴，2008年。

3. 杨斌. 财政学. 大连：东北财经大学出版社，2007
4. 王晶，李炜光. 城市财政与社会保障制度建设. 2006，5
5. 李国建. 财政改革与发展研究. 2007，1
6. 申曙光，郝佳. 中国社会保障支出水平及其与经济发展的相关性分析. 中国社会保障的科学发展（上册）. 2008，12
7. 社保所. 安徽省公共财政对劳动保障投入情况调研报告
8. 林志成. 我国行政控制取向的地方复式预算管理改革. 厦门大学. 2007，4
9. 吴萌. 农村公共产品供给问题研究. 大连：东北财经大学，2007
10. 李珍. 社会保障理论. 北京：中国劳动社会保障出版社，2001
11. 林治芬，高文敏. 社会保障预算管理. 北京：中国财经出版社，2006
12. 陈共. 财政学. 北京：中国人民大学出版社，2009

第九章 社会保障管理能力研究

社会保障管理能力包括政策制定能力、基金支撑能力、法制保障能力和政策执行能力。本章所指的社会保障管理能力主要是指社会保障的业务经办能力，也即执行能力。社会保障执行能力指能够支撑社会保障制度长期持续发展，并使覆盖城乡的社会保障体系各项制度和政策具体落实到广大参保单位和参保者个人之中的各种服务手段、条件、环境及措施和办法，包括机构管理服务能力、业务经办能力、业务经费保障能力、信息技术支持能力和社会化服务能力等。社会保险经办机构是将国家的各项社会保险政策具体落实到劳动者和用人单位的实践者、操办人和目标责任人，在我国建立和完善社会保障体系中起着极其重要的作用。

我国的社会保障经办管理是随着社会保障制度的不断发展、改革和完善而逐步建立起来的。我国的社会保障事业已经有 50 多年的发展历史。从新中国成立到改革开放前为第一个阶段，其制度特点是以国有单位为核心的单位保障。这一阶段的劳动保险经办统一由中华全国总工会负责，各级工会设有劳动保险经办管理机构。企业的工会组织和劳资部门承担着具体的经办业务，因此，单位（集体）包办、封闭管理和运行是这一阶段的典型特征。由于制度安排的非社会化等缺陷，经办局限于本单位内职工退休手续的申报、退休金的发放。医疗费用的报销基本上包干到医疗机构的固定科室（主要是医院的保健科）。实际上，这个时期不论在制度层面，还是具体管理操作上还没有保险经办的概念。

20 世纪 80 年代开始的社会保障改革和制度建设，实现了我国社会保障由单位保障向新型社会保障的整体转型，突出的特征是围绕国有企业改革建立以职业人群为重点的社会保险制度。政府主导、责任分担、社会化、多层次的社会保障体系基本形成。城镇职工基本养老保险和基本医疗保险确定的单位（集体）和个人筹资模式、统筹基金和个人账户的设立，以及企业退休人员的社会化管理等，要求在全国建立社会保险经办机构。中国社会保险经办机构在这一阶段形成并得到壮大和发展。这一时期的社会保险经办的突出特征，一是在全国县级以上政府劳动保障部门建立和健全了社会保险经办机构，具体负责城镇职工五项社会保险的参保、保险费征集、待遇审核支付、基金管理等业务的经办；二是在经办机构的管理体制上逐步理顺，将由原来人事部门经办的机关事业单位养老保险、卫生部门经办的机关事业单位医疗保险和民政部门经办的农村养老保险等业务统一划归到劳动保障部门经办；三是在经办管理实践中锻炼和培养了一支专业化的经办队伍；四是在理念上社会保险的经办也开始逐渐由管理型向为参保人“服务一生”的服务型转变；五是以建设规范化、信息化和专业化为主要内容的社会保险经办机构管理服务能力得到提升。

第三阶段以党的十七大为标志，我国的社会保障事业进入新的发展阶段，其政策目标就是建立覆盖城乡居民的社会保障体系。新的目标对社会保险经办提出了新要求，也是经办能力发生质的飞跃的大好时机。

总之，我国各级社会保险经办机构管理能力从无到有，由弱到强，在贯彻落实各项社会保障政策，落实以人为本的服务理念中发挥了重要作用，功不可没。但是，由于社会保险制度本身的缺陷、政府在管理体制和管理服务理念改革的循序渐进性等，使得社会保险经办在积累了丰富经验的同时，留下了深刻教训。例如，机构定位不清，使得机构设置混乱，不能适应社会保障事业发展需要；由于政府公共投入不足，使得机构长期处于“小马拉大车”的超负荷运行状态，服务项目和质量难以满足需要；法制建设和相关配套改革滞后，使得社会保险经办缺乏权威性的执行力度和部门间的协调能力，基金安全存在隐患，相应政策无法具体实施。本研究在评估分析目前我国社会保障经办管理现状的基础上，以公共服务管理理论为依据，分析了我国社会保险经办机构的功能定位、性质，并以经办管理的核心业务为主线，提出了发展目标和政策措施。鉴于我国社会保障制度现状和管理运行情况，本章重点讨论社会保险的管理服务能力。

第一节　我国社保经办机构现状评估及存在问题

一、社会保险经办评估指标

社会保险管理经办属于政府公共政策管理范畴，如何利用有限的资源提供较好的保障和服务，是覆盖城乡社会保障体系建设制度运行的基础，也是逐步实现政府公共服务均等化的重要内容。社会保险经办的管理服务机构、职能、人员编制及管理费用各项标准是管理基础的要素。按照西方传统政府公共管理理论描述，它的基本职能有七项：计划、组织、用人、指挥、协调、报告和预算。而当代新公共管理理论认为，由于官僚制在公共服务供给中的垄断特性必然导致低效率、规模不断膨胀和预算最大化的弊端。主张重构公共部门的激励结构，以效率取代扩张，将管理成本委托代理、签约外包等概念和管理方式引入政府公共服务供给领域。与西方发达国家已经运行近百年的社会保险制度相比，我国的社会保险经办管理服务还处于起步发展阶段。在这个阶段主要由各级政府积极组织和推动是必要的，但随着制度的不断完善、经办管理服务中出现服务需求和服务供给的失衡，各级经办机构工作量大、人员少、经费不足的矛盾越来越突出。社会保险经办管理服务已经成为政府公共服务中内涵最深、范围最广的重要组成部分。判断一个国家或地区的社会保障政策成功与否，不能仅仅从制度和政策的出发点来评价，主要的还是要看执行能力、落实能力。如果管理服务不到位、执行力不足，再好的政策也得不到群众的认同和拥护。因此，有必要引入现代服务管理的理念，从根本上提高经办机构的管理服务能力。

基于上述观点来评估我国的社会保险经办，主要从定性和定量两个方面进行评估。定性方面，主要选取经办管理服务理念，服务的提供方式、服务范围，机构管理体制、机构的性质，管理制度、规范、服务标准建设以及人力资源的绩效考核情况；定量方面，主要选取机构管理服务量，管理服务经费来源及保障等。选取的定量指标是：按照经济发展水平和中心城区、郊区、农村等划分的管理人员与参保人数比例。

二、社会保险经办现状

（一）管理体制

社会保险经办机构管理体制已由原来多部门分散经办管理，实现了由人力资源社会保障部门统一管理。如原来劳动部门经办的企业职工养老保险、劳动医疗保险，卫生部门经办的机关事业单位公费医疗，人事部门经办的机关事业单位养老保险和公费医疗，民政部门经办的农村养老保险等多部门经办管理的业务统一归口到人力资源和社会保障部门下经办，由卫生部门经办的新型农村合作医疗也有越来越多的地区转移到劳动保障部门。纵向看，多层次的经办管理服务机构网络基本形成。国家、省（直辖市、自治区等）—地（市）—县（市、区），直到城市街道社区和农村乡（镇）村社会保险经办管理服务网络逐步完善和加强。截至 2007 年年底，全国各类经办机构达到 7 434 家，其中省级经办机构 70 家，地市级机构 1 056 家，县级机构 6 308 家。按全国 2 360 个行政县计算，平均每个县有 2.7 家经办机构。全国有 5 个省市在管理模式上基本实现省级垂直管理。横向看，经办机构管理服务覆盖五个险种，养老保险经办机构，医疗、工伤和生育保险的经办多由医疗保险经办机构经办，失业保险大都在就业机构管理经办。近几年，一些地区将经办机构改革合并，统称为社会保险管理机构，内部按险种业务设置处（科、室）。

在机构管理体制上，各级经办机构基本上是同级劳动保障行政部门的下属单位。机构性质大都是全额拨款的事业单位。70 家省级经办机构全部是全额拨款的事业单位，1 056 家地市级机构中有 1 030 家是全额拨款的事业单位，占 97.5%；6 308 家县级机构中有 6 140 家是全额拨款的事业单位，占 97%。自《公务员法》实施以来，全国有 22 个省市、共有 38 个省级经办机构按参公单位管理，工作人员参照公务员管理。在全部参公单位中，省级参公单位 38 个，占 54%，地市级参公单位 314 个，占 30%，县级参公单位 1 804 个，占 29%。

（二）经办业务

1. 在服务对象方面，由主要面向城市单位和职工，逐步转为面向城镇各类劳动者和城乡全体居民。截至 2008 年年底，全国各级社会保险经办机构管理服务对象累计达到 76 580 万人（养老保险 21 891 万人＋医疗保险 31 698 万人＋工伤保险 13 810 万人＋生育保险 9 181 万人）；社会保险经办机构的主要服务对象分为三个部分：一是城镇用人单位，包括国有、集体、私营、合资等，几乎涵盖城镇各种所有制形式的用人单位，特别是医疗保险和工伤保险的经办服务的特殊对象，即定点医疗服务机构，包括定点医疗机构和定点零售药店，这些单位既具有一般用人单位参加社会保险，享受社会保险服务的共性，同时在医疗保险和工伤保险的三方机制中，又扮演着特殊的角色，也就是医疗保险和工伤保险的服务提供者；二是劳动者，包括城镇国有单位职工、集体单位职工、个体自由职业者等各类劳动者；三是城镇居民，包括未成年人、城镇无劳动能力人员、城镇退休人员等。另外，许多地区新农合和新型农村养老保险制度的实施，也把农村居民纳入服务对象。据初步估算，目前全国社会保险经办机构的服务对象达到7.658亿人，参加新农合的11.13亿人也正逐步纳入社会保险经办管理范围。随着覆盖城乡居民的社会保障体系的逐步完善，覆盖范围将日趋扩大。

2. 在经办核心业务方面，社会保险经办机构的核心业务按照险种划分包括了社会保险（五个险种）的公共业务、专项业务和社会化管理等公共服务业务。按统筹区域划分，分为本地业务、异地业务和社保关系的转移接续业务。如图9—1所示。

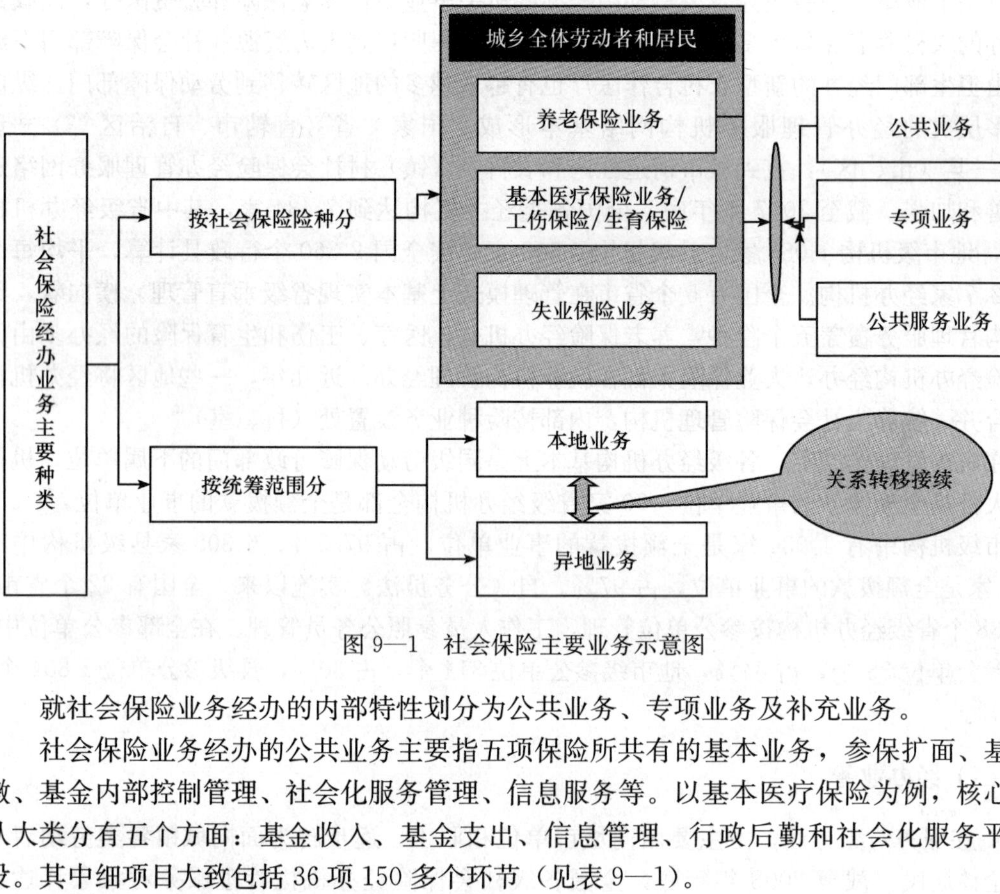

图9—1　社会保险主要业务示意图

就社会保险业务经办的内部特性划分为公共业务、专项业务及补充业务。

社会保险业务经办的公共业务主要指五项保险所共有的基本业务，参保扩面、基金征缴、基金内部控制管理、社会化服务管理、信息服务等。以基本医疗保险为例，核心业务从大类分有五个方面：基金收入、基金支出、信息管理、行政后勤和社会化服务平台建设。其中细项目大致包括36项150多个环节（见表9—1）。

五项社会保险的公共业务如图9—2所示。

专项业务指某一险种的特有业务。由于五项保险在政策上的差异，专项业务主要体现在基金管理和待遇支付上，如养老保险基金具有长期积累特性，医疗保险基金是按年度结算，失业保险基金具有随宏观经济波动的周期特性。特别是医疗、工伤和生育保险在待遇支付上存在第三方医疗机构，因此，专项业务主要是待遇支付方面的业务和补充保险方面的业务。如图9—3所示。

表 9—1　　基本医疗保险核心业务主要内容一览表

基金收入	1	受理、登记、审查、接受新增参保单位和个人
	2	为新增参保者建立档案
	3	为参保者制发证、本、卡等
	4	变更参保者的信息（关系转移、修改、终止、退保等）
	5	扩面宣教
	6	收缴保险费
	7	催缴保险费
基金支出	1	与定点医疗机构和零售药店签订医疗保险服务协议
	2	审核定点机构为参保就医者开具的检查、治疗、处方单、病历及其他医疗服务行为
	3	协助劳动保障行政部门查处违规行为
	4	查处各种违规就医行为
	5	管理参保人员转诊、转院
	6	审查转外就医的诊治资料和费用账目
	7	审核特殊人员（公务员、离退休人员、二等乙级以上革命伤残军人）基本医疗保险外费用
	8	结算支付医疗机构或个人医疗费用
信息管理	1	收集、处理医疗保险数据信息
	2	维护医疗保险数据信息
	3	管理维护医疗保险计算机系统（软件、硬件和网络等）
	4	基金账户查询服务
	5	信息统计、分析及报表
	6	基金统筹年度结转
行政后勤	1	制定医疗费用结算办法
	2	与财政专户往来医疗保险基金
	3	与指定国有银行核定基金账户
	4	登记管理参保者健康档案
	5	填报统计报表（常规报表）
	6	组织召开业务会议，外出参观考察学习等
	7	起草业务文件、报告、总结等
	8	接待参观考察及来访
	9	组织医疗保险业务培训
社会化服务平台建设	1	受理、登记、审查、接受新增参保单位和个人
	2	建立档案，发放医疗保险证、本、卡等
	3	变更参保者的信息（关系转移、变更、退保等）
	4	医疗保险宣教咨询等服务
	5	支付医疗保险待遇
	6	接受来信来访

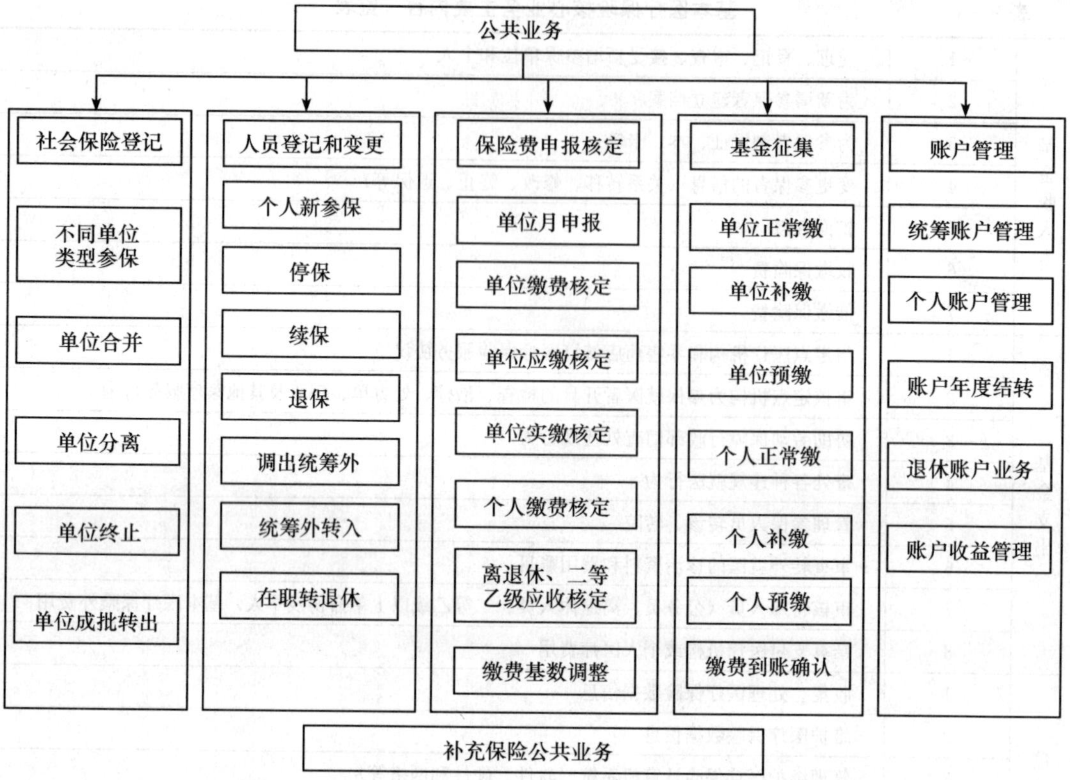

图 9—2　社会保险主要公共业务示意图

公共业务一般由社会保险经办机构内的同一部门办理，如基金征收、参保扩面、信息管理等，专项业务一般按相应险种划分经办，如养老金的发放由养老保险机构管理，医疗待遇支付、费用审核等由医疗保险机构管理。总之，在基金征收方面，多数地区实行“统收分支”的经办方式，即各项社会保险费统一征收，在待遇支付上按险种分别管理，基本上分为养老保险、医疗工伤生育保险和失业保险三部分，形成公共业务与专项业务相结合、收缴基金与支付基金相隔离、待遇与缴费挂钩、公平与效率结合的经办管理模式。

按照社会保险基金的统筹范围划分，经办业务包括本地经办业务和异地经办业务。本地经办业务从基金管理角度可分为基金征收、管理和支付三个部分，从基金征收开始，通过各种有效管理手段，最终为参保人员提供各项社会保险待遇。异地经办业务主要是实现异地养老、异地就医和社会保险关系异地转移。包括省内跨统筹地区和跨省的异地领取养老金人员有关自然状况、待遇标准、生存状况等的信息确认和转移，在职人员社会保险关系随就业所在统筹地区的变化在省内跨统筹地区或跨省的地区间转移，省内跨统筹地区和跨省的异地就医的协作管理与服务等。

公共服务系统主要是通过各种手段为参保单位和个人提供社会保险信息咨询等服务。常用的有电话咨询服务、门户网站及网上业务办理、触摸屏查询系统等。

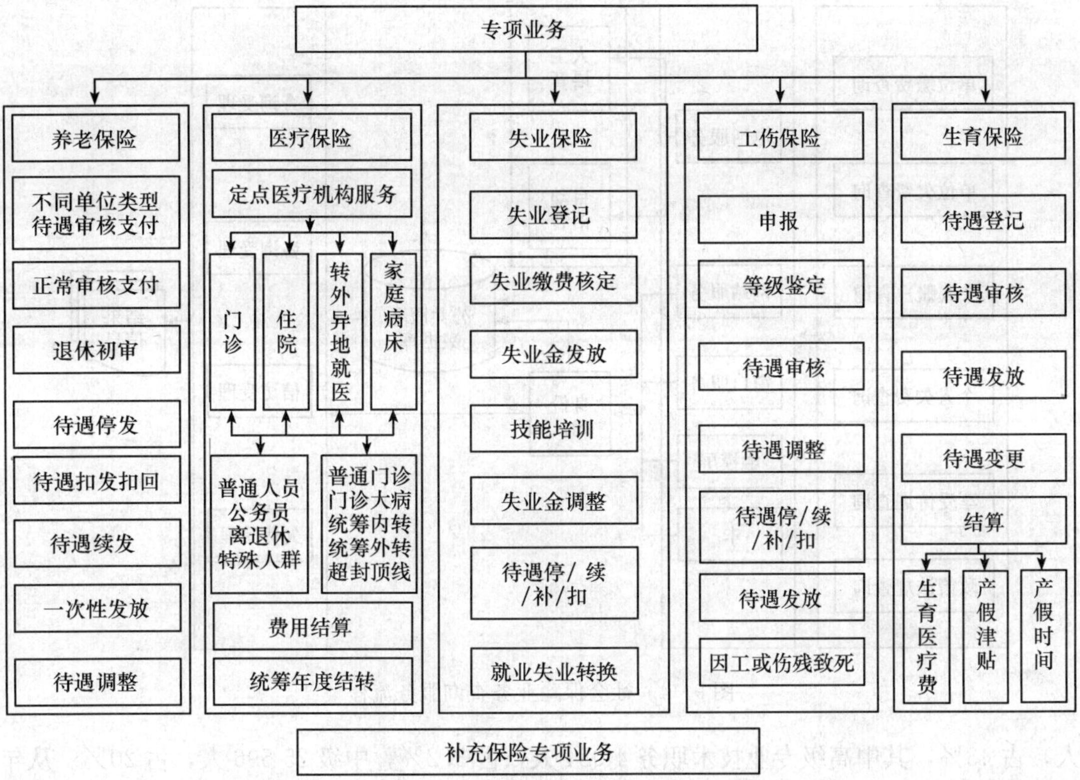

图 9—3 社会保险经办专项业务主要内容示意图

公共服务通过社会保险经办机构、服务代理机构、街道（社区）、村镇社会保障平台或其他公共场合，宣传社会保障政策，介绍机构办事地点和程序，提供政策咨询和信息查询，向社会公众提供便捷、丰富的社会化服务项目。社会保险业务查询服务流程如图 9—4 所示。

（三）队伍建设

从人员队伍情况看，截至 2007 年年底，全国社保经办机构人员编制为 119 032 人，实际在岗 129 085 人。按经办机构的行政级别划分，省级经办机构实际在岗 3 725 人，地市级 37 726 人、县级 87 634 人，分别占 3%、29%和 68%。按经办险种看，企业职工养老保险经办人员实有 99 070 人，占经办总人数的 77%；医疗保险经办人员 23 587 人，占经办总人数的 18%；机关事业单位养老保险经办人员 4 023 人，占经办总人数的 1.5%；农村养老保险 1 898 人，占经办总人数的 0.4%。从岗位设置和分布看，管理岗位 17 535 人，占 14%；专业技术岗位 41 093 人，占 32%（财会人员占 14%，统计人员占 5%，计算机信息技术人员占 6%，审计稽核人员占 7%）；业务岗位 56 692 人，占 44%；其他人员 13 765 人，占 10%。从文化程度上看，大专及以上人员共 107 850 人，占 84%，其中博士研究生 17 人，硕士研究生 1 326 人，大学本科 46 724 人。具有专业技术职务的共 55 127

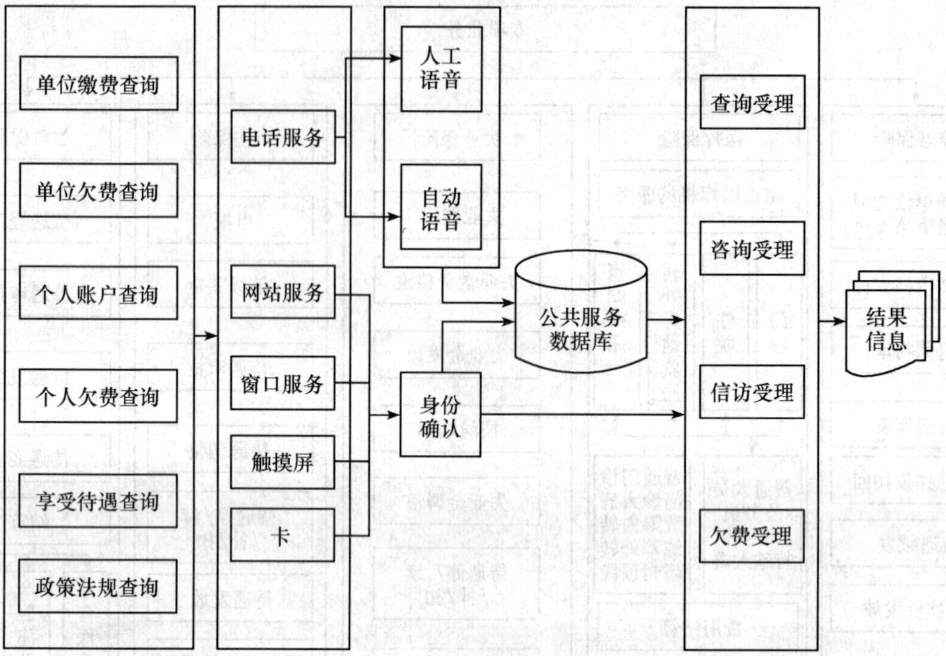

图 9—4　社会保险业务查询服务流程

人，占 43%，其中高级专业技术职务 4 084 人，占 3.2%，中级 25 596 人，占 20%。从年龄结构看，45 岁以下人员占 80%以上。综合判断，社保经办机构人员整体素质和能力高于其他行政性事业单位，可以说，经过十几年的努力，初步打造了一支政治、业务和技术素质较好的社会保险经办队伍。

（四）经费保障

大多数地区实行的是按事业单位年人均管理费加专项资金的办法，前者以经办机构在编人数按当地行政部门人均办公费计算，后者根据需要实行预算外管理。从全国情况看，东部和部分中西部地区地市级以上经办机构的人员工资和基本办公费用基本能够得到保障，但是计算机网络维护费用、扩面宣教费用等，多数地区难以保障。中西部地区的大多数县及县以下经办机构管理费用严重不足。还有一些较为不发达地区的经办管理费用没有纳入当地的财政预算。据四川省的调查①，全省 2/3 的县以下劳动保障管理服务机构管理经费没有纳入财政预算。

（五）信息化建设

“金保工程”已经将 1.6 亿名参保人员纳入社会保险数据库管理，计算机网络基本覆盖县级经办机构和东部发达地区的部分乡镇（街道）和社区。基本形成了一套从参保登记

① 饶风，杨英强．四川省社会保障管理服务社会化及均等化研究．2008 年亚洲国家公共服务均等化论坛

到待遇审核支付、退休人员社会化管理服务等比较规范系统的社会保险业务经办流程和标准，以及以社会保险基金为核心的社会保险业务内部控制规范。

社会保障信息网络逐步向街道、社区和服务机构、服务网点延伸。一些地区基于互联网开展的网上职业介绍、网上社会保险申报和查询等业务，为社会公众足不出户办理相关劳动保障业务提供了更为便捷的手段。社会保障卡已在 70 个地区有序推广使用，持卡人数达到 3 600 万人。社会保险信息数据库详细记录了参保单位的基本信息、参保信息和缴费信息，详细记载了参保人的基础信息、缴费信息和待遇享受信息。全国 7 434 个经办机构实行了社会保险业务的全程计算机管理，有 11 个省市实现全省联网，31 个省市实现与部联网上传养老保险监测数据，全国 2/3 的地级以上城市实现与省数据中心联网，城域网覆盖 63%的经办机构，80 多个地级以上城市开通了 12333 劳动保障服务电话。“网上社保”“电子社保”等新的经办管理模式不断涌现，管理手段不断提升，社会保险管理经办信息化水平不断提高。

信息网络应用范围逐步扩大，由开始主要以业务信息系统处理，扩大到社会保险的辅助决策支持，基金的监测、预测和预警等方面。收集处理的信息即包括社会保障的业务信息，如参保单位情况信息、个人情况信息、待遇支付信息等，也包括地区的宏观经济信息、人口信息和社会事业发展情况信息等；信息的应用除了完成有关部门要求的定期统计报表外，还根据某一时期管理的需要，对重点信息进行统计分析；同时，有的地区还初步建立了基金的监测预测和预警，以及养老保险的精算，以信息数据为基础，按照一定的模型和算法，对未来的基金收支情况进行分析预测，提高了防范基金风险的能力。

（六）业务规范化进展

在经办业务规范化方面，主要是通过完善制度、制定业务标准、规范工作程序，确立了比较科学规范的社会保障业务经办流程和业务办理标准。

规范化以“扩面”和“基金管理”为主线，理顺社会保险“基金流”和参保者个人“信息流”与整个社会保险业务过程中各环节间的关系，制定了社会保险业务办理规程和关于基金财务会计、基金支付、基金拨付、窗口服务规范等业务办理的规范性文件，涉及社会保障从参保登记、建立社保关系、参保信息变更、待遇支付、基金财务、基金安全，到窗口文明服务、责任追究和奖惩等社会保障业务办理的各个环节。各环节相对独立、时序严格、相互衔接、相互制约。使得业务办理中的各个环节都能够有章可循，有据可查，对每一笔业务如何办理，怎么办理，办理时限，处理标准，异常处理，突发事件情况下的办理，结果样式等都作了详细规定。基本的业务流程如图 9—5 所示。

三、存在的主要问题

虽然我国的社会保险经办从无到有，不断发展，在建立覆盖城乡居民的社会保障体系中发挥了重要作用，但是，在整体上，其经办管理能力还跟不上社会保障事业发展的需要，在管理服务上，离广大参保人员的服务需求还有差距。有的地方经办中还存在着官僚作风、衙门作风，甚至出现该办不办、不该办的随意办等损害参保者权益的现象。个别机

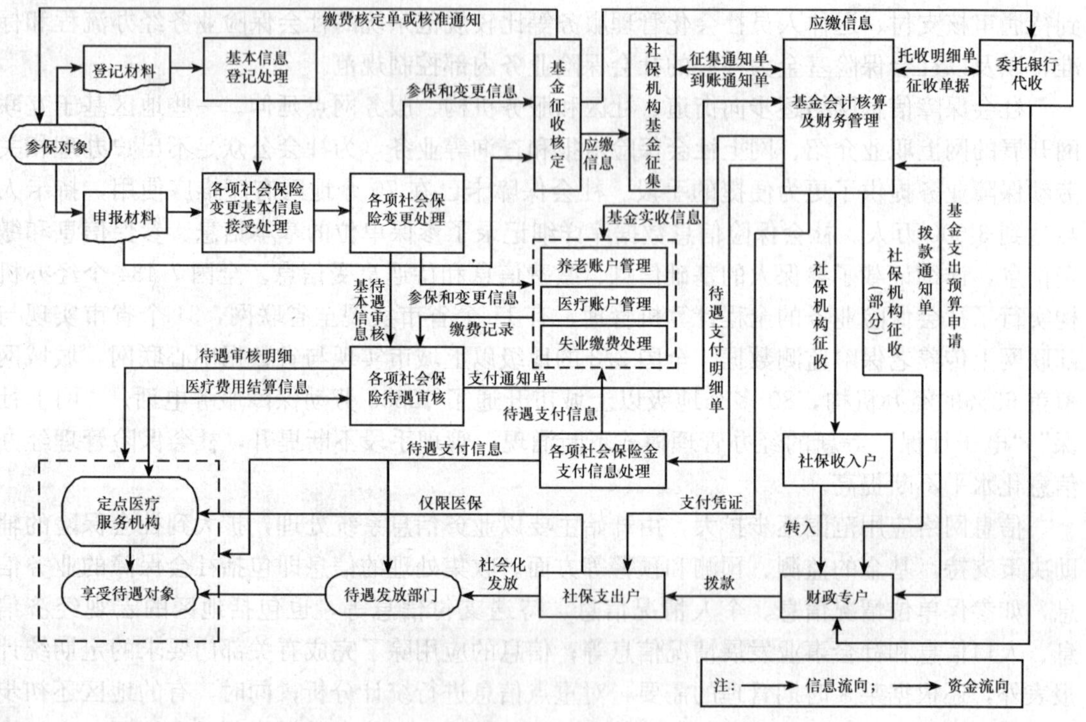

图 9—5　社会保险经办管理主要业务及流程

构或个人存在违法经办、违规经办的情况，严重影响了管理服务能力的提高，影响到社会保险管理经办的形象，甚至在一定程度上损害了政府在群众中的公信力。总结这些问题，主要发生在如下四个方面：

（一）管理体制不顺，机构定位不清

各级社会保险经办机构管理体制不顺主要表现在：

一是社会保险经办“事出多门”，如作为“三条”医疗保障线之一的新型农村合作医疗，有的地区在人力资源社会保障部门，有的在卫生部门，还有个别地区的城镇职工医疗保险和城镇居民医疗保险也在卫生部门经办管理。农村养老保险也存在分别在人力资源社会保障部门和民政部门经办的情况，甚至有的地区的农村养老保险处于“社保未接、民政不管”的状态。

二是机构性质不清。在我国，机构的性质是按照其承担的职能分为行政机关、事业单位、企业等，作为承担社会公共管理和服务职能的各级社保经办机构却一直没有明确的定位。有的地区经办机构按公务员法认定为参公单位，在编人员也相应参照公务员管理；有的是全额拨款事业单位，有的是差额事业单位，还有的是自收自支的事业单位，也有少数实行企业化管理。这种现象直接影响到机构职能的发挥。由于不同的机构性质关系到工作人员的工资结构和福利待遇，也影响了工作人员的积极性。

三是内部机构设置混乱。有的按险种分别设立独立的经办机构，如养老保险经办机

构、医疗工伤生育保险经办机构等，每出现新的险种，就成立相应机构，如新型农村养老保险经办机构、城镇居民基本医疗保险经办机构等。也有的地区在同一险种内按人员类别设置机构，以养老保险为例，设有机关事业单位养老保险经办机构、企业职工养老保险经办机构、农民工养老保险经办机构、农村养老保险经办机构等。也有的在统一机构下将社会保险按“公共业务”和“专项业务”划分机构，设立经办服务大厅负责登记申报、费用征缴等的公共业务，其他按险种设置机构负责待遇支付等业务。这样的机构设置导致功能交叉、业务分散，参保者很难清楚各机构功能，甚至机构内部人员也感到迷惑。不同地区的机构设置不同，也是导致社保关系转移接续困难的原因之一。

四是在管理层次上也各不相同。有的省市实行养老保险机构的省级垂直管理，各级养老保险经办机构的人员、经费、业务等由省级统一组织管理，经办机构为相对独立的组织，而其他社会保险业务是以地市级或县级为主。大多数地区的经办机构是隶属于当地同级人力资源社会保障行政部门管理。

五是各地经办机构名称不统一、欠规范。各级社会保险经办机构名称可谓“五花八门”，不仅老百姓搞不懂，就连从事社会保障的业内人士也如深陷囫囵。如有的地区称为“×××社会保险事业管理局”，有的叫管理中心、管理处，还有的叫公司。如在湖北省的179家养老保险经办机构中，147家以局命名，10家以中心命名，14家以处命名，8家以办公室命名。在147家以局命名的机构中，不同名称又多达40余种，如：×××养老保险局、×××养老保险管理局、×××养老保险事业管理局、×××社会保险管理局、×××社会养老保险管理局、×××社会劳动保险管理局、×××劳动保险事业局、×××劳动保障局××分局等。“名不正则言不顺”。机构体制不顺和名称的混乱，严重影响了组织功能的发挥。

六是在社会保险费的征收体制上，有的地区是社会保险经办机构征收，有的是地方税务机构征收，还有的地区部分险种是社保部门征收，部分险种由地方税务部门征收。这种征收体制人为割裂了社会保险基金的统一经办，多数收、管不一致的地区都存在着实际收入账户和实际应收账户不一致的现象，个别地方还存在账户无法准确划分计入相应个人或统筹账户情况，值得引起警惕。

这种机制的突出特征：一是政府行政色彩浓厚，各级经办机构基本上是隶属于政府的行政部门（人力资源社会保障部门），其优点是可以很好地实现政策制定和贯彻实施的有效结合。其不足是业务工作靠行政手段具体落实，往往容易导致政事不分、经办效率低下，甚至经办中的官僚作风，不能适应市场经济环境下劳动力流动、就业形式多样化等管理服务的需求；二是按行政区域划分，层层设置机构，并且机构的设置在很大程度上取决于当地的干部人事管理机制，容易导致各地机构设置混乱，目前存在的全国各级社会保险经办机构名称不统一、职能划分不明确，就是这种体制的具体体现；三是这种机构设置容易把社会保险经办机构同其他行政管理部门同等管理，机构考评、主要领导考核等按一般行政规则执行，忽视了社会保险业务经办管理的内在规律，这也成为各级经办机构管理经费缺乏保证、工作人员紧张的重要根源。

管理体制的混乱，严重影响了社会保险机构的公信力，也为城乡统筹的社会保障体系建设带来阻碍，既加大了经办成本，又给参保单位和参保个人带来很大不便。调研中一些地区的参保人反映，有时办理社保手续十分烦琐，要在几个窗口排队，到几个部门审批。有时还要跑几个不同的办公地方，非常不便。有的地区医疗机构需要面对多家"经办部门"的管理和费用结算，如某省会城市的各个医疗机构每月都要跑 9 家经办机构（省直1家，市 1 家，区级 7 家）报账，兑付医院垫付的参保就医者的相应统筹费用，手续十分烦琐。在城乡统筹的大背景下，也给参保人员身份的转换和劳动力的流动带来障碍。需要尽快理顺各级经办机构的管理体制，这是覆盖城乡居民社会报账体系建设的需要，也是建设公共服务型政府，使社会保险经办管理服务实现便民、利民，达到效能最优的需要。

（二）在管理服务上，缺乏公共服务治理的服务理念

调研中看到，许多地区的经办机构建立了豪华的经办大厅，但是服务的质量和效果并没有得到老百姓的认同，并且出现一些违法犯罪现象。

社会保险制度启动初期，其经办管理靠行政手段推动是非常必要的，但是随着社会保障制度的逐步完善，社会保险机构管理服务供需矛盾的加大，尤其是国家在大力加强公共服务型政府建设时期，仅靠行政手段是不能满足公众对社会保险公共服务的要求，必须引入公共服务治理理念和服务方式。在理念上，应当改变命令式、管制式做法，确立沟通式、协商式、治理型管理方式，并且更加注重管理服务活动产出的效果和综合的效益，在具体方式上，引入民营服务和市场竞争机制、公众参与的治理机制。打破官僚体制，建立以民众需要为导向和具有服务理念的经办服务型机构。在组织体系上，按照公共管理理论，组织机构的扁平化能够较好地提供公共服务。社会契约理论也认为，公共服务机构隶属于政府部门，行政色彩浓厚、独立性差、服务功能不足。要强化政府公共服务能力，必须进行机制的创新。另外，缺乏公共管理服务治理理念，使机构不能发挥最大效能，公众和社会组织不能参与经办管理，容易造成行业垄断、机构扩张、效能低下。

（三）经办人员数量少，缺乏科学的绩效考核机制

经办人员不适应快速增长的社会保险业务需要。截至 2007 年年底，全国各类社保机构经办人员实际在编 12.9 万人，五项保险参保人员达到 6.2 亿人，经办人员人均服务 4 836 人。不少经办机构工作人员与服务对象比例超过 1∶1 万人，各项社会保险机构人员与参保人员的比例见表 9—2，其管理服务工作量远远超过许多国家同类指标。与多数国家相比，人均工作量基本上是其他国家的两倍左右。以基本医疗保险为例，2006 年我国经办机构管理人员人均服务人数是 4 461 人，而同期的美国是 2 308 人、印度是 1 813 人、爱尔兰是 2 031 人、芬兰是 1 008 人。

表 9—2　社会保险经办人员与参保人数比例情况统计

项目	参保人数（万人）	经办人数（人）	经办机构人均服务比例
五险合计	62 432	129 085	1∶4 836

由于人员少，大多数地区靠加班加点维持日常业务工作。据调查[①]，2006 年全国 87%的医疗保险经办机构安排在节假日加班，90%以上的工作人员平均周工作在 60 小时以上，超过国家规定工时的 50%。

人员缺乏科学的绩效考核奖惩机制，有的部门人浮于事、简单应付；不同岗位工作量苦乐不均，直接面向公众的前台窗口较少、服务人员少，并且许多窗口只能办理单一业务，不适应业务经办“全能、多面手”角色；也有少数工作人员存在以权谋私、权钱交易，该收的不收或少收，该扩面的不扩，该报销的费用不按规定办，或者熟人就办，有好处才办等不良作风和官僚恶习。

（四）管理经费紧张，缺乏法律和制度保障

政府财政按一般行政事业单位拨付管理费用的财政投入机制，不适应社会保险业务经办管理内在规律的要求。

以医疗保险管理经费为例。据研究[②]，国外医疗保险经办机构管理费用标准与基金规模之间存在着相对稳定的联系。大多数国家医疗保险经办机构管理费用约占基金总收入的 2%～4%左右，较低的也在 1.5%以上。而我国医疗保险管理费用占基金收入比重 2004 年只有 0.82%，仅相当国际平均水平的 1/3。东部经济发展较好的统筹地区平均能够达到 1.63%，中西部经济欠发达地区最低的仅为 0.61%。2004 年，我国医疗保险基金收支规模与奥地利、澳大利亚、芬兰相当，但管理费用只有这些国家的 1/3～1/4。

从每个参保人的管理成本（或享受服务的水平）来看，2004 年我国医疗保险参保人年均管理费约为 0.81 美元（2004 年管理费/2004 年末参保人数），而加拿大、芬兰等发达国家的参保人年均管理费在 20～80 美元之间，比我国高出几十倍。像印度、爱沙尼亚等发展中国家也比我国高出 3 倍以上。

从管理人员人均占有经费（人头费）情况看，澳大利亚、芬兰等发达国家平均每名管理人员每年需要管理费用一般在 8 万美元左右。2004 年我国与印度的管理费用、管理人员人数基本相近，平均每名管理人员年占有管理费用分别为 0.36 万美元和 0.45 万美元，但印度雇员保险参保只有 3 950 万人，平均每名管理人员只负责 1 813 名参保人，人均工作量不到我国的一半。

由于全国大多数地区实行的是按事业单位年人均管理费加专项资金的办法，前者以社会保障经办机构在编人数全市（地区）人均办公费计算，后者根据需要实行预算外管理。尤其是中西部一些经济欠发达地区的经办机构，因缺少必要的经费投入，连日常办公电话费用都无法维持，机构的生存面临严峻挑战。如宁夏回族自治区的中卫和灵武市（县级统筹地区），机构工作人员年人均办公经费不足 2 000 元。由于缺乏经费，政府配备的汽车没有钱加油，现场监督比较困难；电话多次因欠费而停机；买了计算机，但没有经费开发软件，无法支付日常的联网费用，靠手工填单，靠算盘或者计算器进行基金的结算。

社会保障管理服务的经费按一般行政性事业单位人均办公费计算，掩盖了社会保障经

①② 劳动保障部社会保障研究所. 医疗保险费用支付标准研究问卷调查分析报告. 2007 年

办业务的特殊性，必然造成经费不足的问题，而专项经费的多少在很大程度上取决于社保部门主要负责人游说财政部门的能力，所以，往往有很大的不确定性。随着社会保障覆盖面的逐步扩大，覆盖城乡居民的社会保障政策的逐步落实，社会保障经办的业务量和难度将相应增大，解决好政府的投入问题迫在眉睫。

总之，一方面，城镇各类劳动者和用人单位对社会保险管理和服务的需求不断增加；另一方面，在社会保险管理体制、组织结构、运营机制、财政预算和人事管理等问题上不能适应建立覆盖城乡全体居民的社会保障目标的要求，社会保险经办机构能力建设缺乏长远目标和战略规划，机构定位不清，机构重叠，职能交叉，名称混乱，人员紧张，管理经费缺乏制度保障，基金统筹层次低，五险不能信息共享，参保人身份歧视和异地转移接续社会保险关系难，工作效能不高等问题，严重影响了其执行能力的提高，难以满足社会保险事业发展的需求。

第二节　社会保险经办面临的形势和挑战

一、基本形势

（一）人人享有基本社会保障目标的逐步实现，服务对象将快速增长

党的十七大提出建立覆盖城乡的社会保障体系，使城乡居民人人享有基本社会保障的战略目标。随着覆盖城乡社会保障体系目标的实现，一方面，社会保险经办将面临在短期内管理服务对象“井喷式”增长，当前五项社会保险的服务对象是6.243 2亿人，按照2020年实现社会保障全覆盖的目标，服务对象理论上将达到70亿人左右，仅服务对象一项，社会保险经办工作量将增长近12倍；另一方面，随着参保面的扩大，服务量的快速增长，人民群众对社会保险经办服务的内容和形式也将提出新的需求。如在城镇，雇主和劳动者不再满足于目前社会保险集中“大厅式”的服务模式，需要的是个性化的经办服务。随着人口老龄化的加剧和“空巢”家庭的增多，基本养老保险仅能提供养老金的服务也无法满足部分退休人员基本生活保障的需要。特别是在农村，需要让农民受到方便的社会保险经办服务。但是目前的各级社会保险经办机构已经面临管理体制不顺、机构定位不清、经办人员匮乏、管理经费严重不足的状况。为适应新形势的需要，迫切需要早做规划，尽早做出应对策略。

（二）信息技术的应用，为提高管理服务能力创造了条件

“金保工程”的建设，将为经办管理带来革命性的变化，为提高管理服务能力创造了条件。首先，计算机在社会保险业务经办中的应用，大大提高了工作效率，原来由多人、需要设置多个办理窗口的业务，可以在一台计算机上办理。据调查，在按规定程序办理社会保险参保登记业务时，手工处理一笔业务大约需要12分钟，而应用计算机只需要1.5

分钟即可办理完毕，工作效率提高近8倍。其次，计算机的应用提高了业务规范化程度。计算机应用程序的设计，是需要严格、有序、规范的业务流程作前提，先处理什么，再处理什么，输入的数据有什么要求，输出的结果到哪里去，有什么要求等，都有严格的规范和要求，操作人员无法随意处理，因此推动了业务的规范化。再次，也是非常重要的，计算机的应用带来组织机构的变化。计算机的应用，减少了行政环节，为机构组织的扁平化创造条件。同时，网络化大大延伸了组织机构的能力。最后，随着网络的普及和社会保险信息系统安全措施的进一步完善，有条件的单位和个人可以实现“网上参保、网上缴费、网上获得社保服务”，真正实现足不出户办理社会保险业务，同时，也将实现信息网络延伸到哪里，服务就达到哪里的服务下沉目标。

（三）城乡基层经办能力薄弱

党的十七届三中全会提出了加快农村公共服务体系建设的要求，作为政府最大的公共服务项目的社会保障，目前在县级以下的农村，社会保险的经办管理服务无论是在组织机构，还是在经办人员、经办基础设施等各个方面还几乎处于空白状态，如何在幅员辽阔，有着8亿农民的农村，面对乡村人口数量大、分布分散、居住地交通（包括信息交流）条件相对不便，乡村社保工作基础薄弱等条件下，实现方便快捷高效的一站式社保服务管理是面临的又一新形势。

政府的行政管理体制改革逐步深入，“建设服务型政府，强化社会管理和公共服务职能”成为政府行政改革的中心目标之一，既为加快社会保险经办机构管理服务体系建设，提高各级经办机构服务能力创造了外部环境，同时也为经办机构的管理服务能力提出了更高的要求。国家深化行政管理体制改革，优化机构设置，更加注重履行社会管理和公共服务职能，特别是国家主要以发展社会事业和解决民生问题为重点，注重向农村、基层、欠发达地区倾斜，逐步形成惠及全民的基本公共服务体系的改革思路，为社会保险经办机构创新经办管理服务体制，改进公共服务方式，规范和简化业务经办程序，为城乡居民提供方便快捷优质的社会保险经办服务创造了条件。社会保险经办机构要抓住国家推行行政管理体制改革的契机，抓紧制定全国社会保险经办机构整体方案，理顺关系，提高效能，完善城乡社会保障公共服务体系，实现为城乡居民“跟踪一生、记录一生、服务一生、保障一生”的目标。

二、主要挑战

在充分认清当前社会保险经办机构能力建设面临形势的同时，也必须对面临的困难和挑战有清醒的认识。基于社会保险经办管理的现实和未来的改革发展趋势，主要的挑战表现在如下几个方面：

（一）城乡分割和地区发展不平衡对经办管理的挑战

我国将长期处于社会主义初级阶段，城乡二元经济结构也将长期存在。目前的社会保险经办主要是在城镇，相对农村而言，城镇人口比较集中、交通比较方便，网络通信、银行机构等基础设施也相对发达，城镇职工和居民的文化水平较高，保险意识也较强。而在农村，尤其是比较偏远落后的地区，素有“通信全靠喊、交通全靠腿、出门就爬山、进城走两天”之称，如何在这些农村地区建立社会保险经办体系，是面临的重要挑战。另外，就是在城市，我国东部、中部和西部地区的社会经济发展差距很大，这就要求社会保险的经办管理在不同的地区实行有差别的业务经办标准，需要根据当地实际，再造社会保险业务经办流程，使之适合本地的社会经济发展和人们的文化传统对社会保险管理服务的需要。

（二）市场化人员流动加剧对社保关系转移接续的挑战

市场化背景下的劳动力市场是劳动力的高度流动和劳动者就业形式的多样化，近几年我国各种各样的灵活就业人员数量和比例不断上升，主要特征是劳动关系不确定、就业岗位不确定、工作时间不确定和薪酬收入不确定，反映在社会保险的具体业务经办上，就需要适应市场条件下的劳动力高度流动状况。但是，目前社会保险经办管理中面临社会保险关系转移接续难，具体体现在：城镇职工基本养老保险跨统筹地区转移和接续困难，不同政策体系之间的互相转移和接续困难，因各种原因中断参保或中断缴费续保、续缴费难。反映在基本医疗保险方面，城镇职工基本医疗、城镇居民医疗保险和新农合之间的参保缴费年限互相确认难等。这一系列转移接续难题对社会保险的经办提出了严峻挑战。

（三）信息网络化对社保信息安全的挑战

“金保工程”的实施，对于提高社会保险经办管理工作效率和质量，具有巨大的促进作用，可以说，电子化、信息化是提高社会保险经办管理能力的根本出路。但是，社会保险经办管理过程中，在业务的诸多环节涉及众多敏感信息，这些信息直接关系到社会保险基金的安全，如出生日期、参保日期、缴费基数等。由于全部业务采用计算机办理，很多业务环节缺乏当事人的签字确认，电子证书制度尚未在社保领域推行，因此，随着社会保险计算机网络系统覆盖面的扩大，网络安全问题日益严峻。现实中，一些工作人员或者不法分子利用网络套取、诈骗社保基金的案例时有发生，社保机构内外部人员利用合法或非法手段直接侵入社会保险运行数据库的现象在各地也时有所闻。事实上，一般像银行、金融证券等的计算机网络系统都是首先确定了严密的经办流程，进行了深入科学的需求分析后，经过严格的测试和模拟试运行后才正式投入业务办理和运行，而我国的社会保险计算机业务经办系统大多数地区采取边开发、边运行、边使用的方式，因此社会保险经办管理中的信息化带来的安全成为面临的重要挑战之一。

案例：

北京市东城区社保中心员工赵某，利用社会保险信息系统指令转出44万余元养老保险金。他从2002年下半年到2003年5月期间，分7次把44万余元转入某公司账户，而支付单位是东城社保中心。此后，赵某取出20多万元用于个人消费，用来购买笔记本电脑和手机等。法院查明，赵某转出这些款项时，使用了参保人员死亡或转为外籍公民的虚假理由。根据赵某编造的上述理由，东城社保中心先后转出了一公司7名职工的养老保险金。但实际上，这7人并没有死亡或转国籍，他们所在的公司也没有收到过有关款项。

2006年11月28日，赵某被东城公安分局刑侦支队传唤到案，被判处有期徒刑10年，并退赔东城区社保中心44万余元。

资料来源：京华时报，2008-04-13

（四）养老保险省级统筹并逐步实现全国统筹的挑战

国家已经基本确立了养老保险在实现省级统筹的基础上，建立中央统筹基金，将原由地方负责发放的基础养老金改为由中央负责，实现基础养老金全国统筹。这就意味着，养老保险经办机构将逐步实行省级垂直管理，直至全国垂直管理，医疗保险也将逐步实施地市级城市的统筹，必将给各级社会保险经办机构的业务带来进一步的整合，各项管理服务资源做进一步的调整和优化。如何协调整合养老保险省级和全国垂直管理体制和医疗保险等地方管理，也是经办管理服务面临的新问题。

另外，人口老龄化对社会保险经办管理也带来巨大挑战。据测算，到2050年，我国每4个人中就有一个老年人口。老年人口的迅速增加，一方面加大了养老保险和医疗保险的基金支付压力，要求社会保险经办加大工作力度，确保各项社会保险基金的应收尽收，加大基金内部管理和控制，确保基金的安全和保值增值；另一方面，要求经办机构创新经办管理服务模式。老年人口的增加，特别是高龄人口的增多，社保机构仅仅满足于养老金的按时足额发放是远远不够的。西方发达国家社会保险经办的一项重要内容就是对高龄老人提供更多的个性化服务，如发展社会化养老机构，开展老年护理、老年心理安抚等业务，真正实现“老有所养”的目标。

第三节　社会保险经办能力建设的基本理念及国内外实践

社会保险经办的实质就是在国家的有关政策下，通过筹集和调动社会资源，为公众提供养老、医疗、失业和工伤的基本需要服务的过程。其主要理论依据就是公共服务理论和公共管理理论。

一、社会保险经办服务的基本理念

公众不断增长的公共服务需求要求政府在理念、功能和组织体制方面进行改革，将行政官僚制转变为服务型政府。

1. 政府作为公共利益的代表，需要提供为改善民生所需要的产品和服务，即公共服务。

2. 政府的能力不仅是简单地生产公共品，更在于打造公共品供应机制和服务产品的供应能力。

3. 政府为了提供公共服务，并建立服务产品供应机制，需要改革组织体制，实现决策、执行和监督的分立。

4. 在公共服务领域引入民营服务和市场竞争机制、公众参与的治理机制。打破官僚体制，建立以民众需要为导向和具有服务理念的政府。

新公共管理的理论主张采纳企业化管理方式，重新定位政府与公民的关系，形成“顾客导向”的主客体关系，改变命令式、管制式做法，确立沟通式、协商式、治理型管理方式，并且更加注重政府活动产出的效果和综合的效益；新公共服务的理论在对新公共管理理论进行深刻反思和批判的基础上，进一步强调公共行政应该在管理公共组织和执行公共政策时致力于承担为公民服务和向公民放权的职责，建立一套具有整合能力和迅速回应能力的公共机构，这是服务型政府建设的核心目标；社会契约理论则认为，公共服务机构隶属于政府部门，行政色彩浓厚、独立性差、服务功能不足，要强化政府公共服务能力，亟待进行政府执行机构的理论创新。

随着社会的进步和经济的发展，一方面要求政府精简机构，提高效率；另一方面，公众对公共服务的需求不断增加，由此产生了在公共服务领域的需求矛盾。为了解决这个矛盾，公益受托人产生，公益受托人是国家公益项目的责任主体，即政府执行机构（commonweal trustee in government）。作为国家公益项目的受托人，具有代表政府进行公共服务项目外包和购买服务的权力，即委托人和监督人的角色。这是国家学说、公民权利和委托代理等理论在21世纪的延伸和发展，是社会契约[①]理论指导下公共服务理念的创新。

二、国内外实践

西方发达国家在新公共服务和公共管理理论指导下进行政府的改革后，均将政府的对外公共服务部门作为服务型政府建设的窗口，准确界定其法律地位，以及其职能、编制、经费、评价等的制度安排。如法国的社会保险缴费征收机构是“社会保险和家庭津贴征收联盟”（以下简称征收联盟），具体负责约105个福利项目的资金征收，包括工伤、疾病、生育、残疾、养老、配偶、家庭津贴等。征收联盟机构在省一级（department level）设置，直接征收，地方不再设置征收管理机构，省级的征收联盟接受国家级的社会保险机构中心管理局（ACOSS）的直接管理。征收联盟被授予一些执法特权，可以依法强制性征收，并具有采取实施监督和严格处罚的权利。如对拖欠费用半月以上者，法律授权联盟主任可签发具有司法效力的警告通知；若警告不起作用，可以采取强制措施，如查封账户和资产，提高缴纳比例，通过法庭强迫企业停止经营活动，没收或变卖企业财产等。英国在政府机构改革中突破传统的管理模式，将执行性、服务性、商业性，甚至监管性部门的内设机构和职能成建制地转为执行机构，与决策机构保持相对独立关系。这些机构仍然由公务员组成，是政府机构的一部分。执行机构与政府机关签订公共服务项目承包合同（行政合同），具有依法组建和管理政府的公共服务组织的权力、选择人员和重新组织内部机构设置的权力、自主支配财政资源等权力。新加坡的一切国家事务均实行中央集权管理体制和法定机构运营机制，在政府内阁之外设立法定机构，执行公共管理和行政监督职能。

① 卢梭认为，通过社会契约建立国家。人们在订立社会契约时，把自己的一切权利转让给集体，同时从集体那里获得自己所让渡给别人的同样权利，得到自己所拥有事物的等价物。人民是主权者。

1997年，澳大利亚政府颁布了《联邦服务机构法》，并根据该法建立了中联机构。该机构根据法案建立提供联邦服务的政府服务机构，服务的内容包括社会福利的经办管理等。

近几年来，我国许多地区根据本地实际，在政府机构改革的基础上，大力加强了以社会保障经办管理服务为主要内容的服务型政府的建设。总结各地的实践，有如下几个特点：

一是按行政划分的机构模式，实施社会保险经办机构组织扁平化。如上海市参照澳大利亚服务型政府的经验，结合当地情况将社会保险结算中心建设成为扁平组织体制和绩效运行机制，由机关式管理转为专业管理，建立了市级集中管理与区县现场管理相结合的组织体制和运营机制，为社保业务实现市级统一管理奠定了基础，从而使工作的质量和效率同步得到极大提高。

二是整合城乡社会保障管理服务资源，逐步实现城乡社保经办一体化管理和服务。如成都市以最低生活保障、基本养老保险、基本医疗保险为核心，在经办管理上建立了城乡统一的两级管理服务平台。即建立由市和各区县政府分管领导、劳动保障、民政、卫生、工会、妇联、残联等相关部门负责人参加的联席会议制度，并以此为高端管理平台，负责社会救助、社会福利、社会保障工作的统筹、协调、督查以及信息发布等工作；建立以乡镇和社区为依托的基层管理平台，负责社会救助、社会福利、社会保障的业务受理、审查、申报和待遇发放。两级管理平台有效地整合了城乡社会保障管理服务资源，避免了多头申报、多头管理的局面，实现社会保障经办效益最大化。如将原来由卫生部门经办管理的新农合和少儿大病救助等业务，统一划归到人力资源社会保障部门经办。同时积极推进社会保障信息化建设。2005年以来，每年投资1 000多万元建设全市社会保障计算机信息平台，将民政、人力资源社会保障、教育、残联、卫生等多个部门的包括低保和五保助养在内的34个社会保障、社会救助和社会福利项目全部纳入其中，并具备录入、查验、统计分析功能，为社会保障管理服务提供了现代化的手段和技术支持。

三是把社会保险经办管理服务重心下移，尤其是重视农村社会保障经办管理平台建设。如江苏吴中[①]把农村社会保险工作列入各级政府工作责任。在机构设置上，在区级设立农村社会保障管理委员会，负责审核农村基本养老保险的发展规划，研究和决定农村基本养老保险政策，乡镇劳动保障所作为各乡镇农村基本养老保险的业务经办机构，负责农村基本养老保险的参保登记、扩面、人员信息变更处理、结算、征缴等具体工作以及退休养老待遇的初审，并提供与农村基本养老保险相关的咨询等具体业务。目前该区已建立了区、乡镇二级计算机网络平台和区、乡镇、村三级联动的农村社会保险业务体系。

四是“以钱养事”、依托社会组织，将部分社会保险经办业务外包。湖北省将农村基层的社会保险业务交由乡镇政府实行购买服务、经营性服务，2005年改革乡镇事业单位，按照“政府主导、财政保障、市场导向、平等竞争、合同管理、民主监督”的原则，将包括社会保障在内的部分业务外包给民间组织，建立了“以钱养事”的管理服务新机制。重

① 苏州市吴中区2006年农村社会保险管理中心工作总结。

庆市利用遍布城乡的商业保险机构网络①，探索商业保险参与农村社会保障的经办管理。经过几年的实践，已经构建起了以商业保险机构为主经办农村社会保障的工作体系，探索了多层次经办农村社会保障体系的又一途径。商业保险公司利用遍布城乡的商业保险机构网络，能够方便地实现养老金支付业务。目前，重庆市的部分城乡低保、农村养老和新农合的业务已经由相应的商业保险公司经办。江苏省江阴市自2006年以来，也实施了委托商业保险公司参与新农合的经办管理。

五是改革管理服务方式，实行社会保险服务大厅多部门联合办公。江西靖安县在乡镇政府设立“集中办事服务大厅”，大厅每周5天、每天24小时向群众开放。大厅内实行敞开式办公，在一排整齐的桌子上，分别放立着“低保申领”“农村养老办”“新农合办”等办理不同事务的牌子，群众的所有社保经办事务都可以在这里进一个门、填一次表、盖一个章，按规定缴费或领取待遇，限时办理完毕。为方便群众，在实行“集中办事服务大厅”的同时，还向村民发放3张卡片：一张“方便村民联系卡”，即一份印有乡镇领导、工作人员姓名、分管事务和联系电话（固定电话和手机）的折页；一张“办事程序明白卡”，即一份注明了各部门具体管理事务、办事程序和办事要求的折页；一张“满意程度测评卡”，即一份让村民监督，对干部和办事部门的作风、效率进行季度、年度评分表。目前，这套卡片全县发放了3万多套，保证了户均一套。农民凭着这3套卡片，可以随时找到要找的办事人员，了解办事程序和要求，事后还有权对办事人员的服务情况进行评价。在村民眼里，“一个大厅、三张卡片”将昔日只管催钱、逼粮、派任务的乡镇政府“官僚衙门”，变成了为农民提供政策落实、社保服务、技术咨询和必要的审批“服务窗口”。政策落实方面，过去是农民踏破铁鞋找干部，如今是干部坐着等村民。以新农合为例，开始农民报销医药费经常找不到人，跑好几趟办不成事，现在“养老办”“低保办”“新农合办”的牌子醒目地摆在“集中办事服务大厅”，使农民感到农村社会保障就在身边。2007年7月，该县香田乡农民余鸿英因胆囊炎发作，在县医院住院治疗了5天，花去医药费4 965.5元。出院后，她拿着相关单据来到“集中办事服务大厅”，“新农合办”的值班干部很快受理了她的报销要求，并在约定的时日让她拿到了2 000多元的报销款。这样的好事很快在村子里传开，农民参加新农合的积极性越来越高。2007年，这个乡11 367名农业人口，已有11 051人参加了新农合，参合率达97.2%。

第四节　我国社会保险经办机构的性质及定位

机构的性质是由其承担的职能决定的，其职能又取决于所具体管理经办的业务性质和内容。根据我国社会保险经办机构的具体业务，一方面，它是政府社会保险政策的具体实施和执行者，依据国家的有关法律或行政法规，组织、调动和管理社会保险服务资源，制定经办管理规则、经办流程和操作规范等。从这一层面上看，经办机构具有行政管理的职

① 《内部参考》，2007年3月第22期。

能。另一方面，经办机构具体进行扩面、征缴、待遇审核、发放等工作，因而又是经办管理服务的具体派送者。为此，将我国的社会保险经办机构定位如下：

一、经办机构是政府执行机构、服务型政府的组成部分

政府执行机构即指在政事分离的行政体制下，既有别于政府决策机构，也有别于传统政府行政机构，是国家法律政策及其重大公益项目的执行、管理和服务机构，是服务型政府的重要组成部分。社会保险经办机构依法管理社会保险事务和提供相关服务，并对社会保险目标承担责任，因而不能是事业单位或参公管理机构。

从国际经验来看，大多数西方国家社会保障经办机构均是政府执行机构，并独立于政府决策部门。很多国家服务型政府建设从社会保障管理体制和服务提供机制做起，如美国建立了完全独立的国家劳工部和国家社会保障总署，直接隶属于总统办公室；澳大利亚建立了相对独立于政府决策部门的联邦服务派送的中联机构，其家庭和社区服务部部长与中联机构的首席执行官具有公共项目的合同关系；新加坡建立了各自法定的、相互独立的人力资源部与公积金局。

我国目前的社会保险经办机构大多数为事业单位，这不论在理论上还是制度安排上都阻碍了社会保险经办机构功能的发挥。首先，事业单位定性不清、欠规范，导致事业单位的性质、规模、准入、经费、功能、人员、行为和监督等方面的管理均比较混乱；其次，在组织性质方面，事业单位既包括行政、行政辅助、公益性的行业，也包括营利性的许多部门等，这种局面困扰国家公共财政体制的建立，对服务型政府产生挤出效应；最后，事业单位在具有政治职能的政府部门周围分享权力，占据了具有服务职能的政府部门的位置，却不具有服务理念和服务功能，甚至发生权力错位，将服务岗位看做官位，论级说事，以官僚和衙门的组织形态和面目来面对公众，这是目前一些地方的经办机构出现“办事拖拉，有利就办，无利就拖，熟人就办”现象的根源，严重影响了经办机构的形象，影响了政府的公信力，不利于为公众提供高效便捷的公共服务。必须尽快改变当前社会保险经办机构定位不清的状况，明确我国的社保经办机构是政府社会保险政策的执行机构，具有依法行使社会保险资源筹集和为公众提供社会保险服务的职能。

案例 1：

四川某地区的一个大型企业人事经理反映，她为了给公司的两名新调入员工办理参保手续，从早上 9 点就来到社会保险服务大厅，到下午 2 点还没有办完，主要是环节太多，要去的窗口太多，从一楼到四楼她一共跑了 3 趟，要到 4 个窗口分别办理填报材料、审核、开单、缴费等手续，每个窗口都要重新排队。她说，她是熟悉社会保险业务的，要是不熟悉的人办理起来就要花费更多的时间。

案例 2：

吉林某城市的一位参保者反映，他老伴参加了当地的城镇居民医疗保险，2008 年 6 月住院花了 2 000 多元钱，为了报销他去当地的经办机构一共跑了 6 次都没有办完报销，最后花钱托熟人，才按规定报销了医疗费用。

也许上述案例只是个别地区的个别现象，但足以说明目前经办机构离服务型政府的要

求还有差距。

二、经办机构是公益受托人、社会保险的责任主体

公益受托人是国家履行公共服务义务的代理人（机构），具体行政行为人（机构），具有三方主体，即委托人、受托人和受益人。社会保险的公益受托人的委托人是国家，受托人是政府执行机构，即责任主体，受托内容是构建社会保险公共服务的提供机制和治理机制，以确保国家社会保险目标的实现，包括筹集社会保险服务资源，向居民提供养老、医疗、工伤、失业和生育保险服务；受益人则是参保单位和参保个人，即社会保险政策覆盖下的全体居民。

公益受托人源于新公共管理理论。该理论认为，履行国家公益项目是服务型政府的责任，国家公益项目由国家依法委托政府执行机构管理，政府执行机构可以直接提供，也可以委托法人机构或公民个人执行，但只能是功能委托，不是责任外移，政府执行机构要对外包项目最后承担责任。因此，政府执行机构先是国家公益项目的受托人和责任人，后是国家公益项目外包的委托人和监督人，综合两个角色即公益受托人。公益受托人是具有打造公共品供应机制责任和能力的政府执行机构。

我国社会保险经办机构应按照公益受托人的机制逐步改革完善服务方式和提供服务的模式，合理组织经办人力资源，依法保证经办管理经费和必须的经办条件，对经办管理业务进行科学有效的分类，并制定各类经办服务项目的统一规范、标准和流程，从而准确划分必须由经办机构本身管理经办的服务项目和可以委托社会机构提供服务的项目，逐步将可以由社会经办的服务实行社会化运作。

第五节　当前我国社保经办能力建设的工作重点和长远发展目标

“三分政策、七分管理”“工欲善其事、必先利其器”。我国社会保险政策正在逐步完善，覆盖城乡居民的社会保障目标已经明确，这些政策需要靠各级经办机构去落实。尽快提高经办机构的经办管理服务能力，成为实现党的十七大提出的人人享有社会保障目标的重要方面。

提高社会保险经办能力，需要精心规划、逐步落实。根据目前我国经办机构实际，结合覆盖城乡居民社会保障体系建设的总体规划，应当按照当前工作重点和长远目标统筹规划、分步实施。

一、当前工作重点

（一）理顺管理体制，统一规范机构名称，健全基层经办机构组织

第一，将分散在不同部门经办的新农合、农村养老保险和其他社会保险业务统一划归

同级社会保险机构。

第二，经办机构名称设置的具体方案是，在省级、地市级设置经办养老保险的“×××养老保险管理局”，经办医疗保险、工伤保险和生育保险的“×××医疗工伤生育保险管理局”，失业保险的支付业务委托相应就业管理局经办。县级以下不再设立独立的经办机构，而是地市级经办机构的派出机构。这种机构设置适应了基本养老保险业务经办实行省级垂直管理，直至全国垂直管理的需要。

第三，在统一机构名称的同时，合理规范内部机构设置。社会保险经办机构的内部机构按业务划分。综合管理部门包括内勤业务、办公室业务、内部人事教育培训、信访等；公共业务经办部门主要承办五项社会保险的参保登记、建档、参保信息登录、保险费征集等，即目前许多地区的业务经办大厅的职能；基金业务审计监控部门承办业务内部控制、基金稽核、内部审计等业务；待遇支付部门承办待遇的审核及发放。

第四，适应覆盖城乡居民社会保障体系建设的需要，逐步整合城乡社会保险经办管理资源，重点是健全和完善农村社会保险经办机构，加快农村社会保险经办基础设施建设，逐步形成城乡统一、体制合理、职责明确的社会保险经办管理体系。当前的重点一是尽快出台基本养老保险跨统筹地区的转移接续政策和具体的经办操作实施细则，解决养老保险关系全国范围内的转移接续难问题；二是建立健全城乡基层社保经办组织体系。基本思路是，在城市的街道社区设立专职人力资源社会保障工作人员，直接接受县区社会保险派出机构管理，其基本职责是负责本社区居民的参保手续办理，登记记录参保者变更信息，跟踪参保者生存情况等，不承担收取保险费及待遇支付业务，该业务在经过县区机构审核后，通过银行或其他机构代办。在农村乡镇设立专职人力资源社会保障工作人员，协调督促本乡镇各村庄的保险业务，村民具体的参保业务办理采取“以钱养事”的办法，培育民间或社会组织，如村委会等代为办理。

（二）明确经办机构性质，确立国家公益受托人的地位

在理顺管理体制和统一机构名称的同时，应当明确经办机构是服务型政府的执行机构，是国家公益受托人。各级社保经办机构既不是一般意义上的行政机构，也不是当前的事业单位或参公管理单位，它是国家社会保险项目的责任主体，对国家的社会保险目标承担责任。

第一，需要在经办机构内部明确岗位职能，根据国际经验和各地的实践，拟设为管理岗位、专业技术岗位和经办操作岗位，根据岗位不同实行人员分类管理。管理类岗位应当按照国家《公务员法》进行管理，而不是参公管理。管理类岗位主要是地市级及以上经办机构的主要负责人，综合部门、人力资源管理等部门，其业务具有计划、协调、组织、控制等综合特性；专业技术岗位按照国家专业技术管理的有关规定执行，具体的专业涉及计算机信息技术专业、医疗卫生专业、财务会计统计专业；经办操作岗位主要是在前台终端具体办理社会保险业务手续的岗位，工作较单一，按照计算机程序或者规定的规程操作。这类人员实行岗位证书制度，其大部分业务可以委托社会组织代为办理，如费用的收取、待遇的发放等。

第二，根据社保经办内在规律，界定社会保险的服务项目，鼓励具备条件的社会组织和公众参与部分社会保险经办。具体细化社会保险经办业务，划分出哪些业务的服务项目必须由经办机构本身提供，哪些是可以委托外包的服务项目及采用社会化、市场化提供的服务项目，以便更好地利用社会资源，提高机构工作效率，防止经办机构的无序扩张和臃肿。根据社会保险业务的特性，部分具体的操作岗位可以实行外包。实现部分服务外包，引入社会治理和公众参与，参保人可以有更多的选择，就像商业银行和商业保险公司的经办模式，群众可以就近选择服务好的网点。只有按照新的公共治理理论，充分让社会参与、公众参与，即可以解决经费紧张、人员不足的矛盾，也可以提高服务质量和水平。

第三，制定标准的经办业务规范和流程。不同政策覆盖下的人群社会保险业务尽管有些差异，甚至同一制度下的业务经办因参保个体情况（如费用的拖欠、预缴保费处理、账户的退付、信息的变更等）也有差异，但是，从社会保险整体业务办理的全过程分析，具有很强的规律，非常适合制定统一的、标准化的经办流程和操作规范。尽管国家和地方已经出台了一些经办规范和流程，但是还存在着不够标准、一些经办业务还未能纳入等问题。如针对参保人员办理业务排队时间长的情况，需要制定具体办理每一笔业务的时间要求（限时）。有了规范和标准，还需要一套科学的考核评估体系。因此，需要进一步规范业务经办流程，建立一套科学的社会保险经办服务标准、技术标准等，把经办服务纳入规范有序的轨道。

（三）加强机构队伍建设，建立财政管理经费的保障机制

为适应社会保险管理逐步由以面向单位为主转为以个人为主，由以城镇职工为主转为全体居民为主的状况，将经办管理服务的重点转向城市社区和农村村镇的需要，形成横向到边、纵向到底的全国经办服务网络，需要合理地确定人员编制，增加经办人员，改变经办机构人员紧张的状况。

经办机构人员编制的基本确定思路：影响经办机构编制人数的主要因素是经办服务工作量，工作量不能简单地用工作人员与服务对象的比来确定，需要考虑如下因素：一是地区的经济发展水平，经济发展水平越高的地区，人口越密集，交通通信等基础设施越发达，人口素质也相对较高，因此经济越发达的地区，人均服务对象人数应越多。二是区分城市中心区、城市郊区和农村地区，这主要与政府的公共服务资源有关，城市中心城区集中了较为密集的人口和政府比较完善的公共服务设施和资源，因此，在工作人员付出相同劳动的情况下，服务对象量应该多。而在城市的郊区公共服务资源相对少，农村的公共服务资源更少。在确定人均服务量时需要考虑这些因素。三是按照养老保险经办和医疗保险经办（包括工伤保险和生育保险）分别计算人均服务量。养老保险和医疗保险作为五项保险中的两个重要险种，除了参保和缴费环节业务有相同之处外，日常业务控制和待遇支付有着很大差别，在确定机构编制时不能把两个险种混在一起进行定编，否则就掩盖了不同业务间的差异性，容易造成工作量冷热不均，浪费资源的现象。综合考虑，提出如表 9—3 所示的人员编制建议。

上述编制确定依据：一是在综合了部分地区社会保险经办人员调研基础上，按照“人

表 9—3 社保机构定编意见一览表

	城市中心区		城市郊区		农村地区	
	养老	医疗等	养老	医疗等	养老	医疗等
东部发达地区	1∶6 000	1∶4 000	1∶5 000	1∶3 000	1∶3 000	1∶2 000
中部较发达地区	1∶5 000	1∶3 000	1∶3 000	1∶2 500	1∶2 000	1∶1 500
西部欠发达地区	1∶4 000	1∶2 500	1∶2 000	1∶2 000	1∶1 500	1∶1 200

注：上述比值为“工作人员数”与“实际参保人数”之比。

随事定”的原则确定；二是对社会保险核心业务的工作量和技术难易程度进行量化估算，通过每个业务完成环节的平均劳动时间来计算；三是参照相关行业的情况。如在征收环节，参照同地区国家和地方税务部门的情况，在支付环节参照商业保险公司（人寿保险和健康保险）办理疾病或者健康保险的赔付情况。

在确定编制后，还需要按照公共治理和公益受托人的思想，具体划分岗位，见表9—4。

表 9—4 社保经办机构岗位编制情况意见表

岗位	比例（%）	主要职责	说明
管理岗位	10	负责制定社会保险经办的具体管理制度、标准等，对政府的社会保险经办承担目标责任	按《公务员法》管理，为国家公务员
专业技术岗位	30	按照专业岗位，负责该技术范围内的业务和技术工作，保证管理和业务的安全稳定运行。以计算机岗位为例，其责任至少有：（1）负责计算机网络软硬件的正常运行，保证利用计算机办理的各项业务顺利进行；（2）按数据要求进行备份、转储等，保证信息安全；（3）负责日常软硬件的维护保养等	按专业技术人员管理，一些岗位也可以考虑按照政府雇员管理
操作岗位	60	按照规定的程序，办理具体的参保登记业务	实行“以钱养事”管理，制定准人条件和考核标准，吸引社会组织参与经办

管理岗位和专业技术岗位由政府承担，其他经办操作岗位可以由经办机构承担，也可以由具备一定资质的专业机构承担，采取投标竞争、定期考核、专业办理的原则。按照这一办法，以北京市养老保险参保900万人为例，按照1∶6 000配置人员，需要1 500人，其中管理岗位需要150人，专业技术岗位需要450人，其余900人的岗位的工作量，在确定了具体业务和经费基础上，面向社会招标，即可以由经办机构自己经办，也可以由其他组织办理。其管理的费用由当地财政拨付，这样就可以解决管理经费和人员不足的矛盾。

在确定机构编制的同时，需要将经办管理费用纳入财政预算。财政经费的预算不能把社会保险经办机构按照其他一般的行政性单位的预算规则计算，即按人头编制预算的做法，应该根据社会保险经办业务的内在需求来确定。其具体财务会计科目见表9—5。

表 9—5　　社会保险经办机构财务预算科目表

科目	参考指标
人员工资	按国家有关规定执行
人员社会福利	按国家有关规定执行
绩效奖金	按国家有关规定执行
办公经费	按国家有关规定执行
差旅费	按国家有关规定执行
通信经费	按国家有关规定执行
现场稽核鉴定经费	按养老、医疗、工伤不同险种分别确定标准
非现场稽核经费	按养老、医疗、工伤不同险种分别确定标准
办公场所修缮经费	按国家有关规定执行
信息系统维护经费	一般按系统建设投资的一定比例确定
政策扩面宣教经费	宣传材料制作、印刷、电视台播出等费用
人力资源培训经费	
医疗工伤生育保险保健津贴	
其他	
说明	办公场所基建和信息系统初建或大规模改造不列入经常性经费，列为专项经费，按需编制预算

经办机构的性质已经定位于政府的执行机构，为广大参保单位和个人提供服务的必要成本，应当由政府财政解决。对于经济较为困难的地区，应当由中央财政通过转移支付解决。

二、发展目标

经过 5～10 年的发展建设，我国社会保险经办机构应实现如下目标：

1. 在管理体制上，适应基本养老保险省级统筹以及全国统筹的需要，积极稳妥地推进养老保险经办机构的省级垂直管理，以及全国垂直管理；基本医疗保险经办机构实现以中心城市（一般为地市级）统一经办垂直管理。

2. 在业务上，逐步由公共业务“一站式服务”“大厅式服务”，实现城乡居民各险种业务的统一经办和管理，并根据不同参保人群的需要提供“个性化的社保服务”。

3. 在管理服务资源配置上，逐步消除城乡差别，实现人、财、物、公共基础服务设施等的均等化资源配置。当前重点是经办服务下沉，提升农村基层（县以下）社会保险经办能力。

4. 在人力资源和经费保障上，对社保机构人员实现分类管理，合理设置公务员岗位、专业技术岗位和操作岗位，在操作岗位引入社会组织参与、公众参与治理的机制。建立科学的人员绩效考核评估体系，使人员编制和管理经费与提供服务的质和量动态挂钩，并使之有法律制度的保障。

5. 加快“金保工程”建设步伐，将建设重点由目前以劳动力市场管理系统和社会保险管理信息系统为主，转向整合劳动力市场系统和社保系统信息资源，形成统一的人力资源社会保障管理信息系统，实现计算机业务经办的一个入口；开发人力资源社会保障宏观决策支持系统，充分利用信息资源和数据，实现信息系统的三重服务（即面向业务操作、面向参保群众、面向管理决策）；积极推进全国社会保险“一卡通”工程和社会保险关系转移接续权益结算实施工程。尽快实现社保关系全国内的有序转移和接续，以及异地养老、异地就医等的属地化管理和服务。

6. 建立社会保险基金监测预测预警系统和基金精算制度。建立基本养老保险和基本医疗保险按统筹地区的精算报告制度，在统筹地区设立社会保险精算师岗位；开发并推广应用基本养老保险和基本医疗保险基金监测预测和预警计算机软件，为保证基金安全、调整社保政策提供决策支持和服务。

参考文献

1. 社会保险经办机构能力建设研究. 中国社会保障论坛第三届年会交流材料. 2008，11

2. 何平，谭中和等. 医疗保险经办管理费用标准研究报告. 2005，10

3. 谭中和. 农村社会保障经办机构能力建设研究报告. 2008，8

4. 人力资源和社会保障部社会保险事业管理中心. 2007 年重点课题研究报告，专题一：社会保险经办机构管理体制问题研究. 2008，5

5. 人力资源和社会保障部社会保险事业管理中心. 2007 年全国社会保险情况分析（内部资料）. 2008，7

6. 公共服务均等化. 亚洲国家公共服务均等化国际论坛论文集. 2008，11

7. 欧文·E. 休斯. 公共管理导论. 北京：中国人民大学出版社，2001

8. 孙晓莉. 中外公共服务体系比较. 北京：国家行政学院出版社，2008

9. 赵立波. 政府购买民间组织公共服务. 2008，11

第十章 覆盖城乡居民社会保障体系运行监测评价警情系统研究

第一节 背景与思路

我国长期以来实行城乡二元经济，导致城乡社会发展严重不平衡，在社会保障领域反映的问题主要表现在以下几方面：(1) 城镇社会保障体系已经基本建立，而农村社会保障制度建设严重滞后，农村养老保险制度尤为突出，作为国家指导性文件的《国务院关于开展新型农村社会养老保险试点的指导意见》(国发［2009］32号) 2009年才出台。(2) 城镇社会保障覆盖范围迅速扩大，而农村养老保障覆盖面窄，2009年全国开展新型农村养老保险试点的县（市、区、旗）仅有10%。(3) 城乡社会保障水平相差悬殊。从养老待遇看，2008年城镇退休人员月均养老金为1 200元，按国发［2009］32号文的规定，新型农保基础养老金最低为55元，加上各地财政补贴和个人账户养老金，2009年农民人均月养老金不过几十元。从医疗待遇看，2008年，城镇职工、居民的住院与大病医疗费用报销比例分别达66%、50%，而新型农村合作医疗参保农民的住院与大病医疗费用报销比例不到40%。(4) 城乡社会保障组织队伍与经办管理能力差距明显。城镇已经形成了比较健全的社会保险经办机构与组织体系、信息网络系统。部分县（市）还未成立农村社会保险经办机构，经办人员严重不足，经费短缺，手工记录仍占很大的比例。城乡社会保障领域的巨大差距如果长期存在，会导致国民待遇不公平，并有可能引发严重的社会问题，危及和谐社会的构建与小康社会目标的实现。鉴此，2007年党的十七大提出“到2020年，覆盖城乡居民的社会保障体系基本建立”的战略目标，明确了社会保障制度建设任务。针对这一现状，课题组在“以人为本”的全新理念指导下，从统筹城乡社会保障的战略高度出发，结合当前社会保障制度现状，设计了覆盖城乡居民社会保障体系方案。

覆盖城乡居民社会保障体系建设是一项长期的系统性工程，包含多项制度，既涉及制度建设，又涉及制度运行的财政支持、经办能力水平、实际效果等方面，对其整体建设、运行、管理情况的分析过程复杂、技术水平要求高，需要设计专门的监测评价工具，为覆盖城乡居民社会保障体系建设与运行提供技术支撑，动态跟踪制度运行过程，评价其运行风险，为制度平稳运行、政策调整提供参考依据。

覆盖城乡居民社会保障体系运行监测评价系统研究思路：首先，根据覆盖城乡居民社会保障制度目标，结合当前制度建设与运行管理现状、重点问题，分析覆盖城乡居民社会保障制度运行监测评价内容；其次，根据覆盖城乡居民社会保障体系运行监测评价内容，研究确定覆盖城乡居民社会保障体系运行监测评价指标体系，以及评价标准和监测评价方法；最后，研究覆盖城乡居民社会保障体系运行监测评价步骤，并在此基础上，设计覆盖城乡社会保障体系运行数据库（见图 10—1）。

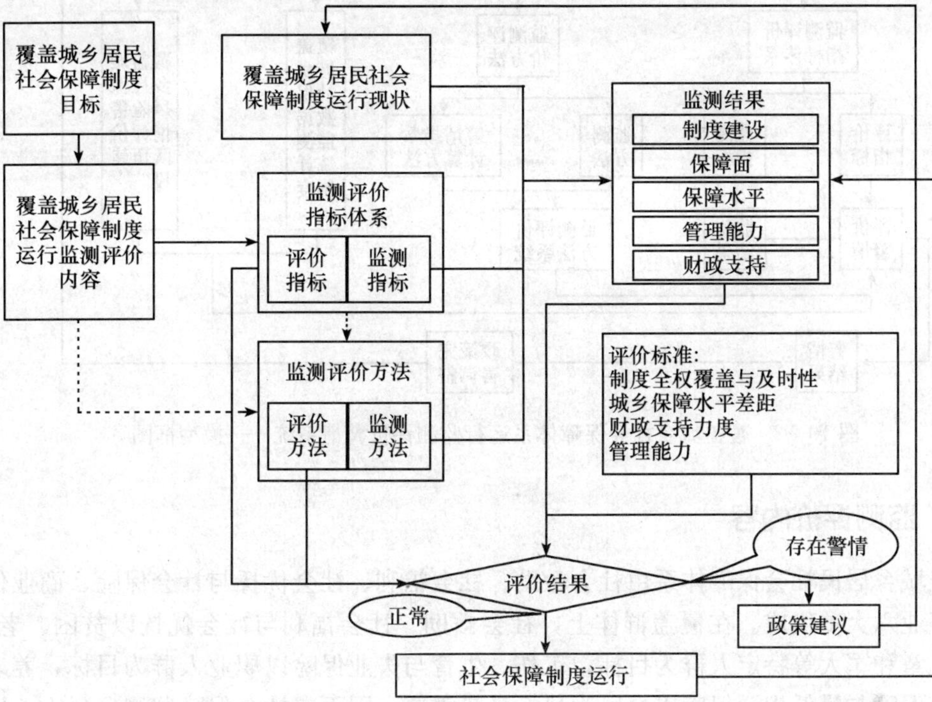

图 10—1　覆盖城乡社会保障体系运行监测评价警情系统——研究思路

第二节　监测评价系统研究内容

一、监测评价系统模型框图

覆盖城乡居民社会保障监测评价警情系统由监测评价警情系统与监测评价警情工作制度和基础建设两大块组成。(1) 监测评价警情系统由监测评价指标体系与监测评价方法组成。监测评价指标体系由监测指标与评价指标两部分组成，在监测指标的基础上计算评价指标。监测评价方法包括监测方法与评价警情计算方法。(2) 监测评价警情工作制度和基础建设包括数据监测统计制度、警情评价队伍建设。数据监测统计制度包括部门统计报表制度、新建立制度运行重点监测统计、重点工作专项监测制度，以及数据规范、报送时间要求等；警情评价队伍建设，包括专家队伍选择与管理、组织建设等（见图 10—2）。

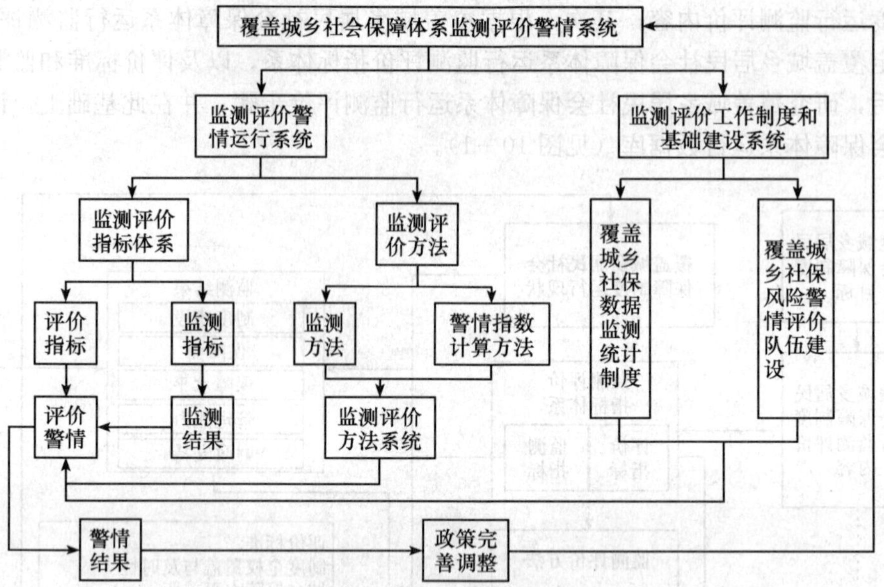

图 10—2　覆盖城乡社会保障体系运行监测评价警情系统——模型框图

二、监测评价内容

覆盖城乡居民社会保障体系由社会救助、社会福利、社会优抚与社会保险、商业保险和慈善事业六大项组成。在覆盖群体上，社会救助、社会福利与社会优抚以贫困、老人、妇女、儿童和军人等特定人群为目标，工伤、生育与失业保险以职业人群为目标，养老保险、医疗保险与最低生活保障以全民为目标且最重要。因而在社会保障监测项目上，以养老保险、医疗保险与最低生活保障为监测评价重点，其他内容为辅。覆盖城乡居民社会保障体系建设中，社会经济环境是基础，财务安全是保证，经办管理是载体，实际运行效果是结果，应对制度建立条件、运行状况、经办机构管理能力与财务持续发展进行全面监测。

通过监测全面动态地了解城乡各项社会保障制度运行状况及历史发展过程，同时通过评价对社会保障体系运行状况给出整体判断。覆盖城乡居民社会保障体系确立了“制度从无到有，实现制度全覆盖；覆盖从小到大，实现人员全覆盖；待遇水平从低到高，城乡差距缩小；财政支撑与管理能力逐步健全”的建设思路，这是确定覆盖城乡居民社会保障体系运行评价内容与标准的基础。据此，可确定如下四项综合评价内容：(1) 是否根据经济社会发展条件建立相应的城乡社会保障制度项目，并实现制度全覆盖。财富永远无法满足个人的社会保障需求，在这一硬约束条件下，根据社会保障制度项目需求层次上的差别和经济发展水平，决定了不同制度项目建立时间，是制度建设的要求，也是最有效率的制度安排。国外社会保障制度发展历史证明了这一规律，完善的社会保障制度建设经历了较长时间，先从社会救助制度开始，然后再建立失业保险制度，进而到工伤、医疗保险以及养老、生育保险。(2) 社会保障制度覆盖面是否随着制度运行而逐步扩大并且城乡间差距逐步缩小，并覆盖到全部城乡居民，社会保障（相对）水平是否随着制度运行而逐步回归到合理水平，并且城乡间差距逐步缩小。因为，社会保障制度是在经济社会发展与工业化生产的背景下建立的，在覆盖范围上先城镇、后农村，并且农村是从农业当中的产业工人与劳动者开始的，随后扩展到全体农民；在保障水平上是逐步提高，农村从低水平起步，在逐步提高中缩小与城镇的差距。(3) 财政支出保障支出是否随着财政实力的增强而逐步扩大并保持在适度区间。公共财政对社会保障的投入是社会保障制度的本质要求，财政在经济发达阶段实力强，用于社会保障支出的比重也大，但这一比重不是越高越好，20 世纪 70 年代发达国家深受“社会保障支出增长过快，财政负担过重”之苦，通过社会保障制度改革降低财政负担，促进经济增长。财政社会保障支出比例除了适度之外，还要看其投向的城乡结构。“城镇支援农村、工业反哺农业”阶段，在财政能力适度的范围内，以其在农村社会保障资金中占较大比例的投入，促使农村社会保障制度建设是基本的规律。(4) 社会保障经办机构能力是否随着事业的发展而逐步提高，为城乡居民提供高效、优质的社会保障服务。社会保险业务经办、基金管理、组织机构与能力建设，是社会保障事业发展的基础与根本要求。

三、监测评价步骤

整个监测评价工作由监测评价目标确定、监测评价内容确定、监测评价指标体系确定、监测评价方法选择、监测评价、监测评价结果反馈、政策完善七个环节组成（见图 10—3）。

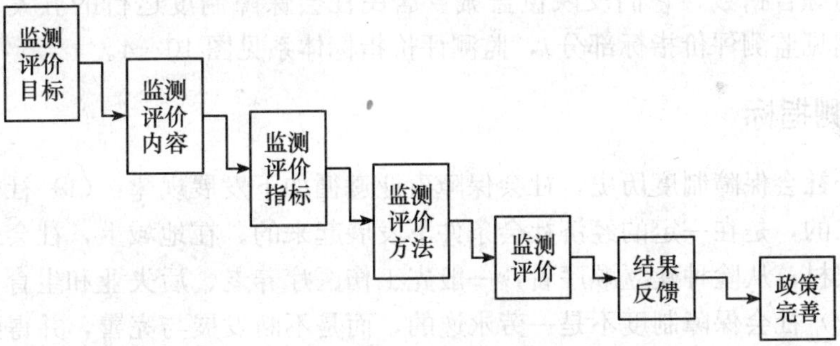

图 10—3　监测评价步骤

首先，根据覆盖城乡居民社会保障体系建设整体要求，以及阶段性工作重点，确定监测评价目标和监测评价内容；根据监测评价内容，并结合基础数据支持情况，科学合理地确定评价指标体系，考虑制度体系动态发展要求，保留一些前瞻性指标；建立合理的监测方法，重点是评价方法与评价标准，以我国覆盖城乡居民社会保障体系建设要求确定评价标准。

根据覆盖城乡居民社会保障体系运行评估结果，对其运行状况之优劣做出评价并告知相关部门，促使政府及时调整社会保障政策，调整资源的配置，使覆盖城乡居民社会保障体系健康运行。

第三节　监测评价指标体系

监测评价指标，用于反映制度运行现状、历史趋势，评价其运行效果，是监测与评价工作的基础。按如下原则选择：(1) 目的性原则，指标用于覆盖城乡居民社会保障运行监测与评价；(2) 科学性原则，指标准确地反映覆盖城乡居民社会保障运行监测与评价内容，特别针对当前制度建设重点；(3) 系统性原则，指标能组成一个完整的体系，存在合理的逻辑关系；(4) 实用性原则，指标可用性强，历史数据完整、准确。

监测评价指标体系由监测指标与评价指标两部分组成，监测指标体系根据自身的内存逻辑关系采用分类方法确定，评价指标采用加权法在部分监测指标基础上生成。

监测指标体系包括社会经济条件指标、社会保障覆盖面指标、社会保障水平指标、财政社会保障支出指标及社会保障经办能力指标五大类，它们能全面反映覆盖城乡居民社会保障制度运行的社会经济环境情况、城乡保障面与保障水平差距情况、财政对社会保障支持情况、社会保障管理能力方面内容。监测指标共 29 个，除少量宏观数据（如人均 GDP、农业劳动力比例等）来源于统计年鉴外，大部分来源于地方社会保险管理信息系统，可通过数据接口与监测系统对接。

为简单直观地给出制度运行的整体评价，结合评价内容，评价指标体系由五个综合指标组成，分别是制度建立综合指数、保障面综合指数、保障水平综合指数、财政支持指数、管理能力综合指数，它们反映覆盖城乡居民社会保障制度运行的五大方面（指标定义、选取依据见监测评价指标部分），监测评价指标体系见图 10—4。

一、监测指标

综观中外社会保障制度历史，社会保障事业遵循如下发展规律：(1) 社会保障事业是逐步发展起来的，是在一定的经济社会条件下发展起来的。在地域上，社会保障制度建立先城镇、后农村；从险种建立顺序看，一般先工伤医疗养老、后失业和生育，但也没有绝对的顺序。(2) 社会保障制度不是一劳永逸的，而是不断发展与完善，并得到了国家财政的大力支持。借鉴此思路，我们在建立监测指标体系时，将监测指标分为三大类，即制度建立支撑条件指标、制度运行评价指标和制度发展可持续性指标，共涉及制度建设、覆盖面、待遇水平、管理能力、财政投入五个方面。一般监测指标则以三大类指标为中心，按指标的逻辑关系向外延伸，并按城镇和乡村、保险层次和险种对指标进行划分，再从数量上研究和描述与城乡社会保障相关的经济现象的增长、水平及结构等变化，揭示覆盖城乡居民社会保障内在的运动规律。

(一) 制度建立支撑条件指标

一国的经济实力决定了该国的社会保障水平，人均 GDP 反映当期的经济实力，广义农业（指第一产业增加值，下文同）GDP 的比例反映经济发展的均衡水平。由于受一国

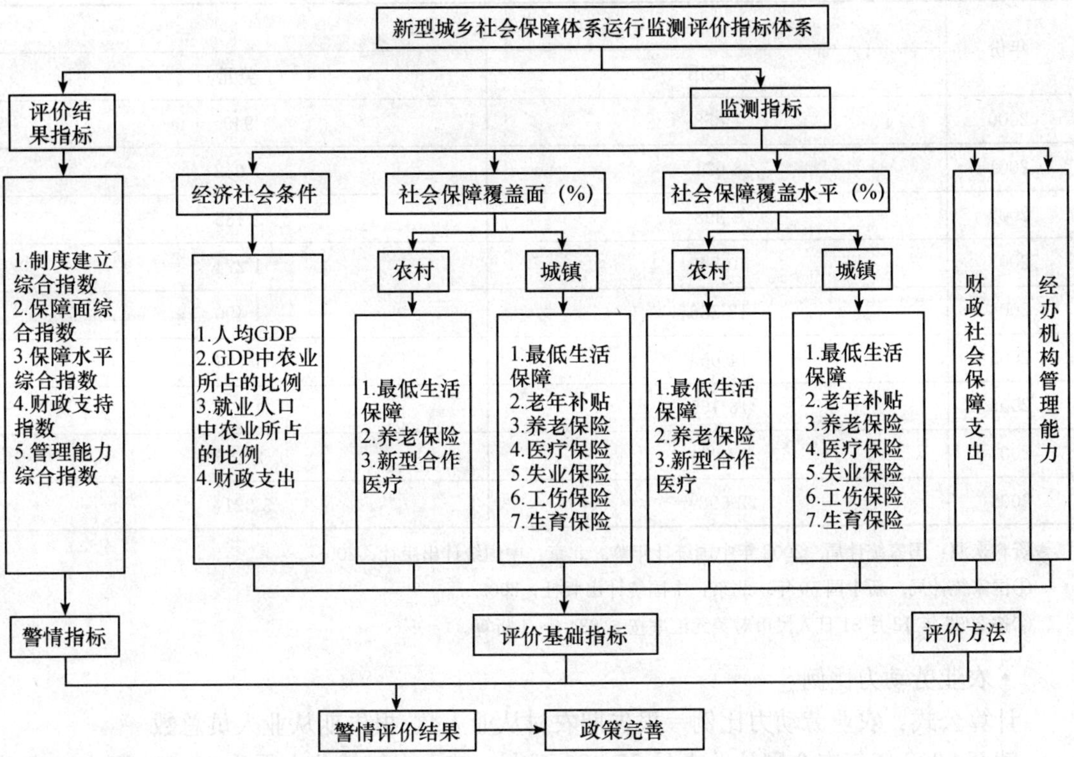

图 10—4　覆盖城乡社会保障体系运行监测评价指标体系

发展战略影响，其城乡结构、产业结构、就业结构不一致，因而在分析社会保障制度建立支撑条件时，考虑的指标不尽相同。从国外资料来看，人均 GDP、广义农业 GDP 的比例、城乡人均纯收入的关系、农业劳动力比例这四个指标与社会保障制度的建立关系较为密切，从数量关系上看：大多数发达国家在人均 GDP 为 1 445～9 580 美元（平均 5 226 美元）、农业劳动力所占比例保持在 5.1%～55.3%之间（平均 29.5%）、广义农业 GDP 比例为 3.1%～41%之间（平均 16.2%）[①]、城乡居民收入差距呈缩小趋势时建立农民养老保险制度。所以借鉴国外的经验我们选取以上四个指标作为制度支撑条件监测指标。

• 人均 GDP

人均 GDP 即人均国内生产总值，是反映一国人口富裕程度及其经济实力的重要指标。

计算公式：人均 GDP＝报告期 GDP/报告期常住人口数

2008 年，我国人均 GDP 为 22 698 元[②]，合 3 321 美元，从 2000 年至 2008 年，人均 GDP 呈持续增长的态势（详见表 10—1），年均增幅达 14.18%。

① Compiled from Winkler 1992; Mitchell, B. R. 1981; Statistics Directorate (OECD) 1960—1993; SSB (State Statistical Bureau) 1999; Maddison 1995.

② 中华人民共和国 2008 年国民经济和社会发展统计公报．中国网，2009-02-26

表 10—1　　2000—2008 年我国人均 GDP

年份	中国人均 GDP	
	人民币	美元
2000	7 858	949
2001	8 621	1 042
2002	9 398	1 135
2003	10 542	1 274
2004	12 336	1 490
2005	14 053	1 703
2006	16 165	1 970
2007	18 934	2 456
2008	22 698①	3 321②

资料来源：国家统计局．2008 年中国统计年鉴．北京：中国统计出版社，2008

①国家统计局．新中国 60 年．北京：中国统计出版社，2009

②按 2008 年 12 月 31 日人民币对美元汇率按 6.834 6∶1 折算。

• 农业劳动力比例

计算公式：农业劳动力比例＝报告期农村从业人数/报告期从业人员总数

截至 2008 年年末全国从业人员 77 480 万人，其中农村就业人员为 47 270 万人，占总从业人员的 61%①。随着经济发展，农业劳动力比例逐年降低。

• 广义农业 GDP 的比例

计算公式：广义农业 GDP 的比例＝报告期第一产业增加值/报告期 GDP

2008 年我国第一产业增加值为 34 000 亿元，较上年增长 5.5%，占当年 GDP 的 11.3%。2000—2008 年，广义农业 GDP 的比例呈下降的趋势，前 6 年降幅较大，后 3 年相对稳定，维持在 11.5%左右（详见表 10—2）。与国际经验广义农业 GDP 的比例最终稳定在一个较低的范围之内相符合。

• 农村居民家庭人均纯收入占城镇居民家庭人均可支配收入的比例

此指标反映的是我国农村人口与城镇人口收入水平的差距，比例过小说明差距大。

计算公式：农村居民家庭人均纯收入占城镇居民家庭人均可支配收入的比例＝农村居民家庭人均纯收入/城镇居民家庭人均可支配收入

2008 年，我国农民年人均纯收入 4 761 元，扣除价格上涨因素，比上年实际增长 8.0%，城镇居民年人均可支配收入 15 781 元，比上年实际增长 8.4%②，前者占后者的 30.17%。从 2001 年至 2008 年的情况来看，后者增长稍快于前者，前者所占比例呈缓慢下降趋势（详见表 10—3）。

①②　中华人民共和国 2008 年国民经济和社会发展统计公报．中国网，2009-02-26

表 10—2　　2000—2008 年我国广义农业 GDP 的比例　　亿元

年份	GDP	第一产业增加值	广义农业 GDP 的比例（%）
2000	99 215	14 716	14.8
2001	109 655	15 516	14.1
2002	120 333	16 239	13.5
2003	135 823	17 069	12.6
2004	159 878	20 956	13.1
2005	182 321	22 718	12.4
2006	209 407	24 700	11.8
2007	246 619	28 910	11.7
2008	300 670	34 000	11.3

资料来源：中华人民共和国 2008 年国民经济和社会发展统计公报. 中国网，2009-02-26.

表 10—3　　2001—2008 年我国农村与城镇居民人均收入的对比

年份	农村人均纯收入（亿元）	城镇人均可支配收入（元/年）	农村人均纯收入/城镇人均可支配收入（%）
2001	2 366	6 860	34
2002	2 476	7 703	32
2003	2 622	8 472	31
2004	2 936	9 422	31
2005	3 255	10 493	31
2006	3 587	11 759	31
2007	4 140	13 786	30
2008	4 761	15 781	30

（二）社会保障运行指标

虽然覆盖城乡居民社会保障体系涵盖社会保险、社会福利、优抚安置、社会救助和住房保障等，但考虑制度建设目标与当期现状，结合监测内容（制度的覆盖范围、制度保障水平、经办机构的管理能力）需要，建立最低生活保障覆盖面、最低生活保障水平、社会保险覆盖面、社会保险水平（由养老保险水平和医疗保险水平两指标表示）和社会保险经办机构管理水平五个方面 23 个监测指标组成的指标体系，监测指标按保障程度划分归为两个层次，第一层次最低保障与社会救济层次，有最低生活保障、老年补贴和医疗救助等；第二层次为社会保险层次。本次系统暂不考虑补充保障制度的内容与指标。

1. 第一层次　最低生活保障

最低生活保障是政府和社会为生活在法定最低收入水平之下的社会成员提供满足其最低生活需要的物质帮助的保障形式。其保障对象是生活在法定最低收入标准之下的社会成员。目前我国城乡最低生活保障制度已经建立，基本做到动态管理下的“应保尽保”。我们选取了反映低保、医疗救助制度运行状况的相关指标。

• 最低生活保障覆盖面

最低生活保障覆盖面是反映国家对于困难群体保障范围的重要指标。2008 年全国共有 2 334 万名城镇居民得到政府最低生活保障，比上年增加 62 万人，4 291 万名农村居民得到政府最低生活保障，比上年增加 725 万人①。

• 城镇最低生活保障覆盖面

反映城镇困难群体中享受最低保障人数的比例。

计算公式：城镇最低生活保障覆盖面＝城镇享受低保人数/城镇最低生活保障线以下的人数

2000—2008 年我国城镇享受低保人数呈逐年上升的趋势，2002 年后实现应保尽保，覆盖人数稳定在 2 200 万～2 300 万人（详见表 10—4）。

表 10—4　　2000—2008 年我国城镇最低生活保障覆盖面　　万人

年份	城镇享受低保人数	年份	城镇享受低保人数
2000	402.6	2005	2 234.2
2001	1 170.7	2006	2 240.1
2002	2 064.7	2007	2 272.1
2003	2 246.8	2008	2 334.8
2004	2 205.0		

资料来源：民政部 2000—2008 年民政事业发展统计报告

• 农村最低生活保障覆盖面

反映农村困难群体中享受最低保障人数的比例。

计算公式：农村最低生活保障覆盖面＝农村享受低保人数/农村最低生活保障线以下的人数

2000—2008 年我国农村享受低保人数增长迅速，呈直线上升趋势，近 9 年农村最低生活保障覆盖人数增长了 19 倍，2008 年覆盖面高达 96.62%（详见表 10—5）。

• 城镇老年补贴覆盖面

反映城镇（养老保险制度外）老人中享受老年补贴人数的比例。

计算公式：城镇老年补贴覆盖面＝报告期城镇老年补贴享受人数/报告期城镇无收入无保障老人数

目前，对于城镇基本养老保险制度外的无收入无保障老年人，我国只有北京、上海、江苏、厦门等省市实行了老年补贴制度，多数地方尚未实施。

• 城镇医疗救助覆盖面

反映城镇困难群体中享受医疗救助人数占应救助人数的比例。

计算公式：城镇医疗救助覆盖面＝报告期城镇享受医疗救助人数/报告期城镇符合医疗救助条件的人数

① 中华人民共和国 2008 年国民经济和社会发展统计公报．中国网，2009-02-26

表 10—5　　2000—2008 年我国农村最低生活保障覆盖面　　万人

年份	农村享受低保人数①	农村最低生活保障线以下的人数②	农村最低生活保障覆盖面（%）
2000	300.2	6 213	4.83
2001	304.6	9 029	3.37
2002	407.8	8 645	4.72
2003	367.1	8 517	4.31
2004	488.0	7 587	6.43
2005	825.0	6 432	12.83
2006	1 593.1	5 698	27.96
2007	3 566.3	4 320	82.55
2008	4 305.5	4 456	96.62

资料来源：①民政部民政事业报告 2001—2008

②数据为推算数。推算依据《我国贫困人口标准再探讨》（刘纯彬，2006）和国务院扶贫办官方网站公布数据（参见 http://cws.mca.gov.cn/article/tjbg/，http://www.chinaelections.org/newsinfo.asp? newsid=102016 等），推算公式：农村最低生活保障线以下的人数=绝对贫困人口+低收入人口。

2005—2008 年我国城镇医疗救助人数迅速增加，特别是 2007、2008 两年更是成倍增长（详见表 10—6）。

表 10—6　　2005—2008 年我国城镇医疗救助人数　　万人

年份	报告期城镇享受医疗救助人数
2005	114.9
2006	187.2
2007	442.0
2008	1 086.2

资料来源：2008 年国民经济和社会发展统计公报．中国网，2009-02-26

• 农村医疗救助覆盖面

反映农村困难群体中享受医疗救助人数的比例。

计算公式：农村医疗救助覆盖面=报告期农村享受医疗救助人数/报告期农村符合医疗救助条件的人数

2003—2008 年我国农村医疗救助人数逐年增长，2006—2008 年增长迅速（详见表 10—7）。

• 最低生活保障水平

通过在全国范围建立城镇、农村最低生活保障制度，将符合条件的城镇、农村贫困人口全部纳入保障范围，稳定、持久、有效地解决全国贫困人口的温饱问题。最低生活保障线确定方法为综合考虑当地经济发展水平、物价指数、居民可支配收入和地方财力以及救济对象的基本生活需要等多种因素，运用科学的方法计算得来。

表 10—7　　2003—2008 年我国农村医疗救助覆盖面　　万人

年份	报告期农村享受医疗救助人数①	报告期农村符合医疗救助条件的人数②	农村医疗救助覆盖面（%）
2003	589.3	8 517	6.92
2004	640.7	7 587	8.44
2005	854.5	6 432	13.29
2006	1 559.0	5 698	27.36
2007	2 896.0	4 320	67.04
2008	4 191.9	4 456	94.07

资料来源：①2003—2007 年数据来源于民政部《民政事业发展统计报告 2003—2007》，2008 年数据来源于《中华人民共和国 2008 年国民经济和社会发展统计公报》。

②按我国农村低保线以下人口推算，数据参考民政部《民政事业发展统计报告 2003—2008》《中国卫生统计年鉴 2008》，http://www.stats.gov.cn/tjgb/ndtjgb/qgndtjgb/t20090226_402540710.htm.

• 城镇最低生活保障线

城镇最低生活保障线是政府为了救济难以维持基本生活需要的城镇低收入者（家庭）而制定的救济标准，主要是由政府（单位）向城镇低收入者（家庭）提供维持基本生活消费需要的差额救济金，以保证其达到最低生活保障水平。

2008 年全国城市最低生活保障月人均保障水平 143.7 元，比上年提高 39.9%；全国城市居民最低生活保障平均标准 205.3 元，比上年提高 12.6%①。

• 农村最低生活保障线

目前，农村最低生活保障线是政府为了救济难以维持基本生活需要的农村低收入者（家庭）而制定的救济标准，主要是由政府（单位）向农村低收入者（家庭）提供维持基本生活消费需要的差额救济金，以保证其达到最低生活保障水平。

农村最低生活保障制度在全国范围内普遍建立。截至 2008 年年底，已有 1 982.2 万户、4 305.5 万人得到了农村最低生活保障，比上年增长了 20.7%。农村低保正向应保尽保的目标迈进，平均低保标准 82.3 元/人、月，比上年同期提高 12.3 元，增长 17.6%，人均补差 50.4 元/月，比上年同期提高 11.6 元，增长 29.9%②。

• 城镇平均老年补贴水平

反映城镇无收入无保障老年人（男 60 岁，女 50 岁以上）人均老年补贴水平。

计算公式：城镇平均老年补贴水平＝报告期城镇老年补贴额/报告期城镇享受老年补贴人数

2. 第二层次　社会保险体系

社会保险包括养老、医疗、工伤、失业和生育五大险种，反映社会保险制度运行状况最重要的指标是覆盖面和保障水平，分别反映社会保险“应保尽保、保障参保人员的基本需求”目标实现程度。考虑覆盖城乡居民社会保障制度建设重点，监测养老、医疗和工伤

①②　资料来源：2008 年民政事业发展统计报告

保险，并确定如下相应的指标：

• 社会保险覆盖面

我国城镇社会保险覆盖面逐年扩大，截至 2008 年年底，养老、医疗、失业、工伤和生育保险参保人数分别达到 21 891 万人、31 698 万人、12 400 万人、13 810 万人和 9 181 万人①。2008 年年末全国参加农村养老保险人数为 5 595 万人，比上年末增加 424 万人②，但总人数仅占农村劳动力人口的 1/10。相比之下，农村社会保险覆盖面窄，覆盖人数增长缓慢，与制度设计差距较大。

• 城镇基本养老保险覆盖面

该指标反映的是我国城镇基本养老保险实际参保人数与应参保人数的关系，其数值的高低表明养老保险的覆盖情况。近几年我国城镇基本养老保险参加人数持续增长，保持在 6%以上的增速。

计算公式：城镇基本养老保险覆盖面＝报告期已参加城镇基本养老保险的企业人数（含退休）/（报告期城镇从业人数－机关事业单位在职人数＋企业养老保险退休人数）

尽管 2000—2008 年我国城镇职工基本养老保险扩面稳步增长，但应参保人数也在不断增加，养老保险总的覆盖面增幅不大，扩面任务仍然艰巨（详见表 10—8）。

表 10—8　　2000—2008 年我国城镇基本养老保险覆盖面　　万人

年份	报告期已参加城镇基本养老保险的人数①	报告期应参加城镇职工养老保险的人数	城镇基本养老保险覆盖面（%）
2000	12 486.4	22 314.9	55.96
2001	12 904.3	23 280	55.43
2002	13 278.6	24 351.5	54.53
2003	13 881.4	25 400.1	54.65
2004	14 678.9	26 692	54.99
2005	15 715.8	27 578	56.99
2006	16 856.6	28 712.6	58.71
2007	18 234.6	29 890	61.01
2008	19 950.5	30 210 *	

注：2008 年城镇职工养老保险应参加人数为城镇从业人数。

①2000—2007 年数据来源于《中国统计年鉴 2008》，2008 年数据来源于《2008 年度人力资源和社会保障事业发展统计公报》。

• 城镇职工基本医疗保险覆盖面

该指标反映的是我国城镇职工基本医疗保险实际参保人数与职工人数的关系，其数值的高低表明职工医疗保险的覆盖情况。

① 《中华人民共和国 2008 年国民经济和社会发展统计公报》。

② 《2008 年度人力资源和社会保障事业发展统计公报》。

计算公式：城镇职工基本医疗保险覆盖面＝报告期城镇职工基本医疗保险参保人数（含退休人员）/（报告期城镇从业人数＋参保退休人数）

2000—2008 年我国城镇职工基本医疗保险扩面成绩喜人，参保人数八年翻了四番。覆盖率也由 2000 年的 15.73％增至 2008 年的 56.78％（详见表 10—9）。

表 10—9　　2000—2008 年我国城镇职工基本医疗保险覆盖面　　万人

年份	报告期城镇职工基本医疗保险参保人数①	报告期应参加城镇职工基本医保人数	城镇职工基本医疗保险覆盖面（％）
2000	3 787.0	24 075.2	15.73
2001	7 285.9	25 755.2	28.29
2002	9 401.2	27 255.4	34.49
2003	10 901.7	28 565.8	38.16
2004	12 403.7	29 835.2	41.57
2005	13 782.9	31 092.2	44.33
2006	15 731.9	32 461.5	48.46
2007	18 020.0	33 950.0	53.08
2008	19 996.0	35 218.0	56.78

①2000—2007 年数据来源于《中国统计年鉴 2008》，2008 年数据来源于《2008 年度人力资源和社会保障事业发展统计公报》。

• 城镇居民基本医疗保险覆盖面

该指标反映的是我国城镇居民基本医疗保险实际参保人数与居民人数的关系，其数值的高低表明居民医疗保险的覆盖情况。

计算公式：城镇居民基本医疗保险覆盖面＝报告期城镇居民基本医疗保险参保人数/（报告期城镇人数－城镇从业人员数－城镇退休参保人数）

2007 年我国城镇居民基本医疗保险在全国 79 个城市正式启动试点，两年来参保人数迅速增加，2008 年参保人数较上年增长近两倍，覆盖率也由 2007 年的 16.87％增至 2008 年的 45.78％（详见表 10—10）。

表 10—10　　2007—2008 年我国城镇居民基本医疗保险覆盖面　　万人

年份	报告期城镇居民基本医疗保险参保人数①	报告期城镇应参保居民人数	城镇居民基本医疗保险覆盖面（％）
2007	4 291	25 429	16.87
2008	11 650	25 449	45.78

①数据来源于《中国卫生统计年鉴 2008》及国家人口和计划生育委员会官方网站，详情参见：http://www.chinapop.gov.cn/wxzl/rkgk/.

• 城镇工伤保险覆盖面

该指标反映的是我国城镇工伤保险实际参保人数与从业人数的关系，其数值的高低表明工伤保险的覆盖情况。

计算公式：城镇工伤保险覆盖面＝报告期城镇已参加工伤保险的人数/报告期城镇从业人数（不包括机关人员）

2000—2008 年我国城镇职工工伤保险参保人数扩面力度不断加大，八年翻了两番（详见表 10—11）。

表 10—11　　2000—2008 年我国城镇工伤保险覆盖面　　万人

年份	报告期城镇已参加工伤保险的人数①	报告期城镇从业人数（不包括机关人员）	城镇工伤保险覆盖面（%）
2000	4 350.3	22 085.4	19.70
2001	4 345.3	22 882.4	18.99
2002	4 405.6	23 743.4	18.56
2003	4 574.8	24 588.9	18.61
2004	6 845.2	25 409.5	26.94
2005	8 478.0	26 257.7	32.29
2006	10 268.5	27 198.2	37.75
2007	12 173.4	28 219.7	43.14
2008	13 787.0	29 075.5	47.42

①2000—2007 年数据来源于《中国统计年鉴 2001—2008》，2008 年数据来源于《2008 年度人力资源和社会保障事业发展统计公报》。报告期城镇从业人数＝总就业人数－机关人数。参见：http://www.stats.gov.cn/tjsj/ndsj/.

• 农村养老保险覆盖面

该指标反映的是我国农村养老保险实际参保人数与农村从业人数（不包含农民工）的关系，其数值的高低表明农村养老保险的覆盖情况。

计算公式：农村养老保险覆盖面＝报告期已参加农村养老保险的人数/报告期农村从业人数（不包含农民工）

2009 年 9 月《国务院关于开展新型农村社会养老保险试点的指导意见》的颁布，以个人缴费、集体补助、政府补贴相结合的新农保制度将正式在全国 10%的县（市、区、旗）开展试点，2020 年之前基本实现对农村适龄居民的全覆盖。

• 新型农村合作医疗覆盖面

该指标反映的是我国农村新型合作医疗实际参保人数与农村人口数的关系，其数值的高低表明农村新型合作医疗的覆盖情况。

计算公式：新型合作医疗覆盖面＝报告期农村参加新型合作医疗人数/报告期农村人口数

截至 2008 年年底，新型农村合作医疗试点范围已扩大到 2 729 个县（市、区），新农合参合率达 91.5%，医疗基金累计支出 429 亿元，累积受益 3.7 亿人次①（详见表 10—12）。

① 《中华人民共和国 2008 年国民经济和社会发展统计公报》。

表 10—12　　2004—2008 年我国新型合作医疗覆盖面　　万人

年份	报告期农村参加新型合作医疗人数①	报告期农村人口数②	新型合作医疗覆盖面（%）
2004	8 123	75 705	10.73
2005	19 543	74 471	26.24
2006	35 986	73 742	48.80
2007	62 347	72 750	85.70
2008	66 004	72 135	91.50

①2004—2007 年数据来源于《中国卫生统计年鉴 2008》，2008 年数据来源于新农村合作医疗官方网站。详情参见：http://www.stats.gov.cn/tjsj/ndsj/.

②数据来源于《中国统计年鉴 2008》及中国人口与计划生育委员会官方网站。

• 社会保险水平

“社会保险水平”是描述社会保险保障程度的关键性指标，分别由养老保险水平与医疗保险水平来表示。养老保险水平反映城乡参保人员养老保险的相对保障水平，指标由城镇职工平均基本养老金占职工平均工资的比例、农村人均养老金占农村人均纯收入的比例表示；医疗保险水平反映城乡参保人员享受医疗保险待遇的水平，由医疗费用中统筹基金支付率和新型合作医疗住院费用平均补偿率表示。

• 城镇企业离退休人员平均养老金

反映城镇参保人员领取养老金的平均水平。

计算公式：城镇企业离退休人员平均养老金＝城镇企业养老金支付总额/城镇企业领取基本养老保险金的人数

2000—2008 年我国城镇离退休人员平均养老金逐年平稳增长，八年增长 1.05 倍，年均增长 9.37%（详见表 10—13）。

表 10—13　　2000—2008 年我国城镇企业离退休人员平均养老金

年份	城镇养老金支付总额①（亿元）	领取养老金的人数（万人）	城镇离退休人员平均养老金（元/年）	城镇离退休人员平均养老金（元/月）
2000	1 970	3 016.5	6 530.75	544.23
2001	2 116.5	3 171.3	6 673.92	556.16
2002	2 502.8	3 349.2	7 472.83	622.74
2003	2 716.2	3 556.9	7 636.42	636.37
2004	3 031.2	3 775	8 029.67	669.14
2005	3 495.3	4 005.2	8 726.91	727.24
2006	4 287.3	4 238.6	10 114.90	842.91
2007	5 153.6	4 544	11 341.55	945.13
2008	6 508	4 867.2	13 371.14	1 114.26

①2000—2007 年数据来源于《中国统计年鉴 2008》，2008 年数据由“关于 2008 年全国老龄工作情况和 2009 年工作安排意见的报告”整理所得。详情参见：http://www.stats.gov.cn/tjsj/ndsj/.

• 城镇职工医疗费用中统筹基金支付率

反映参加职工医疗保险人员人均医疗费用中统筹基金报销的比例。

计算公式：职工医疗费用中统筹基金支付率＝职工医疗费用中统筹基金支付金额/城镇职工医疗费总额

• 城镇居民医疗费用中统筹基金支付率

反映参加居民医疗保险人员人均医疗费用中统筹基金报销的比例。

计算公式：居民医疗费用中统筹基金支付率＝居民医疗费用中统筹基金支付金额/城镇居民医疗费总额

• 农村人均养老金

反映农村人均养老金水平。

计算公式：农村人均养老金＝农村基本养老保险金支付总额/领取养老金的人数

• 新型合作医疗住院费用平均补偿率

反映参加新型合作医疗人员人均医疗费用给予报销的比例。

计算公式：新型合作医疗住院费用平均补偿率＝参合人员住院费用补偿总额/农村居民住院费用总额

3. 社会保险经办机构管理水平

它是反映机构管理水平、能力与效率的综合性指标，从管理机构人数、业务经费与其服务人数、管理基金规模间的关系来度量。

• 城镇社会保险经办机构中管理人员数占参保人数比

指一个管理人员负责的城镇参保人员数，是衡量保险经办机构人均工作量的指标之一。

计算公式：城镇管理经办机构中管理人员数占参保人数比例＝城镇经办机构中管理人员数/城镇参保总人数

• 城镇社会保险经办管理费占基金收支总额之比

反映社会保险经办管理费用与城镇社会保险基金收支的关系，是衡量保险经办机构效率的指标之一。

计算公式：城镇社会保险经办经费占收支总额之比＝城镇经办机构经费/（城镇社会保险基金收缴额＋城镇社会保险基金支出额）

• 农村社会保险经办机构中管理人员数占参保人数比

指一个管理人员负责的农村参保人员数，是衡量保险经办机构人均工作量的指标之一。

计算公式：农村管理经办机构中管理人员数占参保人数比＝农村经办机构中管理人员数/农村参保总人数

• 农村社会保险经办经费占收支总额之比

反映社会保险经办管理费用与农村社会保险收支的关系，是衡量保险经办机构效率的指标之一。

计算公式：农村社会保险经办经费占收支总额的比例＝农村经办机构经费/（农村社

会保险基金收缴额+农村社会保险基金支出额）

4. **制度发展可持续指标**

• 社会保障制度可持续发展能力

社会保障制度可持续性除体现制度结构、管理能力等方面外，重要的一点是财务持续性，衡量指标有财政社会保障支出比例、社会保障支出占 GDP 的比例，前者衡量国家承担的社会保障责任大小，后者衡量社会保障是否超越经济负担。

• 财政社会保障支出比例

近几年我国财政对社会保障的投入逐年增加。从 1998 年到 2008 年，年财政社会保障支出由 1 918 亿元增长到 8 152 亿元①，年均增长 14%，其间财政社会保障支出占财政支出保持在 11%～13%。

计算公式：财政社会保障支出比例=报告期财政支付的社会保障费/报告期财政支出

• 社会保障支出占 GDP 的比例

“社会保障支出占 GDP 的比例”是指各类社会保障支出总量占同期 GDP 总量的比重。社会保障支出包括财政社会保障支出，反映社会保障支出资金规模。发达国家该项指标在 30%左右，2003 年德国为 34%、法国为 30%，我国大约在 22%左右。该指标过低，表明百姓享受社会保障程度不足，严重时会影响社会安定。我国社会保障支出占 GDP 的比例由 2000 年的 4.34%增加到 6.14%。

计算公式：社会保障支出占 GDP 的比例=报告期社会保障支出额/报告期 GDP

二、评价指标

当前，我国处在“以工促农，以城带乡”城乡统筹发展的战略转轨时期，统筹城乡社会保障建设，到 2020 年实现“基本建立覆盖城乡居民的社会保障体系目标”是今后一段时期社会保障战略工作重点，结合覆盖城乡居民社会保障体系运行评价内容，采用单项评价与综合评价相结合的办法，从公平、效率与可持续性三个维度进行评价。根据评价的五方面内容，确定社会保障制度建立综合指数、保障面综合指数、保障水平综合指数、财政支持综合指数、社会保障管理能力综合指数五个综合性指标。

制度建设情况。2009 年国务院颁布《关于开展新型农村社会养老保险试点的指导意见》，并在全国 10%左右的县（市）试点，标志着在国家层面上建立了比较完整的覆盖城乡居民的社会保障体系框架。目前主要有两类制度缺失，一是城镇无就业经历的老年人缺乏养老保障，二是农村养老保险处于试点阶段，最近几年内部分县（市）养老保险制度还是空白。农村养老保险制度建设一方面取决于经济社会条件，另一方面取决于政府决策等政治因素。鉴于这一现状，选择农村养老保险制度与城镇老年补贴制度作为评价指标。

社会保障覆盖面情况。由于农村社会保险制度建设滞后，城乡同步实现全覆盖不现实，应以公平性为目标，逐步缩小城乡覆盖面差距。因而，我们一方面要求城镇覆盖面尽快扩大，另一方面要求城乡覆盖面差距尽快缩小，确定如下评价指标：城镇老年补贴覆盖

① 财政部副部长丁学东，中国社会保障论坛第三届年会，2008 年 11 月。

面、城镇养老保险覆盖面、城乡养老保险覆盖面差距、新型农村合作医疗覆盖面、新型农村合作医疗与城镇医疗保险覆盖面差距、城镇失业保险覆盖面、城镇工伤保险覆盖面、城镇生育保险覆盖面。

城乡养老保险覆盖面差距＝城镇养老保险覆盖面－农村养老保险覆盖面

新型农村合作医疗与城镇医疗保险覆盖面差距＝新型农村合作医疗覆盖面－城镇医疗保险覆盖面

城镇医疗保险覆盖面＝（城镇职工基本医疗保险参保人数＋城镇居民基本医疗保险参保人数）/城镇居民人数

社会保障待遇水平情况。由于城乡经济发展不平衡，城乡生活成本、缴费义务与负担能力不同，城乡社会保障待遇绝对水平应该有差别。社会保障待遇运用相对评价水平更合理。城镇社会保障制度建立时间早于农村，逐步提高社会保障待遇水平、缩短城乡社会保障待遇差距也应有一个过程。因而，我们一方面要求城镇社会保障待遇尽快提高到适度合理水平，另一方面要求城乡社会保障待遇差距尽快缩小，确定如下评价指标：城镇最低生活保障标准、城乡最低生活保障标准差距、城镇养老金标准、城乡养老金标准差距、城镇居民医疗报销比例、新型农村合作医疗与城镇医疗保险报销比例差距。

城镇最低生活保障标准＝城镇最低生活保障线/城镇居民家庭人均可支配收入

农村最低生活保障标准＝农村最低生活保障线/农民家庭人均纯收入

城乡最低生活保障标准差距＝城镇最低生活保障标准－农村最低生活保障标准

城镇养老金标准＝城镇离退休人员平均养老金/城镇在岗职工年均工资

农村养老金标准＝农村人均养老金/农村居民家庭人均纯收入

城乡养老金标准差距＝城镇养老金标准－农村养老金标准

城镇居民医疗报销比例＝（城镇职工基本医疗保险参保人员医疗费用×城镇职工医疗费用中统筹基金支付率＋城镇居民基本医疗保险参保人员医疗费用×城镇居民医疗费用中统筹基金支付率）/（城镇职工基本医疗保险参保人员医疗费用＋城镇居民基本医疗保险参保人员医疗费用）

新型农村合作医疗与城镇医疗保险报销比例差距＝城镇居民医疗报销比例－新型合作医疗住院费用平均补偿率

财政社会保障支出。此方面评价选择财政社会保障支出比例。

经办管理能力方面。选择城镇社会保险经办机构中管理人员数占参保人数比、城镇社会保险经办管理费占基金收支总额之比、农村社会保险经办机构中管理人员数占参保人数比、农村社会保险经办经费占基金收支总额之比四个监测指标为评价指标。

覆盖城乡社会保障体系运行监测评价综合指数由社会保障制度建立综合指数、保障面综合指数、保障水平综合指数、财政支持综合指数、社会保障管理能力综合指数合成。2020年前，重点是制度与人员全覆盖，待遇水平提高与城乡待遇水平差距缩小是次重因素，因而覆盖面综合权重为0.32，保障水平综合指标权重确定为0.18，制度缺失是最大的不公平，两项制度缺失的总权重确定为0.15；实现人员全覆盖，应将居住分散的农民纳入参保范围，同时将城镇就业不稳定、流动性强的个体等灵活就业人员纳入参保范围，要强化经办管理能力建设，因而将经办管理综合指数权重确定为0.20；财政社会保障投入是确定制度建设推进（特别是农村养老保险制度等）和待遇水平提高的重要条件之一，因而将财政支持综合指数权重确定为0.15%。

社会保障制度建立综合指数、保障面综合指数、保障水平综合指数、财政支持综合指数、社会保障管理能力综合指数由其所辖评价指标的分值加权确定，权重有等值权重与差值权重之分。在指标重要性有显著性差异时，必须使用差值权重；其他情况下，可适用等值权重。农村养老保险制度涉及近8亿农民，而城镇老年补贴目前仅涉及2 500万人，农村养老保险制度建设更为重要，可将其权重设为2/3。其他四方面评价下的各指标采用等值权重（具体大小见表10—14）。

表10—14　　　　评价指标权重

指标	权重	指标	权重
制度建立综合指数	0.15	城镇最低生活保障标准	1/6
农村养老保险制度建设指数	2/3	城乡最低生活保障标准差距	1/6
城镇老年补贴制度建设指数	1/3	城镇养老金标准	1/6
保障面综合指数	0.32	城乡养老金标准差距	1/6
城镇老年补贴覆盖面	1/8	新型合作医疗住院费用平均补偿率	1/6
城镇养老保险覆盖面	1/8	新型农村合作医疗与城镇医疗保险报销比例差距	1/6
城乡养老保险覆盖面差距	1/8	财政支持综合指数	15
新型农村合作医疗覆盖面	1/8	财政社会保障支出比例	0.15
新型农村合作医疗与城镇医疗保险覆盖面差距	1/8	保障管理能力综合指数	0.20
城镇失业保险覆盖面	1/8	城镇社会保险经办人员占参保人数比例	1/4
城镇工伤保险覆盖面	1/8	农村社会保险经办人员占参保人数比例	1/4
城镇生育保险覆盖面	1/8	城镇社会保险经办经费占收支总额之比	1/4
保障水平综合指数	0.18	农村社会保险经办经费占收支总额之比	1/4

第四节　评价标准与评价警情

评价方法。单项指标评价方法，以未来各年实际值与目标值进行比较，得出评价分值。综合指标评价方法，由其所含的指标评价分值加权生成。评价时，由于各指标的计量单位以及方向性不尽一致，在计算综合指标时不能直接相加，首先要进行无量纲化、一致化处理。

一、评价标准

市场经济体制改革以来，我国社会保障制度处于改变和变动过程中，社会保障体系还未定型，社会保障制度历史运行不是稳定状态，更不是理想状态。借助于对历史数据加工确定评价标准的思路有较大的局限性，宜采用德尔菲法，借助专家确定评价标准，且主要是评价其未来发展情况。

由于各地经济发展水平不同，社会保障体系运行评价标准因地区而异。对于各省（市）社会保障体系运行评价标准，应结合各地情况，并借鉴国家层面的评价标准及实际评价效果来确定。以下主要从国家层面确定评价标准。

农村养老保险制度建设评价。借鉴国外经验，农村养老保险制度建立时间是人均GDP、农业GDP比例、农业劳动力比例的函数。一般而言，主要发达国家建立健全的农村养老保险制度时，人均GDP大都在6 000美元以上，城镇化率在85%以上，农业GDP所占的比例平均在17%以下，农业劳动力比例平均在30%以下。从目前我国农村养老保险制度推行情况来看，更多的是体现政府责任。因而，建立农村养老保险制度值取1，未建立的值取0。

城镇老年补贴制度评价。为人们提供基本生活保障，是政府应尽的职责，不应受经济发展程度影响，只是根据经济发展程度不同所提供的水平有别罢了。以2007年为例，假若国家为没有被养老保险制度覆盖的65周岁（或60周岁）以上城镇居民提供老年补贴。补贴标准略高于当地城镇居民最低生活保障标准，所需资金由同级财政安排，初步测算城镇养老补贴制度覆盖人口分别为2 549万人，月补贴标准分别为200元[①]，城镇老年补贴资金需求分别为611.7亿元，占当年财政支出的1.4%，理论上讲目前具备建立该项制度的条件。因而，如果该项制度建立，则其值取1，否则取0。

城镇老年补贴覆盖面评价。根据课题前面的研究成果，本届政府任期内建立覆盖城乡居民社会保障制度框架，因而城镇老年补贴应最迟2012年实现全覆盖。

城镇养老保险覆盖面评价。2008年养老保险覆盖面为78%，根据国内外经验，总有属于覆盖范围的极小一部分群体难以参保，可将2015年、2020年覆盖面分别确定为90%、98%，其间各年，可以此进行线性插值确定目标值。城镇养老保险覆盖面评价值为当年实际覆盖面与目标覆盖面之比。

城乡养老保险覆盖面差距评价。2008年农村养老保险覆盖面为8%左右，城镇与农村养老保险覆盖面差距接近70%。根据覆盖城乡居民社会保障体系建设要求，2020年农村养老保险也要实现全覆盖，可将2015年、2020年城乡覆盖面差距分别确定为不超过30%、5%，其间各年，可以此进行线性插值确定目标值。考虑城镇养老保险覆盖面差距为逆指标，评价时应进行反向处理，评价值为当年实际覆盖面差距与目标覆盖面差距之差与1的和，最大值为1。

---

① 如以“家庭人均可支配收入、恩格尔系数与60%的积”作为最低生活保障线，则2005年城乡最低保障线分别为192元/月与74元/月。

新型农村合作医疗保险覆盖面评价。2008 年新型农村合作医疗保险覆盖面为 91.5%，2009 年政府工作报告确定“3 年内医疗保险实现全覆盖”的目标，将 2011 年后覆盖面确定为 98%。新型农村合作医疗保险覆盖面评价值为当年实际覆盖面。

新型农村合作医疗与城镇医疗保险覆盖面差距评价。2008 年新型农村合作医疗与城镇医疗保险覆盖面分别为 91.5%和 52.5%，两者差距为 39.0%。2009 年政府工作报告确定“3 年内医疗保险实现全覆盖”的目标要求，2011 年后城乡居民医疗保险应该没有差距，其间各年，可以此进行线性插值确定目标值。考虑医疗保险覆盖面差距为逆指标，评价时应进行反向处理，评价值为当年实际覆盖面差距与目标覆盖面差距之差与 1 的和，最大值为 1。

城镇失业保险覆盖面、城镇工伤保险覆盖面、城镇生育保险覆盖面评价。2008 年，城镇失业保险覆盖面、城镇工伤保险覆盖面、城镇生育保险覆盖面分别为 41.0%、45.6%、30.6%，总有属于覆盖范围的部分灵活群体由于各种原因难以参保，可将 2015 年、2020 年覆盖面分别确定为 90%、95%，其间各年，可以此进行线性插值确定目标值。城镇失业保险覆盖面、城镇工伤保险覆盖面、城镇生育保险覆盖面评价值为当年实际覆盖面与目标覆盖面之比。

覆盖面现状及发展目标见表 10—15。

表 10—15　　覆盖面现状及发展目标表

%

年份	2008	2010	2015	2020
城镇养老补贴覆盖面			100	100
城镇养老保险覆盖面	72.5		90	95
城乡养老保险覆盖面差距			30	5
新型合作医疗覆盖面	91.5	92	98	98
新型农村合作医疗与城镇医疗保险覆盖面差距	39.0		0	0
城镇失业保险覆盖面	41.0	83	90	95
城镇工伤保险覆盖面	45.6	80	90	95
城镇生育保险覆盖面	30.6	70	90	95

城镇最低生活保障标准评价。2008 年城镇最低生活保障线为 141 元，占城镇居民家庭人均可支配收入的比例约 11%。随着经济发展水平提高，贫困群体应分享发展成果，城镇最低生活保障线应逐步提高，但以维持最低生活为准，且以最低工资为限，可将 2015 年、2020 年城镇最低生活保障标准占人均可支配收入的比例逐步提高到 22%、25%，其间各年，可以此进行线性插值确定目标值。城镇最低生活保障标准评价值为当年实际标准与目标标准之比。

城乡最低生活保障标准差距评价。2008 年城镇最低生活保障线占城镇居民家庭人均可支配收入的比例约 11%，农村最低生活保障线占农民家庭人均纯收入的比例约为 2%，城乡最低生活保障标准差距为 13%。最低生活保障以保障最低生活为目标，从相对水平看，两者不应有差距，结合目前差距，可自 2015 年起两者无差距为目标，其间各年，可以此进行线性插值确定目标值。考虑城乡最低生活保障标准为逆指标，评价时应进行反向处理，评价值为当年实际差距与目标差距之差与1的和，最大值为1。

城镇养老金标准评价。2008年城镇人均养老金为1 200元，占城镇在岗职工平均工资的50%。退休人员应分享发展成果，其养老金绝对额随着经济发展而提高。养老金定位于保障基本生活，其目标替代水平（占城镇在岗职工平均工资的比例）定位于60%，当前应尽快提高到这一水平，最迟不晚于2015年。其间各年，可以此进行线性插值确定各年目标值。城镇养老金标准评价值为当年实际值与目标值之比。

城乡养老金标准差距评价。2008年城镇人均养老金占城镇在岗职工平均工资的50%，农村人均养老金占农民家庭人均可支配收入的20%左右，两者差距为30%。根据覆盖城乡居民社会保障体系建设要求，逐步提高城乡社会保障待遇、缩小城乡差距，可将2015年、2020年城乡覆盖面差距分别确定为不超过30%、20%，其间各年，可以此进行线性插值确定目标值。考虑城乡养老金标准差距为逆指标，评价时应进行反向处理，评价值为当年实际差距与目标差距之差与1的和，最大值为1。

城镇居民医疗报销比例评价。2008年，城镇职工、居民基本医疗保险大病住院费用报销比例分别为66%、50%。根据国外经验，医疗保险理想报销比例为77%，报销比例过高，会导致过度就医和医疗资源和基金浪费；报销比例过低，无法分散医疗风险。参照国外经验，考虑我国经济发展水平低，医疗负担比较重，可将2015年、2020年城镇居民医疗保险报销比例分别确定为70%、80%，其间各年，可以此进行线性插值确定目标值。评价值为当年实际值与目标值的商。

新型农村合作医疗与城镇医疗保险报销比例差距评价。2008年，城镇职工、居民基本医疗保险大病住院费用报销比例分别为66%、50%，新型农村合作医疗报销比例为38%，新型农村合作医疗与城镇医疗保险报销比例差距在20%左右。根据覆盖城乡居民社会保障体系建设要求，逐步提高城乡社会保障待遇、缩小城乡差距，可将2015年、2020年城乡覆盖面差距分别确定为不超过10%、5%，其间各年，可以此进行线性插值确定目标值。考虑新型农村合作医疗与城镇医疗保险报销比例差距为逆指标，评价时应进行反向处理，评价值为当年实际差距与目标差距之差与1的和，最大值为1。

城乡社会保障待遇目标值见表10—16。

表10—16 城乡社会保障待遇目标值 %

年份	2008	2010	2015	2020
城镇最低生活保障标准		20	22	25
城乡最低生活保障标准差距		0	0	0
城镇养老金标准		55	60	60
城乡养老金标准差距		35	30	20
城镇医疗保险报销比例		60	70	80
新型农村合作医疗与城镇医疗保险报销比例差距		15	10	5

财政社会保障支出评价。2008 年，财政社会保障支出比例为 13%左右，根据财政社会保障资金需求测算报告，建立覆盖城乡居民的社会保障体系要求，2015 年、2020 年财政社会保障支出比例应分别达到 18%、20%，其间各年，可以此进行线性插值确定目标值。财政社会保障支出比例评价值为当年实际值与目标值的商。

城镇社会保险经办机构中管理人员数占参保人数比、城镇社会保险经办管理费占基金收支总额之比、农村社会保险经办机构中管理人员数占参保人数比、农村社会保险经办经费占基金收支总额之比评价。根据国内外经验，可将社会保险经办机构中管理人员数占参保人数比例确定为万分之二，将城镇社会保险经办管理费占基金收支总额之比确定为百分之二。以上四指标评价值为当年实际值与目标值的商（见表 10—17）。

表 10—17　　社会保障经办管理能力评价　　‰

指标	2008	2010	2015	2020
城镇社会保险经办人员占参保人数比例		0.2	0.2	0.2
农村社会保险经办人员占参保人数比例		5	5	5
城镇社会保险经办经费占收支总额之比		20	20	20
农村社会保险经办经费占收支总额之比		20	20	20

二、评价警情

按以上方法确定各指标的评价值后，根据综合指标计算方法，加权得到社会保障制度建立综合指数、保障面综合指数、保障水平综合指数、财政支持综合指数、社会保障管理能力综合指数，以及社会保障体系运行综合指数。

评价结果用警情表示，为此要确定其警度与警限。警度根据实际需要确定，分级可多可少。兼顾警情的适用性，将每项警情的警度划分为三级，即重警、轻警、无警三级。社会保障制度建立综合指数的警度定义：（1）重警，制度严重滞后于经济社会发展；（2）轻警，社会保障制度略滞后于经济社会发展；（3）无警，社会保障制度实现全覆盖。社会保障制度覆盖面综合指数的警度定义：（1）重警，社会保障覆盖面过窄，且城乡差异巨大；（2）轻警，社会保障覆盖面较窄，且城乡差异较大；（3）无警，社会保障覆盖面适度，且城乡差距适度。社会保障制度水平综合指数的警度定义：（1）重警，社会保障待遇水平过低，且城乡差异巨大；（2）轻警，社会保障待遇水平较低，且城乡差异较大；（3）无警，社会保障待遇水平适度，且城乡差距适度。财政社会保障支出综合指数的警度定义：（1）重警，财政社会保障支出比例过低，且城乡差异巨大；（2）轻警，财政社会保障支出比例较低，且城乡差异较大；（3）无警，财政社会保障支出比例适度，且城乡差距适度。社会保障经办能力综合指数的警度定义：（1）重警，社会保障经办人员、业务费用严重不足，制约了经办能力的提高；（2）轻警，社会保障经办人员、业务费用不足，影响了经办业务质量；（3）无警，社会保障经办人员、业务费用适度。社会保障体系运行综合指数的警度定义：（1）重警，社会保障运行有重大不足；（2）轻警，社会保障运行存在不足；（3）无警，社会保障体系运行正常。警度间的阈值为警限：（1）重警区间，评价值低于

60；（2）轻警区间，评价值在60～80之间；（3）无警区间：评价值在80以上。

第五节　覆盖城乡社会保障体系指标数据库设计

覆盖城乡社会保障体系指标数据库是根据项目的需要，为建立社会保障体系运行监测评价警情系统而设计的。其数据库中数据的主要来源是由本项目中的基础指标数据、监测数据和评价数据，以及相关的国民经济、社会发展等宏观数据组成，作为覆盖城乡社会保障体系运行监测评价警情系统的数据源，为系统监测、评价等奠定标准规范的数据信息基础。

一、系统数据库设计的整体思路

本系统设计的思路是，首先进行详细的需求分析，通过对典型地区调研，明确数据库主要数据及其使用情况。同时，分析民政、财政等部门数据结构（见图10—5）。

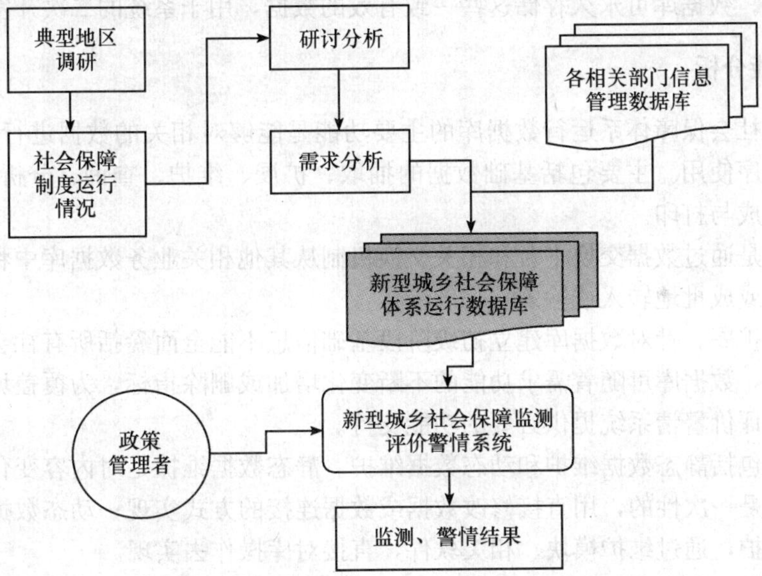

图10—5　覆盖城乡社会保障数据库设计思路图示

其次，了解覆盖城乡社会保障监测评价警情的要求，使数据库系统能够最大程度地满足监测和评价需要。

二、需求分析

需求分析就是理解本项目对数据库的需要，根据监测评价警情系统的功能，形成设计计划、目标和功能。在计算机软件工程领域，广义上的需求分析包括需求的获取、分析、规格说明、变更、验证、管理等一系列需求工程。一般而言，需求分析指需求的分析和定义过程，就是分析软件用户的需要是什么，设计开发出的系统能实现什么功能。其基本任务是解决覆盖城乡社会保障体系数据库实现“做什么”的问题。

（一）数据分析

数据信息来源于当地人力资源和社会保障部门、民政部门、统计和财政等部门的相关信息数据库。鉴于数据来源涉及多个部门的不同结构的数据库，应建立数据交换平台连接和数据交换机制，以便能够对各个部门、各相关数据库定义抽取规则，从而能够自动从各级部门数据库中抽取所需的数据。

覆盖城乡社会保障体系运行数据库数据信息主要包括社会保障制度建设、制度覆盖面、待遇水平、管理能力和财政投入五个方面的内容。其中社会保障制度包括社会救助、社会福利、社会优抚、商业保险、慈善事业和社会保险，制度覆盖面指的是社会保障制度对各类人员的覆盖程度，待遇水平是指各类参加社会保障制度人员的待遇享受情况，管理能力是指各级社会保障部门经办管理服务情况，财政投入是我国财政每年对社会保障的投入占财政总支出的比例等。除此之外，数据库信息还包括地方部门调查信息、相关地方宏观数据信息等。数据库可永久存储这些一致有效的数据，用于系统的二次开发。

（二）功能分析

覆盖城乡社会保障体系运行数据库的主要功能是能够对相关的数据进行正确的存储，以便于应用程序使用。主要包括基础数据的抽取、扩展、维护、查询、分析、系统安全、相关报表的生成与打印。

数据抽取是通过数据交换平台和相关交换机制从其他相关业务数据库中将所需的相关数据信息单个或成批地转入或输入。

数据的可扩展。针对数据库建立初级阶段基础信息不能全面囊括所有社会保障相关数据信息的情况，数据库可随着需求功能的不断变化增加或删除指标，为覆盖城乡社会保障体系运行监测评价警情系统提供必要的功能支持。

数据维护包括静态数据维护和动态数据维护。静态数据维护是对内容变化不大的数据的维护，基本是一次性的，用直接修改数据或数据连接的方式实现；动态数据的维护主要是数据库的维护，通过维护模块、相关软件，直接对库操作去实现。

数据查询是指数据库操作人员可以通过相关工具等查询当地城镇和农村不同年度、不同人群社会保障参保、缴费、待遇享受、基金结余和社会保障服务管理情况。

数据分析是通过数据库 SQL 语句或相关数据库分析处理工具对数据库中相关信息进行分项目、分人群等数据的简单分析，并根据分析结果形成分析相关报表或简单的图形。

数据库系统应设置防火墙、安装相应软件和修正漏洞工具，定时升级相关系统软件，并定期定时对数据库中相关信息进行数据备份。

覆盖城乡社会保障体系运行数据库还应能够对查询到的信息进行打印，并能打印固定的统计报表等。

（三）运行环境分析

按照项目的整体要求，本数据库系统必须建立在网络环境下运行。选用 ORACLE9i 作为数据库关系系统。ORACLE 不仅具有良好的安全性，及其强大的管理数据的能力，更重要的是它是各级人力资源社会保障部门在“金保工程”中的主要数据库管理系统，因此，便于数据的无缝对接和管理。

服务器配置要求：SMP 对称性多处理系统，大的 L1 cache；RAID 0－1 同时配置 RAID5 满足数据安全、数据传输响应能力和大容量数据的存储及容错；大容量 ECC RAM。

操作系统的选择是决定覆盖城乡社会保障监测评价警情系统运行的关键。前端操作系统选用 windowsXP，后台选用 Unix。Unix 是一个高端、稳定、高性能的网络操作系统，数据处理能力强，多用在大型机、工作站、服务器。

在网络部署方面，覆盖城乡社会保障体系运行数据库需要从财政、人保、统计和民政等相关部门的信息管理数据库中抽取数据，数据库只用于支持覆盖城乡社会保障监测评价警情系统的监测、评估功能，系统功能只用于城乡社会保障政策的相关政策管理人员，鉴于数据信息来源的保密性较强，以及对系统所示结果的安全考虑等，建议目前数据库与系统操作的范围只能局限于局域网，网络可随着将来系统功能的扩展等因素逐步进行扩展、升级。当前网络设计如图 10—6 所示。

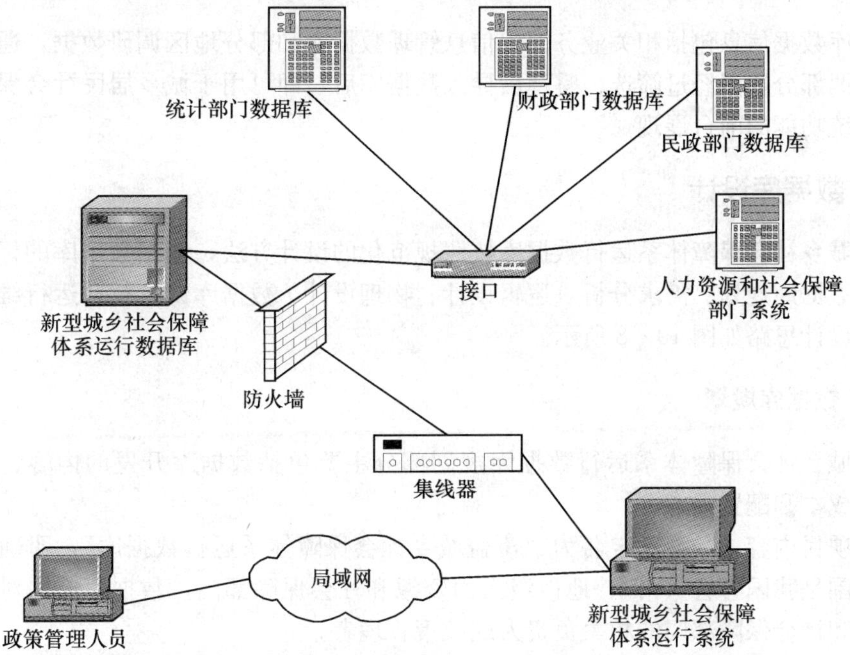

图 10—6　覆盖城乡社会保障体系数据库网络结构图

另外，本系统数据库建立的主要难点是如何将分散在各部门或地区的数据，安全有效地倒入本数据库。解决的方法是利用数据连接器进行处理。其处理过程如图 10—7 所示。

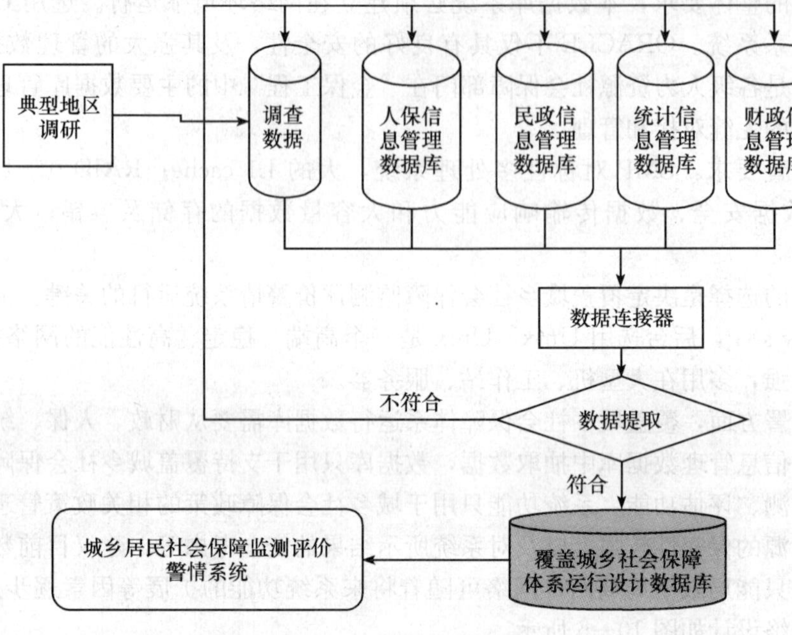

图 10—7　覆盖城乡社会保障体系运行数据库数据处理过程图

数据库数据信息包括相关业务部门信息管理数据库和部分地区调研数据，通过数据连接器将这两部分数据经过筛选、整理后导入数据库后，即可用于城乡居民社会保障监测评价警情系统功能的前台展现。

三、数据库设计

覆盖城乡社会保障体系运行数据库按照规范化的设计方法，依据数据库的标准设计思路，分为数据库规划、需求分析、逻辑设计、物理设计、数据库试运行和运行维护六个阶段。具体设计思路如图 10—8 所示。

（一）数据库规划

覆盖城乡社会保障体系运行数据库规划部分主要包括数据库开发的内容、数据库资源、开发成本和配置需求等。

根据项目内容，数据库定名为“覆盖城乡社会保障体系运行数据库”，明确数据库系统使用范围是我国各省（市）、地市级人力资源和社会保障部门，数据库应用对象是各级人力资源和社会保障部门的相关负责人或政策管理者。

数据库开发的内容主要是为覆盖城乡社会保障体系运行监测评价警情系统提供底层数据支持，数据库中的信息表和数据都根据系统的指标体系而设计，数据信息均来自城乡社会保障体系运行相关数据信息库。

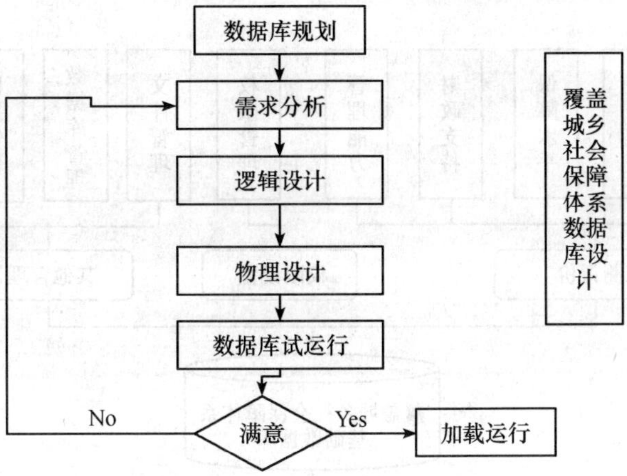

图 10—8　覆盖城乡社会保障体系运行数据库设计思路图示

数据库资源是指数据库硬件产品、软件产品和数据库信息数据。数据库所需的硬件、软件产品配置和开发所需成本详见数据库硬、软件平台及网络配置部分。

（二）数据库之间的关系

数据库根据系统的监测评价功能和指标体系中的相关评价指标，从现有的相关业务信息管理库中抽取数据建立基础数据信息库，数据库基础信息主要包括当地经济、人口、财政信息，以及城乡居民社会保障筹资、待遇和服务管理等信息。

数据库信息数据主要用于支持覆盖城乡社会保障体系监测评价警情系统的制度建立、覆盖程度、保障水平、财政支持和管理能力五个方面的业务功能。数据库数据信息来源于人力资源和社会保障部门信息管理数据库、民政部门信息管理数据库、统计部门信息管理数据库、财政部门信息管理数据库和其他如调研数据库等相关库。各数据库之间的关系如图 10—9 所示。

（三）逻辑设计

覆盖城乡社会保障体系运行数据库逻辑设计包括政策管理人员和数据库管理员两个实体和社会保障信息、基金管理信息、财政对社会保障投入信息、经办能力信息和信息系统建设信息五个数据实体。

政策管理人员和数据库管理员是数据库的管理实体。

政策管理人员指的是地区负责社会保障宏观决策的领导。数据库管理员（DBA）的任务是管理和维护数据库，包括安装、升级、维护和备份等。这两个实体的信息如下：

政策管理人员。主要信息包括用户名、密码、姓名、性别、单位、职位、电话、移动电话、电子邮件等。

数据库管理员。主要信息包括用户名、密码、姓名、性别、单位、电话、电子邮件等。

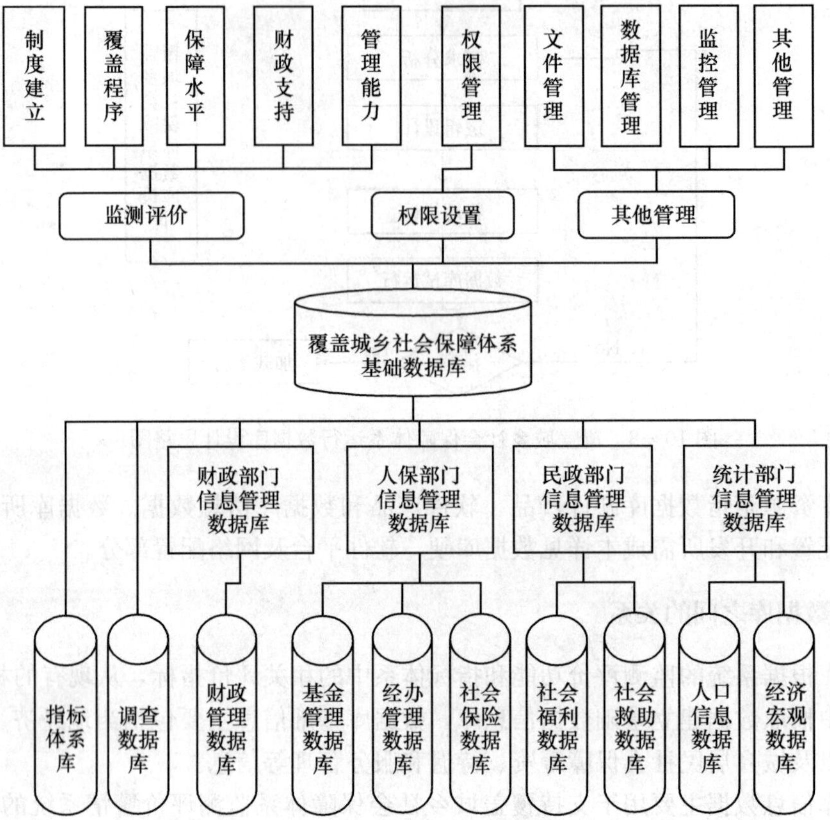

图 10—9　覆盖城乡社会保障体系数据库各数据库之间关系图

指标体系。包括制度建立、保障面、保障水平、财政支持和管理能力 5 个综合指数。

最低保障信息。主要包括城镇（农村）享受低保人数、城镇（农村）最低生活保障线以下的人数、城镇老年补贴享受人数、城镇无收入无保障老人数、城镇（农村）享受医疗救助人数、城镇（农村）符合医疗救助条件人数、城镇（农村）最低生活保障线、城镇老年补贴额、城镇老年补贴享受人月数等。

社会保险信息。主要包括年份、养老（医疗、工伤、失业、生育）保险参保人数、城镇从业人数、农村已参加养老保险的人数、农村从业人数、农村参加新型合作医疗人数、农村人口数、城镇养老金支付总额、领取养老金的人月数、职工医疗费用中统筹基金支付金额、城镇职工医疗费总额、居民医疗费用中统筹基金支付金额、城镇居民医疗费用总额、农村基本养老保险支付总额、农村居民住院费用总额、参合人员住院费用补偿总额、农村居民住院费用总额等。

社会保险经办管理信息。主要包括年份、城镇经办机构管理人员数、城镇参保总人数、城镇经办机构经费、农村经办机构中管理人员数、农村参保总人数、农村经办机构经费等。

基金管理信息。主要包括年份、城镇（农村）社会保险基金收缴额、城镇（农村）社会保险基金支出额、城镇（农村）社会保险基金结余额、城镇（农村）社会保险基金累计结余额等。

财政管理信息。主要包括年份、财政总支出、财政支付的社会保障费、社会保障支出额等。

（四）物理设计

数据库物理设计是从数据库的逻辑模式出发，设计一个可实现的、有效的物理数据库结构。覆盖城乡社会保障体系运行数据库设计包括了人口信息、宏观经济信息、最低社会保障信息、社会保险信息和财政信息 5 张数据库信息表，它们之间的关系如图 10—10 所示。

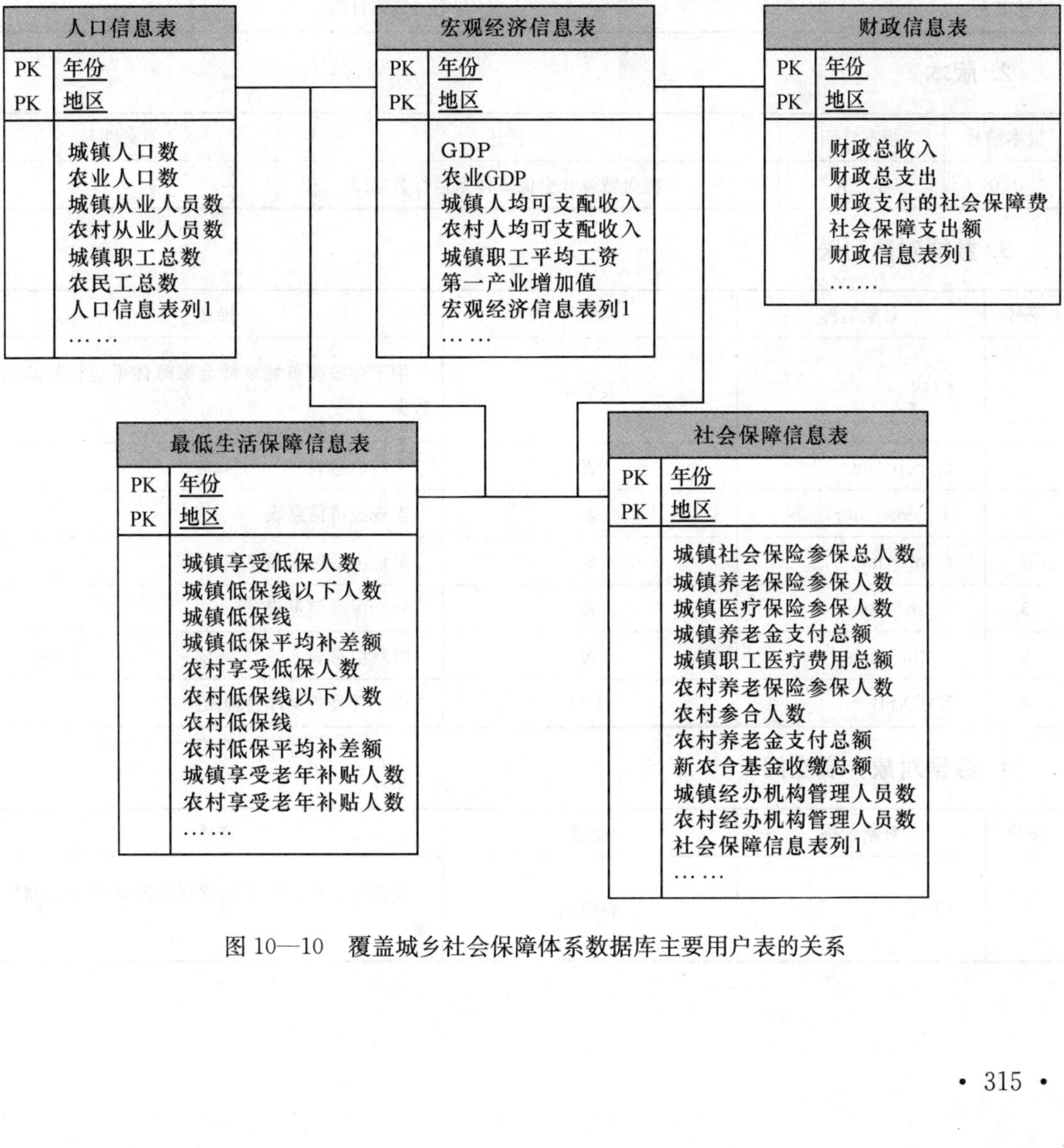

图 10—10 覆盖城乡社会保障体系数据库主要用户表的关系

四、数据库的主要表结构设计

(一) 用户字典表

1. 文档信息

项目名称:	覆盖城乡社会保障体系运行数据库		
项目负责人:		计划时间:	
项目管理阶段:		文档版本日期:	
质量复审方法:		文档版本编号:	1.0
起草人:		起草日期:	年　月
复审人:		复审日期:	

2. 版本

版本编号	版本日期	描述	文件名
1.0	年　月	覆盖城乡社会保障体系运行数据库	

3. 数据对象列表

序号	对象名称	类型	描述
1	CUX	表空间	用于存放覆盖城乡社会保障体系运行的基础数据
2	t _ pop _ info	表	人口信息表
3	T _ eco _ info	表	宏观经济信息表
4	t _ db _ info	表	最低生活保障信息表
5	t _ sb _ info	表	社会保险信息表
6	t _ fin _ info	表	财政信息表
7	XXCXSB	用户	用于管理数据库管理维护

4. 数据对象：表空间

序号	对象名称	类型	描述
1	CUX	表空间	覆盖城乡社会保障监测评价警情体系基础数据

（二）主要用户表结构列举

1. 人口信息表（t _ pop _ info）

字段名	数据格式	关键字	可空否	描述
Year	Varchar2（4）	Y	N	年份
Area	Varchar2（250）	Y	N	地区
Sl _ sum	Number			人口总数
Sl _ cz	Number			城镇人口数
Sl _ nc	Number			农业人口数
Sl _ cz _ cy	Number			城镇从业人员数
Sl _ nc _ cy	Number			农村从业人员数
Sl _ sum _ cy	Number			从业人员总数
Sl _ sum _ work	Number			城镇职工总数
Sl _ sum _ for	Number			城镇农民工人数

2. 宏观经济信息表（t _ eco _ info）

字段名	数据格式	关键字	可空否	描述
Year	Varchar2（4）	Y	N	年份
Area	Varchar2（250）	Y	N	地区
Je _ gdp	Number			GDP
Je _ gdp _ ny	Number			农业 GDP
Je _ nc _ pj	Number			农村居民家庭人均纯收入
Je _ cz _ pj	Number			城镇居民人均可支配收入
Je _ cz _ wage	Number			城镇职工平均工资
Je _ fir _ ad	Number			第一产业增加值

3. 最低生活保障信息表（t _ db _ info）

字段名	数据格式	关键字	可空否	描述
Year	Varchar2（4）	Y	N	年份
Area	Varchar2（250）	Y	N	地区
Sl _ cz _ db	Number			城镇享受最低生活保障人数
Sl _ cz _ dbxx	Number			城镇最低生活保障线以下人数
Je _ cz _ dbx	Number			城镇最低生活保障线
Je _ cz _ dbbc	Number			城镇低保平均补差额
Sl _ cz _ lnbt	Number			城镇享受老年补贴人数
Sl _ cz _ bn60	Number			城镇无收入无保障老人数

续表

字段名	数据格式	关键字	可空否	描述
Je _ cz _ lvbt	Number			城镇老年平均补贴额
Sl _ cz _ nln	Number			城镇享受老年补贴人月数
Sl _ cz _ jz	Number			城镇享受医疗救助人数
Sl _ cz _ fjz	Number			城镇符合医疗救助条件人数
Sl _ nc _ db	Number			农村享受最低生活保障人数
Sl _ nc _ dbxx	Number			农村最低生活保障线以下人数
Je _ nc _ dbx	Number			农村最低生活保障线
Je _ nc _ dbbc	Number			农村低保平均补差额
Sl _ nc _ jz	Number			农村享受医疗救助人数
Sl _ nc _ fjz	Number			农村符合医疗救助条件人数

4. 社会保险信息表（t _ sb _ info）

字段名	数据格式	关键字	可空否	描述
Year	Varchar2（4）	Y	N	年份
Area	Varchar2（250）	Y	N	地区
Sl _ cz _ soc	Number			城镇社会保险参保总人数
Sl _ cz _ pen	Number			城镇职工养老保险参保人数
Je _ cpen _ out	Number			城镇养老金支付总额
Je _ zg _ lq	Number			城镇职工领取养老金的人月数
Sl _ cz _ med	Number			城镇职工医疗保险参保人数
Je _ cmd _ sum	Number			城镇职工医疗费总额
Je _ cmd _ hos	Number			城镇职工住院总费用
Je _ cmd _ map	Number			职工医疗费用中统筹基金支付金额
Sl _ cz _ inj	Number			城镇职工工伤保险参保人数
Sl _ cz _ une	Number			城镇职工失业保险参保人数
Sl _ cz _ fet	Number			城镇职工生育保险参保人数
Sl _ cz _ rmed	Number			城镇居民基本医疗保险参保人数
Je _ rmd _ map	Number			居民医疗费用中统筹基金支付金额
Je _ rmd _ hos	Number			城镇居民住院总费用
Je _ rmd _ sum	Number			城镇居民医疗总费用
Je _ cz _ si	Number			城镇社会保险基金收缴额
Je _ cz _ so	Number			城镇社会保险基金支出额
Je _ cz _ sba	Number			城镇社会保险基金累计结余额
Sl _ nc _ soc	Number			农村社会养老保险参保人数

续表

字段名	数据格式	关键字	可空否	描述
Je _ npn _ out	Number			农村基本养老保险金支付总额
Sl _ npn	Number			农村居民领取养老金人月数
Sl _ nc _ med	Number			新型农村合作医疗保险参保人数
Je _ nmd _ sub	Number			参合人员住院费用补偿总额
Je _ nmd _ hos	Number			农村居民住院费用总额
Sl _ soc _ for	Number			农民工社会保险参保人数
Je _ nc _ bt	Number			农村养老保险基金政府补贴额
Je _ nmd _	Number			新型农村合作医疗保险基金收缴额
Je _ nc _ nmd	Number			新型农村合作医疗保险基金支出额
Je _ nc _ si	Number			农村社会保险基金收缴额
Je _ nc _ so	Number			农村社会保险基金支出额
Sl _ cz _ mag	Number			城镇经办机构中管理人员数
Je _ cz _ mag	Number			城镇经办机构经费
Sl _ nc _ mag	Number			农村经办机构管理人员数
Je _ nc _ mag	Number			农村经办机构经费

5. 财政数据表（t fin info）

字段名	数据格式	关键字	可空否	描述
Year	Varchar2（4）	Y	N	年份
Area	Varchar2（250）	Y	N	地区
Je _ czh _ in	Number			财政总收入
Je _ czh _ out	Number			财政总支出
Je _ czh _ sb	Number			财政支付的社会保障费
Je _ sb _ out	Number			社会保障支出额

五、数据库的运行和维护

覆盖城乡社会保障体系运行数据库完成数据信息载入和应用程序的初步设计、调试后，即可开始数据库试运行。

数据库试运行主要是利用如性能监视器、查询分析器等各种软件对数据库系统性能进行监视和分析。分析数据量由小变大时数据库的工作效率和并发访问情况下的效率。如果运行效率不能达到系统运行的要求，则需分析数据库设计是否存在着缺陷，也就是数据库的逻辑设计存在着问题，这种情况下需转存测试数据，重新生成物理模式。

数据库经过反复测试，直到数据库应用程序功能正常，运行效率可以满足需求时，就可以将系统所需的数据全部装载入库，进行最后的运行。

数据库试运行正常后，则可将相关数据信息导入覆盖城乡社会保障体系运行数据库，系统将进行监测和评估。

覆盖城乡社会保障体系运行数据库运行的过程中，主要的维护操作包括：数据库的转储和恢复、数据库安全性和完整性控制、数据库性能的监督、分析和改进等管理。

附：

覆盖城乡社会保障体系运行监测指标体系设计

为监测评估覆盖城乡社会保障体系的目标、状况、水平和趋势情况，有必要研究探索反映我国覆盖城乡社会保障的定量和定性指标。覆盖城乡社会保障体系指标能够在空间上反映城镇、农村人员和流动人员状况，在时间上能够描述过去、现在和未来一定时期的社会保障体系情况，具体内容包括社会福利、社会保险、社会救助和补充保险等方面的指标。

一、基本思路和方法

统筹城乡社会保障指标体系应该能够反映城市、农村，以及处于城乡之间变迁和流动的人口情况。概括起来包括以下几个方面，一是社会保障制度体系，二是城镇化进程中流动人口的社会保障的情况，三是社会保障作为社会经济发展的产物，必然与一定的社会经济发展水平相联系，因此，还应包括经济和社会发展等宏观指标。

确定指标的主要方法是应用灰色聚类和粗糙集理论。首先，参照国内外相关社会保障指标的应用和研究成果，通过对我国社会保障政策和运行情况的分析，确定表述我国统筹城乡社会保障情况的若干组指标。其次，根据灰色理论和粗糙集理论中的关联度原理，分析各指标间的关联性，并求得指标关联度矩阵。最后，通过对指标进行聚类、简化，形成指标体系。

二、指标确定的依据和原则

（一）指标确定的依据

确定社会保障体系指标的依据主要有理论依据、制度依据和经验依据。

1. 理论依据

统筹城乡社会保障指标体系是以系统理论和标准化理论为主要理论依据。

系统理论主要包括系统论、控制论和信息论。系统论强调以系统、动态的和层次等级的观点来认识和把握社会保障指标体系；控制论则是根据自适应组织系统理论、最优控制理论等不断改进和完善指标体系；信息论强调根据信息及其流动和交换原理来调节指标。社会保障是工业化发展的产物，与一定的经济发展水平相联系，但社会保障体系又是相对独立的系统，分析社会保障指标，既不能脱离社会经济的大环境，又需要保持社会保障体系的相对独立性。由系统理论出发来考量社会保障指标，可以得出这样的结论：一是社会保障体系中的主要指标应能反映社会保障的基金情况和人员情况。二是影响社会保障的因素是多方面的，有经济的、社会的和人口的等，因此社会保障指标体系必然是一个多维度的系统。三是社会保障指标必须反映社会保障的基本目标和功能。社会保障的基本目标和功能是对遇到老、病、伤、残以及失业等风险的劳动者提供帮助，保障他们的基本生活，维护社会的稳定。因此，社会保障的覆盖率、保障的水平和程度就成为判断社会保障制度完善与否的重要依据。另外，社会保障水平和程度，取决于国家的经济发展水平和财政能力、人口结构、执政倾向和文化传统。因此，反映社会保障经济目标和效率原则的一些参数，如社会保障支出占 GDP 的比例、社会保障支出占财政支出的比例、企业负担水平、社会保险筹资模式等，应是社会保障制度的重要评价指标。

标准化理论主要有简化理论、统一理论、协调原理和最优化原理等。简化原理是确定指标的基本依据之一，反映社会保障的指标有很多，但指标并不是越多越好，需要应用简化原理将冗余的、可替换的、低功能的指标加以合并和简化；统一理论就是确定一致性，并使一致性被取代的事物之间具有等效功能；协调原理即制定的指标之间必须相互关联、协调，使每一个指标在指标体系中度量某一方面情况；最优化原理即追求最佳秩序和社会效益。

2. 制度依据

我国实施的一系列有关社会保障的法律、法规、规定、实施办法和细则等，是研究指标的主要制度依据。离开一定制度下的社会保障指标，无异于是空中楼阁。

3. 经验依据

主要有三个方面，一是人力资源社会保障部、民政部、国家统计局等有关部门发布的社会保障统计指标；二是“金保工程”建设中的数据库系统指标；三是社会保险统筹地区在工作中使用的，并被实践证明是能有效表述和反映社会保障制度或管理运行情况的有关指标。

研究我国新型社会保障指标体系，要把握我国新型社会保障制度建立的基本国情。一是我国城乡二元经济结构，导致城乡“二元社会保障制度”将在较长一段时期内存在。二是过度保障与保障严重不足并存。过去我国的社会保障的覆盖范围主要局限于城镇，社会保险又主要集中在国有企业。机关事业单位和国有企业的离退休人员待遇水平太高，与此同时，其他所有制企业和不少在城镇非正规部门就业的人员、失业人员和其他人员的社会保险待遇较低，甚至根本得不到任何社会保障。在占人口绝大多数的农村，在覆盖范围、待遇水平等方面，都还远远低于城镇。以新农合为例，尽管新农合已覆盖了 8 亿多农民，但其待遇水平较城镇职工和城镇居民都相差很大。三是经济发展水平不高与老龄化之间的矛盾。我国是在经济发展水平处于工业化过程中进入人口老龄化的，由于退休职工急剧增加等，我国社会保险基金面临严峻挑战。

（二）指标确定的原则

覆盖城乡社会保障指标体系确定的原则，一是依法确定原则。社会保障政策是依法制定并实施的，因此指标也必须是在法定框架范围内制定。二是保证需要原则。覆盖城乡社会保障指标体系既要满足项目监测预测和预警的需要，同时对建立完善的社会保障指标提供参考。三是简单明确原则。简单，要求新型社会保障指标体系的设立要科学合理，避免项目繁多、冗余；明确，要求指标要科学设计，做到有名有实，命名严谨，能够反映实际内容，避免出现含义不清、界限模糊的现象。四是动态调整原则。指标的制定和应用是一个动态发展过程，一方面，我国正处在社会保障体系不断改革完善过程中，其指标将随之不断扩展和优化完善；另一方面，社会保障是一个国家经济和社会发展情况的综合反映，社会和经济发展的不同时期、不同的发展阶段，会影响到社会保障制度的指标体系，这就要求指标体系本身必须具有一定的弹性。五是可操作原则。指标体系要符合实际，指标数据容易取得，并且能够反映不同地区经济发展的实际情况，使指标体系具有较强的可操作性，从而能在信息不完备的情况下对覆盖城乡社会保障体系情况做客观的衡量和评价。

三、指标基本架构

指标体系在空间上由四个维度组成，一是反映和表述社会保障基本内容的指标，如社会福利、社会救助和社会保险的相关指标；二是范围指标，主要包含社会保障在城镇、农村和流动人员中的建设情况等；三是数值规范，指标的值可以是监测值、预测值、实际值、标准值等；四是指标的时点，一般分为时段指标或时点指标（如人口）。指标体系的基本架构如图 10—11 所示。

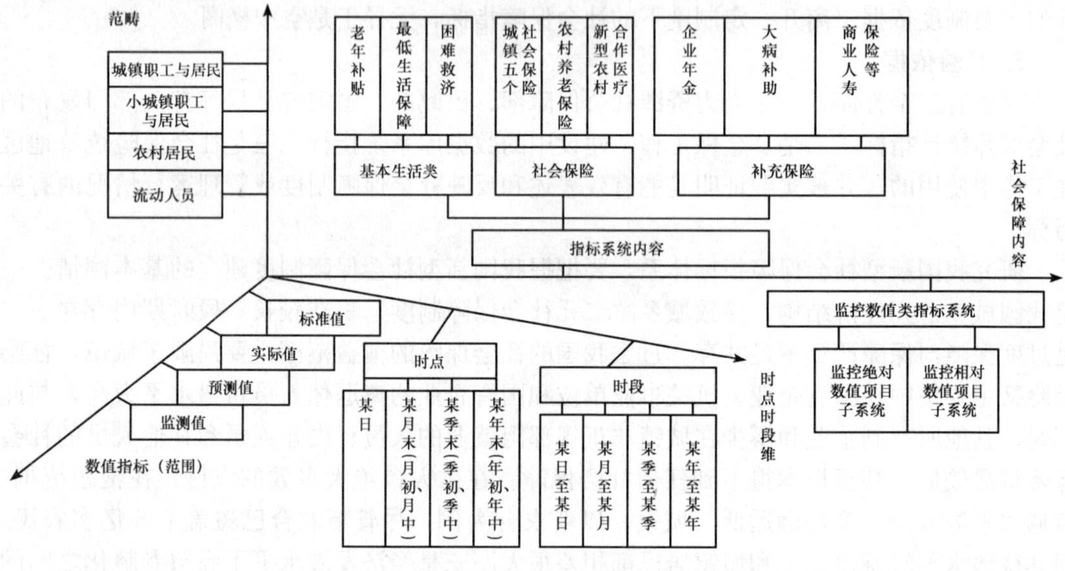

图 10—11　新型城乡社会保障指标体系结构图

指标的内容主要包含：反映人口的指标，按照就业状态，分城镇、农村等；反映经济发展水平的指标，如 GDP、地方财政收支情况，财政用于社会保障指出情况等，以及反映社会保障制度建设和社会保障管理服务能力情况等方面的指标。主要内容如图 10—12 所示。

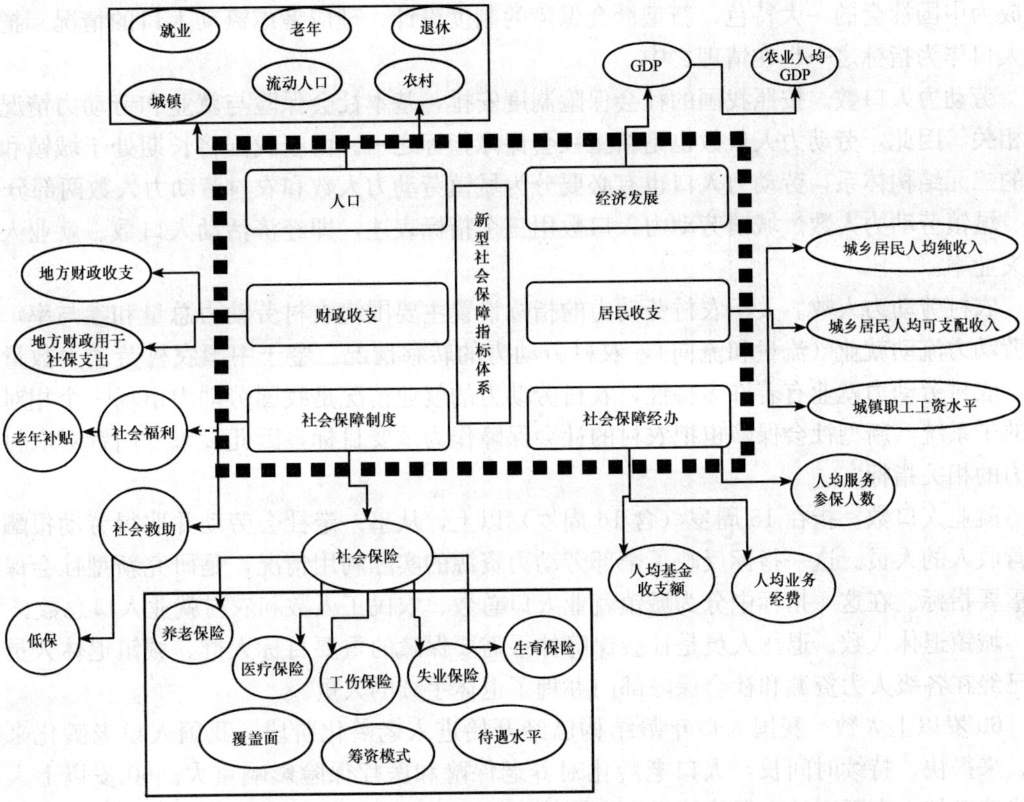

图 10—12 新型城乡社会保障指标内容图示

四、主要指标及其说明

(一) 人口指标

在人口指标中，主要选取城镇中的城镇户籍人口总数、流动人数、农村人口数，以及城镇和农村的劳动力人口数。

城镇和农村户籍人口数。人口数是指一定时点、一定地区范围内有生命的个人总和。城镇户籍人口是指居住在城镇范围内，并在公安机关进行户籍注册的全部人口。农村户籍人口是指除了上述人口以外的全部人口。目前我国社会保障的制度设计，尤其是城市低保、农村困难救济和补助等，都是按照户籍人口考虑的，因此，搞清户籍人口数十分重要。国内外权威的统计年鉴①都把户籍人口作为重要的统计人口数据。户籍人口按照地区、城市和农村分别作为指标进行处理。

流动人口数。据人力资源和社会保障部统计资料显示，流动人口，尤其是农民工，已

① 常用的如：中国人口统计年鉴、中国农村统计年鉴、中国统计年鉴、国际统计年鉴、国际劳动统计年鉴等。本文以下未注明的指标解释均参考这些资料。

经成为中国社会的一大特色，新型社会保障的制度设计，理应考虑流动人口的情况。把流动人口作为指标之一也在情理之中。

劳动力人口数。按照我国的社会保险制度安排，基本社会保险与就业和劳动力情况密切相关。因此，劳动力人口数也是新型社会保障指标之一。由于我国将长期处于城镇和农村的二元结构体系，劳动力人口也有必要分为城镇劳动力人数和农村劳动力人数两部分。

城镇劳动力人数。城镇劳动力人口数用三个指标表述，即经济活动人口数、就业人数和失业率。

农村劳动力人数。关于农村劳动力的指标设置主要围绕农村劳动力总量和参与率，农村劳动力流动就业（流量和流向），农村劳动力的转移情况。鉴于中国农村劳动力数量巨大，农村劳动力就业有着许多特性，农村劳动力的就业情况是我国劳动力市场一个相对独立的子系统，新型社会保障也把农村的社会保障作为重要目标，因此设置专门针对农村劳动力的相关指标。

就业人口数。指在16周岁（含16周岁）以上，从事一定社会劳动并取得劳动报酬或经营收入的人员。这一指标反映了全部劳动力资源的实际利用情况，是研究新型社会保障的重要指标。在这一指标中分为城镇就业人口总数、农民工人数和农村就业人口总数。

城镇退休人数。退休人员是社会保障体系需要保障的重要目标人群。城镇退休人员是指已经在各级人力资源和社会保障部门办理了退休手续的人员。

60岁以上人数。我国人口年龄结构已经开始进入老龄化阶段。我国人口老龄化来得早、来得快、持续时间长，人口老龄化对养老保险和医疗保险影响重大。60岁以上人口的快速增加，在新型社会保障体系中有所体现。

（二）经济发展指标

社会保障是工业化发展的产物，经济发展水平决定了社会保障的程度。经济发展指标选取了国内生产总值（GDP），以及按产业结构划分的GDP和农业GDP的情况。

国内生产总值（GDP）。是指按市场价格计算的某一地区所有常住单位在一定时期内生产活动的最终成果。

第一、第二、第三产业GDP。三次产业的划分是世界上较为常用的产业结构分类。按照我国的三次产业结构划分是：第一产业指农、林、牧、渔业；第二产业指采矿业、制造业、电力、煤气及水的生产和供应及建筑业等；第三产业是除第一、第二产业以外的其他行业。因此，第一、第二、第三产业GDP分别为上述产业的国内生产总值。

广义农业GDP的比例。广义农业GDP的比例是指报告期第一产业增加值与报告期GDP的比。

（三）财政和居民收支情况

财政收入是一个国家或地区财政参与社会产品分配所取得的收入，是实现国家职能的财力保证，也是社会保障建设和发展的基础。按照现行的我国财税制度，财政收入包括营业税、消费税等各项税收，资源费专项收入和利息等的其他收入。财政支出是国家将资金进行分配使用，以满足经济建设和社会事业发展所需要的资金。如基本建设支出、社会保障补贴支出、教育文化国防等的费用支出等。财政收入情况，对社会保障建设影响巨大，考虑到我国的社会保障在未来一段时期内，其筹资模式以中央和地方财政、单位和个人筹资为主，所以，财政收入指标需要细分为中央和地方的财政收入和支出情况。

地方财政收入和支出。自 1994 年国家实行分税制财政体系以后，属于地方财政的收入包括营业税、地方企业所得税等，地方财政支出主要用于地方行政管理和各项事业费。地方的财政收支情况，影响当地的社会保障水平和制度设计。

财政用于社会保障支出[①]，这是衡量一国社会保障水平的总体指标。各国财政对社会保障的投入与经济发展水平、社会保障制度密切相关。在比较各国社会保障水平时，通常采用社会保障支出占 GDP 的比重作为主要指标。在分析各国财政对社会保障的投入问题时，将以财政支出中社会保障支出所占比重作为衡量指标。因此，对社会保障进行国际间，或国内地区间的比较，有助于从横向比较中了解本国或本地区社会保障的保障水平和程度。

(四) 居民收支情况

居民收支情况是反映人民生活水平和质量的重要指标。由于我国城乡二元结构带来的城乡收支和消费具有较大差异，因此，该项指标按城镇居民和农村分别设置。并以人均可支配收入和支出为指标值。

城镇居民人均可支配收入。指城市居民按人均计算的可用于最终消费支出和其他非义务性支出以及储蓄的总和，也即居民人均可以用来自由支配的收入。

农村居民人均可支配收入。指农村居民按人均计算的可用于最终消费支出和其他非义务性支出以及储蓄的总和，也即农村居民人均可以用来自由支配的收入。

居民消费价格指数（CPI）。CPI 是反映一定时期内城乡居民所购买的生活消费品价格和服务项目价格变动趋势和程度的相对数，是对城市居民消费价格指数和农村居民消费价格指数进行汇总计算的结果。该指数可以观察和分析消费品的零售计算和服务价格变动对城乡居民实际生活费支出的影响程度。作为保障人民基本生活需要的社会保障，理应将此指标列为反映社会保障水平的重要指标。考察 CPI，需要按城市和农村分别研究。即城市居民消费价格指数和农村居民消费价格指数。

城市居民消费价格指数，是反映一定时期内城市居民家庭所购买的生活消费品价格和服务项目价格变动趋势和程度的相对数。该指数可以观察和分析消费品的零售价格和服务项目价格变动对城镇职工货币工资的影响，是研究职工生活情况的重要依据。

农村居民消费价格指数，是反映一定时期内农村居民家庭所购买的生活消费品价格和服务项目价格变动趋势和程度的相对数。该指数可以观察和分析农村消费品的零售价格和服务项目价格变动对农村居民生活消费支出的影响，直接反映农村居民生活水平的实际变

① 《部分国家社会保障支出与财政投入情况分析报告》，见劳动保障部社会保障研究所内部资料《社会保障研究》，2006 年第 9 期。

化情况。

城镇职工工资水平。城镇职工的主要收入来源于工资性收入，因此，城镇职工的工资水平，是社会保险缴纳费用的重要基数来源，也是反映社会保障的重要指标。表述工资水平有多种方式，如工资总额、工资指数等，本研究选用职工平均工资作为指标。所谓城镇职工平均工资是指本地区企业、事业、机关单位的职工在一定时期内平均每人所得的货币工资额。它表明一定时期职工工资收入的高低程度，是反映职工工资水平的主要指标。

（五）社会保障的程度和水平指标

"社会保障程度和水平"是一个总体指标，它由"各项保障的覆盖率""各项社会保障待遇水平"等指标构成，分别从不同的角度和侧面表明国家和地区社会保障的水平和程度。按保障程度划分为两个层次，第一层次为最低保障与社会救济层次，有最低生活保障、老年补贴和医疗救助等；第二层次为社会保险层次，主要有基本养老保险、基本医疗保险、失业保险、工伤保险和生育保险。

最低生活保障。最低生活保障是政府和社会为生活在法定最低收入水平之下的社会成员提供的，满足其最低生活需要的物质帮助的保障形式。其保障对象是生活在法定最低收入标准之下的社会成员。目前我国城乡最低生活保障制度已经建立，基本做到动态管理下的"应保尽保"。

最低生活保障覆盖面。最低生活保障覆盖面是反映国家对困难群体保障范围的重要指标。

城镇最低生活保障覆盖面。反映城镇困难群体中享受最低保障人数的比例。计算方法是，城镇最低生活保障覆盖面＝城镇享受低保人数/城镇最低生活保障线以下的人数。

农村最低生活保障覆盖面。反映农村困难群体中享受最低保障人数的比例。计算方法是，农村最低生活保障覆盖面＝农村享受低保人数/农村最低生活保障线以下的人数。

城镇老年补贴覆盖面。反映城镇（养老保险制度外）老人中享受老年补贴人数的比例。计算方法是，城镇老年补贴覆盖面＝报告期城镇老年补贴享受人数/城镇无收入无保障老人数。目前，对于城镇基本养老保险制度外的老年人，我国只有北京、上海、江苏、厦门等部分省市实行了老年补贴制度，多数地方尚未实施。

城镇医疗救助覆盖面。反映城镇困难群体中享受医疗救助人数占应救助人数的比例。计算方法是，城镇医疗救助覆盖面＝报告期城镇享受医疗救助人数/报告期城镇符合医疗救助条件的人数。

农村医疗救助覆盖面。反映农村困难群体中享受医疗救助人数的比例。计算方法是，农村医疗救助覆盖面＝报告期农村享受医疗救助人数/报告期农村符合医疗救助条件的人数。

最低生活保障水平。通过在全国范围建立城镇、农村最低生活保障制度，将符合条件的城镇、农村贫困人口全部纳入保障范围，稳定、持久、有效地解决全国贫困人口的温饱问题。最低生活保障线确定方法为综合考虑当地经济发展水平、物价指数、居民可支配收入和地方财力以及救济对象的基本生活需要等多种因素。

城镇最低生活保障线。城镇最低生活保障线是政府为了救济难以维持基本生活需要的城镇低收入者（家庭）而制定的救济标准，主要是由政府（单位）向城镇低收入者（家庭）提供维持基本生活消费需要的差额救济金，以保证其达到最低生活保障水平。

农村最低生活保障线。农村最低生活保障线是政府为了救济难以维持基本生活需要的农村低收入者（家庭）而制定的救济标准，主要是由政府（单位）向农村低收入者（家庭）提供维持基本生活消费需要的差额救济金，以保证其达到最低生活保障水平。农村最低生活保障制度在全国范围内普遍建立。

• 社会保险体系指标

社会保险包括基本养老保险、基本医疗保险、工伤保险、失业保险和生育保险五个险种，反映社会保险制度运行状况最重要的指标是覆盖面和保障水平，分别反映社会保险"应保尽保、保障参保人员的基本需求"目标实现程度。

• 社会保险覆盖面

一般用社会保险覆盖率表示。社会保险的覆盖率也叫参保率，指各项社会保险参保人数与应参保人数的比例。参保人员包括城镇职工、自由职业者、灵活就业人员、农民工、退休人员等。

社会保险的覆盖率按五项保险项目进行划分，即"按保险险种划分的覆盖率"，具体讲有养老保险覆盖率、医疗保险覆盖率、失业保险覆盖率、工伤保险覆盖率和生育保险覆盖率。

• 城镇基本养老保险覆盖面

该指标反映的是我国城镇职工基本养老保险实际参保人数与应参保人数的关系，其数值的高低表明城镇职工养老保险的覆盖情况。计算方法是，报告期已参加城镇基本养老保险的企业人数（含退休）/（报告期城镇从业人数－机关事业单位在职人数＋企业养老保险退休人数）。

• 城镇职工基本医疗保险覆盖面

该指标反映的是我国城镇职工基本医疗保险实际参保人数与应参保人数的关系，其数值的高低表明职工医疗保险的覆盖情况。计算方法是，报告期城镇职工基本医疗保险参保人数（含退休人员）/（报告期城镇从业人数＋参保退休人数）。

• 城镇居民基本医疗保险覆盖面

该指标反映的是我国城镇居民基本医疗保险实际参保人数与居民人数的关系，其数值的高低表明居民医疗保险的覆盖情况。计算方法是，报告期城镇居民基本医疗保险参保人数/（报告期城镇人数－城镇从业人员数－城镇退休参保人数）。

• 工伤保险覆盖面

该指标反映的是工伤保险实际参保人数与应参保人数的关系，其数值的高低表明工伤保险的覆盖情况。计算方法是，城镇工伤保险覆盖面＝报告期城镇已参加工伤保险的人数/（报告期城镇从业人数－机关事业职工人数）。

• 农村养老保险覆盖面

该指标反映的是我国农村养老保险实际参保人数与农村从业人数（不包含农民工）的

关系，其数值的高低表明农村养老保险的覆盖情况。计算方法是，农村养老保险覆盖面＝报告期已参加农村养老保险的人数/报告期农村从业人数（不包含农民工）。

2009 年 9 月《国务院关于开展新型农村社会养老保险试点的指导意见》的颁布，以个人缴费、集体补助、政府补贴相结合的新农保制度将正式在全国 10%的县（市、区、旗）开展试点，2020 年之前基本实现对农村适龄居民的全覆盖。

• 新型农村合作医疗覆盖面

该指标反映的是我国农村新型合作医疗实际参保人数与农村人口数的关系，其数值的高低表明农村新型合作医疗的覆盖情况。计算方法是，新型农村合作医疗覆盖面＝报告期农村参加新型合作医疗人数/报告期农村人口数。

• 社会保险水平

"社会保险水平"是描述社会保险保障程度的关键性指标，主要以养老保险水平与医疗保险水平来表示。养老保险水平反映城乡参保人员养老保险的相对保障水平，指标由城镇职工基本养老保险平均养老金占职工平均工资的比例、农村人均养老金占农村人均纯收入的比例表示；医疗保险水平反映城乡参保人员享受医疗保险待遇的水平，由医疗费用中统筹基金支付率和新型合作医疗住院费用平均补偿率表示。

• 城镇离退休人员平均养老金

反映城镇参保人员离退休后领取养老金的平均水平。计算方法是，城镇离退休人员平均养老金＝城镇养老金支付总额/领取养老金的人数。

• 城镇职工医疗费统筹基金支付率

反映参加城镇职工医疗保险人员人均医疗费用中统筹基金报销的比例。计算方法是，城镇职工医疗费用中统筹基金支付率＝职工医疗费用中统筹基金支付金额/城镇职工医疗费总额。

• 城镇居民医疗费统筹基金支付率

反映参加城镇居民基本医疗保险人员人均医疗费用中统筹基金报销的比例。计算方法是，城镇居民基本医疗保险费用中统筹基金支付率＝城镇居民基本医疗保险费用中统筹基金支付金额/城镇居民医疗费总额。

• 农村人均养老金

反映农村人均养老金水平。计算方法是，农村人均养老金＝农村基本养老保险金支付总额/领取养老金的人数。

• 新型合作医疗住院费用平均补偿率

反映参加新型农村合作医疗人员人均医疗费用给予报销的比例。计算方法是，新型农村合作医疗住院费用平均补偿率＝参加新型农村合作医疗人员住院费用补偿总额/参加新型农村合作医疗居民住院费用总额。

• 社会保险经办机构管理水平

根据研究成果[①]，确定 4 项综合指标反映社会保险经办管理能力。

---

① 中国劳动社会保障部社会保障研究所《医疗保险经办机构管理服务能力研究》研究报告，2005 年。

管理费用占保险基金收支的比重（单位:%）。管理费用/基金收支能从总体上反映社会保险基金的管理成本，是社会保险经办机构宏观掌握制度运行成本、调控机构效率的重要指标。此外采用“百分比”或“比率”形式的指标可以对不同地区、不同规模的基金进行比较，具有较强的可比性。

每个参保人年均管理费用（单位：元），每年为一名参保人提供服务所需的平均管理费用（每名参保人缴纳的保费中用于购买管理服务的比重）。从客户的角度衡量管理成本，直接反映出参保人享受服务的水平。

上述指标分别从保险经办机构和参保人的角度，从宏观和微观两方面衡量管理费用，能够反映出一个社会保险经办机构的管理费用水平。所需数据均为基础数据，实际工作中容易得到，是许多国家社会保险管理部门绩效评估普遍采用的指标。

每个管理人员平均费用（单位：元/人/年）。平均每一名管理人员每年使用的管理费用，即“人头费”，这是我国政府现行办公经费拨款工作中惯用的单位。

每个管理人员平均管理服务对象数（单位：人）。管理人员人均管理的参保人数。这项指标旨在反映社会保险机构人均工作量。工作量由基金规模、参保人数、管理人员、业务范围、待遇支付办法等多种因素决定。其中，管理人员人均管理参保人数是决定工作量多寡的主要因素，在业务范围、结算办法等因素相同的条件下，两者之间存在正相关关系。因此选用该指标作为反映工作量的参考指标，也能间接反映出参保人享受的管理服务水平。

- 制度可持续发展指标
- 社会保障制度可持续发展能力指标

影响社会保障制度可持续性的因素，除制度、政策、管理能力等方面外，最重要的方面是财务的可持续性。指标有财政社会保障支出比例、社会保障支出占 GDP 的比例，前者衡量国家承担的社会保障责任大小，后者衡量社会保障是否超越经济负担。

- 财政社会保障支出比例

近几年我国财政对社会保障的投入逐年增加。计算方法是，财政社会保障支出比例＝报告期财政支付的社会保障费/报告期财政支出。

- 社会保障支出占 GDP 的比例

“社会保障支出占 GDP 的比例”，是指各类社会保障支出总量占同期 GDP 总量的比重，反映社会保障支出资金规模。计算方法是，社会保障支出占 GDP 的比例＝报告期社会保障支出额/报告期 GDP。

附件 1：

财政社会保障资金需求测算报告

本文从建立覆盖城乡居民的社会保障体系目标出发，采用理论分析与量化分析方法，初步测算 2020 年前我国财政社会保障资金需求，并据此提出政策建议。本文中的社会保障是狭义的社会保障，由社会保险、社会救济、社会福利和社会优抚组成。

一、财政社会保障投入快速增长背景与原因

2000—2006 年，财政社会保障投入额由 1 918 亿元增至 4 651 亿元（见附表 1—1），用于行政事业单位医疗费、抚恤社会福利救济费、行政事业离休经费、补充全国社保基金，增长迅速，有多方面原因。一是我国经济和财政收入保持了较快增长，为民生工程的改善提供了经济基础；二是改革开放以来，重视经济发展，较长的一段时期内对社会事业发展重视不够，出现了经济、社会两条腿“一长一短”不协调的局面，针对这一局面，2004 年以来我国高度重视和推进社会事业，社会事业进入快速增长时期；三是我国社会保障事业改革步伐加快，针对改革中出现的生活困难群体、就业贫困群体增加，实施了就业支持、最低生活保障、贫困就业群体社会保障补贴等多项新政策，社会保障项目增加；四是社会保障制度转轨，养老保险与医疗保险制度由现收现付向部分积累制过渡，隐性债务显性化，政府支付转轨成本；五是社会保障覆盖面扩大，待遇水平提高，财政社会保障支出增加，2007 年财政用于包括民政管理在内的社会保障和就业投入达到 5 447 亿元。

附表 1—1　　中国财政社会保障支出情况　　亿元

项目	2000 年	2001 年	2002 年	2003 年	2004 年	2005 年	2006 年
	数额	数额	数额	数额	数额	数额	数额
合计	1 918	2 229	2 894	2 938	3 440	3 955	4 650.7
行政事业单位医疗费	215	241	258	290	324	306	289
抚恤社会福利救济费	213	267	373	499	563	707	907.7
行政事业离退休经费	479	625	789	895	1 028	1 148	
社会保障补助支出	526	786	1 017	1 181	1 372	1 599	3 454
补充全国社保基金	485	310	457	77	153	195	

注：本表中财政收支不包含社会保险缴费及与之相应的支出。社会保障补助支出包括社会保险基金补助、就业补助、国有企业下岗职工补助、企业关闭破产补助等。资料来源于蔡社文（财政部社会保障司笔名）《我国社会保障支出水平分析》，《预算管理会计》2004 年第 7 期，北京市财政局主办；2003 年国家财政收支预决算表，财政部网站；《中国统计年鉴》（2004 年），中国统计出版社出版；《2003 年度劳动和社会保障事业发展统计公报》，劳动和社会保障部；以上数据已经过财政部审核。2005 年行政事业单位医疗费为推算数。

财政社会保障支出中，养老、医疗与失业等社会保险方面支出是主体，养老保障支出最大，2000—2006 年，财政补贴企业养老保险基金 3 774 亿元（见附表 1—2），用于机关

事业单位离退休费用 4 964 亿元，合计 8 638 亿元，接近财政社会保障投入的 50%；行政事业单位医疗费 1 634 亿元，两者支出仍是未来财政社会保障支出重点，并且与我国养老与医疗保障制度完善、扩面相关。补充全国社保基金支出主要受政策影响，无规律性。

附表 1—2　　2000—2007 年政府财政养老保险基金补助支出　　亿元

年份	2000	2001	2002	2003	2004	2005	2006	2007
支出	299	343	517	498	555	592	971	1 200

资料来源：《中国财政年鉴（2005—2006）》；2006 年数据来源于《2006 年劳动和社会保障事业发展统计公报》。

抚恤社会福利救济费包括职工福利（集体福利）[①]、社会优抚[②]、救灾和居民最低生活保障支出，支出比较平稳。1993 年上海市率先探索城镇居民最低生活保障制度，1999 年城镇居民最低生活保障制度在全国城镇普遍建立，2007 年农村普遍建立最低生活保障制度，受此影响抚恤社会福利救济费在过去的 10 年高速增长（见附表 1—3）。

附表 1—3　　1978—2006 年财政抚恤社会福利救济支出　　亿元

年份	小计	社会救济福利费	抚恤支出	救灾支出	年份	小计	社会救济福利费	抚恤支出	救灾支出	最低生活保障
1978	16.6	4.6	2.9	9.0	1993	53.2	17.0	20.8	15.4	
1979	19.2	5.4	3.6	10.2	1994	64.8	20.6	24.8	19.4	
1980	16.9	5.4	4.5	7.0	1995	80.6	24.2	29.1	27.3	
1981	18.3	5.1	4.5	8.7	1996	100.8	29.0	32.8	39.1	
1982	18.0	5.5	4.9	7.6	1997	108.7	36.6	37.6	34.5	
1983	20.4	6.6	5.4	8.5	1998	136.9	35.3	40.4	52.3	8.9
1984	21.5	7.9	6.2	7.4	1999	155.1	48.5	54.6	34.1	18.0
1985	25.1	7.7	7.1	10.3	2000	174.6	59.7	59.7	28.7	26.5
1986	28.1	8.7	8.8	10.6	2001	240.8	90.0	69.9	35.2	45.7
1987	28.8	9.0	9.9	9.9	2002	336.2	141.6	60.0	32.9	101.6
1988	31.7	9.7	11.3	10.6	2003	523.3	217.7	99.2	55.7	150.8
1989	38.1	10.8	14.4	12.9	2004	602.4	266.6	107.9	49.0	178.8
1990	42.0	12.1	16.6	13.3	2005	733.7	324.2	148.3	63.0	198.2
1991	52.9	13.2	17.2	22.5	2006	920.9	421.4	187.5	71.0	241.0
1992	48.7	14.4	18.5	15.9	2007					

资料来源：《中国财政年鉴（2007）》第 393 页。

① 改革开放后，实行国家、集体和个人一起办福利的新福利制度。

② 优抚的对象包括：烈军属、革命残疾军人、复员军人、参战和参加经济建设而负伤、牺牲的民兵及其家属等。具体抚恤的内容包括牺牲病故抚恤、残疾抚恤、公费医疗、医疗费减免、生活补助等。这些项目的资金主要来源于国家财政拨款，也有向集体和个人的摊派。此外，国家还举办烈士子弟学校、伤残军人学校、伤残军人休养院、复员军人慢性病疗养院等。

二、社会保障制度发展前景

（一）社会保障制度发展前景的宏观判断

2005年以来，《中共中央、国务院关于推进社会主义新农村建设的若干意见》、党的十六届五中全会《中共中央关于制定“十一五”规划的建议》、十六届六中全会《中共中央关于构建社会主义和谐社会若干重大问题的决定》、党的十七大《高举中国特色社会主义伟大旗帜为夺取全面建设小康社会新胜利而奋斗》等文件的出台，标志着我国经济社会进入以人为本、落实科学发展观的时期，进入“以工促农、工业反哺农业、城镇支援农村”的城乡统筹发展阶段。

在这一大的背景下，我国社会保障制度发展进入统筹城乡、全面覆盖、综合配套、统一管理的阶段。

（二）社会保障制度未来发展目标

坚持“广覆盖、保基本、多层次、可持续”的方针，于2020年基本建立具有中国特色的覆盖城乡居民的社会保障体系，实现人人享有保障的目标，可分为两个阶段。第一阶段从2008年到2012年，主要是建立和完善制度，解决制度从“无”到“有”的问题，到2010年初步建立中国特色的社会保障制度框架；第二阶段从2013年到2020年，主要是进一步完善制度政策法规和标准，扩大覆盖面，健全管理，提高待遇水平，2020年建立完善的中国特色的社会保障体系并覆盖全国居民。

具体目标和实施步骤是，继续完善社会救济、社会福利制度，进一步加强管理，随着经济发展逐步提高保障水平，逐步缩小城乡待遇差距。大力发展慈善事业、商业保险，实现多层次的保障体系联动发展。社会保险的五个项目中，基本养老保险和基本医疗保险因其涉及全民，最为重要。养老和医疗两项重点基本保障制度具体发展目标如下：（1）基本养老保障。城镇劳动者的养老保险，2008年出台农民工养老保险办法并组织实施，2009年全面实行省级统筹，2010年做实个人账户在全国推广，事业单位养老保险制度改革在试点的基础上推开，2012年实现基础性养老金全国统筹，基本养老保险覆盖90%以上的城镇劳动者。农村养老保险，2008年制定试点办法并在部分地区进行试点，2012年之前在东部地区和大部分中西部地区基本建立，全国参保率达到50%左右，以后逐步扩大覆盖面，争取到2020年基本覆盖农村居民。养老补贴制度，2009年出台城乡养老补贴制度的试点办法并在全国普遍建立，待遇水平逐步提高。（2）基本医疗保障。2010年基本医疗保障制度覆盖城乡所有居民，参保率达到80%以上。2020年基本实现应保尽保；筹资水平稳步提高，医疗保障水平逐步提高，城乡居民个人医药费用负担明显减轻，城镇职工个人自付比例不超过20%，城镇居民与农民个人自付比例不超过30%。2008年失业、工伤与生育保险覆盖全体城镇劳动者。

（三）财政社会保障责任判断

适应市场经济体制改革要求，建立和完善公开财政，加大投入，推动社会保障制度建设。社会救济、社会福利、优抚安置属于国民收入再分配的范畴，体现国家对达不到基本生活水平的人群及特殊人群应尽的救助责任，由国家财政支付资金。财政在社会保险方面的责任主要体现在以下四个方面：一是弥补社会保险基金缺口，如全国统筹基金与省级统筹基金收支缺口等；二是筹资帮助贫困破产企业退休人员缴费，参加职工医疗保险；三是补助农民参加养老保险缴费，为城镇居民医疗保险、新农合提供缴费补助；四是政府作为雇主，为公务员及公益性事业单位承担基本保险和补充保险缴费责任。

三、财政社会保障投入测算模型

模型结构：由人口模块、经济工资模块、农村养老与医疗保险模块、城镇保险与养老补贴模块、社会福利救济优抚模块、财政社会保障投入模块组成。如附图 1—1 所示。

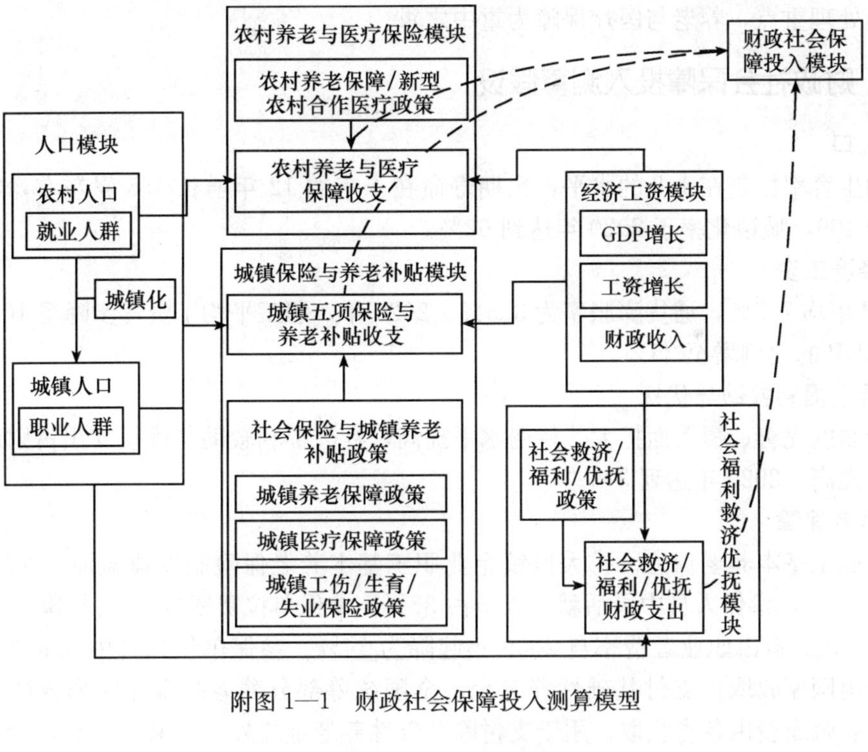

附图 1—1　财政社会保障投入测算模型

模型功能：(1) 预测人口总量与结构。人口分城镇人口与农村人口两大块，主要考查新生人口、死亡人口和城乡间迁移三大变化，分年龄、分性别组逐年递推。育龄妇女数与总和生育率之积为新生人数，分年龄、分性别组死亡率与该组人数之积为死亡人数。(2) 经济工资预测。考虑经济、工资和财政收入、养老补贴、城镇居民医疗保险财政补贴额、新型农村合作医疗财政补贴额、增长率间关联关系，上年 GDP 与本年度增长率之积得本年 GDP，职工平均工资、城镇家庭人均可支配收入、农民家庭人均纯收入计算方式同GDP，财政收入为GDP与财政收入占GDP的比例之积。(3) 参保人数，各项社会保障覆盖人数为应覆盖人数与参保率之积。(4) 农村养老保障与新型农村合作医疗模块主要计算财政筹资额，老年补贴额为农村老年人数与人均补贴额之积，新型农村合作医疗补贴额为新型农村合作医疗参加人数与人均补贴额之积，养老保险个人账户补贴额等于新型农村养老保险参加人数与人均补贴标准（农民家庭人均纯收入的3%）之积。农村养老金支出为养老保险待遇享受人数与人均基础性养老金之积。(5) 城镇保险与养老补贴模块主要计算财政筹资额。一是为公益事业单位、机关人员提供养老、医疗、失业、生育、工伤保障待遇，对于参保单位政府承担雇员的五项社会保险及养老、医疗补充保险缴费责任，职工待遇从相应的基金中支付；对于未参保单位的人员待遇则由本单位支付，列入财政预算。二是为养老保险提供补贴，支付转轨成本。主要计算财政社会保险缴费与养老保险基金收支赤字。养老保险基金收支赤字借用中国养老保险基金精算模型计算。(6) 社会救济福利优抚模块计算社会救济福利优抚支出，为社会救济福利优抚支出占财政收入的比例与财政收入之积。(7) 财政社会保障投入，计算财政社会保障投入总额及占财政收入的比例。社会保险为处理重点，养老与医疗保障为重中之重。

四、财政社会保障投入测算假设

1. 人口

总和生育率控制在1.8的水平，预期寿命在未来的12年增长1.5岁左右，新生婴儿性别比为109，城镇化率于2020年达到62%。

2. 经济工资

GDP年均7.2%，通货膨胀率为3.5%。2020年，职工平均工资逐步降至10%，财政收入占GDP的比例增至25%。

3. 社会福利救助与优抚

随着制度完善、覆盖面扩大、待遇水平提高，社会福利救助与优抚支出占财政收入的比例逐年提高，2020年达到3%。

4. 养老保障

城镇职工基本养老保险。扩大城镇企业职工基本养老保险制度覆盖面，2020年覆盖率不低于90%，参保人员中灵活就业人员占32%。参保单位费率自2012年降为18%，个人费率为8%。自由职业者费率自2009年起降为14%。参保单位和自由职业者缴费的6个百分点由国家收取，支付基础性养老金，全国统筹部分养老基金赤字列入国家财政预算；单位剩余缴费由各省收取，用于支付除基础性养老金之外的公共养老金，赤字由省级财政负责。机关与公益事业单位规模由目前的3 000万人增长到2020年的4 200万人。事业单位养老保险制度改革于2010年全部推开，2014年改革机关事业单位养老保险制度，由各级财政承担用人单位缴费义务。同时，各级财政按工资8%的比例为公益性事业单位与公务员缴纳职业年金费用。2008—2020年，参保人员年平均（缴费）工资增长率为11%，养老金年均增长率为8%，参保人员中缴费职工所占的比例、基金收缴率分别为90.5%、96.9%。2008年按3%做实个人账户，2010年后每2年提高1个百分点，最终达到8%。

农村养老保险。财政按农民年人均纯收入3%的标准，为参保农民个人账户提供补贴。到2020年，约20%的农村60岁以上老人按月享受基础性养老金。

城乡养老补贴。自2009年养老补贴实现城乡全覆盖。2009年城镇、农村人月均补贴标准分别为214元、63元，年均增长率分别为5%、7%。

5. 医疗保障

城镇职工医疗保障。机关、全额拨款事业单位、差额拨款事业单位作为雇主，承担基本医疗保险和补充医疗保险的单位缴费义务。2007年城镇职工基本医疗保险单位费率为7.92%，政策规定的补充医疗保险单位缴费率为4%，假设两者费率水平在未来保持不变。

城镇居民基本医疗保险。2008年财政补助城镇居民参加基本医疗保险的人均年补贴额为80元，补贴水平逐年增长，按"2010年、2020年城镇居民医疗保险政策范围内住院医疗费用的支付比例分别提高到55%以上、60%以上，城镇居民医疗保险筹资中政府出资比例不应低于45%"的目标确定人均补贴水平，2010年、2020年城镇居民人年均财政补贴额应达到124元、485元（详见医疗保险筹资机制与提高待遇水平研究报告），2010年城镇居民医疗保险实现全覆盖。

新型农村合作医疗。2008年新型农村合作医疗将基本实现全覆盖，人均年财政补贴额为80元，补贴水平逐年增长，按"2010年、2020年农民医疗保险政策范围内住院医疗费用的支付比例分别提高到50%以上、60%以上，农民医疗保险筹资中政府出资比例不低于70%"的目标确定人均补贴水平，2010年、2020年城镇居民人年均财政补贴额应达到120元与448元（详见医疗保险筹资机制与待遇水平研究报告）。

城乡低保人群医疗救助。2008年城镇与农村贫困线以下人口分别为2 200万人、3 000万人，假设贫困群体规模维持在这一水平，2008年人均年医疗救助标准分别为280元、60元，城乡贫困群体人均年救助标准分别增长7%、5%。

破产国有企业退休人员医疗保障。目前，关闭破产国有企业、困难企业（含破产集体企业、困难国有企业等）涉及1 200万名退休人员，按照2006年全国城镇职工基本医疗保险缴费基数21 000元，费率7.5%计算，参保费用为15 750元/人，共需1 890亿元，均摊到未来12年，则年均财政投入158亿元。

6. 机关事业单位参保时，工伤、生育与失业保险单位费率分别为2%、1%、0.8%。

7. 就业补助、全国社保基金投入占财政收入的比例逐步增长到2%左右。

五、财政社会保障投入需求结果

根据以上假设测算，2020年我国人口将达到14.2亿人，城镇人口约为8.8亿人；全国60岁以上人口比例为16%，2.34亿人，GDP达95万亿元（约合2007年61万亿元），国家财政收入约为23.8万亿元，养老与医疗保障实现全覆盖，养老保障覆盖10亿人，其中在职人员7.4亿元，待遇享受人员2.58亿元（详细数据见附表1—4）。医疗保障覆盖14.1亿人，城镇职工、城镇居民医疗保险分别覆盖4.67亿人、4.07亿人，新型农村合作医疗覆盖5.38亿人（详细数据见附表1—5）。

附表 1—4　　2020 年城乡养老保障覆盖人数预测表　　万人

分类	城镇职工养老保险					农民工	农村养老保险	养老补贴		合计
	小计	公务员（含参公）	公益事业单位	生产经营类事业单位	企业			城镇	农村	
参保在职人员	35 060	2 100	2 100	600	30 260	8 000	31 118	—	—	74 178
享受待遇人员	11 655	962	1 000	9 693	—	2 190	4 000	8 000	25 845	—

注：享受待遇人员中含 60 岁以下退休人员。

附表 1—5　　2020 年城乡医疗保障覆盖人数预测表　　万人

分类	城镇		农村	合计
	职工	居民		
在职人员	35 060	40 700	53 786	141 201
退休人员	11 655			

（一）财政社会保障投入总量与结构

2009—2020 年，随着新制度的建立，社会保障覆盖面扩大，社会保障待遇水平提高，财政社会保障资金投入需求逐年增长，由 10 334 亿元增至 45 419 亿元，年均需求 24 510 亿元，年均增长 14.4%（详见附表 1—6）。

附表 1—6　　2009—2020 年财政社会保障投入需求预测

指标／年份	财政收入	财政社保资金需求占财政收入的比例	财政社保资金需求					
			小计	养老保障	医疗保障	机关事业单位工伤生育与失业保险缴费	社会救济福利优抚投入	就业补助、全国社保基金投入
	亿元	%	亿元	亿元	亿元	亿元	亿元	亿元
2008	58 015	13.0	7 524	3 671	1 805	308	1 160	580
2009	65 580	15.8	10 334	5 662	2 216	358	1 377	721
2010	74 106	16.6	12 277	6 351	2 925	482	1 630	889
2011	83 344	16.7	13 951	7 167	3 235	549	1 917	1 083
2012	93 715	16.9	15 798	8 002	3 610	624	2 249	1 312
2013	105 359	16.9	17 780	8 815	4 040	711	2 634	1 580
2014	118 430	17.8	21 029	10 694	4 552	808	3 079	1 895
2015	133 099	18.0	23 927	12 015	5 136	920	3 594	2 263
2016	149 561	18.2	27 217	13 492	5 800	1 046	4 188	2 692
2017	168 033	18.5	31 015	15 205	6 556	1 189	4 873	3 193
2018	188 757	18.7	35 335	17 058	7 488	1 351	5 663	3 775
2019	212 005	18.9	40 035	19 131	8 556	1 536	6 360	4 452
2020	238 080	19.1	45 419	21 450	9 845	1 745	7 142	5 238

从分项目看，社会保障资金投入需求量最大的是养老保障，约占总需求量的一半，第二大需求量的项目是医疗保障，约占总需求的21%以上，其次是社会救济福利优抚投入、就业补助与全国社保基金补助，份额最小的项目是工伤、生育与失业保险缴费。从时间序列上看，养老与医疗保障财政投入需求在总需求中所占份额的减少，主要是受待遇增长率慢于财政和工资增长率的影响（详见附表1—7）。

附表1—7　　2009—2020年财政社会保障投入需求分项目结构

指标 年份	小计	养老保障	医疗保障	机关事业单位工伤生育与失业保险缴费	社会救济福利优抚投入	就业补助、全国社保基金投入
	%	%	%	%	%	%
2009	100	48.8	24.0	4.1	15.4	7.7
2010	100	54.8	21.4	3.5	13.3	7.0
2011	100	51.7	23.8	3.9	13.3	7.2
2012	100	51.4	23.2	3.9	13.7	7.8
2013	100	50.7	22.9	4.0	14.2	8.3
2014	100	49.6	22.7	4.0	14.8	8.9
2015	100	50.9	21.6	3.8	14.6	9.0
2016	100	50.2	21.5	3.8	15.0	9.5
2017	100	49.6	21.3	3.8	15.4	9.9
2018	100	49.0	21.1	3.8	15.7	10.3
2019	100	48.3	21.2	3.8	16.0	10.7
2020	100	47.8	21.4	3.8	15.9	11.1

（二）财政养老保障投入需求

2008—2012年，财政养老保障投入需求约3.14万亿元，年均6 271亿元，占同期财政收入的8.3%。5年间，财政投入城镇职工养老保险与公益事业单位职业年金2.62亿元，占财政养老保障投入的84%。2009—2012年，中央和地方财政新增用于新型农村养老保险、城乡养老补贴支出为5 116亿元，年均1 279亿元，中央和地方财政年均分别为1 031亿元和248亿元（详见附表1—8）。

2013年后，随着覆盖面的扩大与机关退休养老制度改革，养老保障财政资金需求逐年增长，由2013年的8 815亿元增至2020年的21 450亿元（数据详见附表1—6）。

（三）财政医疗保障投入需求

2008—2012年，财政医疗保障投入需求约1.38万亿元，年均2 758亿元，占同期财政收入的4%。5年间，财政投入城镇医疗保障1.13亿元，占财政医疗保障投入的77.1%。

2013 年后，随着覆盖面的扩大与机关事业单位医疗制度改革全面到位，医疗保障财政资金需求逐年增长，由 2013 年的 4 040 亿元增至 2020 年的 9 845 亿元（数据详见附表 1—8）。

附表 1—8　　2008—2012 年财政养老保障投入额测算　　亿元

年份	合计	养老补贴		农村养老保险	城镇职工基本养老保险与职业年金					
		城镇	农村		小计	基本养老保险补贴	公益事业单位缴费	公务员退休金	未参保公益事业单位退休金	公益事业单位职业年金缴费
2008	4 174	0	0	0	4 174	1 057	503	1 564	849	201
2009	5 662	479	444	88	4651	1 201	625	1 734	841	250
2010	6 351	531	460	194	5 166	1 609	1 121	1 988	0	448
2011	7 168	588	478	319	5 783	1 777	1 295	2 193	0	518
2012	8 001	650	496	389	6 466	1 957	1 494	2 417	0	598
总计	31 356	2 248	1 878	990	26 240	7 601	5 038	9 896	1 690	2 015

六、财政社会保障投入能力判断

（一）财政社会保障投入对制度建设和推进的作用

社会保障属于广义的财政分配范畴，是政府行使社会管理、服务和监督职能的重要体现，是各项社会保障事业发展的有力保障。公共财政的基本职能就是满足社会公共需要。社会保障事业是社会公共需要的一个重要组成部分，支持社会保障事业发展是公共财政的基本职能之一，符合公共财政改革的目标。

在我国，随着社会保险改革的推进，财政将在改革中担负重要的职责，改革必然带来对财政的支持需求。主要有：（1）支付社会保险转制成本较大；（2）补贴困难群体的社会保险缴费；（3）就业扶持投入；（4）推动城乡养老补贴制度建设；（5）解决破产企业离退休人员医疗保障等遗留问题；（6）提高待遇水平并缩小城乡差距。

（二）财政社会保障投入能力判断

按以上假设测算，2020 年财政收入占 GDP 的比例达到 25%，绝对额达到 23.8 万亿元。随着新制度的建立，社会保障覆盖面扩大，社会保障待遇水平提高，财政社会保障资金投入需求占财政的比例逐年增加，由 2008 年的 13%增至 2020 年的 19.1%，提高了 6.1 个百分点，低于发达国家平均水平。

以上财政投入能力是建立在“未来 12 年中国经济年均增长 7.2%、财政收入占 GDP 的比重逐步提高到 25%”假设条件之上的，如果中国经济增长速度低于这一假设，或者财政收入占 GDP 的比例低于这一比例，则财政社会保障资金投入需求占财政的比例将大大高于这一比例，财政将难以支撑覆盖全民的社会保障体系建设。

1990—2008 年，我国经济年均增长 9.89%，2000 年至 2008 年 GDP 年均增长率达到了 9.76%，中国政府在过去 30 多年的市场经济体制改革过程中积累了丰富的宏观经济调控经验，在平抑 20 世纪 80 年代、90 年代的经济较大幅度的波动、实现经济“软着陆”后，驾驭宏观经济的能力进一步增强，完全有能力实现未来 12 年经济年均增长 7.2%的目标。当前财政改革的深入以及税收的进一步规范化，经济持续较高速度增长，财政收入略高于经济增长的趋势能继续保持下去，财政收入占 GDP 的比例能逐年提高，2020 年财政收入占 GDP 比例达到 25%的目标完全有条件实现。

按以上假设测算，2020 年财政社会保障资金投入需求占财政的比例达到 19.1%，较 2008 年提高了 6.1 个百分点。这一结果说明，我们对社会保障水平不能有过高的预期，财力只能维持一个保基本、低水平的体系建设上，这也说明了我们为什么“应以缴费型的制度为主体”，同时，也说明了覆盖城乡居民的社会保障体系的未来 12 年目标重点是全覆盖，待遇水平逐步提高是第二目标。

（三）多渠道筹资，加大财政社会保障投入

财政社会保障投入，除通过完善公共财政制度、加大调整财政支出结构筹集外，可通过开征高消费税、遗产税、环境税、物业税等新税种，通过回购、配售等方式转持国有股，将增收的一部分转用于充实社会保障，为二次分配提供财力支持；还可发行社会保障彩票增收；发展慈善事业，通过税收等优惠政策，尽快完善捐赠制度，规范公益性基金会的运行规则，建立专项支持养老保障的慈善机构，发挥民间力量，推动社会保障事业发展；划转全国社保基金，增加社会保障基金投入。

附件2：

医疗保险筹资机制与待遇水平分析

科学合理的筹资机制是医疗保险制度的设计重点，直接影响到制度平稳运行和发展，并与医疗保险待遇水平密切相关。本文结合医疗保险制度特点，借鉴国外经验，分析我国医疗保险筹资与待遇水平现状，提出完善我国医疗保险筹资机制内容和待遇水平目标。

一、医疗保险筹资机制目标、主要内容

（一）目标

机制，是引起、制约事物运动、转化、发展的内在组织结构和运作程序，是促使事物（系统）健康发展的内控性保证。医疗保险筹资机制应实现如下目标：适度的筹资水平，适度的保障水平，较高的资金使用效率，较低的基金风险。

适度的筹资水平是指筹资水平与经济社会发展水平、参保人负担能力相适应，一般综合考虑医疗费用总额、待遇水平，以及参保人缴费能力而确定。由于社会群体的收入有差异，为了提高筹资的公平性，应根据参保人的经济能力设定缴费水平，例如缴费比例按收入和资产拥有量实行累进，政府对低收入居民提供补助或免费保险等。

适度的保障水平是指参保人员医疗费用报销水平适度，它受筹资水平影响。适度的保障水平，影响医疗保险经办机构对医疗服务提供者行为监督的能力，通过支付比例规范参保人就医行为，既能避免支付比例过高时医疗服务过度使用，又能避免支付比例太低压抑参保人就医需求。世界卫生组织的研究发现，医疗保险的支付比例应该在70%以上，否则会降低参保的吸引力。实际上在发达国家，医疗保险的支付比例都达到了85%以上。

较高的筹资效率主要包括缴费基数核定准确、征缴率高、征缴成本低三个方面。大多数国家的社会保险都根据参保人的缴费基数（收入和/或资产）来确定该参保人的缴费水平，因此缴费基数的准确核定直接影响到筹资总量。社会保险基金一般通过保险费、保险税或所得税的形式来征集，提高征缴率既关系到医保基金的平衡，也牵涉到筹资公平问题。征缴成本是医疗保险经办管理成本的重要组成部分，征缴成本的降低取决于制度安排的合理性，也取决于管理手段的现代化，例如先进的信息系统和监测技术。

（二）主要内容

医疗保险筹资机制是指在医疗保险资金筹集活动中，为提高医疗保险资金筹集质量（如来源稳定、保障有效、各方负担可承受）、降低筹资成本和管理费用，而设计的一整套组织结构和制度安排，主要包括筹资模式、筹资水平、筹资分担方式三个方面。

筹资模式是指筹集医疗保险基金的方式，有税收筹资和社会保险费筹资两种。税收筹资又分为一般税收筹资和专项（社会保险）税收筹资两类。社会保险费筹资一般形成医疗

保险统筹基金，但有些国家采取强制性储蓄方式，形成个人医疗账户。筹资模式往往受一国的历史背景和行政结构影响。

筹资水平是指保险费（或税）占居民收入（或 GDP）的比重，反映医疗保险的费用负担，它主要受医疗费用水平和目标待遇水平影响。筹资水平与医疗费用水平、目标待遇水平正相关。补偿水平应维持在合理的水平并保持恒定，医疗费用受物价和成本影响应保持合理的增长，在保持基金收支平衡、提高资金效率条件下，筹资水平也应保持合理的增长。补偿水平可通过起付线、封顶线、报销比例变化而动态地调整。医疗费用可通过药品目录、次均费用标准等综合手段来控制。

筹资分担方式是指医疗保险费在雇主、雇员和政府间的分担结构。在社会保险费筹集中，雇主缴费比例一般不低于雇员。

二、国外医疗保险筹资机制分析

（一）筹资模式

从国际经验看，公立医疗保险制度的筹资模式大致上分为三种：社会保险费筹资、税收筹资、强制性储蓄。实际上，大多数国家采取混合筹资模式，但是会有一种模式占主导地位。如德国、日本、荷兰、波兰等以社会保险筹资为主，英国、瑞典、加拿大、澳大利亚等以税收筹资为主；中国、印度等由于医疗保障制度不完善，卫生费用以个人自付为主；美国以私立医疗保险筹资为主，但税收筹资比例也很大。附图 2—1 显示了部分国家卫生总费用的筹资来源。

1. 社会保险费筹资

社会保险模式由俾斯曼于 1883 年在德国首先建立，又称俾斯曼模式。其特点是：国家通过立法强制国民参加医疗保险；保险费主要由雇主和雇员分担，职工家属跟随职工参保；贫困人群没有能力缴纳保费，国家财政将为这部分人群购买保险。在这种模式下，医疗服务由政府和私人共同提供，由医疗保险基金向医疗机构为参保人购买医疗服务。①

这种模式的优点是通过缴费和财政补助达到全民参保，具有较好的公平性。用医疗保险基金购买医疗机构服务，可引导医疗机构竞争，医疗服务效率较高。其不足之处是，政府控制医疗费用能力较弱。

2. 税收筹资

典型的税收筹资模式是国家卫生服务模式和国家健康保险模式。

国家卫生服务模式由贝弗里奇于 1942 年在英国提出，又称贝弗里奇模式。其特点是：国家通过税收筹集医疗保障资金，通过举办公立医疗机构为全民提供免费（或低费用）的医疗服务，服务内容包括预防保健、疾病诊治和护理康复等②。这种模式的优点是，政府为所有国民提供统一的基本医疗服务，具有较好的公平性；政府掌握了所有的卫生预算，

① Reinhard Busse，Annette Riesberg. Health Care Systems in Transition，Germany (2004).

② WHO Regional Office for Europe，Health Care Systems in Transition，United Kingdom (1999).

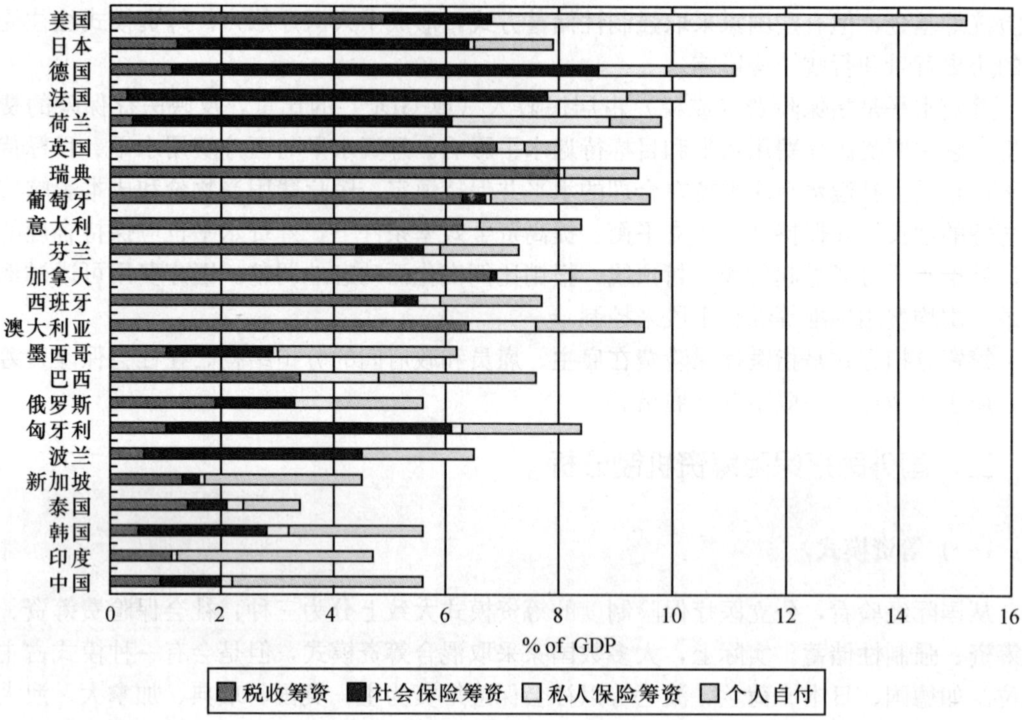

附图 2—1　2003 年部分国家卫生费用的筹资来源构成

资料来源：世界卫生组织．世界卫生报告．2006.

控制费用能力较强。不足之处是：公立医疗机构效率低下，服务质量差，患者等待住院和手术的时间长。

税收筹资并不一定与国家举办公立医疗机构相联系，如加拿大和澳大利亚实行国家健康保险，以税收筹资为主，医疗机构主要是私立的非营利性医疗机构，政府的医疗保险部门向私立的医疗机构购买医疗服务。国家健康保险模式也具有较好的公平性，并且它通过政府购买医疗服务的方式，克服了医疗服务体系低效率的问题。这种模式的不足之处是，在发展中国家，由于政府财政困难，可能导致医疗保险制度向医疗机构拖欠费用的情况，造成医疗机构经营困难。

3. 强制性储蓄

实行强制性储蓄的典型国家是新加坡，其特点是：（1）建立强制性的医疗个人账户，专门用于医疗费用支出；（2）由参保人自己管理医疗个人账户，进行纵向积累。[①] 医疗个人账户的设计目的是：加强个人的费用意识，从需方的角度控制医疗费用。然而，它有一个明显的缺陷，就是没有横向的风险共济功能，造成老年人和低收入人群个人账户资金不足，造成了医疗服务利用的不公平性。

---

① 刘国恩，董朝晖．医疗保险个人账户的功能和影响（综述）．中国卫生经济学，2006（2）25：62～65

（二）筹资水平与分担比例

1. 筹资水平

筹资水平的高低主要受两个因素的影响，一是医疗费用水平，即医疗总费用（或卫生总费用）占 GDP 的比例，它与经济发展水平密切相关；二是目标的待遇水平，即医疗保险基金支出占医疗总费用的比例。

一般来说，医疗总费用（或卫生总费用）占 GDP 的比例与社会经济发展水平正相关，而医疗保险基金支出占医疗总费用的比例则与医疗保障制度的完善程度有关，但是医疗保障制度的完善程度又与社会经济发展的水平有关。

国际经验表明，卫生费用的收入弹性大于 1，即卫生费用的增长速度快于经济（或收入）增长速率，卫生总费用占 GDP 的比例呈上升趋势。在不同的发展阶段，卫生总费用的收入弹性不同，一般来说在低收入国家弹性相对较低，而在中高收入国家则弹性较大。这是因为在低收入国家，收入的增加将优先满足食品等必需品的需要，而在高收入国家，人们解决了基本的温饱问题后，会把收入更多地投入健康领域。例如美国 20 世纪 90 年代的卫生费用的收入弹性达到了 1.57。按购买力计算，中国在 90 年代后期也进入了中等偏下收入国家的行列，在医疗费用控制乏力的情况下，我国 90 年代也有几个年份的卫生费用的收入弹性超过了 1.5。一般来说，卫生总费用占 GDP 的比例在发展中国家往往不足 5%，而在发达国家则达到 10%左右。在实行社会保险的德国、日本、韩国等，社会保险费占职工收入的比例一般控制在 8%以下。

在卫生总费用占 GDP 的比例一定的情况下，医疗保险待遇越高，筹资水平越高。在发达国家（除美国）公立医疗保障支出占卫生总费用的比例一般都达到 80%以上，在发展中国家卫生公立医疗保障支出占卫生总费用的比例往往不足 50%。因此，发达国家筹资水平的提高主要受医疗总费用增长的影响，而发展中国家筹资水平的提高往往与医疗保障制度的完善过程有关。

从附图 1—1 可见，在医疗保障制度比较完善的国家，筹资（税收或保险费）对卫生总费用水平（卫生总费用占 GDP 的比例）没有太大的影响，对医疗保障费占居民收入的比例也没有太大的影响。但是，比较研究英国、加拿大、德国筹资模式发现，在税收筹资模式下，国家有更大的主动权来分配医疗资源，因此卫生总费用的控制能力较强，但是其代价是可能导致资源不足，创新滞后。[①]

2. 分担比例

筹资的分担比例，即个人、单位、政府三方对医保缴费的分担。在社会保险模式下，强调个人、单位、政府三方筹资责任。一般来说，在职职工的保险费由雇主和雇员共同分担，为了促进参保，雇主的分担比例会高于雇员。对于非正规就业人员和无业人员，政府给予一定的补助，帮助其参保。例如，在日本，自雇人员和农民的国民保险费由个人和政

① Michael I. Harrison. Implementing Change in Health Systems：Market Reforms in the United Kingdom，Sweden and the Netherlands. London：Sage Publications，2004.

府各承担一半；在韩国，无业人员的保费由政府和个人各负担一半。另外，在社会保险制度下，部分贫困人群完全无力购买社会保险，政府会为他们提供免费的医疗保险。例如，德国有2%的人享受政府免费保险。

在税收筹资的国家，主要的资金来自于一般税收（主要是所得税），也有少部分来自医疗保险税（例如澳大利亚）。如果说社会保险模式下，资金的支出主要根据“以收定支”的原则，体现参保人权利和义务的对等，而在税收筹资的模式下，则更体现国家计划的特征。英国的中央卫生部制定地方卫生预算的时候，以地区人口数为基点，同时考虑居民健康状况、医疗需求水平等因素。在测算卫生预算增长幅度的时候，要考虑到人口老龄化趋势、新技术采用、服务质量提高等因素。因为卫生预算来自于一般税收，因此教育、国防、卫生等各部门之间为了争夺预算经常要开展激烈的辩论。

（三）面临的挑战与改革趋势

1. 面临的挑战

目前，世界各国的医疗保障筹资机制面临着几大挑战：（1）人口老龄化与筹资能力限制的矛盾；（2）医疗技术发展与医疗费用控制的矛盾；（3）福利刚性与待遇下降的矛盾。另外，在发展中国家，还面临完善医疗保障体系的艰巨任务，包括多板块医疗保障制度的整合，医疗保障待遇的提高等。

人口老龄化与筹资能力限制的矛盾。目前，全世界60岁以上老年人口总数已达6亿人，有60多个国家的老年人口达到或超过人口总数的10%，进入老龄化社会行列。老龄化对医疗保障制度造成的后果包括：（1）医疗费用支出增加；（2）缴费人数减少；（3）经济增长缓慢，导致医疗保险基金收入增长缓慢。

医疗技术发展与医疗费用控制的矛盾。在新科技的支持下，医疗技术的发展日新月异，新技术在提高病人生存质量的同时，也导致了医疗费用快速增长，给医疗费用控制政策造成了巨大的挑战。支付技术控制医疗费用的能力有限，医疗费用的增长依然迅猛。在发达国家和新兴工业化国家，医疗费用的增长速度普遍都超过了GDP的增长速度。

福利刚性与待遇下降的矛盾。在人口老龄化，医疗费用快速增长的情况下，许多老龄化严重的福利国家开始削减医疗保障待遇，例如日本开始要求退休人员从养老金扣除一定的医疗保险费，并且老年护理的待遇也有所下降。被称为“福利国家窗口”的瑞典也开始削减医疗保障福利，并把部分医疗服务私有化。然而，福利具有刚性，各国在削减医疗保障待遇的时候面临着重大的政治压力，在发达国家，医疗保障福利已经成为重要的政治主题。

发展中国家，多板块医疗保障制度的整合和保障水平提高。在发展中国家医疗保障制度建立的过程中，一般首先覆盖城市职业人群，然后逐渐向农村人群和非就业人群扩展。在扩展的过程中，往往根据人群的职业和经济能力形成多个缴费水平和待遇水平有差异的医疗保障制度。为了提高医疗服务利用的公平性，适应人口的城乡流动，有必要对多板块的医疗保障制度进行统筹和整合。随着经济的发展，医疗费用占收入的比例提高，人们对保障水平也提出了更高的要求，要求提高目前偏低的医疗保障待遇水平。

2. 改革和完善趋势

在不同的社会经济发展阶段，不同的医疗保障制度发展时期，医疗保障制度改革的重点不同。在发展中国家和地区，工作重点是进一步加强和完善医疗公共筹资制度，提高卫生服务利用的公平性；在发达国家，改革的重点则主要通过支付方式的改变和医疗服务领域的竞争，达到控制医疗费用的目标，同时尽量避免对医疗技术创新的损害。

（1）多板块医疗保障制度的整合。从不完善的人群分割的医疗保障制度向全民医疗过渡过程中，主要措施如下：一是统一保障政策，二是统一待遇水平，三是促进缴费负担的公平性。下面以我国的台湾地区为代表，说明多板块医疗保障制度整合情况。台湾地区在建立“全民健保”之前，其医疗保障存在多个制度，例如公教人员保险、劳工保险、农民保险、低收入户保险、军人和荣民保险等，但是覆盖面只有59%。未被医疗保险制度覆盖的多为老人、无业人员、自雇人员和14岁以下的儿童①。台湾地区1995年开始实施强制性的“全民健康保险”制度，替代原来多板块的零散的制度，政府、雇主和被保险人三方缴纳健康保险费，同时规定合理的缴费标准，不同职业、不同收入、不同家庭人口负担的人缴纳不同的保险费，低收入人员和退伍军人及家属免除缴费义务，“全民健保”实行统一的待遇，待遇给付范围较广，从生育、预防保健到伤害和疾病。在这一系列措施下，到2002年台湾地区的“全民健保”覆盖率达到98%。

（2）医疗保障覆盖面和待遇水平的提高。覆盖人群的扩大、待遇水平的提高是医疗保障制度完善的主要内容。一般社会医疗保险制度首先在城镇就业人群中建立，然后向农村和非正规就业人员扩展。覆盖面扩展主要靠两个手段：一是通过立法进行强制参保，二是进行政府补助。下面以韩国和泰国为例，说明医疗保障扩大覆盖面和提高待遇的政策措施②。早在1963年，韩国就通过了鼓励就业人员自愿参加的医疗保险的法案，直到1977年才出台强制参保的政策，规定所有雇佣500名以上雇员的企业必须实施医疗保险。1979年，政府进一步宣布对300名以上雇员的中型企业实施强制性医疗保险。同年，该国政府宣布对本国政府公务员及学校教职工实施医疗保险。20世纪80年代开始对小企业员工和非正规就业人员实行强制参保。同时，开始进行了农村地区非强制性的医疗保险试点，为了吸引农民参保，政府负担保费的50%，农民自己负担50%。到1988年，农村医保基本得到普及，这时通过法律要求农民强制参保。从1988年开始，韩国政府在城镇非就业人群中推行强制性医疗保险，同时加大了政府对贫困城市居民的医疗补助。到1989年，政府的全民强制性医疗保险计划在各地实施，并得到各阶层人士的认可和支持。

泰国的社会医疗保险制度直到20世纪末仍然主要覆盖城镇职业人群，而在农村地区仅建立很低水平的“健康卡”制度。为了提高农村地区的医疗保障水平，自2001年起，泰国在已推行的健康卡制度基础上开展了被称为“30铢计划”的全民健康保险计划。该计划的目的是为当时未被医疗保障制度覆盖的30%的人口提供与已参保的人员同样的医疗服务。所谓“30铢计划”，是指参与该计划的国民到定点医疗机构就诊，无论是门诊还是

① 袁林．访台归来话“全民健保”．首都医药，2000，7（4）

② 李国鸿．韩国医疗保险制度的建立及影响因素的分析．国外医学．卫生经济分册，2003，20（2）

住院，每次只需支付 30 铢挂号费（约合人民币 6 元），对低收入农民还可予免缴，即可得到大多数医疗服务项目和预防保健。被“30 铢计划”排除的仅是一些昂贵的医疗服务，例如肾透析、抗病毒药等。该计划的筹资主要来自政府税收，也有部分来自职工的社会保险缴费。①

（3）提高老年人的筹资责任。人口老龄化使得医疗服务的需求结构发生了很大的变化，为老年人提供与医疗、护理、保健相联系的综合性服务成为医疗服务的重要内容，这是传统的医疗保险制度没有覆盖的项目。日本、澳大利亚等国在建立老年护理保健制度的同时，也提高了老年人的筹资责任。例如，日本的老年介护制度要求个人负担 50％的保险费，政府负担另外的 50％。为了提高筹资的公平性，40～64 岁需要介护的人群的缴费金额是 65 岁以上老年人的 2 倍。并且在使用医疗保健项目的时候，个人还需要自费 10％。在澳大利亚，主要由政府支付老年护理的费用，但是要求个人也支付 15％的费用。

（4）控制医疗费用的措施。医疗费用快速增长，使得医疗保障的筹资面临困难。控制医疗费用的措施包括针对供方的措施和针对需方的措施。针对供方的措施包括改进支付方式，让医疗机构承担一部分费用风险，限制医疗服务的报销范围等；针对需方的措施包括提高个人自费比例，设定起付线、封顶线等。

目前，在英国、美国、德国等开始引入门诊按人头支付、住院按病种支付的付费方式，让医院承担一部分医疗费用的风险，促进医疗机构主动控制医疗费用，避免医生诱导需求。在泰国的“30 铢计划”中也采用了门诊“按人头付费”和住院“按病种付费”相结合的方式。在实行按项目付费的国家，一般都制定了医疗保险支付目录，把临床价值较低、费用过高的项目排除在医疗保险支付之外。在法国、瑞典、挪威等西欧福利国家，20 世纪 80 年代以来都采取了针对需方的医疗费用控制措施，例如设定基本医疗保险的起付线，将某些本来由基本医疗保险负担的费用转由补充医疗保险支付等。

三、我国城乡医疗保险筹资与待遇水平比较分析

我国基本医疗保险制度由城镇职工基本医疗保险、城镇居民医疗保险、新型农村合作医疗组成，城镇职工基本医疗保险覆盖城镇所有用人单位，包括企业（国有企业、集体企业、外商投资企业、私营企业等）、机关、事业单位、社会团体、民办非企业单位及其职工②；城镇居民基本医疗保险覆盖中小学阶段的学生（包括职业高中、中专、技校学生）、少年儿童和其他非从业城镇居民③；农村合作医疗制度覆盖农民④。

目前，医疗保险制度实现了制度上全覆盖，截至 2007 年年底，城镇职工、城镇居民和新农合参保人数高达 9.5 亿人，占全国人口的 70％。其中，参加城镇职工基本医疗保险的参保人员达 1.8 亿人，较上年增长 14.6％；城镇居民医保覆盖全国 29 个省份的 137 个

① Hilary Towse，Thailand：the 30 baht health plan，studentBMJ 2003；11：175-218

② 《国务院关于建立城镇职工基本医疗保险制度的决定》（国发［1998］44 号）

③ 《国务院关于开展城镇居民基本医疗保险试点的指导意见》（国发［2007］20 号）

④ 2003 年卫生部、财政部和农业部《关于建立新型农村合作医疗制度的意见》，2003 年。

地市692个区县，共4 291万名城镇居民参加了医保，其中中小学生（含儿童）、大学生和成年人参保率分别占52.8%、1.6%和45.6%；新农合覆盖了全国2 451个县（区、市），参合农民7.3亿人，参合率为86.2%。与2006年相比，新增县（区、市）1 000个，参保人员3.2亿人，参合率增长5.5%①。同时，基金规模增长迅速。2007年我国基本医疗保险收支规模达3 819亿元，其中医保基金收入2 257亿元，财政补助32.7亿元，占基金总收入的1.5%，基金累计结存2 477亿元②。城镇职工基本医疗保险基金收入的2 214亿元中，财政补助11.8亿元，占基金总收入的0.5%；居民医保基金收入43亿元中，财政补助20.8亿元，占基金总收入的48.5%③，几乎占其收入的一半。

城镇职工基本医疗保险、城镇居民医疗保险、新型农村合作医疗由于制度模式不同，其筹资方法、筹资标准有差异，下文将对其进行详细的分析。

（一）筹资比较分析

医疗保险筹资为制度运行提供财务基础，城镇职工、城镇居民和新型农村合作医疗筹集额主要受筹资模式、筹资标准、筹资水平以及实际运作能力等因素的影响。

1. 筹资模式各有特点

从制度设计来看，城镇职工医疗保险制度的筹资模式与城镇居民医保及新农合不同，前者主要为社会保险费筹资模式，后两者皆为社会保险费和税收筹资（详见专栏1）。

专栏1

（1）城镇职工医疗保险

出台时间：《国务院关于建立城镇职工基本医疗保险制度的决定》于1998年出台并实施。

筹资模式：以社会保险费筹资为主，税收筹资为辅，主要是对困难群体给予的补贴，筹资额由用人单位和职工共同缴纳组成。

缴费基数：缴费基数为职工工资。

费率：单位费率为职工工资总额的6%左右，职工费率为本人工资收入的2%。职工个人缴纳的基本医疗保险费，全部计入个人账户。用人单位缴纳的基本医疗保险费分为两部分，一部分用于建立统筹基金，一部分划入个人账户。划入个人账户的比例一般为用人单位缴费的30%左右，具体比例由统筹地区根据个人账户的支付范围和职工年龄等因素确定。

从实际运作情况来看，2007年全国医疗保险统账结合模式的单位平均费率为7.4%，比上年高0.03%，个人平均费率为2.3%（由于灵活就业人员个人费率较高导致超过2%），比上年高0.02%。划入个人账户的比例全国平均为29.1%，略高于

---

① 《2007年我国卫生事业发展统计公报》，卫生部，2008年。

② 人力资源和社会保障部社会保险事业管理中心，2008年7月。

③ 人力资源和社会保障部社会保险事业管理中心。

2006 年的 28.8%；单建统筹基金平均费率为 4.8%，较上年高 0.2%①。

(2) 城镇居民医疗保险

出台时间：《国务院关于开展城镇居民基本医疗保险试点的指导意见》于 2007 年出台并正式实施试点，2007 年试点城市为 79 个，2008 年增至 312 个。

筹资模式：以社会保险费和税收筹资组成，筹资额由居民个人缴费和财政补助、补贴共同组成，其中个人缴费所占部分较大。

缴费标准：缴费标准由试点城市当地的经济发展水平、成年人、未成年人等不同人群的基本医疗消费需求和当地居民家庭和财政的负担能力确定；由于我国地域广阔、经济发展水平不均衡，导致筹资标准差异较大，从 2007 年全国 79 个试点城市数据来看，最高最低相差达 7 倍之多。

(3) 新型农村合作医疗保险

出台时间：《关于建立新型农村合作医疗制度的意见》于 2003 年出台并实施。

筹资模式：以税收筹资为主，社会保险费为辅，筹资总额主要由个人缴费，中央、省、市（县）三部分财政补助组成，其中财政补助和补贴占主要部分。

缴费基数：以收定支，量入为出，逐步调整，保障适度的原则。农民个人每年的缴费标准不应低于 10 元，有条件的乡村集体经济组织给予适当扶持，地方财政每年对参加新农合的农民资助不低于人均 10 元，中央财政对中西部地区参加新型农村合作医疗的农民按人均 10 元/年补助。到 2008 年，各级财政对参合农民的补助标准提高到每人每年 80 元，其中中央财政对中西部地区参合农民按 40 元给予补助，农民个人缴费由每人每年 10 元增加到 20 元。②

2. 筹资水平差距较大

医疗保险费用的筹资水平主要取决于缴费基数与缴费比例，筹资总额还与缴费人数、财政补助到位率等因素相关。从我国现行医疗保险制度来看，收入水平与人均筹资水平成正比，人群整体收入越高缴费也越多。以 2007 年个人人均筹资额为例：城镇职工筹资水平是城镇居民的 13.2 倍，是农民的 18.2 倍。

（1）城镇职工筹资水平最高。2007 年全国统账结合医疗参保职工的年人均缴费基数为 18 800 元，比 2006 年增加 2 010 元，增长 12.0%；单建统筹参保职工的年人均缴费基数为 10 598 元，比上年减少 1 957 元，降低了 15.6%，主要原因是因为参保农民工缴费基数较低。

人均筹资额为 1 606 元，比 2006 年的 1 172 元增长 37.1%，平均划入个人账户比例为 29.1%，人均统筹基金筹资额为 789 元，比 2006 年增加 91 元，增长了 13.1%（详见附表 2—1）。

（2）城镇居民筹资水平次之。2007 年城镇居民医疗保险实际收入 42.97 亿元，其中个

① 人力资源与社会保障部社会保险事业管理中心。

② 卫生部、财政部《关于做好 2008 年新型农村合作医疗工作的通知》（卫农卫发［2008］17 号）

人缴费收入 21.97 亿元，占总收入的 51.14%；财政补助和财政补贴收入 20.84 亿元，占基金收入的 48.5%。

2007 年人均筹资额 119 元，人均个人缴费 62 元，占人均筹资额的 52.1%；人均财政补助为 57 元，占人均筹资额的 47.9%（详见附表 2—1）。

（3）农民筹资水平最低。截至 2007 年年底，全国 72 个试点城市的有效样本表明，已参加新型农村合作医疗保险的农业人口数为 1.17 亿人，新农合的人均筹资额为 48.4 元，财政补助对新农合的人均补助额 45.45 元[①]（详见附表 2—1）。

附表 2—1　　2007 年不同参保人员人均筹资额比较　　元，%

分类	人均筹资额	统筹基金（财政补助）人均筹资额	占人均筹资额比例	人均个人缴费（含集体）筹资额	占人均筹资额比例
城镇职工基本医疗保险	1 606	789	49.1	817	50.9
城镇居民基本医疗保险	119	57	47.9	62	52.1
新型农村合作医疗	93.8	48.4	51.6	45.4	48.4

（二）待遇水平分析比较

医疗保险待遇水平与基金筹集模式关系不大，但受基金筹资标准、筹资水平、报销起付线、封顶线、共付段报销比例、医疗保险报销范围等因素的影响。2007 年我国基本医疗保险基金支出 1 562 亿元，其中居民医保 10.12 亿元。新农合基金支出 346.6 亿元，补偿支出受益人次 4.5 亿[②]，受益人次较上年增加了 65%。从住院医疗费用中统筹基金支付比例来看，城镇职工最高，为 66.4%；城镇居民次之，为 38.6%；农民最低，为 36.7%（详见附表 2—2），相比之下，居民和农民个人负担较职工重得多。

附表 2—2　　医疗保险住院医疗费用中统筹基金支付比例比较

项目	报销比例均值（%）	个人负担比例（%）
城镇职工医保	66.4	28.8
城镇居民医保	38.6	61.4
新农合	36.7	63.3

1. 城镇职工享受医疗保险待遇水平稳定

2007 年城镇职工人均统筹基金支出 514 元，比上年增长 7.0%。人均住院费由 2003 年的 4 154 元提高到 2007 年的 6 460 元，年均增长 11.7%，其中个人负担比例保持在 28%左右。2007 年住院费支出中个人支付占 28.8%，统筹基金支付 66.4%，其余 4.8% 为个人账户、公务员医疗补助、大额医疗互助资金支付，三者比例近几年变化不大，基本

①② 国务院城镇居民基本医疗保险试点评估专家组，“关于城镇居民基本医疗保险试点的评估报告”，2008 年 2 月。

稳定[①]（详见附表 2—3）。

附表 2—3　　2004—2007 年城镇职工住院费个人负担比例

年度	个人负担比例（%）
2004	27.0
2005	28.0
2006	28.6
2007	28.8

2. 城镇居民享受待遇水平低于城镇职工，且差距较大

2007 年，全国共有 181.47 万人享受了城镇居民基本医疗保险待遇，占参保居民总数的 4.2%。其中：门诊大病待遇享受人数为 1.16 万人，住院医疗待遇享受人数 47.3 万人。次均住院费为 4 477 元，其中：统筹基金支付 1 727 元，占次均住院医疗费的 38.6%，占政策范围内费用的 49.7%；个人负担 2 440 元，占 54.5%[②]。相比之下，城镇居民个人负担的部分明显高于城镇职工自付部分。

3. 农民享受待遇水平最低，个人负担最重

农民享受医疗保险服务较上年有所提高，2007 年，县级医院诊疗人次数达 3.3 亿次，入院人数 1 890.5 万人，病床使用率 69.7%。与上年相比，县级医院诊疗人次增加 0.3 亿人次，住院人数增加 312.0 万人。乡镇卫生院诊疗人次由 2006 年的 7.0 亿人次增加到 2007 年的 7.6 亿人次，住院人数由 1 836 万人增加到 2 662 万人；病床使用率由 39.4%提高到 48.4%。[③]

但相比城镇职工和居民，农民享受的医疗保险待遇还是最低的。2007 年抽样调查数据显示，新型农村合作医疗住院总费用中统筹基金支付比例为 36.7%[④]，个人自付 63.3%，为三类人群中自付比例最高的（详见附表 2—2）。

（三）医疗保险基金结余分析

城镇企业职工医疗保险制度已建立 10 余年，近几年基金结余一直呈上升趋势，到 2007 年年底累计结存已达 2 477 亿元。城镇居民医保 2007 年刚刚开始试点，新农合开展时间也不过四五年，基金存在非正常结余。

1. 城镇职工基本医疗保险基金结余增长迅速

2007 年城镇职工基本医疗保险当期结余 662.57 亿元，结存率为 29.9%，比 2006 年增加了 3.0%。其中当期统筹基金结余 463.47 亿元，结存率 34.8%，较上年上涨 3.7%。从近 5 年数据来看，统筹基金结余率呈先降后升的趋势，由 2003 年的 26.68%先降至 2005 年的 25.1%，后升至 2007 年的 34.8%。2007 年统筹基金累计结余 1 558.16 亿元

① 数据来源：人力资源与社会保障部社会保险事业管理中心。

② 国家发改委. 2006 年中国居民收入分配年度报告. 2007 年。

③④ 国务院城镇居民基本医疗保险试点评估专家组，“关于城镇居民基本医疗保险试点的评估报告”，2008 年 2 月。

（人均结存 865 元），结存率高达 180%，以 2007 年月平均支出水平计算，统筹基金累计结存可支付 21.5 个月基金支出，比 2006 年年底增加 3.5 个月。

2. 城镇居民基本医疗保险基金结余较大

截至 2007 年年底，城镇居民医疗保险基金累计 36.08 亿元，其中当期结余 32.85 亿元，结存率 76.5%。结存率高的原因有二，其一是居民参保后医疗服务利用率未释放；其二是该基金含有 2008 年的预缴费用。因此该基金的高结余只是暂时的，与城镇职工基金结余没有可比性。

（四）主要问题

通过上述分析，可以发现覆盖我国城乡人口的医疗保险制度在筹集和支付阶段存在的主要问题反映在以下两个方面：其一，城镇居民与新型农村合作医疗人均筹资标准缺乏科学性；其二，医疗保障水平偏低，群体间保障水平差距大，参保人员负担较重。

1. 城镇居民与新型农村合作医疗人均筹资标准的制定缺乏科学性

目前三种医疗保险制度中个人筹资方式各不相同，城镇职工医疗保险缴费明确规定为职工工资的一定比例；城镇居民缴费标准虽是各地相关部门自行规定，但多数地区同农民新农合一样按定额缴费，与参保人员的收入基本上完全脱钩。随着经济的增长，人们收入水平的提高，政府会出台相关文件对缴费基数进行调整，如卫农发［2008］17 号规定，从 2008 年起农民个人缴费由每人每年 10 元增加到 20 元，缴费标准不能跟随参保人员收入水平的变化自动调整，只能通过政策指令的干预发生改变。

2. 医疗保障水平偏低，群体间保障水平差距大，参保人员负担较重

现行三种医疗保险制度的保障水平整体偏低，从 2007 年报销水平来看，城镇职工最高为 66.4%，城镇居民次之为 38.6%，新农合最低为 36.7%。待遇水平偏低，主要为共付段分担比例低，纳入制度报销范围内药品、医疗服务少，基金结余过多等原因造成的。

共付段是指住院或门特基本医疗费用中，起付标准以上、封顶线以下由参保人员和统筹基金按比例共同负担的基本医疗费用，不同等级的医院，不同类别、年龄的人员可能会有不同的共付段医疗费分担比例。以我国目前的情况来看，全国没有统一的标准，一般而言，对于城镇职工，同一类人员，医疗等级与统筹基金共付段医疗费分担比例成反比，与个人分担比例成正比；对同一等级医院而言，在职参保人员的统筹基金共付段医疗费分担比例较退休参保人员低，个人分担比例正好相反，这与政策导向密切相关（以广州市的做法为例，详见附表 2—4）。

附表 2—4　城镇职工共付段报销比例　%

医院等级	在职职工		退休人员	
	统筹基金支付	个人支付	统筹基金支付	个人支付
一级定点医疗机构	90.0	10.0	93.0	7.0
二级定点医疗机构	85.0	15.0	89.5	10.5
三级定点医疗机构	80.0	20.0	86.0	14.0

资料来源：《广州市城镇居民基本医疗保险试行办法》（广州市人民政府令第 11 号）。

对于参合农民，同样符合这个规律，医院级别越高，住院费中统筹基金报销比例则越低（详见附表2—5）。

附表2—5　新型农村合作医疗保险住院费用不同医院的报销比例　%

分项		乡镇医院	县级医院
最高报销比例	最高值	70	55
	最低值	1	1
	中位数	40	30
最低报销比例	最高值	95	95
	最低值	37	20
	中位数	60	47

资料来源：国务院城镇居民基本医疗保险试点评估专家组，“关于城镇居民基本医疗保险试点的评估报告”，2008年2月。

2007年我国城镇职工统筹基金累计结存率高达180%，可支付21.5个月基金支出。在此情况下，适当提高共付段报销比例，降低基层医疗机构起付线，提高基层医疗机构就医费用报销比例。一方面可减轻参保人员个人负担，维护和保障其基本医疗保险权益；另一方面，可从政策上引导那些多发病、常见病患者尽可能的分流到级别较低医院就医。2007年我国一级及以下级别医疗机构数有47 929家，占全部医疗机构数的76.14%，但其住院费仅占全部住院费总支出的8.8%①，呈明显的倒挂状态。如果能合理地将轻病患者分流到该类医院，既利于低级别医院资源的充分利用，又可使高级别医院集中高、精、尖技术救治危、重病人，使各类医院都能得到良好的、均衡的发展。

不论城镇职工，还是城镇居民医疗保险制度或新农合，都只是对制度规定范围内发生的医疗费用按比例进行报销，不在范围内的一律自费，这样参保人员就有两部分需要自费，一部分为制度规定统筹金不能支付的，另一部分为不在制度规定范围内的。以2007年全国部分试点城市居民医疗自付数据为例，报销范围内的门诊大病，参保居民（成年居民）平均自付均在37.8%以上，最高为老年居民，自付率达52.1%；而如果包括报销范围以外的自费部分，则居民全部医疗费平均自付率将大比例增加，成年居民自付率最低，为48.1%，最高是老年居民高达80%；同样情况，制度规定范围内的住院费用个人自付比例在41.0%～47.0%之间，但考虑全部自费部分，则个人平均费用将升至50%～61%，平均增加10%～15%（详见附表2—6）。

因此，从根本上减轻参保人员的个人负担，不仅要逐步提高制度范围内统筹基金分担比例，而且需不断扩大必要的医疗服务范围，把老百姓必需的药品、医疗服务项目纳入报销范围，才能让百姓真正得到良好的医疗保障。

① 数据来源：人力资源与社会保障部社会保险事业管理中心。

附表 2—6　　2007 年全国部分试点城市居民医疗费负担情况　　%

人员分类	门诊大病			住院		
	报销范围内统筹基金平均支出所占比例	报销范围内个人平均支出所占比例	全部医疗费中个人平均负担比例	报销范围内统筹基金平均支出所占比例	报销范围内个人平均支出所占比例	全部医疗费中个人平均负担比例
成年居民（不含老年居民）	53.0	37.8	48.1	35.8	46.9	61.1
老年居民	43.0	52.1	79.9	41.7	41.0	50.4
学生儿童	50.8	47.5	51.7	33.1	44.1	55.3

数据来源．2007 年 79 个城镇居民医疗保险试点城市统计报表．医保研究会。

四、2008—2020 年城乡基本医疗保障筹资与待遇水平预测

城镇职工医疗社会保险费筹资模式，城镇居民医保与新农合的社会保险费和税收联合筹资模式，对困难人群的财政补贴制度，能提高医疗服务利用公平性和医疗资源使用效率，应继续坚持和完善。群体间筹资水平差距大、基金结余多、保障水平低，有制度设计不足、管理能力不高的原因，也有经济发展水平低、财政投入不足的原因，可通过发展经济、完善制度政策、提高管理能力等综合手段解决，通过逐步提高筹资来提高待遇水平、缩小群体间差距。以下测算未来 12 年经济发展所能支撑的城乡基本医疗保障筹资及与其相应的待遇水平。

医疗消费总需求（医疗保险基金支出）受参保人数、患病率、医疗服务利用率（两周门诊率与年住院率）、医疗服务价格等因素影响。在正常情况下，患病率短期内相对稳定，医疗服务利用率受医疗保险政策（起付线、封顶线、报销比例）、消费水平（人均年消费额）影响。医疗消费总供给（医疗保险基金收入）受参保人数、人均筹资水平的影响。

基金未来支出主要由住院待遇支出、门诊大病待遇支出与门诊统筹待遇支出构成，由于目前缺乏门诊大病与门诊统筹医疗费用支出，本文主要通过住院待遇支出收支分析确定筹资额。

住院待遇支出＝参保人数×年住院率×次均住院费用×报销比例

基金收入＝参保人数×人均筹资额

基金收入与住院待遇支出两者之间相差，住院待遇支出占基金收入的比例。当前，基金结余过多，有三方面的原因，一是住院待遇报销比例低，二是参保人群部分潜在住院需求未释放，三是未支付门诊大病待遇与门诊统筹待遇。为了使问题简化，分析中使用住院待遇支出占基金收入的比例变量反映基金收入与住院待遇支出两者间的关系，得以下公式：

参保人数×人均筹资额×住院待遇支出占基金收入的比例＝参保人数×年住院率×次均住院费用×报销比例

简化上式得以下关系式：

人均筹资额 =年住院率×次均住院费用×报销比例/住院待遇支出占基金收入的比例

年住院率数据缺失时，可用住院补偿人次比率取代。

(一) 新型农村合作医疗

1. 2007 年基础数据

2007 年，参合农民人均筹资额为 45 元，财政补助对新农合的人均补助额 45 元①，参合农民住院补偿人次比率为 2.63%②，次均住院费用为 3 500 元③、住院总费用中统筹基金支付比例为 36.74%④，统筹基金支出占收入的比例为 80.9%⑤，农民家庭人均纯收入为 4 140 元。

2. 2008—2020 年测算与分析

参照历史数据，考虑医疗消费弹性大于 1、医疗保险对不合理医疗费用增长的控制作用相抵，假设未来各年次均住院费用年增长率为 7%⑥，则 2010 年、2020 年次均住院费用分别达到 4 288 元、8 434 元。我国保持近 30 年的经济高速增长，未来仍将保持高位增长，但增速下降，可假设农民家庭人均纯收入年增长率由目前的 10%降至 2020 年的 7%⑦，则 2010 年、2020 年农民家庭人均纯收入达到 5 525 元、11 281 元。假设参合农民住院补偿人次比率增长到 2020 年的 8.3%，略低于城镇职工 2003 年至 2007 年的平均水平⑧（详细数据见附表 2—7）。

2010 年，如果住院费用报销比例提高到 50%，住院待遇支出占基金收入的比例提高到 50%，则人均年筹资额应达到 150 元，相当于人均年纯收入的 2.7%，如果人年均财政补助 120 元，则个人筹资额应达到 30 元。在其他条件不变时，如果将住院费用报销比例分别提高到 60%、70%时，则人均年筹资额应分别达到 180 元、210 元。如果将住院待遇支出占基金收入的比例提高到 70%，住院费用报销比例分别提高到 60%、70%时，则人均年筹资额应分别达到 147 元、171 元。

2020 年，如果住院费用报销比例提高到 60%，住院待遇支出占基金收入的比例提高到 70%，则人均年筹资额应达到 597 元，相当于人均年纯收入的 5.3%，如果人年均财政

①④ 国务院城镇居民基本医疗保险试点评估专家组，“关于城镇居民基本医疗保险试点的评估报告”，2008 年 2 月。

② 根据 2007 年 7 月 10 日卫生部新闻发布会数据推算。2006 年第一季度，参加合作医疗人口 37 435.85 万人，累计受益（含住院、门诊、体检及其他）3 374.79 万人次。其中，住院补偿 246.10 万人次，门诊补偿 2 747.74 万人次，其他补偿（慢性病及住院分娩等）41.70 万人次。

③ 推算数。推算依据：(1) 2007 年 7 月 10 日卫生部新闻发布会上公布，2003 年参合农民住院次均补偿 783.6 元，占次均住院总费用的 23.2%；(2)《卫生统计年鉴 2008 年数据》，2007 年住院病人人均医疗费 4 974 元，其中县级市属医院与县属医院住院病人人均医疗费分别为 3 775 元、2 442 元。

⑤ 此处基金支出包括住院、门诊、慢性病及住院分娩等补偿。2007 年新型农村合作医疗筹资额为 428 亿元，支出为 346.6 亿元。

⑥ 2003—2007 年，住院病人人均医疗费年增长 6.2%（《卫生统计年鉴 2008》96 页）。2007 年，城镇职工年住院率为 9.95%。

⑦ 2003—2007 年，农民家庭人均纯收入年增长 12.1%，1997—2007 年，农民家庭人均纯收入年增长 7.1%。

⑧ 参照 2007 年全国居民年住院率为 7.54%（2007 年我国卫生事业发展统计公报）标准确定。

附表2—7　　新型农村合作医疗保险住院费用报销比例与筹资水平分析

年份	2007	2010	2015	2020
补偿人数比增长率（%）	3	5	5	5
次均住院费用增长率（%）	7	7	7	7
医疗费用中报销范围内比例（%）	80	80	85	85
住院率增长率（%）	4	4	4	4
人均纯收入增长率（%）	10	10	7	7
财政筹资占总筹资额比例（%）	80	80	78	75
住院补偿支出占基金收入的比例（%）	40	49	64	70
报销比例（%）	37	50	55	60
次均住院费用（元）	3 500	4 288	6 014	8 434
补偿人数比（%）	2.6	3.4	5.3	8.3
人均筹资额（元）	50	150	275	597
其中：财政	40	120	213	448
个人	10	30	62	149
人均纯收入（元）	4 140	5 525	8 005	11 281
人均筹资比例（%）	1.2	2.7	3.4	5.3
其中：个人	0.2	0.5	0.8	1.3

补助75%，则个人筹资额应达到149元，相当于人均年纯收入的1.3%。在其他条件不变时，如果将住院费用报销比例分别提高到70%、80%时，则人均年筹资额应分别达到696元、796元。如果将住院待遇支出占基金收入的比例提高到80%，住院费用报销比例分别提高到70%、80%时，则人均年筹资额应分别达到609元、696元。

（二）城镇居民医疗保险

1. 2007年基础数据

2007年，全国共有181.47万人享受了城镇居民基本医疗保险待遇，占参保居民总数的4.23%。其中：门诊大病待遇享受人数为1.16万人，住院医疗待遇享受人数47.27万人。次均住院费为4 477元，其中：统筹基金支付1 727元，占次均住院医疗费的38.57%，占政策范围内费用的49.65%。[①] 人均筹资额119元，个人缴费62元，财政补助为57元。2007年城镇居民医疗保险实际收入42.97亿元，支出10.12亿元，当期结余32.85亿元，结存率76.45%。城镇居民家庭可支配收入为13 786元。

2. 2008—2020年测算与分析

参照历史数据，考虑医疗消费弹性大于1、医疗保险对不合理医疗费用增长的控制作

① 卫生部. 2007年我国卫生事业发展统计公报. 2008

用相抵，假设2008—2020年城镇居民次均住院费用年增长率为7%[①]，则2010年、2020年次均住院费用分别达到5 486元、10 791元。我国保持近30年的经济高速增长，未来仍将保持高位增长，但增速下降，假设城镇居民家庭人均可支配收入年增长率由目前的10%降至2020年的7.8%[②]，则2010年、2020年城镇家庭人均可支配收入达到17 852元、37 833元。2020年，享受住院待遇人数占参保人数比率达到9.9%，与城镇职工2003年至2007年的平均水平持平[③]（详细数据见附表2—8）。

附表2—8　　城镇居民基本医疗保险住院费用报销比例与筹资水平分析

年份	2007	2010	2015	2020
补偿人数比增长率（%）	10	5	5	5
次均住院费用增长率（%）	7	7	7	7
医疗费用中报销范围内比例（%）	78	80	85	85
住院率增长率（%）	4	6	6	6
人均纯收入增长率（%）	17	8	8	8
财政筹资占总筹资额比例（%）	45	52	53	53
住院补偿支出占基金收入的比例（%）	20	45	60	70
报销比例（%）	50	55	58	60
次均住院费用（元）	4 478	5 486	7 694	10 791
补偿人数比（%）	1.1	3.6	5.9	9.9
人均筹资额（元）	119	239	438	916
其中：财政	80	124	232	485
个人	20	115	206	430
人均纯收入（元）	13 786	17 852	25 988	37 833
人均筹资比例（%）	0.9	1.3	1.7	2.4
其中：个人	0.1	0.6	0.8	1.1

2010年，如果住院费用报销比例提高到55%，住院待遇支出占基金收入的比例提高到45%，则人均年筹资额应达到239元，相当于人均年可支配收入的1.3%，如果人年均财政补助120元，则个人筹资额应达到139元。在其他条件不变时，如果将住院费用报销比例分别提高到60%、70%时，则人均年筹资额应分别达到260元、304元。如果将住院待遇支出占基金收入的比例提高到60%，住院费用报销比例分别提高到60%、70%时，则人均年筹资额应分别达到195元、228元。

2020年，如果住院费用报销比例提高到60%，住院待遇支出占基金收入的比例提高

① 2003—2007年，住院病人人均医疗费年增长6.2%（《卫生统计年鉴2008》96页）。

② 2003—2007年城镇家庭人均可支配收入年增长12.9%，1997—2007年城镇家庭人均可支配收入年增长10.3%。

③ 参照2007年全国居民年住院率为7.54%（2007年我国卫生事业发展统计公报）标准确定。

到 70%，则人均年筹资额应达到 916 元，相当于人均年纯收入的 2.4%，如果人年均财政补助 70%，则个人筹资额应达到 430 元，相当于人均年纯收入的 1.1%。在其他条件不变时，如果将住院费用报销比例分别提高到 70%、80%时，则人均年筹资额应分别达到 1 068 元、1 221 元。如果将住院待遇支出占基金收入的比例提高到 80%，住院费用报销比例分别提高到 70%、80%时，则人均年筹资额应分别达到 935 元、1 068 元。

（三）城镇职工医疗保险

城镇职工基本医疗保险制度自 1994 年试点以来，经过不断地探索积累经验，目前已实现平衡运行。2003—2007 年，参保人员住院率和次均住院床日均高于全国卫生统计数据，城镇职工统筹基金当期结余率在 25%～35%之间，住院费用中由统筹基金支付的比例在 62%～66%之间，继续执行当前的筹资政策，调整补偿政策，可逐步将当期结余率降至 10%左右，同时将待遇水平提高到 80%。

未来 12 年，如果城镇职工年工资增长率与农民人年均纯收入持平，城镇职工基本医疗保险筹资比例保持不变，城镇职工 2010 年、2020 年人均医疗保险费筹资额分别为 2 106 元，4 462 元，分别是新型农村合作医疗人均筹资额的 14.5 倍、7.4 倍，分别是城镇居民医疗保险人均筹资额的 8.8 倍、4.9 倍；如果考虑基金平衡因素，城镇职工 2010 年、2020 年人均医疗保险费筹资额只需 1 411 元，3 142 元，分别是新型农村合作医疗人均筹资额的 10.2 倍、5.2 倍，分别是城镇居民医疗保险人均筹资额的 6.2 倍、3.4 倍。城乡居民医疗保险筹资差距逐步缩小，同时待遇差距水平缩小。

五、城乡医疗保险筹资机制完善目标和重点

当前，应针对城乡医疗保险筹资水平差距大、负担不公平等突出问题，进一步完善筹资机制，实现全体居民平均地享有基本医疗保障的目标。

（一）目标

建立适应制度发展的、完善的筹资机制。与经济社会发展水平相适应的筹资增长机制全面建立，国家、单位、家庭和个人分担机制进一步健全，以费用补偿范围、标准完善为基础的参保激励机制得到加强。通过制度、机制、体制完善，到 2010 年实现城镇居民 100%的参保目标，城镇职工和居民医疗保险政策范围内住院医疗费用的支付比例分别提高到 75%和 55%以上，新农合报销比例也要达到 50%以上，群众医药费用负担明显减轻；到 2020 年，对于医疗保险政策范围内住院医疗费用，城镇职工、城镇居民、农民支付比例分别提高到 80%、60%、60%以上，群众医药费用负担显著减轻，统筹层次逐步提高，保障水平差距明显缩小，为最终实现制度框架的基本统一奠定基础。

实现以上目标具有现实的可行性。一是从筹资来看，近年来我国经济保持高速发展，人民群众收入增长较快，城镇职工基本医疗保险人均缴费基数保持了 10%以上的增长速度。2009—2020 年是小康社会建设的关键时期，我国经济仍将保持较快的增长，财政收入增长，医疗保障筹资和补助水平具有进一步提高的可能。二是从支出看，随着医疗保险

制度的推开，管理不断加强，医疗保险对医疗机制费用的制约机制逐步开始发挥作用，医疗费用过快增长的势头得到控制，并进入正常增长阶段。三是从风险控制能力看，随着参保人数快速增长，统筹层次逐步提高，医疗保险基金的共济能力将有所增强。因此，2009—2020年在逐步提高筹资水平，加强医疗保险管理的情况下，我们有能力逐步提高住院医疗保障待遇水平。四是从待遇水平看，健康权与生存权是居民的基本权利，应优先保证。理论上说，自费比例低于10%将缺乏费用控制作用，高于40%则失去保险的吸引力，23%是一个中界点①，提高医疗费用报销比例是一个较长的过程，应逐步提高并向理想的报销水平靠拢。

（二）筹资机制完善

1. 建立随着经济发展、工资增长与家庭收入水平增长而增长的医疗保险筹资机制

筹资水平为医疗消费、生存健康提供经济保障基础，收入水平决定支出和消费能力，因此应参照收入水平确定医疗消费（筹资）水平。考虑到医疗消费、经济增长、国民收入、工资增长四者间的正相关关系，可将参保者人均筹资额定为本人工资或其家庭人均纯（可支配）收入的一定比例，医疗保险筹资额随着工资和收入水平而增长，保证人民基本医疗消费不降低。从长期来讲，经济发展促使消费结构升级，健康支出占总支出的比重增大，人均筹资额占本人工资或其家庭人均纯（可支配）收入的比例应逐步提高，要保证人均医疗保险筹资额的工资弹性大于1，同时要避免筹资水平过高加重筹资主体的负担，影响经济社会的发展。

政策上，城镇职工医疗保险筹资水平随着工资和经济发展的正常增长机制已经建立。实际运行中，由于参保困难企业只建立了统筹基金、灵活就业人员执行低费率政策，2003—2007年城镇职工人均筹资额年均增长10.7%，低于经济、在岗职工工资增长水平。下一步是通过完善政策、多渠道筹资，确保人均筹资额正常增长。

新型农村合作医疗制度实施以来，政策上按人均定额方式筹资，2007年前为人年均50元、2008年为100元，实际筹资保持在这一水平。2005—2007年人均筹资额占农村人均家庭纯收入比例低于1.55%且逐年下降，人均筹资额于2008年跳跃性地增长到100元，估计占当年农村人均家庭纯收入的2.1%。显然筹资实现了零的突破，但仍无法保障农民基本医疗需求。从公平的角度考虑，应建立筹资水平正常增长机制，参照农村人均家庭纯收入确定筹资水平，考虑到群体间的差别，筹资比例应由目前的2%逐步提高到2020年的不低于5%的水平，即2020年的筹资比例不低于城镇职工统筹基金部分的费率。

虽然城镇居民医疗保险政策明确，应根据经济发展水平、基本医疗消费需求、负担能力确定筹资水平，以家庭缴费为主，但由于缺乏具体的筹资额计算标准，实际上是按人均定额筹资。2007年88个试点城市居民医疗保险人均筹资额为119元，占城镇家庭人均可支配收入的0.86%，估计2008年该比例更小。下一步，应建立筹资水平正常增长机制，参照城镇家庭人均可支配收入确定筹资水平，筹资比例应由目前的1%逐步提高到2020年

① 张笑天等. 医疗保险原理与方法. 北京：中国人口出版社，1996. 216

达到合适的比例。

2. 建立合理的费用分担机制，财政对贫困、低收入群体定向补贴机制

筹资责任应确定筹资主体，并形成合理的分担机制。城镇职工医疗保险缴费责任主体为参保单位与职工本人，退休职工不承担缴费责任，可看做是“代际共济”模式下其在职时对上一代承担缴费义务的回报，政府对破产国有企业的退休职工在计划体制下的工作期间积累的医疗保障权益承担补偿义务，政府同时承担基金缺口责任。

对城镇非就业人员以及农民等无收入、低收入群体，应在充分发挥家庭缴费责任的基础上，明确政府缴费补贴责任，既避免个人过度的依赖政府，又能保障其基本需求，可参照家庭人均收入、职工平均工资确定政府补贴的比例，农村新型合作医疗筹资中政府出资比例略为下降，以城镇职工医疗保险基金中单位缴费所占的比例为限；同时，城镇居民医疗保险筹资中政府出资比例适度增加，基本实现财政医疗保险城乡投入均等化。

对低保、残疾家庭等特困家庭，政府应免除参保人员个人缴费。

3. 探索按家庭为单位参保、防止逆向选择机制

对城镇居民医疗保险、新型农村合作医疗制度，参保者缴费时能享受政府补贴，参保后能享受医疗费用报销。为了防止逆向选择，在家庭内选择老人、病人等“高危”人员参保，应探索建立以家庭为单位参保的机制。

4. 完善基金平衡机制

建立与经济发展水平、工资增长与家庭收入水平而增长的医疗保险筹资机制，保证医疗保险基金稳步增长。筹集医疗保险基金的目的是为了通过费用补偿，保证参保者获得公平的医疗服务和提高健康水平，一方面要求医疗保险统筹基金收支平衡，防止基金结余过多，基金资源闲置与浪费，另一方面要求医疗保险统筹基金支出在人群间分布比较合理。

在当前，医疗保险基金筹资水平偏低的状况下，应高度重视基金平衡问题，将基金结余率控制在合理的范围内，通过完善支付办法、提高补偿水平等手段完善基金收支平衡机制。

同时，进一步完善医疗费用补偿机制、医患双方制约机制，建立筹资水平、缴费年限和待遇水平相挂钩的机制，形成协同有效的医疗保障机制，推动制度发展。

（三）提高待遇水平

建立医疗保障筹资正常增长机制的目标是逐步提高医疗待遇并达到适度的水平。具体有以下几种手段：

一是提高住院医疗费用支付水平。通过提高封顶线、控制医疗保险基金起付标准，适当提高报销比例，提高住院医疗保障待遇水平。

政策规定城镇职工住院费用报销封顶线为统筹地区职工年平均工资的 4 倍左右，随着职工工资增长而提高；城镇居民与农民住院费用报销封顶线一般规定为定额。从政策执行情况来看，职工、城镇居民、农民的住院费用报销封顶线依次降低，大多数地区未按年度动态调整封顶线，不利于保障参保人医疗待遇水平。封顶线应依据参保人员大病发生率、大病住院费用分布、参保人员（家庭）收入水平合理确定并动态调整，兼顾部分高额医疗支出人员与全部人员的负担水平。医疗费用分布可借助经典的对数正态分布、帕雷托分布和韦伯分布模型来估计。

政策规定城镇职工医疗费用报销起付线为统筹地区职工年平均工资的10%，随着职工工资增长而提高；城镇居民与农民医疗费用报销起付线一般规定为定额。从政策执行情况来看，统筹地区为了引导病人合理地利用医疗资源、控制医疗费用、照顾部分困难人群，起付线与医疗机构等级挂钩，退休人员适应略低的起付线，这一经验应继续坚持，可将照顾人群扩大到城乡低保家庭。职工、城镇居民、农民的医疗费用报销起付线依次降低，大多数地区多年未调整封顶线，虽然有利于降低职工医疗负担，但不应长期不变，否则不利于费用控制，浪费医疗资源，影响封顶线的提高；在基金结余多时，也可以适度地下调，但应严格控制幅度。

起付标准以上、封顶线以下的共付段费用报销比例也可根据基金结余情况动态调整，对共付段可划分为几小段并执行不同的报销比例，建立费用控制机制。

二是扩大医疗保障范围。立足社区卫生服务，创新就医结算管理方式，探索推行门诊费用统筹制度，支付比例逐步达到50%以上。

三是扩大医疗保障支付范围，适时调整医疗保险用药、诊疗项目、医疗服务设施范围。目前医疗保障支付范围过窄，如2007年全国79个试点城市居民门诊大病，政策范围内的费用报销比例为62%（成年居民），而全部费用报销比例为48%，可通过把老百姓必需的药品、医疗服务项目纳入报销范围来解决。

结余率高的新型农村合作医疗地区，可允许用家庭账户结余支付体检费用，可制定参合孕产妇计划内住院分娩费用补偿政策。可结合当地实际，酌情组织开展二次补偿，要对当年得到大病补偿的农民普遍进行再次补偿，提高基金使用率。

加强就医标准管理，控制医疗费用，节约医疗资源，为提高待遇水平创造条件。

参考文献

1. World Health Organization. The World Health Report 2006: Working Together for Health, Geneva: World Health Organization, 2006, pp. 178-186

2. Reinhard Busse, Annette Riesberg. Health Care Systems in Transition, Germany, 2004

3. WHO Regional Office for Europe. Health Care Systems in Transition, United Kingdom, 1999

4. 刘国恩，董朝晖. 医疗保险个人账户的功能和影响（综述）. 中国卫生经济学. 2006（2）25：62-65

5. Michael I. Harrison. Implementing Change in Health Systems: Market Reforms in the United Kingdom, Sweden and the Netherlands. London: Sage Publications, 2004

6. 袁林. 访台归来话“全民健保”. 首都医药. 2000，7（4）

7. 李国鸿. 韩国医疗保险制度的建立及影响因素的分析. 国外医学（卫生经济分

册）. 2003，20（2）

8. Hilary Towse. Thailand：the 30 Baht Health Plan，StudentBMJ，2003；11：175-218

9. 2003 年卫生部、财政部和农业部. 关于建立新型农村合作医疗制度的意见. 2003

10. 卫生部. 2007 年我国卫生事业发展统计公报. 2008

11. 人力资源与社会保障部社会保险事业管理中心. 2007 年全国医疗保险运行分析（内部材料）. 2008，7

12. 国务院城镇居民基本医疗保险试点评估专家组. 关于城镇居民基本医疗保险试点的评估报告. 2008，2

13. 国家发改委. 2006 年中国居民收入分配年度报告. 2007

14. 医保研究会. 2007 年 79 个城镇居民医疗保险试点城市统计报表

15. 中华人民共和国卫生部. 中国卫生统计年鉴 2008. 北京：中国协和医科大学出版社，2008

16. 张笑天等. 医疗保险原理与方法. 北京：中国人口出版社，1996

17. 卫生部，财政部. 关于做好 2008 年新型农村合作医疗工作的通知（卫农卫发［2008］17 号），2008

18. 国务院关于建立城镇职工基本医疗保险制度的决定（国发［1998］44 号），1998

19. 国务院关于开展城镇居民基本医疗保险试点的指导意见（国发［2007］20 号），2007

附件3：

国外农村养老保障发展的规律性与启示

农村居民的社会保障是各国社会保障的重要组成部分，自社会保险产生和发展以来，有关数据显示，全球172个已建立社会养老保险制度的国家中，有70个国家的社会养老保险制度已覆盖到农村。就农村养老保险的主体部分而言，各国的农村养老保险与城镇养老保险制度在筹资方式、保障水平、给付机制等方面都大体相近。从世界各国的一般情况看，无论是发达国家，还是发展中国家或转型国家，农村居民的社会保障制度建设都要落后于其他社会群体的社会保障制度。时至今日，西方发达国家一般都已经普遍建立了农村居民的养老保险制度，而发展中国家由于其国家经济能力较弱、农民家庭的缴费能力差等原因，农村社会保障，特别是农村养老保险的发展普遍滞后于城镇其他群体。另外，发展中国家或转型国家农村居民的保障水平也远低于发达国家。

尽管如此，各国建立农民养老保险制度的经济与社会背景仍然有许多共性的规律，可供总结与借鉴。

一、国外农村养老保障的模式类型

就农村养老保障的主体部分划分，其模式与城镇养老保险相仿，也可以分为福利国家型模式、社会保险型模式、储蓄积累型模式、社会救助型模式等。

（一）福利国家型模式的农村养老保障

福利国家型模式的农村养老保障的基本特征是保障对象为全社会成员，福利开支费用基本由企业和国家承担，保障项目齐全，甚至是从摇篮到坟墓。在这一模式的国家中，大部分都建立了统一的全民养老金计划，如丹麦、瑞典、荷兰、澳大利亚、爱尔兰等福利国家都建立了包括农民在内的全国统一制度。最明显的标志是“国民皆保险”，即实质是农民与其他从业者享受平等的社会保险待遇。丹麦的养老保险制度在1891年建立，制度建立之初就将农民包括在内，是世界上第一个建立覆盖农民养老保险制度的国家。在制度建立之初，每一个超过60岁，没有生活来源的公民原则上都可以申请。瑞典议会在1913年通过世界上第一个全国性社会保障计划——“全国养老基金方案”，规定凡在瑞典居住3年以上的人，包括农民在内，不论是瑞典公民还是外国侨民，也不论其退休前个人收入状况如何，从年满65岁起，都有资格享受普遍养老金。加拿大的“老龄安全年金”规定，只要18岁以后在加拿大居住至少10年，且至今仍居住在加拿大的65岁以上老人或目前已不在加拿大居住，但在其18岁后曾在加拿大居住了至少20年的65岁以上的老人均可获得一笔基本的老龄年金收入。

（二）社会保险型模式的农村养老保障

社会保险型模式的农村养老保障制度主要在一些发达的工业化国家中实行。

一般是在较为完善的城市社会保险制度基础上向农村居民延伸实施的。社会保险型模式的农村养老保障制度一般采取现收现付式的制度类型，是当前世界上农村社会化养老的主流模式。以德国、法国、日本、美国、韩国等为典型代表，其实现形式主要有两种：一种是针对农村人口开设独立的养老制度，另一种是直接将其城市制度向农村延伸。德国、法国、希腊、比利时是针对农村人口开设独立的养老制度。日本的农民年金属于针对农村人口开设独立的养老制度，而日本的国民年金属于将其城市制度向农村延伸的制度类型。

从保障水平来看，这些国家都采用收入补充型的模式，保障水平都比较低。如奥地利农民养老金水平是全社会最低的，波兰农民养老金仅与最低生活保障水平持平。德国1957年制度建立初期，凡符合领取条件的已婚农民每月养老金为60马克，未婚农民为40马克。此后经过若干年调整，农民的养老金逐渐上调，从2001年7月1日起，已婚者的标准为929.28马克，未婚者为406.71马克。

从养老金筹集来看，一般的是强调权利和义务的对等，由三方共同负担，农民也需要承担一定的缴费义务。即对于领薪的农业工人按农业雇佣劳动者对待，其缴费方式与城市职工相似，个人与雇主按工资额的一定比例共同承担缴费；农场主或自雇者则按其实际净收入（包括现金和农产品两部分）的一定比例由自己承担缴费。例如日本的基础年金要求农民定额缴纳保险费，每月为1.33万日元。德国农民缴纳的保费起初不高，不论农场大小，每人每月只缴10马克①。法国农业人口也需要缴纳各种保险金，但事实上政府补贴成为农村养老保险收入的主要来源。例如德国、奥地利政府补贴为70%，希腊、波兰为90%，法国虽然只有30%，但还有58%是从其他的行业中拨过来的。

（三）储蓄积累型模式的农村养老保障

目前世界上只有少数国家的农民实行储蓄积累型的农村社会养老保障，以新加坡和智利为代表。这种模式主要是通过建立个人账户进行基金储蓄积累。储蓄积累型的农村社会养老保障的基金来源，是由雇主和雇员双方或自雇者一方承担，独立劳动者或自雇者按照个人收入的一定比例缴纳保险费，这种制度主要体现的是个人贡献。储蓄积累型的农村社会养老保障的主要特点是：

1. 对不同性质劳动者采取不同的参加形式。在一些国家中，将所有人口依据职业和劳动特点区分，被雇佣的劳动者必须按照工资的一定比例缴费，存入个人账户，独立劳动者或包括农民在内的自雇者可以自愿参加。如智利在1981年改变现收现付养老保险制度为个人账户式的完全积累制时，就规定职工必须参加，而包括纯农民在内的独立劳动者自愿参加。新加坡1955年建立“中央公积金制度”也规定包括纯粹务农农民在内的自雇者自愿参加。

2. 政府承担最低保证金。在储蓄积累型的农村社会养老保障模式下，政府没有为劳动者缴费的义务，但国家却承担最低养老金和养老金投资最低回报率补贴，以及在政策上提供支持。如智利政府规定，如果职工从个人账户中领取的养老金不能够达到政府规定的

① 郑春荣. 德国农村养老保险体制分析. 德国研究，2002（4）：40

最低养老金，政府补充差额部分。同时，基金管理公司的实际投资收益率若达不到最低投资收益率时，政府也要提供补贴差额。在新加坡，政府也做了三项保证，一是规定存入公积金的最低存款率；二是对政府债券的投资进行最低回报率担保；三是提供最低养老金保证。但具体标准在不同的历史阶段有所不同。

3. 实行市场化运作的基金投资与管理体制。储蓄积累型模式下的养老基金投资和管理一般是实行市场化运作，其效率相对较高。如智利实行的是政府承办、养老金管理公司管理和经营、养老基金管理公司总监督的模式。投保人任选一家养老金管理公司缴纳费用，投保人能在不同的养老金管理公司之间转换。养老金管理公司负责个人账户资金的收缴、发放以及投资运营。

4. 个人拥有基金投资的选择权。

（四）社会救助型模式的农村养老保障

这种模式主要是借助于财经政策的调节作用来保障老年人晚年生活，缓解社会矛盾。在许多发达国家和发展中国家的农业人口中，都已实行社会救助型养老金制度，但对于不同国家和地区发挥的作用有所不同。社会救助的宗旨是由国家与社会向贫困人口等社会弱势群体提供款物接济或帮助的一种生活保障政策。它通常被视为政府的当然责任和义务，采取无偿救助的方式，目标是帮助社会弱势群体摆脱生存危机，以维护社会秩序的稳定。救助模式的农村社会养老实际上是目前很多发展中国家实施的非缴费型农村社会养老制度的一种很现实的形式。它作为国际扶贫政策的一种，不需要农民缴纳养老金，由政府通过家计调查向低收入和没有供养人的一定年龄以上的农村老年人提供补助。该模式目前受到国际劳工组织、国际社会保障协会、世界银行等众多机构的重视。

目前有很多发展中国家建立了农村非缴费型社会养老制度，如亚洲的尼泊尔、斯里兰卡、印度、孟加拉国，非洲的南非、纳米比亚、毛里求斯、坦桑尼亚、津巴布韦，美洲的阿根廷、玻利维亚、乌拉圭、哥斯达黎加等。农村非缴费型养老金计划在消除贫困、促进农业经济发展中发挥了重大作用。

社会救助模式农村养老保障的特点表现在几个方面：（1）保障对象特殊性。一般的是以特别贫困的老年人为救助对象，给付的养老金可以满足农民退休后的基本生活需要。这样可以实现把有限的资金用在最需要的人群中，在防范老年贫困方面有比较积极的作用。（2）资金主要来源于政府财政，个人不缴纳或低标准缴纳，在社会保障费方面国家承担主要责任。由于该制度属于社会救助范畴，因此它应当属于是对老年风险进行抵御的一种补充制度。（3）相对于福利国家、社会保险和储蓄积累型养老制度，社会救助模式的农村社会养老保障制度的保障水平较低。由于是一种无偿补助制度，往往会受到救助主体及政府财政支付能力的限制，仅能提供较低的保障。

二、国外农村养老保险制度发展的规律

（一）农村养老保障问题随着工业化、城市化进程加快而突出

从世界各国农村居民的社会保障实际发展过程看，一般的是先从产业工人开始建立社会保障制度，其后随着各国工业化、城市化过程的加快，普遍面临农村劳动力大量向城市转移、农村人口老龄化程度高于城市、传统的家庭养老保障难以为继、农民面临老年贫困等多方面的挑战，农村社会保障问题日益突出，迫使各国政府通过社会养老保险的方法化解农民的老年生活风险。这是许多国家共同经历的规律。如最早建立社会保险制度的德国，在很长一段时期内，相关的立法机关曾经认为，独立从业的农场主在退出农业经营时可以从继承人那里获得一定的现金和实物补偿，因此，没有为他们设立法定社会保障的必要。但后来的实践证明由于城市化进程的影响，20 世纪 50 年代，德国农村人口老龄化程度就已经超过城市，老年农场主及其家属的生活需求也在提高，靠移交农场获得的现金补偿已无法满足他们的需求，尤其是中小农场主在老年时往往陷入生活困境，农村老年人的家庭养老难以为继，促使德国加快农村人口的养老保险制度建设进程。

从 15 个国家建立农村养老保险时的城市化率情况比较看，西方发达国家在建立农村养老保险时的城市化率一般都比较高，15 个有统计的国家建立农村养老保险时的城市化率大多数在 40%以上，美国、加拿大、德国、澳大利亚、比利时、智利、西班牙等 7 个国家的城市化率在 30%以上。见附表 3—1。

附表 3—1　　中国与 15 个国家建立农村养老保险时的城市化率情况比较　　%

国家	建立农村养老保险时间	农村人口比重	城市人口比重
希腊	1961	57	43
日本	1961	56	44
爱尔兰	1988	43	57
卢森堡	1956	38	62
意大利	1990	33	67
西班牙	1975	30	70
美国	1990	25	75
加拿大	1990	23	77
德国	1957	19	81
澳大利亚	1983	14	86
比利时	1967	6	94
智利	1980	19	81
印度	1988	75	25
葡萄牙	1977	72	28
马来西亚	1971	66	34
中国	2007	51	49

资料来源：根据帕尔格雷夫世界历史统计 1750—1993：the world bank group Group，www. laborsta. ilo. org。

（二）三次产业比重发生重大改变，一次产业所占比重比较低

建立农村养老保险时的三次产业比重发生重大改变，一般的其一次产业所占的比重已经比较低。从国家建立农村养老保险时三次产业比重情况的比较看，在有统计的11个国家中，各国建立农村养老保险时的三次产业比重情况有所不同，但大多数的国家在首次建立农村养老保险时的一次产业比重都已经很低，如美国首次建立农村养老保险时的一次产业比重仅为2%，加拿大首次建立农村养老保险时的一次产业比重仅为3%，意大利首次建立农村养老保险时的一次产业比重仅为4%，日本首次建立农村养老保险时的一次产业比重仅为5%，智利、爱尔兰、西班牙三国的一次产业比重仅为7%～12%，印度在1988年首次建立农村养老保险时的一次产业比重也在33%。见附表3—2。

附表3—2　中国与11个国家建立农村养老保险时其三次产业比重情况比较　%

国家	建立农村养老保险时间	一次产业	二次产业	三次产业
美国	1990	2	28	70
加拿大	1990	3	32	65
意大利	1990	4	33	63
日本	1971	5	42	53
澳大利亚	1983	5	30	65
智利	1980	7	38	55
爱尔兰	1988	11	35	54
西班牙	1975	12	41	47
葡萄牙	1977	24	35	42
马来西亚	1971	29	34	37
印度	1988	33	26	41
中国	2007	44.8	23.8	31.4

资料来源：根据帕尔格雷夫世界历史统计1750—1993：the world bank group，www.laborsta.ilo.org；2008年中国统计年鉴，中国数据为2005年数据。

（三）全国人均GDP与农村人口人均GDP之比高低悬殊

从建立农村养老保险时的GDP总值、全国人均GDP情况比较看，在有统计的11个国家中，各国建立农村养老保险时其农村人口的人均GDP各有不同，多数国家农村人口的人均GDP也并不是很高。如美国首次建立农村养老保险时农村人口人均GDP为1 874美元，智利首次建立农村养老保险时农村人口人均GDP为1 062美元，西班牙首次建立农村养老保险时的农村人口人均GDP为1 959美元，葡萄牙首次建立农村养老保险时的农村人口人均GDP为1 359美元。而日本、马来西亚、印度首次建立农村养老保险时的农村人口人均GDP仅为626美元、542美元、522美元。

在不同国家的人均GDP与农村人口人均GDP之比方面，美国、日本、意大利等国在

8 倍以上，智利、印度在 3 倍以下。见附表 3—3。

附表 3—3　中国与 11 个国家建立农村养老保险时 GDP 总值、人均 GDP 情况比较

国家	建立农村养老保险时间	GDP 总值（亿美元）	人均 GDP（美元）	农村人口人均 GDP（美元）	人均 GDP 与农村人口人均 GDP 之比
美国	1990	57 801	23 156	1 874	12.36
加拿大	1990	5 190	18 677	2 436	7.66
意大利	1990	10 119	17 841	2 143	8.32
日本	1971	6 107	5 456	626	8.71
澳大利亚	1983	1 675	18 237	3 894	4.68
智利	1980	281	2 523	1 062	2.37
爱尔兰	1988	360	10 198	2 608	3.91
西班牙	1975	1 739	4 898	1 959	2.50
葡萄牙	1977	385	4 079	1 359	3.00
马来西亚	1971	137	1 122	542	2.07
印度	1988	9 686	1 188	522	2.27
中国	2007	3 250 亿元	2 460	608	4.04

资料来源：根据帕尔格雷夫世界历史统计 1750—1993：the world bank group，www.laborsta.ilo.org 国家统计局，2008 年统计公报计算。

（四）绝大多数国家建立农村养老保险时都发生了人口老龄化情况

从部分国家建立农村养老保险时的人口老龄化情况看，在有统计的 11 个国家中，各国建立农村养老保险时其人口老龄化的情况各有不同。一般的都已发生人口老龄化，在有统计的 11 个国家中其建立农村养老保险时 65 岁人口占总人口的比重一般都在 10%以上，日本、希腊也在 6%以上。见附表 3—4。

附表 3—4　部分国家建立农村养老保险时的人口老龄化情况

国家	建立农村养老保险时间	65 岁人口占总人口的百分比（%）
美国	1990	12
加拿大	1990	11
意大利	1990	15
日本	1971	6
澳大利亚	1983	15
卢森堡	1956	11
爱尔兰	1988	11
西班牙	1975	10

续表

国家	建立农村养老保险时间	65 岁人口占总人口的百分比（%）
葡萄牙	1977	10
马来西亚	1971	3
希腊	1961	8
中国	2007	8.1

资料来源：1. 根据帕尔格雷夫世界历史统计 1750—1993；the world bank group，www. laborsta. ilo. org；

2. 2007 年中国 65 岁以上人口数据来源：李斌．中国人口总量 2033 年左右达到峰值 15 亿人．中国新闻网，2008-10-24.

（五）农村养老保险制度的建立一般都落后于城市养老保险制度的建立

历史地看，无论是在发达国家，还是在发展中国家，农村养老保险制度都远远没有城镇的养老保险制度发达。一般的规律是先城市后农村，两种人群建立社会保障的时间间隔达到 30～50 年以上。见附表 3—5。

附表 3—5　12 国建立城镇养老保险制度、农村养老保险制度时间间隔情况对比

国家	城镇养老保险制度建立时间	农村养老保险制度建立时间	农村/城市间隔
希腊	1934	1961	27
日本	1891	1961	70
爱尔兰	1908	1988	80
卢森堡	1911	1956	45
丹麦	1891	1891	0
西班牙	1919	1974	55
美国	1935	1990	55
加拿大	1927	1990	63
德国	1889	1957	68
英国	1908	1946	38
比利时	1900	1967	67
葡萄牙	1935	1977	42
中国	1951	1992 年试点	41

资料来源：亚洲开发银行小型援助项目．中国农村老年保障：从土改中的土地到全球化时的养老金．

在贸易自由化、经济全球化发展的背景下，农业领域竞争不断加剧的今天，农村的贫困、老年生活保障问题变得越来越严重。因此，构建完善与合理的农村养老保险制度已经成为全世界的共性问题。

（六）农村社会保障发展是注重平等权利推进社会进步的结果

农村人口社会保障问题的解决还与平等权利、政府的社会进步目标有关。从文化与社会背景分析，农村人口的社会保障问题还会与一个国家的社会进步、平等、社会价值观等有重要的关系。许多西方国家从自由平等等社会核心价值理念，以及政府社会保障责任的普遍性的理念出发，认为社会保障对每一个社会成员都是平等的，每一个社会成员无论是城镇劳动者还是农村劳动者都有权获得社会保障的保护，因而在城镇建立社会保障后，会将社会保障进一步推向农村。正因如此，一些西方发达国家在普遍建立雇员养老保障制度后，都会量力而行的依据本国相关情况，进一步将农村人口纳入社会养老保障的范围。

另外，作为当今世界一项重要而普遍的社会保障制度，各国养老保障制度因面对的挑战十分类似，所以其发展农村社会保障方向有渐趋一致的特性。比如，一些国家为了实现产业结构调整、促进农业发展、实现农业集约经营、推进产业结构调整，也常常以推进农民养老保险制度的建立为手段，使老年农民能够及时转让农场、退出农业生产一线。又比如，为推进城乡劳动力流动和转移、扩大农业经营规模和提高集约化程度、提高农业劳动生产率，实现产业结构的转换是各国建立农村养老保险制度的基本价值取向等。

三、农村养老保险的制度结构

（一）在保障水平方面，或采用收入补充型或采用收入替代型

收入补充型即农村养老保险给付的养老金仅作为农民老年生活的补充收入，若要维持其退休前的生活水平，除养老金之外还需有其他的收入来源。收入替代型即农村养老保险给付的养老金可以基本上满足农民的退休生活需要。相对而言，两种养老保险模式的差异在于其替代率的不同，前者替代率较低，后者替代率较高。从世界范围来看，一种是将农村养老保险保障水平定位于收入替代型。北欧福利国家基本上都推行了全民养老金计划，即使存在城市和农村养老保险制的差别，农村养老保险的收入替代率也与其他行业大致相等。如加拿大和澳大利亚即是如此。另一种是将农村养老保险保障水平定位为收入补充型，如德国、奥地利、法国、波兰和希腊等。这些国家的农村养老保险收入替代率均低于其他行业，大都只达到最低生活保障水平，有的甚至还没有达到，因而带有很强的社会救济色彩。例如，奥地利农民养老金平均水平是全社会最低的，波兰农民养老金仅与最低生活保障水平持平，希腊农民的最低养老金水平比贫困线还低得多。

产生这种状况的原因主要有几个：一是这些国家大都采用社会养老保险的制度模式，由于农民收入水平低，缴费不足，因而保障水平也就较低；二是由于农民拥有土地，在退休之时通过土地转让可以获得一笔收入用于养老保障，并且他们还可以保留小部分土地继续经营。在亚洲的国家中除日本、新加坡等经济发达国家以外，其他发展中国家、转轨国家的农村养老金替代率也普遍较低。

总之，大多数国家的农村养老保险制度在保障水平方面都有别于城镇养老保险制度，更多的是定位为收入补充型，而非收入替代型。

（二）依据缴费责任划分为缴费型和非缴费型

依据受益人的缴费责任主要有缴费型和非缴费型两种制度。

1. 缴费型农村养老保险模式，即养老金受益人必须缴纳养老保险费。实施这类模式的国家主要集中于欧洲大陆的国家中，如德国、波兰、法国、奥地利、希腊等。其主要原因在于这些国家大都强调受益人的缴费义务。在农村养老保险资金构成上，农民缴费所占比例很低，一般只占10%～30%，政府补贴是其主要来源构成。例如，德国、奥地利政府的补贴约为70%左右，希腊、波兰约为90%左右，法国约为30%左右。

2. 非缴费型的农村养老保险模式，即养老金受益人无须缴纳养老保险费，而是依赖于其他融资方式来筹集资金。目前，非洲、南美洲国家大都采取非缴费型的农村养老保险制度。

实行非缴费型的农村养老保险模式的原因主要有两点：一是这些国家农民收入水平本来就低，农民面临严重的贫困、医疗、养老问题，无法承担缴纳养老保险费的义务；二是部分国家曾经属于英国殖民地，因而受到福利国家思想的影响。例如，南美的阿根廷、巴西、智利、乌拉圭、玻利维亚等国，非洲的博茨瓦纳、纳米比亚、南非、毛里求斯，澳大利亚、新西兰等都是实行非缴费型的农村养老保险模式。

(三) 依据融资方式主要有现收现付型和基金积累型

1. 现收现付型，即是指通过以支定收，使农村养老保险收入与支出在一定的时间内大体平衡的融资模式。无论是发达国家，还是发展中国家，目前大多数是以现收现付型融资模式为主。形成这种格局的原因主要有几点：一是受传统的城镇养老保险制度现收现付型财务机制的惯性影响；二是由于农村养老保险制度的发展还滞后于城镇养老保险制度；三是由于农村养老保险制度在资金上对受益人缴费的依赖性较小，更多地依赖于其他融资方式，特别是政府补贴。

2. 基金积累型，即是以事前融资积累的方式来筹集农村养老基金，再加之其投资收益，以便能够支付确定水平的、未来农村养老金给付的货币现值。基金积累型的融资方式强调个人不同生命周期的收入再分配，将其工作期间的部分收入转移到退休期间使用，使其生命周期内的收入平均化。基金积累型的融资方式在很大程度上是随着城镇养老保险制度的多层次基金制改革而出现的，部分建立多层次农村养老保险制度国家的第二层次往往采用基金积累型的融资方式。例如，波兰在1997年曾经建立了第二层次的基金积累型的农村养老保险制度，后来该模式因为农民的反对而终止。

中国某些局部地区也存在基金积累型的农村养老保险制度，但它并不属于多层次农村养老保险制度下的基金积累型层次，而是一种单一的基金积累型的农村养老保险制度。

综上所述，目前绝大多数国家的农村养老保险制度都属于现收现付型。但是，随着世界银行大力倡导的多层次养老保险模式的推广，一些国家开始在第一层次的现收现付制的农村养老保险制度的基础之上，构建第二层次的基金积累型的农村养老保险制度，这是在农村养老保险制度改革中值得重视和研究的趋势。

(四) 政府的财政责任

在农村养老保险中政府一般都承担了主要的财政责任。

其一，政府对农村养老保险的支持一般是通过财政补贴方式实现的。

一般情况下，政府的补贴是将农村养老保险基金直接纳入财政预算，部分或全部费用支出由政府预算支出负责解决。从目前的情况来看，有不少国家财政补贴是农村养老保险最主要的资金来源。例如，实行普遍保障的澳大利亚、新西兰、冰岛等国农村养老保险资金全部来源于财政补贴，欧洲国家中的德国、波兰、奥地利、希腊等国农村养老保险资金绝大部分也来源于财政补贴，非洲、美洲的发展中国家也根据其不同的经济实力和具体情况对农村养老保险提供不同程度的财政补贴。有的国家通过对工业征收农业产品税来补贴农村社会保障，作为农村养老保险的资金来源。如巴西对农产品的购买方征收 2.2%的农业产品税。还有的国家如法国，将其城镇职工的工薪税作为农村养老保险基金的主要来源；法国 58%的农村养老资金是从其他行业的保障计划资金中划拨而来的。但是，由于人口结构普遍的老龄化趋势，各国的城镇养老保险逐渐收不抵支，使得其他行业转移补贴方式面临越来越大的困难。

随着各国财政压力的增加、农村老年人口的增长以及农村养老保险覆盖面的拓展，农村养老保险的财务压力也不断显现。因此，农村养老保险融资方式开始向多元化、综合化方向发展，尽管如此，政府补贴曾经是农村养老保险资金的主要来源的格局不会改变。

其二，公共财政在农民养老保障创立初期承担引导责任的意义重大。

农民收入较低是世界性的普遍现象。为此，农民养老保险的创立一般都是在政府的主持或主导下进行的，特别是在制度创立初期，如果没有政府的支持、参与和主导，制度是不可能发展起来的。为缩小城乡收入和社会保障差距，各国在建立农民社会保障时大都奉行工业反哺农业的思路，对农民养老保险给予大量的财政补贴，或直接由财政出资建立农村养老保障。

四、国外农村养老保险制度的启示

（一）基于国外农村养老保险模式的比较，得出几点印象

其一，由于农民群体的经济状况特征，国外农村养老保险制度的保障功能大都定位在收入补充型养老保障范畴，而未采取收入替代型的养老保障。

其二，非缴费型的农村养老保障模式既有普遍供给型也有收入调查型，但对于发展中国家而言，普遍保障型应当说具有更多的合理性。发展中国家和有福利国家传统的英联邦国家的农村养老保险制度大都属于非缴费型。

其三，绝大多数国家的农村养老保险制度都属于现收现付型，但基金积累型计划将会在未来农村养老保险制度发展中得到重视。

其四，虽然，目前农村养老保险融资方式出现多元化、综合化的趋势，但从农村养老保险的模式国际比较可以看出，政府补贴始终是许多国家农村养老保险资金的主要来源。

其五，就那些缴费型国家的农村养老保险模式而言，均一缴费型和收入关联缴费型之间并没有什么明显的优劣之分。

其六，国外农村养老保险的建立和发展都有明确的立法作支撑，因此规范的立法对促

进农村养老保险的发展具有特别重要的意义。

（二）国外农村养老保险的启示与借鉴

总结国外农村养老保险发展的规律性与经验，其启示如下：

启示之一，必须加快农村养老保险制度的法制化进程。

世界各国城镇养老保险制度的经验表明，养老保险作为一种涉及劳动者代际之间收入再分配的制度需要完善的法律、法规体系。这主要是因为，其一，养老保险制度运行的时间很长，要跨越几代人，长时间的跨度需要完善和相对稳定的法律、法规体系作支撑；其二，养老保险作为一种收入再分配的重要社会政策，涉及了社会群体之间的利益再分配，必须有完善的法律、法规体系对覆盖群体进行约束与调整；其三，养老保险管理涉及经济与社会的诸多方面，需要完善的法律、法规体系对不同群体、不同管理部门、不同管理人员的权利和义务进行界定，从而维系其高效运转，因此必须加快农村养老保险制度的立法进程。

目前，西方发达国家的养老保险制度已有一百多年的历史，它们已经拥有非常完善的养老保险法律。例如，英国已拥有《社会保障法》等一系列由国家立法机关颁布的法律和由社会保障部颁布的一系列规章制度和管理法规。正因如此，发达国家的农村养老保险制度自建立之时起就拥有完整的法律法规体系。

包括我国在内的发展中国家，法律法规的制度基础明显缺乏，农村养老保险制度更是如此，这使得农村养老保险制度在法律上的地位并不明确。事实上，很多建立农村养老保险制度的发展中国家的立法机关并没有颁布有关农村养老保险制度的成文法，而是由政府部门颁布行政法规和规章制度。这种做法会产生一系列的问题，如政府有关各部门会对农村养老保险基本思路、理解认识产生不一致，造成部门之间协调不够；立法缺失也将使农村养老保险的强制性不够，导致实际运行层面出现诸多问题，立法不足影响了对社会的宣传力度，制约了农民对养老保险的认同度，导致参与比率较低等。

在今后促进农村养老保险发展的实践中，政府作为农村养老保险制度的直接组织者，必须加快立法，强化农村养老保险制度的法制化程度，从不同层面为农村养老保险制度构建一系列的法律法规体系。

启示之二，必须依据中国国情选择农村养老保险的制度模式。

从国外的历史发展经历看，养老保险开始的保障功能定位首先是在城镇，而且多数是定位于劳动者的收入替代型。对于农村则是缴费型和普惠型的制度并重。例如，中国应建立以非缴费型的普遍保障型农村养老保险制度为基础。这一方面是由于农民收入本来就低，缴费并不会有助于解决农村养老问题，反而会导致更严重的贫困、养老问题；另一方面收入补充型的农村养老保险制度所需资金相对不多，通过其他融资方式特别是通过政府的转移支付能够在中国农村包括落后地区尽快实现。从发展中国家的经验和中国农村的实际情况来看，试行补贴式的老年津贴和个人账户式的缴费型养老保险符合中国国情。

1942 年贝弗里奇就提出社会保险的“全面普遍原则”和“区别对待原则”，要求社会保障要覆盖全体国民，但应根据不同的社会成员采用不同的社会保障模式，制定不同的保险标准。我国目前正处在农村产业经济结构和社会转型的特殊阶段，这就要求我们借鉴国外的经验，在农村养老保障制度建立上采取不同的措施：发达地区应积极推进并尽快建立起城乡一体化的社会养老保障模式，在欠发达地区则逐步推行。首先，建立项目齐全、形式多样、覆盖面广、标准适当的多层次养老保障体系；同时，不断提高社会化程度，最终建立起城乡一体化的保障体系。此外，在保障水平和保障程度上，应有一个高低、强弱的多层次体系。考虑到我国是发展中国家，虽然近些年来国民经济有较快的增长，但生产力水平仍然不高，加上农村人口众多，因而保障水平和保障程度一定要适应生产力发展水平，建立城乡统一的社会养老保险模式也应“区别对待”。可以采取非缴费型和缴费型相结合的农村养老保险制度，首先加快非缴费型的农村养老保险制度建设。第一层次：是非缴费型的老年津贴，解决所有农村老年人群（丧失劳动能力人群）的养老保障问题，水平不高，但不需要个人缴费的义务条件，可以迅速实现全覆盖的社会进步的目标。第二层次是以缴费义务为条件的个人账户养老保险，解决农村劳动人口的养老保障问题，以缴费义务为条件的个人账户养老保险应该是一个从经济发达农村地区向经济欠发达地区循序渐进的推进过程。第三层次是以最低生活保障为后盾的社会保障制度，解决农村各种贫困人群的生存保障问题。

启示之三，建立农村养老保险制度离不开政府的支持。

农村人口萎缩以及老龄化的发展态势，决定了政府对农村养老保险必须承担更大的责任，这也是发达国家为我们提供的经验。农村养老保险融资方式的趋势应该是在维持以财政补贴为主的前提下，逐步向多元化、综合化方向发展。将缴费型的个人年账户养老保险与政府财政转移支付型的老年津贴相结合。

借鉴国外经验，农村养老保险建立之初，其融资应以财政转移支付为主要的资金来源，同时探索特种税种的来源方式和其他行业转移补贴等方式，支持整体农村养老保险资金的融资。

启示之四，积极发挥土地、家庭的养老保障功能。

土地保障的存在直接影响着农村养老保险制度的决策，这也是发达国家为我们建立农村养老保险制度提供的借鉴。目前，我国农民拥有土地，政府又规定了土地的承包期在一定的年限内不变的政策，在一定程度上保障了土地养老的契约性和可靠性。但在农业经营成本不断上升、农民利益不断锐减的情况下，土地应有的保障功能难以充分发挥。因此，我国的土地保障功能更加需要一份社会保险来配合，才能起到真正养老的作用。同样，家庭养老功能的强弱对农村养老保险制度的建立也有着重要的影响，家庭养老保障是现代社会养老保险制度的补充，应充分认识并积极发挥其基础性的保障作用。

启示之五，统筹设计，从一开始就注重农村养老保险的统一性。

国外农村养老保险制度由于有立法支持，目标群体明确、政策统一，值得借鉴。从中国农村养老保险制度发展的历史轨迹来看，它受到了城镇养老保险制度的极大影响和制约。城镇养老保险制度自20世纪80年代以来，一直处于试点过程之中，因此中国农村养老保险的规划与设计需要考虑几个问题：

其一，要统筹设计，处理好城镇养老保险与农村养老保险的关系。其二，农村养老保险要借鉴城镇养老保险的经验与教训，控制大面积的试点，注重制度的全国统一性，特别是在制度模式、缴费基数、计发办法等重要的基础数据方面，从一开始就要实现全国的统一，防止和避免城镇养老保险制度碎片化的倾向。例如，农村养老保险的缴费基数可以以农村人均纯收入为缴费计算基数，这样可以达到三个目的：一是全国方法统一；二是适应中国经济发展不平衡性；三是解决农村养老保险待遇的调整机制。以农村人均纯收入为计算基数，可以实现随着农村人均纯收入的不断增长，达到不断调整待遇的目的。

参考文献

1. 郑功成．社会保障学．北京：中央广播电视大学出版社，2004.

2. 林义．农村社会保障的国际比较及启示研究．北京：中国劳动社会保障出版社，2006

3. 吕学静．各国社会保障制度．北京：经济管理出版社，2001

4. 杨立雄．建立非缴费性的老年津贴——农村养老保津的一个选择性方案．中国软科学．2006，2

5. 郑春荣．德国农村养老保险体制分析．德国研究．2002，4

后　记

项目研究得到人力资源和社会保障部办公厅、规划财务司、养老保险司、医疗保险司、工伤保险司、失业保险司、社会保险基金监督司、农村社会保险司、社会保险事业管理中心、信息中心、农民工工作司等部内单位，以及重庆市劳动和社会保障局、山东省人力资源和社会保障厅、江苏省人力资源和社会保障厅、成都市劳动和社会保障局等单位的大力支持，项目承担单位人力资源和社会保障部社会保障研究所对以上单位和支持本项目研究的国内社会保障专家表示衷心的感谢，同时也期待各界对研究成果批评指正，共同推动中国社会保障事业科学发展。

国家人力资源和社会保障部“覆盖城乡社会保障体系”项目组成员为何平、金维刚、汪泽英、王宗凡、崔少敏、谭中和、华迎放、刘璐、郭婕、费平、李红岚、武玉宁、董朝晖、李常印、李健、刘燕生、赵巍巍、李德宏、阎中兴。国家科学技术部“建立新型城乡社会保障体系”项目组成员为何平、汪泽英、华迎放、李红岚、谭中和、李常印、武玉宁、郭婕。本书执笔人为何平、汪泽英、金维刚、华迎放、谭中和、王宗凡、李红岚、崔少敏、刘璐、郭婕、费平、武玉宁、董朝晖、李常印、李健、李德宏、阎中兴、刘燕生。全书由何平、汪泽英统稿。

